Uma Gota de
Sangue
História do Pensamento Racial

Proibida a reprodução total ou parcial em qualquer mídia
sem a autorização escrita da editora.
Os infratores estão sujeitos às penas da lei.

A Editora não é responsável pelo conteúdo da Obra,
com o qual não necessariamente concorda. O Autor conhece os fatos narrados,
pelos quais é responsável, assim como se responsabiliza pelos juízos emitidos.

Consulte nosso catálogo completo e últimos lançamentos em **www.editoracontexto.com.br**

Demétrio Magnoli

Uma Gota de
Sangue

História do Pensamento Racial

Copyright © 2009 do Autor

Todos os direitos desta edição reservados à
Editora Contexto (Editora Pinsky Ltda.)

Capa
Alba Mancini

Projeto gráfico e diagramação
Gustavo S. Vilas Boas

Preparação de textos
Daniela Marini Iwamoto

Revisão
Dayane Pal

Dados Internacionais de Catalogação na Publicação (CIP)
(Câmara Brasileira do Livro, SP, Brasil)

Magnoli, Demétrio
    Uma gota de sangue : história do pensamento
racial / Demétrio Magnoli. – 1.ed., 3ª reimpressão. –
São Paulo : Contexto, 2009.

    Bibliografia.
    ISBN 978-85-7244-444-6

    1. Discriminação 2. Preconceitos 3. Racismo
I. Título.

09-06486   CDD-305

Índices para catálogo sistemático:
1. Discriminação contra grupos sociais :
    Sociologia 305
2. Intolerância contra grupos sociais :
    Sociologia 305
3. Preconceitos contra grupos sociais :
    Sociologia 305
4. Racismo contra grupos sociais :
    Sociologia 305

2009

EDITORA CONTEXTO
Diretor editorial: *Jaime Pinsky*

Rua Dr. José Elias, 520 – Alto da Lapa
05083-030 – São Paulo – SP
PABX: (11) 3832 5838
contexto@editoracontexto.com.br
www.editoracontexto.com.br

Não é possível, num espaço razoável, descrever adequadamente a participação indireta de tantas pessoas que contribuíram para o esclarecimento das ideias contidas neste livro. São historiadores, sociólogos, antropólogos, cientistas políticos, geneticistas, ativistas de movimentos sociais que, ao longo de vários anos, interferiram no debate público travado no Brasil e em outros países sobre a introdução da raça na lei. A todos eles, devo um agradecimento nada protocolar: sem os artigos, ensaios e livros que escreveram, eu não teria um rumo. Obviamente, é preciso acrescentar o seguinte: tudo que você lerá aqui é de minha inteira responsabilidade. A omissão de nomes não pode ser completa. Ao longo da escritura deste livro, contei com as críticas diretas e indiretas de Peter Fry e Yvonne Maggie. Eles não têm culpa pelo que houver de errado ou insuficiente. Mas têm, sim, uma parcela do mérito naquilo que possa existir de verdadeiramente relevante na narrativa seguinte.

Sumário

Introdução – Excesso de cor 11

PARTE I
O FARDO DO HOMEM BRANCO

Uma história do sangue 19

    A ciência das raças 22

    Uma missão na África...27

    Classificando os nativos...31

    A nação como linhagem 34

Hitler e a crise da raça...39

    "No início era o *Volk*..." 43

    Um *Volk* perfeito...45

    Leis de Nuremberg...50

    Vitória na derrota 55

    A raça rejeitada 56

Revolta em Soweto 61
   O apartheid como norma 64
   A norma como exceção...69
   Afro-americanos 73
   O sentido da cidadania.. 76
   A confusão de raças 80

Triunfo do multiculturalismo 83
   A Fundação Ford e as "políticas da diferença"................87
   Nações dentro da nação...94
   Encontro em Durban 99
   Minorias de todo o mundo, uni-vos! 103

PARTE II
ONE DROP RULE

Loving Day... 113
   Melting pot.. 116
   Jim Crow 119
   A igualdade e a diferença.. 122
   O todo e as partes 128
   O voto de Anthony Kennedy....................................... 133
   Barack Obama: *The Speech* 138

Preto no branco... 143
   A mestiçagem como solução.. 146
   O mestiço nos EUA e no Brasil 151
   Freyre no Pelourinho 157
   O fio de Durban 162

Índio morto, índio posto 169
   A revolução interrompida... 173
   O Altiplano e o Oriente 176
   O "Estado Plurinacional Comunitário"......................... 179
   Inventando a "nação camba"....................................... 183
   Butim de guerra 188

PARTE III
BACK TO AFRICA

O Império contra o tráfico 195
   O princípio da liberdade 200
   Um lar cristão na África 205
   "As distinções reais que a natureza fez..." 208
   De Zanzibar ao Congo 212

O sonho pan-africano 219
  A África como metáfora: Du Bois 221
  A África como destino: Garvey 225
  O pan-africanismo chega à África 230
  Um discurso fora de lugar 233

Africanas 239
  Black Economic Empowerment 242
  Selos de autenticidade 246
  "Nós tivemos de ensinar a odiar..." 250

Os três filhos de Gihanga 259
  De um mito de origem a outro 262
  Os hutus no poder 266
  As engrenagens do genocídio 269
  Os nomes malditos 273

PARTE IV

ORIENTE

A restauração das castas 279
  Fabricantes de castas 283
  As castas e a nação 286
  Um milhão de motins 291

Os "filhos do solo" 299
  Supremacia malaia 302
  Um nacionalismo racial 305
  O "contrato social" em crise 309
  Um país para todos? 313

PARTE V

FÁBRICA DE IDEOLOGIAS

Abolição da abolição 317
  Uma pátria africana? 319
  Palmares, a metáfora 322
  Guerra e paz entre as raças 327
  Uma pedagogia da raça 331
  Cartilhas raciais 333

Doenças de negros 339
  Uma enfermidade pan-africana? 343
  A importação de um discurso 346
  A aids no caldeirão racialista 349
  A saúde contra a mestiçagem 353

A cor da pobreza...357
   Estatísticas no pau de arara 361
   Os talentosos 10% 364
   Tribunais raciais..367
   "Uma moça de pele clara e olhos azuis..." 370

Rios que nunca se encontram...375
   Redenção sem retorno 377
   "Seres naturalmente ambivalentes"................................380
   Começar de novo?..381

Índice Onomástico..385

Bibliografia...393

O autor 399

Introdução – Excesso de cor

Vossa elevada independência apenas revela a imensurável distância entre nós. [...] A rica herança de justiça, liberdade, prosperidade e independência legada por seus pais é compartilhada por vocês, não por mim. A luz do sol que derramou vida e cura para vocês trouxe cicatrizes e morte para mim. Este 4 de Julho é de vocês, não meu. [...] Arrastar um homem em grilhões para o grande templo iluminado da liberdade e chamá-lo a se juntar a vocês em hinos de júbilo é zombaria desumana e ironia sacrílega. Vocês pretendem zombar de mim, cidadãos, pedindo-me para falar neste dia?

Frederick Douglass

Frederick Douglass nasceu escravo, numa cabana em Maryland, em 1818. Sua mãe morreu quando ele tinha 7 anos. Não há certeza, mas possivelmente ela surgira da união entre um africano e um índio americano. O menino nunca conheceu o pai, mas um dia afirmou ter recebido a informação de que seria um homem branco, talvez o proprietário daquelas terras e dele mesmo. De qualquer forma, quando seu presumido pai morreu, ele tinha 12 anos e foi transferido para a família dos Auld, em Baltimore.

Sophia Auld, a esposa de seu novo proprietário, não era uma figura qualquer. Sem que o marido soubesse, e desafiando uma lei, ela ensinou o garoto a ler e escrever. Por meio de Sophia, Douglass descobriu o *The Columbian Orator*, uma

Uma gota de sangue

coletânea escolar de discursos patrióticos e poemas nos quais ele encontrou a ideia de igualdade entre os seres humanos. Nos anos seguintes, teve diferentes proprietários e chegou a ensinar dezenas de escravos a ler o Novo Testamento em aulas dominicais numa igreja negra. Em 1838, na segunda tentativa, conseguiu fugir, disfarçado de marinheiro, por trem e vapor, para New Bedford, Massachussets, onde se tornaria um dos mais importantes líderes abolicionistas dos EUA.

O discurso de Douglass do 4 de Julho foi pronunciado em 1852, no Corinthian Hall da cidade de Rochester, Nova York, um lugar hoje transformado em estacionamento no qual discursariam Ralph Waldo Emerson, Charles Dickens e o também abolicionista William Lloyd Garrison. Entre a fuga da escravidão e o convite para se pronunciar na data nacional americana, Douglass colaborou com a Sociedade Americana Antiescravista, escreveu uma autobiografia precoce que fez enorme sucesso, visitou a Irlanda e a Grã-Bretanha, publicou jornais abolicionistas. Na viagem ao exterior, conseguiu oficializar a sua condição de homem livre, comprada por simpatizantes britânicos, e encontrou-se com Thomas Clarkson, o maior abolicionista inglês, que morreria meses depois, aos 81 anos. O *North Star*, um dos jornais que criou, tinha como dístico a frase "o Direito não tem sexo – a Verdade não tem cor – Deus é o pai de nós todos e somos todos irmãos".

O caminho de Douglass rumo ao movimento abolicionista foi aberto por um encontro com Garrison, o editor do jornal *The Liberator*, que falava a uma plateia antiescravista. O ex-escravo tinha 23 anos. Convidado a contar sobre sua vida, causou forte impressão no respeitado abolicionista, um jornalista e reformador filho de imigrantes do Canadá. Os dois homens colaboraram estreitamente, até que uma divergência filosófica os separou.

Garrison classificava a Constituição americana como um abominável contrato escravista e, em 1854, chegou a queimá-la em público, provocando animada celeuma. Douglass refletiu muito sobre o assunto e, sob a influência de Lysander Spooner, um anarquista individualista, concluiu que, ao contrário do que apregoava Garrison, a Constituição é, essencialmente, um documento antiescravista. No texto constitucional, o instituto da escravidão encontra-se implícito nas seções 2 e 9 do artigo 1°, que mencionam "todas as outras pessoas" (isto é, os escravos) ou a importação de pessoas (isto é, o tráfico escravista). Entretanto, só está explícito numa Emenda fracassada, de 1861, que pretendia proibir o Congresso de interferir em leis estaduais escravistas, e na célebre 13ª Emenda, de 1865, que aboliu a escravidão. Douglass extraía disso, e sobretudo da força do princípio constitucional da igualdade, as razões para seu apego ao texto fundador da nação americana.

A acusação de Douglass, no Quatro de Julho de 1852, não se voltava contra os princípios fundadores dos EUA, mas contra a traição a eles:

12

> De pé, aqui, identificado com o americano cativo, fazendo meus os males que o afligem, não hesito em declarar, de toda a minha alma, que o caráter e a conduta desta nação nunca me pareceram mais deploráveis que neste 4 de Julho! [...] Os EUA são falsos com o passado, falsos com o presente e solenemente se consagram a serem falsos com o futuro. Nesta ocasião, ao lado de Deus e do oprimido e ensanguentado escravo, eu ousarei – em nome da humanidade que é ultrajada, em nome da liberdade que é acorrentada, em nome da Constituição e da Bíblia, que são desprezadas e iludidas – a desafiar e denunciar, com toda a ênfase que posso reunir, tudo o que serve para perpetuar a escravidão – o grande pecado e a vergonha dos EUA.[1]

O abolicionismo de Douglass representava uma forma de adesão aos EUA – não o país da escravidão, mas o da liberdade anunciada na Declaração de Independência e na Constituição. Ele tentou demover o abolicionista radical John Brown de seu plano de organizar uma rebelião armada no Sul e desaprovou o ataque ao arsenal federal de Harpers Ferry, na Virgínia Ocidental, primeiro e fracassado passo do projeto insurrecional. Com a eclosão da Guerra Civil, precipitada pelo ato de Brown, Douglass conclamou os negros a se engajarem nas tropas da União e, em 1863, conversou com Abraham Lincoln sobre o tratamento que se dispensava àqueles soldados.

Depois da guerra, defendeu o sufrágio universal e os direitos das mulheres. Durante os anos da Reconstrução, um tempo curto de reformas liberais nos estados da antiga Confederação, Douglass presidiu um banco federal voltado para o desenvolvimento das comunidades negras no Sul, apoiou as iniciativas de repressão à Ku Klux Klan e serviu em postos diplomáticos no Haiti e na República Dominicana. Em 1876, pronunciou seu discurso mais comovente na cerimônia de inauguração do Memorial à Emancipação (também conhecido como Memorial a Lincoln), em Washington.

A Reconstrução terminou em 1879, quando as velhas elites sulistas retomaram o controle dos governos estaduais. Diante da reação, formou-se um movimento que chamava os negros a deixarem o Sul, transferindo-se para comunidades fechadas no Kansas. Douglass reprovou ativamente a iniciativa e tomou a palavra em reuniões do movimento para, enfrentando as vaias das plateias, dissuadir os negros da ideia de separação física. Ele conclamou à resistência e, nas piores condições, continuou a acreditar no sonho da nação única.

Anna Murray Douglass, a esposa com quem Frederick viveu desde a fuga do cativeiro, morreu em 1882. Dois anos depois, ele se casou com Helen Pitts, uma feminista branca de Nova York, desafiando o tabu que pesava contra as uniões inter-raciais. Em 1888, na Convenção Republicana, um delegado do partido votou em Douglass para candidato a presidente dos EUA. Num comício em Jacksonville, na

Uma gota de sangue

Flórida, 120 anos mais tarde, um dia antes da eleição presidencial, Barack Obama concluiu seu discurso parafraseando Douglass: "Não imaginem por um minuto que o poder concederá qualquer coisa sem uma luta...".[2]

De Douglass a Obama, passando por Martin Luther King, um fio antirracial percorre dois séculos da história dos EUA. Os três, em circunstâncias distintas, ergueram-se como arautos do princípio da igualdade e insistiram em interpretar a nação americana por esse prisma. Contudo, uma poderosa corrente da história americana articulou-se em torno do mito da raça, isto é, do princípio da diferença, não da igualdade. Douglass combateu a escravidão e triunfou, mas, antes ainda de morrer, assistiu à edição das primeiras leis de segregação racial. Luther King insurgiu-se contra as leis segregacionistas e também triunfou, mas, na hora de seu assassinato, o mito da raça já ressurgia com todo o vigor sob a forma paradoxal das políticas de discriminação reversa. Obama separou-se das políticas de preferências raciais e deu um passo adiante, definindo-se como um mestiço, num país que continuava a classificar os cidadãos segundo critérios de raça.

No tempo de Douglass, a ciência estabelecida e o senso comum acreditavam que a humanidade se dividia em raças. Essa crença já estava desmoralizada quando Luther King conduziu a campanha pelos direitos civis. Mesmo assim, a raça foi reintroduzida na lei poucos anos após o assassinato do líder que não só reivindicava a igualdade, mas também acalentava o sonho de uma nação na qual ninguém seria avaliado pela cor de sua pele. Na exata hora em que, finalmente, o Congresso e a Corte Suprema adotavam a interpretação da Constituição preconizada por Douglass, a emergência da doutrina política do multiculturalismo voltou a desafiar o princípio da igualdade. A partir da década de 1970, e sob o amparo de um consenso entre lideranças negras, ativaram-se os motores de programas que fazem da cor da pele o critério de distinção entre candidatos a contratos governamentais, postos no serviço público e vagas nas universidades.

"Afro-americanos": a expressão, inventada junto com o multiculturalismo, não é mais que um reflexo pós-moderno da antiga visão da África como pátria de uma raça. Foi precisamente essa visão, importada do racismo clássico, que orientou a corrente predominante do movimento negro nos EUA, antes e depois de Luther King. É ela, igualmente, que sustenta os projetos de políticas de preferências raciais no Brasil dos nossos dias. A relação entre a cor da pele e uma origem racial e geográfica está presente, como não poderia deixar de ser, na própria África.

Mia Couto, escritor moçambicano, discute a contrariedade de jovens de seu país com a atitude identitária do célebre ex-futebolista Eusébio da Silva Ferreira, nascido em Moçambique e herói da seleção portuguesa na Copa do Mundo de 1966, que se declara português de nacionalidade e coração:

O caso de Eusébio pode ser revelador de outros fantasmas. A pergunta é: por que razão os africanos pretos não se podem converter numa outra 'coisa'? Se existem brancos que são africanos, se existem negros que são americanos, por que os pretos africanos não poderão ser europeus?

O escritor dá um passo à frente:

Existem hoje centenas de milhares de pretos que nasceram na Europa. Estudaram, cresceram, absorveram valores. Converteram-se em cidadãos dos países em que nasceram. A grande maioria vai viver para sempre nesses países. Terão filhos e netos europeus. E não podem cair na armadilha de reivindicar um gueto, uma espécie de cidadania de segunda classe que toma o nome de "afro-europeu".[3]

Raça é, precisamente, a reivindicação de um gueto. O nome desse gueto é ancestralidade. A vida de um indivíduo que define o seu lugar no mundo em termos raciais está organizada pelos laços, reais ou fictícios, que o conectam ao passado. Mas a modernidade foi inaugurada por uma perspectiva oposta, que se coagula nos direitos de cidadania. Os cidadãos são iguais perante a lei e têm o direito de inventar seu próprio futuro, à revelia de origens familiares ou relações de sangue. A política das raças é uma negação da modernidade.

Entretanto, a negação multiculturalista da modernidade é um fenômeno moderno. A "ciência das raças" nasceu no final do século XVIII, junto com a Revolução Francesa e a consolidação do conceito de cidadania, e se desdobrou na forma de depravações extremadas até a Segunda Guerra Mundial. As políticas de preferências raciais disseminaram-se no pós-guerra, não muito depois da proclamação solene da Declaração Universal dos Direitos Humanos e do repúdio mundial ao racismo nazista. A mensagem do multiculturalismo é que o princípio da igualdade pode ser uma bela declaração, mas a realidade verdadeira é formada pelas diferenças essenciais entre as coletividades humanas.

O "racismo científico" plantou as raças no solo da natureza, definindo-as como famílias humanas separadas pelas suas essências biológicas. Quando a ciência desmoralizou essa crença anacrônica, o multiculturalismo replantou as raças no solo da cultura. O argumento dos multiculturalistas, expresso sob formas diversas mas bastante similares, é que as raças são entidades sociais e culturais. Com base nisso, a política das raças, que parecia condenada a desaparecer na hora da abertura dos campos de extermínio nazistas, ressurgiu triunfante nos mais diferentes pontos do planeta.

A produção de raças não exige distinções de cor da pele. Basta – como sabem os nigerianos, os quenianos e os ruandeses – a elaboração de uma narrativa histórica organizada a partir de cânones étnicos e, crucialmente, a inscrição dos grupos raciais nas tábuas da lei. A distribuição de privilégios segundo critérios de etnia ou raça grava nas consciências o senso de pertinência racial. A raça é uma profecia autorrealizável.

As raças se apresentam, invariavelmente, como entidades muito antigas, com raízes fincadas na primavera dos tempos. De fato, elas são construções identitárias modernas ou, no mínimo, reelaborações recentes de identidades difusas de um passado mais profundo – como sabem os indianos, os malasianos e os bolivianos. A raça é fruto do poder de Estado que rejeita o princípio da igualdade entre os cidadãos.

As políticas americanas de ação afirmativa baseadas na raça serviram de modelo para a África do Sul e o Brasil. Na África do Sul, o princípio da diferença racial, fixado nas leis e nas consciências desde a colonização até o regime do *apartheid*, forneceu o quadro lógico para as novas políticas preferenciais do *black economic empowerment*. No Brasil, ao contrário, o princípio da igualdade política encontra amparo na poderosa narrativa identitária da mestiçagem, que borrou as fronteiras de raça. Mesmo assim, em nome do multiculturalismo, o governo de Fernando Henrique Cardoso ensaiou dividir os cidadãos em "brancos" e "negros", e o governo de Luiz Inácio Lula da Silva patrocinou a introdução das primeiras leis raciais da história brasileira.

No último ano do século XX, os cientistas que sequenciaram o genoma humano declararam a morte da raça. O mito da raça, entretanto, no lugar de se dissolver como uma crença anacrônica, algo parecido com a antiga crença em bruxas, persiste ou renasce na esfera política, desafiando a utopia da igualdade. É como se dissessem a Douglass que o 4 de Julho jamais poderá ser o seu dia.

Notas

[1] Douglass , Frederick. "What to the slave is the Fourth of July?". Disponível em: <http://www.teachingamericanhistory.org/library/index.asp?document=162>. Acesso em: 27 maio 2009.

[2] CNN. "McCain, Obama on blitz through battleground states on final day". Disponível em: <http://edition.cnn.com/2008/POLITICS/11/03/campaign.wrap/index.html>. Acesso em: 27 maio 2009.

[3] COUTO, Mia. *Pensatempos*. Lisboa, Caminho, 2005, p. 91.

PARTE I

O FARDO DO HOMEM BRANCO

Uma história do sangue

Classificar é colocar os objetos – ou as ideias – em ordem. A humanidade classifica desde os tempos mais remotos. As regras gerais de classificação, expostas por Aristóteles, são mais ou menos conhecidas por todos. Uma: os itens devem ser reunidos em classes as mais homogêneas possíveis. Duas: cada novo item específico deve ser agrupado à classe com a qual compartilha o maior número de atributos. Três: um novo item com atributos muito diferentes de todos os demais deve originar uma nova classe.

Ordem solicita hierarquia. Quando as próprias classes são tratadas como itens, elas podem ser agrupadas em conjuntos cada vez mais abrangentes, segundo o grau de diferença que exibem. O conjunto superior é o universo, que contém todas as classes. Abaixo dele, em níveis sucessivos, organizam-se conjuntos sempre menos heterogêneos até o nível inferior, no qual ficam as classes. Todos os níveis hierárquicos recebem rótulos e todos os conjuntos e classes ganham nomes. Está feita a ordem.

Na Biologia, a operação classificatória chama-se taxonomia, um termo que depois se difundiu para diversos campos do conhecimento. A hierarquia taxonômica dos seres vivos organiza-se em oito níveis principais, desde os domínios até as espécies. Classificações obedecem a regras, mas sempre envolvem uma pitada de subjetividade. Na taxonomia biológica, o ordenamento de todos os níveis acima da espécie contém alguma arbitrariedade. Mas a espécie, nível inferior, tem um estatuto especial: "Segundo os dogmas do 'conceito de espécie biológica', cada espécie representa uma unidade 'real' na natureza."[1]

Uma espécie é um grupo de organismos capazes de se cruzar naturalmente e produzir descendentes férteis, segundo o conceito usual. Por isso, assevera a sabedoria biológica convencional, espécies não são produtos da mente do classificador, mas do próprio mundo natural. As fronteiras entre as espécies parecem nitidamente definidas, bastando ao observador recolher essa ordem gerada pela natureza. Entretanto, tudo se complica quando se busca uma classificação completa, que inclua a biota extinta. A biota atual reflete um ponto de chegada de incontáveis galhos da árvore evolutiva. Os grupos extintos de organismos relacionam-se entre si e com a biota atual por ascendência e descendência. Como classificar grupos fósseis que ocupam posições intermediárias entre espécies atuais?[2] Por esse ponto de vista, mesmo o nível taxonômico da espécie está impregnado de alguma arbitrariedade, pois a classificação decorre do ato humano – e "*homo*cêntrico" – de fazer um corte temporal na evolução e colocar ordem apenas na biota recente.

Abaixo da espécie, existem apenas as subespécies ou raças geográficas. Esse nível classificatório não é apenas secundário, mas também bastante arbitrário. As fronteiras entre subespécies nunca são fixas, pois, por definição, indivíduos de uma subespécie têm o potencial de intercruzarem-se com os de qualquer outra, no interior de uma espécie. Além disso, na classificação biológica, não é preciso dividir as espécies em subespécies. A fabricação intelectual de subespécies é um ato de conveniência do classificador – e um ato cada vez mais questionado.

Uma espécie está separada de outra pelo abismo do isolamento reprodutivo. Uma subespécie está separada de outra apenas por diferenças morfológicas, fisiológicas ou comportamentais e por viver numa área geográfica delimitada pelo classificador. As subespécies eram definidas a partir da identificação de algumas características notoriamente distintas entre populações da mesma espécie. Quando se estudam poucas características, não é difícil delinear-se um cenário de nítidas variações entre populações da mesma espécie – que recebem o estatuto de raças.

O advento dos computadores e o uso de técnicas de análise multivariada ampliou muito o espectro de características investigadas. O cenário mudou, não por alguma mudança na natureza, mas pelo aumento do poder de investigá-la.

Então, os cientistas viram-se, geralmente, diante de um *continuum* de variações no interior de cada espécie, não mais de nítidos recortes superficiais, e dedicaram-se a mapear os gradientes de variações. A imposição de fronteiras entre subespécies sabota esse mapeamento, que é uma informação mais valiosa. Por esse motivo, o procedimento de nomear raças geográficas perde popularidade entre os biólogos.[3]

As primeiras tentativas de colocar ordem na humanidade, classificando-a em raças, datam do final do século XVII. Cem anos mais tarde, partindo de análises craniométricas, o médico alemão Johann Friedrich Blumenbach propôs uma divisão dos seres humanos nas raças caucasoide (branca), mongoloide (amarela), malaia (marrom), etiópica (negra) e americana (vermelha). Embora a classificação expresse uma atitude aristotélica, Blumenbach não empregou as regras classificatórias clássicas para compor o seu quadro racial. No lugar delas, implicitamente, utilizou a noção platônica de tipo ideal. A partir dela, modelos abstratos servirão como ícones das raças e todos os indivíduos reais serão agrupados em função de sua similitude aparente com aqueles ícones.

Mais um século se passou até que o tema da classificação racial derivasse para apreciações que conectavam Biologia e História. Nos tempos de Charles Darwin, tornara-se usual hierarquizar as raças humanas em função de suas capacidades intelectuais e explicar as realizações culturais e econômicas dos povos a partir de potencialidades raciais. Contudo, no século XIX ninguém se entendia sobre a própria classificação racial. Georges Cuvier reduziu as raças a 3, James Prichard encontrou 7, Louis Agassiz aumentou-as para 12, Charles Pickering preferiu 11 e Thomas Huxley sugeriu 4. As coisas pioraram no século XX, com as novas descobertas dos exploradores e dos etnólogos. Joseph Deniker enumerou 29 raças em 1900 e Egon von Eickstedt listou 38 em 1937, quando outros propunham sistemas com mais de uma centena de raças. Bem antes desse colapso classificatório, Darwin registrara as dificuldades para se identificar nítidas diferenças entre as raças humanas, embora ele mesmo flertasse com a ideia da superioridade racial dos europeus.

A Biologia reconhece espécies monotípicas, nas quais todos os indivíduos fazem parte da mesma raça, e espécies politípicas, nas quais é possível identificar raças distintas. A espécie humana é monotípica: daí a impossibilidade, experimentada historicamente, de se alcançar uma classificação racial consensual. A genética provou que as variações no interior das populações humanas continentais são muito mais expressivas do que as diferenças entre populações. Também revelou que as alardeadas diferenças entre as "raças" humanas não passam de características físicas superficiais, controladas por uma fração insignificante da carga genética humana. A cor da pele, a mais icônica das características "raciais", é uma mera adaptação evolutiva a diferentes níveis de radiação ultravioleta, expressa em menos de dez dos cerca de 25 mil genes do genoma humano.

"*Out of Africa*" é o nome do modelo hoje predominante na Paleoantropologia para explicar a origem dos humanos anatomicamente modernos. Segundo o modelo, todos os seres humanos atuais descendem em linha direta de uma mesma população africana, que se formou entre cem mil e duzentos mil anos atrás, já com características anatômicas modernas. Essa população de *Homo sapiens* expandiu-se rapidamente, colonizando a Ásia e a Europa e substituindo as subespécies humanas precedentes, oriundas de migrações mais antigas, que partiram da África há um milhão de anos.

A variabilidade genética é maior na África e decresce à medida que se aumenta a distância desse continente. Essa constatação parece dar suporte ao "*out of Africa*", pois é condizente com o cenário no qual pequenos grupos de migrantes separam um estoque genético de uma matriz maior. A chegada dos humanos modernos deu-se há cerca de sessenta mil anos na Ásia e quarenta mil anos na Europa – isto é, ontem, na escala temporal da evolução humana. E os grupos humanos nunca mais pararam de migrar. "No que diz respeito à biodiversidade humana em seu conjunto, a ausência de raças pode ser explicada precisamente à luz do fato de que somos uma espécie jovem e móvel, quando são requeridos tempo e isolamento reprodutivo para que se formem grupos geneticamente distintos."[4]

Quando os contemporâneos de Darwin experimentavam incontáveis classificações das raças humanas, já existiam suficientes indícios científicos para pelo menos se colocar em dúvida a validade daquele empreendimento. Apesar disso, a ideia de que os seres humanos se dividiam em raças tinha uma hegemonia incontestável. Essa vontade de instaurar uma ordem natural na humanidade exige uma explicação externa às ciências da natureza.

A ciência das raças

Aristóteles nutria uma avaliação elevada da "raça helênica", dotada de inteligência e espírito, além da capacidade de governar. Os "europeus" também tinham o atributo do espírito, mas o clima frio fazia-os pouco inteligentes e carentes do dote de governar. Inversamente, os "asiáticos" eram inteligentes, mas careciam de espírito e, ainda por cima, viviam em estado permanente de escravidão.

O etnocentrismo é um traço identificável em todos os povos e épocas. Os antigos egípcios denominavam-se a si mesmos "homens", enquanto seus vizinhos, rústicos e leigos, não passavam de "líbios", "africanos" ou "asiáticos". O grego Heródoto descreveu o sistema etnocêntrico dos antigos persas, que utilizava círculos concêntricos. Na China da dinastia Ming, entre os séculos XIV e XVII, consolidou-se a concepção de um sistema sinocêntrico formalmente semelhante ao dos persas. A representação gráfica dessa concepção colocava na posição nuclear o "Império do Centro", que estava circundado por um anel interno de Estados vassalos – como Japão, Coreia e Vietnã – e por um anel externo de "bárbaros" habitantes das "terras não civilizadas".

A versão europeia – ou seja, o eurocentrismo – articulou-se no Renascimento sob a forma de um pensamento histórico. Foi naquela época que os europeus fabricaram a noção de "Antiguidade clássica" e converteram a civilização greco-romana na fonte de uma tradição europeia singular e superior. Mas uma série de povos sem alfabeto, como os índios pueblas do Novo México e os ostiaks siberianos do baixo rio Ienissei, produziram diagramas cósmicos etnocêntricos, e os inuits da Groenlândia acreditavam, no início do século XX, que os exploradores europeus eram enviados de povos atrasados para aprender suas virtudes e boas maneiras.[5] Os inuits não sabiam, é claro, que aqueles europeus já os tinham depreciativamente denominado "esquimós", ou seja, "comedores de carne crua".

Ao longo da história, nos mais diversos contextos etnocêntricos, o termo raça foi utilizado com finalidades descritivas e sentidos associados a "tipo", "variedade", "linhagem" e "ancestralidade". Entretanto, o termo ganhou seu sentido atual, de uma divisão geral da humanidade amparada em características físicas e hereditárias, na moldura do eurocentrismo e no final do século XVIII. A centelha deflagradora do conceito foi a campanha contra o tráfico de escravos e contra o instituto da escravidão.

Desde tempos imemoriais, sociedades escravizaram seres humanos como resultado de conquistas, guerras ou dívidas, mas esse ato nunca precisou de uma legitimação baseada em diferenças físicas ou intelectuais. A Bíblia, com sua insistência na unidade essencial da humanidade, parecia impugnar a escravização de africanos, largamente praticada pelos europeus desde a colonização do Novo Mundo. Para circundar essa dificuldade, argumentou-se que os escravos eram pagãos ou, alternativamente, que Noé lançou a maldição da escravidão sobre os descendentes de seu filho Ham, supostamente negro. Um passo adiante foi dado pela colônia inglesa da Virgínia, quando decretou, em 1667, que os convertidos ao cristianismo podiam ser mantidos na escravidão em virtude do paganismo de seus ancestrais.

O cenário mudou fundamentalmente com o advento da filosofia das Luzes, que postulou a igualdade natural dos homens, um princípio convertido em argumento central dos abolicionistas. Se os seres humanos nascem livres e iguais, por um desígnio simultaneamente divino e natural, como conservar o instituto da escravidão?

As primeiras teorias "científicas" sobre a divisão da humanidade em raças ofereciam uma resposta a esse dilema de profundas implicações econômicas. Carolus Linnaeus, o pai da taxonomia biológica, sugeriu em meados do século

Uma gota de sangue

XVIII uma divisão do *Homo sapiens* em quatro raças, baseada na origem geográfica e na cor da pele: *Americanus, Asiaticus, Africanus* e *Europeanus*. Naturalmente, a raça *Europeanus* era constituída por indivíduos inteligentes, inventivos e gentis, enquanto os índios americanos seriam teimosos e irritadiços, os asiáticos sofreriam com inatas dificuldades de concentração e os africanos não conseguiriam escapar à lassidão e à preguiça.* Thomas Jefferson, nas *Notas sobre o estado da Virgínia*, de 1787, raciocinava que a "desafortunada diferença de cor, e talvez de talentos, é um poderoso obstáculo à emancipação" dos negros. Ele aguardava da ciência uma palavra conclusiva sobre as raças, mas preconizava que, quando libertos, os negros deveriam ser afastados "além do alcance da mistura".[6]

Entre os naturalistas do século XVIII desenvolveu-se um ácido debate sobre a origem comum ou separada das raças humanas. Os arautos da primeira hipótese, monogenistas, usavam como argumento a definição de espécie proposta por Georges-Louis Leclerc, o conde de Buffon, segundo a qual indivíduos de uma espécie seriam capazes de fertilizar uns aos outros, mas não representantes de outra espécie. Os defensores da segunda, poligenistas, como o médico inglês Charles White, contestavam o critério de Buffon, apontando exemplos de híbridos férteis gerados por cruzamentos entre raposas, lobos e chacais.

Uma obra crucial na articulação do pensamento racial é *Ensaio sobre a desigualdade das raças humanas*, do aristocrata e diplomata francês Arthur de Gobineau. Publicado entre 1853 e 1855, o *Ensaio* postula que a história deriva, antes de tudo, da dinâmica das raças. A humanidade se dividiria em três grandes complexos raciais – branco, amarelo e negro – e o progresso histórico dependeria da ação direta ou indireta das raças brancas. Todas as grandes civilizações teriam origem, direta ou indireta, nas raças brancas e, em particular, na "família ariana". A miscigenação entre raças conduziria à degeneração racial, com impactos desastrosos sobre as civilizações e os Impérios. Essa noção gobineauniana de pureza racial inspirou os proponentes de leis antimiscigenação nos EUA e na Alemanha nazista.

Gobineau reivindicava a ciência, mas não deixava de apoiar suas conclusões em interpretações bíblicas. Na sua obra, ele afirma: "Que Adão é o fundador de nossa espécie branca, é preciso admitir certamente. É bem claro que as Escrituras querem que compreendamos assim, pois dele descendem as gerações que têm sido, incontestavelmente, brancas."[7] A ideia de que as raças humanas originaram-se de

---

* A imaginação de Linnaeus, como a de tantos outros na sua época, estava povoada por seres antropomórficos misteriosos ou assustadores, o que o estimulou a definir outras categorias raciais. O *Homo anthropomorpha* incluía os trogloditas e o *Homo monstrosous*, o anão alpino e o gigante da Patagônia. A raça do *Homo ferus*, por seu turno, era constituída por sub-raças de seres quase humanos criados sob os cuidados de animais.

24

ancentrais diferentes inspirou o americano Josiah Clark Nott, tradutor da obra de Gobineau para o inglês, a cerrar fileiras com os poligenistas no ambiente científico dos Estados Unidos.

Discípulo do francês Cuvier, o maior adversário do evolucionismo pré-darwinista, o naturalista suíço Agassiz imigrou para os EUA em 1846, onde se converteu resolutamente ao poligenismo. Agassiz estava entre os defensores da abolição, mas era também um ferrenho inimigo da miscigenação. Ele, mais do que qualquer outro, escrevia como um cientista, reivindicando objetividade e distanciamento. Entretanto, nunca se furtava a avançar opiniões políticas. Referindo-se ao futuro dos negros nos EUA, em correspondências trocadas durante a Guerra Civil, escreveu: "Igualdade social, eu considero impraticável em qualquer tempo. É uma impossibilidade natural, derivada do caráter inerente da raça negra."[8] A ciência dava, desse modo, a sua resposta às indagações de Jefferson.

Agassiz era loquaz, mas não se entregava ao trabalho árduo de reunir provas empíricas de suas teorias. O cientista que o fez, incansavelmente, foi o médico Samuel G. Morton, o fundador da "escola americana" de Etnologia. Morton dedicou-se a colecionar e investigar crânios das diferentes "raças" humanas. Ele morreu em 1851 e legou uma coleção com mais de mil crânios, além de dois estudos principais: *Crania americana* (1839) e *Crania aegyptiaca* (1844). Agassiz enxergou nesses estudos as evidências para o poligenismo. Embora o próprio Morton relutasse em adotar a tese que parecia abalar o mito bíblico da criação, seus discípulos Nott e George Gliddon tornaram-se entusiasmados adeptos do poligenismo.

Nos dois *Crania*, Morton partiu do princípio de que o tamanho do crânio é um indicador direto de inteligência e entregou-se à comprovação de sua tese prévia sobre a hierarquia das raças. Os trabalhos não parecem refletir uma intenção consciente de fraudar resultados, mas constituem ilustrações exemplares do modo como uma autoilusão é capaz de dirigir os procedimentos dos cientistas rumo às conclusões desejadas. Lançando mão de métodos seletivos, analíticos e estatísticos insustentáveis, o mais aplaudido empiricista de sua época produziu detalhadas tabulações nas quais os "caucasianos" figuram como donos dos maiores crânios, e os negros dividem com os ameríndios as posições inferiores. A divisão das raças em subgrupos proporciona ao cientista até mesmo a oportunidade de apresentar a "família teutônica" do grupo caucasiano no topo da lista de capacidades cranianas. Revisando a coleção de crânios e as tabelas originais, Stephen Jay Gould evidenciou os inúmeros erros cometidos ao longo do trabalho e provou que inexistem diferenças estatisticamente significativas no tamanho dos crânios dos grupos delimitados por Morton.[9]

Os ensaios pioneiros de uma ciência das raças situavam-se num quadro puramente descritivo, que excluía o conceito de evolução. O "racismo científico" propriamente dito nasceu junto com o evolucionismo moderno, na segunda metade do século XIX, quando a polêmica entre monogenistas e poligenistas perdeu interesse. A publicação da obra clássica de Darwin, em 1859, praticamente cancelou os argumentos criacionistas e estabeleceu o conceito da unidade da espécie humana. O triunfo do monogenismo foi a base sobre a qual desenvolveu-se uma antropologia que afirmava as diferenças inatas entre as "raças" e insistia nas hierarquias raciais formuladas pelos naturalistas da etapa anterior.

A craniometria, pela qual tanto havia feito Morton, continuou a figurar como ferramenta crucial para a ciência das raças. O médico francês Paul Broca, que deixou importantes descobertas neurológicas e foi também um pioneiro da Antropologia Física, elevou a craniometria ao píncaro da glória aplicando métodos sofisticados de quantificação e análise estatística. Na Sociedade Antropológica de Paris, que ele fundou no mesmo ano da publicação da obra de Darwin, Broca fez uma defesa apaixonada do estudo de crânios como meio para identificar as diferenças entre as raças. Ele a concluiu do seguinte modo: "Em geral, o cérebro é maior em adultos maduros que em idosos, em homens que em mulheres, em homens eminentes que em homens de talentos medíocres, em raças superiores que em raças inferiores. [...] Outras coisas equivalentes, há uma notável correlação entre o desenvolvimento da inteligência e o volume do cérebro."[10]

Ao contrário de tantos colegas, Broca não manipulava números e gostava de se apresentar como um exemplo de objetividade científica. O seu zelo pelo rigor o levou a acusar um anatomista alemão, que sustentava a inexistência de diferenças de capacidade craniana entre brancos e negros, de se deixar conduzir por ideias preconcebidas. Precisamente esse zelo provocou-lhe uma dificuldade: suas pesquisas evidenciaram, como ele esperava, que os crânios de negros eram menores que os da "raça caucasiana" – mas também que crânios de esquimós, lapões, malaios e tártaros ultrapassavam todos os outros, inclusive os dos "mais civilizados povos da Europa". A solução do impasse que ameaçava derrubar um trabalho de anos foi selecionar a parte dos dados que convinha à tese prévia, negando valor à outra. Broca decidiu que "o volume craniano não desempenha papel decisivo no *ranking* intelectual das raças", mas também que um "pequeno tamanho do cérebro" constitui "uma marca de inferioridade".[11]

Broca mediu quase tudo o que era possível nos crânios, conservando-se sempre fiel tanto aos seus números quanto aos seus preconceitos. Muitas vezes, suas medidas contrariavam suas teorias – e ele invariavelmente concluía que era preciso medir outras coisas, mais relevantes. A sua trajetória de cientista é um modelo, na escala de um indivíduo, da trajetória geral da ciência das raças, que demonstrava o tempo todo uma tese almejada de antemão.

Uma missão na África

Alexis de Tocqueville publicou A democracia na América entre 1835 e 1840. Como seus contemporâneos, ele acreditava que a humanidade dividia-se em raças, o que não o impediu de registrar observações agudas sobre o preconceito racial nos EUA. Comparando a escravidão antiga com a moderna, notou que "nos modernos, o fato imaterial e fugidio da escravidão se combina da maneira mais funesta com o fato material e permanente da diferença de raça".[12]

O escravo moderno é um estrangeiro e um estranho em termos raciais, explicou Tocqueville. A abolição da escravidão não abole por si mesma essa diferença essencial, que aparece como um fato da natureza. O arguto viajante compreendeu que, pelo contrário, a ideia de segregação tendia a se reforçar – e não a se amainar – com a progressiva dissolução do escravismo: "o preconceito que repele os negros parece aumentar à proporção que os negros deixam de ser escravos e a desigualdade se grava nos costumes à medida que se apaga nas leis".[13] Essa observação não deve ser circunscrita à realidade dos EUA.

A aventura imperial na África começou efetivamente com as viagens de explorações patrocinadas por sociedades geográficas e outras entidades privadas, mas apoiadas pelos governos, na segunda metade do século XIX. Os relatos de seus feitos e descobertas, narrados em jornais ou contados pessoalmente, em conferências que eram acontecimentos políticos e intelectuais de primeira grandeza, hipnotizaram a opinião pública europeia, assentando as bases para o empreendimento colonial.

O ponto de partida da chamada partilha da África foi a Conferência de Berlim (1884-85), que se realizou sob o signo da eliminação completa da escravidão e do tráfico negreiro. Na década seguinte à Conferência, as potências europeias delinearam, por meio de tratados mútuos e com potentados africanos, as fronteiras dos territórios coloniais. O "racismo científico" alcançou o seu ápice precisamente nesse período, cumprindo uma função ideológica imprescindível de legitimação do imperialismo.

A ciência das raças deu seus primeiros passos na moldura da reação ao movimento abolicionista. Mas ela se consolidou, sob o influxo científico do evolucionismo, depois que o tema da escravidão havia ficado para trás, substituído pelo da anexação imperial dos povos africanos e asiáticos. O conceito da desigualdade essencial entre os homens propiciava a conciliação entre o princípio iluminista da igualdade, reafirmado solenemente no processo abolicionista, e o princípio do imperialismo, que não podia operar sem o apoio da opinião pública europeia. A "missão civilizatória" das potências imperiais era o "fardo do homem branco", no título célebre do poema de Rudyard Kipling, publicado em 1899. Nas palavras do diplomata e administrador colonial francês Jules Harmand, escritas em 1910:

É necessário, pois, aceitar como princípio e ponto de partida o fato de que existe uma hierarquia de raças e civilizações, e que nós pertencemos à raça e civilização superior [...]. A legitimação básica da conquista de povos nativos é a convicção de nossa superioridade, não simplesmente nossa superioridade mecânica, econômica e militar, mas nossa superioridade moral. Nossa dignidade se baseia nessa qualidade, e ela funda nosso direito de dirigir o resto da humanidade.[14]

O evolucionismo indicou aos cientistas aquilo que eles deviam procurar, a fim de oferecer provas incontestáveis sobre a hierarquia de raças. Em 1866, o zoólogo alemão Ernst Haeckel, um cientista notável e um popularizador das ideias de Darwin, formulou a teoria da recapitulação, segundo a qual a evolução embrionária dos organismos mais complexos reflete o conjunto da árvore da vida – "a ontogenia recapitula a filogenia", numa expressão sintética da época. A teoria experimentou enorme sucesso e saltou o muro da Biologia para invadir os domínios da Psicanálise, ganhando a adesão de Sigmund Freud.

O "racismo científico" converteu-se de imediato ao recapitulacionismo, postulando que os indivíduos das raças inferiores percorreram incompletamente a trajetória da evolução da espécie. Assim, se os estágios embrionários dos seres humanos "recapitulam" os peixes, os répteis e os mamíferos inferiores, o estágio adulto de indivíduos de uma raça inferior espelha o estágio infantil de indivíduos da raça superior, e os estágios iniciais de indivíduos de raças inferiores espelham os estágios adultos de nossos ancestrais macacos. Estava traçada uma meta para os cientistas devotados à mensuração de crânios e esqueletos: identificar em representantes de raças inferiores as feições correspondentes a crianças da raça superior ou, mais atrás, a dos símios.

Como em tantos casos, a prática havia se antecipado à teoria. Os atlas de História Natural e Geografia de meados do século XIX traziam, rotineiramente, ilustrações comparativas de feições faciais ou cranianas de negros africanos e macacos. *Types of Mankind*, o mais difundido manual americano sobre as raças humanas, publicado em 1854 pelos poligenistas Nott e Gliddon, cotejava sugestivamente cabeças de orangotangos e chimpanzés com as de hotentotes e de gorilas com as de negros argelinos. Por essa época, sob o influxo das viagens de explorações, uma excitação sobre as raças percorria o público europeu e americano, refletindo-se no interesse quase febril pelos "zoológicos humanos".

Os "zoológicos humanos" eram exposições etnológicas de tipos humanos exóticos. A mais antiga exibição do gênero parece ter sido a de Saartjie Baartman, a "Vênus hotentote", uma escrava khoi sul-africana exposta em Londres e Paris entre 1810 e 1815. Contudo, um mercado consumidor amplo para a exibição de "raças inferiores" configurou-se a partir da década de 1870, quando cidades como

Londres, Paris, Nova York, Amsterdã, Antuérpia, Hamburgo, Milão e Barcelona começaram a receber exposições que atraíam duas a três centenas de milhares de visitantes e ofereciam atrações como pigmeus africanos e neozelandeses, negros da Núbia, apaches, esquimós e nativos de Samoa ou do Suriname. No auge da corrida colonial à Africa, a Exposição Universal de Paris de 1889 ofereceu aos visitantes o contato com representantes de quatrocentos povos indígenas, complementado por um passeio no interior de uma "aldeia negra".* Paralelamente, a indústria editorial publicava incontáveis enciclopédias e atlas ilustrados que apresentavam painéis da "diversidade" racial humana, com suas previsíveis hierarquias intelectuais e culturais. Entretanto, com o recapitulacionismo, aquelas figurações populares do "racismo científico" ganharam um arcabouço evolucionista mais sofisticado.

Na entrada da Academia de Ciências Naturais dos EUA, na Filadélfia, há uma placa em memória a Edward Drinker Cope, o mais célebre paleontólogo americano do século XIX. Cope identificou dezenas de espécies de dinossauros e envolveu-se nas "guerras de ossos", uma suja disputa pela primazia científica contra o rival Othniel Charles Marsh que se estendeu entre 1877 e 1892, exaurindo os recursos e as energias de ambos. Um neolamarckista numa época de consolidação triunfante do darwinismo, Cope partiu do recapitulacionismo para formular algumas das mais difundidas justificativas raciais para o imperialismo.

Na visão de Cope, as mulheres, os europeus meridionais e os pobres representavam formas humanas inferiores, cuja evolução interrompera-se em estágios correspondentes à da infância dos brancos nórdicos. A base da pirâmide da evolução humana, contudo, seria ocupada pelos negros, cuja incapacidade de erguer civilizações complexas estaria inscrita numa anatomia imatura, caracterizada por deficiente musculatura da panturrilha e carente "desses importantes elementos de beleza: nariz e barba bem desenvolvidos".[15] As provas do "infantilismo" das formas humanas inferiores não ficaram circunscritas à Anatomia, avançando pelas diversificadas ramificações da Psicologia. Emocionalmente, mulheres e negros, entre outros, corresponderiam a crianças ou adolescentes brancos. A arte pré-histórica seria equiparável aos ensaios artísticos infantis. O senso estético dos povos "selvagens" estaria refletido nas concepções das crianças sobre a beleza.

O inglês Herbert Spencer desempenhou um papel relevante na ampliação do campo ideológico do "racismo científico". Apesar de conhecido como o campeão

---

* Os "zoológicos humanos" sobreviveram ao "racismo científico". Na Exposição Universal de Bruxelas de 1958, havia uma "aldeia congolesa" e uma "aldeia africana" foi exposta no Zoológico de Augsburgo, na Alemanha, em 2005.

do social-darwinismo, Spencer derivou seu sistema filosófico do conceito de herança de caracteres adquiridos pelo uso ou desuso. No spencerismo, não apenas a evolução biológica mas também o desenvolvimento das civilizações deveria ser explicado sobre essa base lamarckista. De acordo com ele, os organismos sociais superiores – isto é, as sociedades industriais complexas – seriam obras exclusivamente da raça branca e apontariam para algo como um estado final de equilíbrio evolutivo. Como regra, os filósofos da época exerciam modesta influência direta sobre o grande público, mas Spencer foi uma notável exceção: quando ele morreu, em 1903, as vendas de seus livros ultrapassavam 350 mil exemplares nos EUA e outro tanto na Grã-Bretanha, contribuindo para a popularização das explicações da "questão social" em termos biológicos.

A ideia de uma evolução social linear, através de sucessivos estágios tecnológicos e culturais que conduziam a humanidade da selvageria à civilização, ganhou um modelo antropológico completo com o americano Lewis H. Morgan. No capítulo de abertura de sua obra clássica, de 1877, ele escreveu: "Assim como é inegável que porções da família humana existiram em estado de selvageria, outras porções em estado de barbarismo e outras ainda em estado de civilização, parece igualmente inegável que estas três distintas condições estão conectadas entre si numa tão natural quanto necessária sequência de progresso."[16] O positivismo de Morgan, com sua seta da história cortando o ar na direção do futuro, originou a teoria da evolução cultural, que teve duradouro impacto sobre a Antropologia e inspirou Karl Marx e Friedrich Engels.* Na marcha triunfante do progresso morganiano, as "famílias" ariana e semita teriam se destacado das demais a partir do "período médio de barbarismo" e, previsivelmente, os arianos teriam tomado a dianteira no "período da civilização".

O febril interesse da época pelos temas da evolução e da hereditariedade alcançou o campo da Criminologia com o italiano Cesare Lombroso, o formulador da teoria do *uomo delinquente*. A Antropologia Criminal fundada por Lombroso asseverava que a tendência ao crime não só é inata e herdada como pode ser decifrada pela investigação de características anatômicas dos indivíduos. O atavismo criminal refletiria os instintos ferozes dos animais inferiores, que se perpetuaram, como defeitos evolutivos, em alguns humanos. Os sinais exteriores do *uomo delinquente* – a *stigmata* – abrangeriam traços simiescos como as "enormes mandíbulas", os "altos ossos molares", o "tamanho extremo das cavidades oculares" e as "orelhas em forma de alça".[17]

---

* A obra de Engels, A *origem da família,da propriedade e do Estado*, de 1884, baseou-se extensivamente em notas de Marx sobre a "Ancient society" de Morgan.

No seu percurso teórico, Lombroso foi levado pelas mãos da lógica a postular que os animais inferiores possuem atavismos criminosos e, no passo seguinte, que a criminalidade é a norma entre os grupos humanos "selvagens". Por essa via, o criminologista chegou à África e, num tratado etnológico de 1896, identificou a *stigmata* dos dinkas sudaneses do Alto Nilo. Naqueles anos de fim de século, os povos da Ásia e da África já haviam sido extensivamente classificados pela Etnologia europeia.

Classificando os nativos

Escrevendo em 1851, o protoanarquista francês Pierre-Joseph Proudhon definiu: "Ser governado é ser vigiado, inspecionado, espionado, dirigido, subordinado à lei, numerado, regulado, alistado, doutrinado, exortado, controlado, examinado, avaliado, censurado, premiado por criaturas que não possuem nem o direito, nem a sabedoria, nem a virtude para fazê-lo."[18] A intrusão generalizada do Estado na vida das pessoas é um fenômeno recente, que coincide com o início da era industrial e o concomitante advento do censo moderno. Ser governado – Proudhon não disse, mas sugeriu – é antes de tudo ser recenseado. As potências imperiais levaram o censo moderno para os territórios coloniais. Nesse passo, fabricaram identidades coletivas assentadas sobre os conceitos de raça e etnia.

Investigando os censos conduzidos pelos britânicos na Malásia, o sociólogo Charles Hirschman registrou sucessivas mudanças nas categorias utilizadas para classificar a população e um sentido geral orientador daquelas mudanças: "à medida que o período colonial avançava, as categorias censitárias tornaram-se mais visíveis e exclusivamente raciais".[19] Ao longo do processo, as identidades religiosas tendiam a desaparecer ou a se subordinar às identidades raciais. As identidades raciais, por sua vez, adquiriam crescente padronização e significados cada vez menos ambíguos. Algo paralelo ocorreu nas vizinhas Índias Orientais Holandesas (a atual Indonésia).

Malaios e indonésios utilizavam sistemas identitários fluidos, referenciados em critérios distintos e de ampla variabilidade local, como a posição social, o *status*, a ocupação e a religião. Nos ensaios censitários pré-coloniais, os governantes moviam-se por um senso prático: identificar os súditos disponíveis para taxação e alistamento militar. A consolidação das administrações coloniais provocou a introdução de censos regulares e gerais, voltados para a classificação e quantificação do conjunto da população. Com a disseminação do "racismo científico", as categorias censitárias organizaram-se ao redor da raça e da etnia. Pela lógica dos colonizadores, que nada tinha em comum com a de seus súditos, rótulos identitários padronizados foram impostos a todos. Entre outras repercussões disso, encontra-se o advento dos "chineses" da Malásia e da Indonésia.

Nas colônias britânicas da Malásia, por volta de 1870, explica Benedict Anderson, "uma não contribuinte, não taxável 'cochinchinesa' poderia seguir sua vida, alegremente ou não [...] sem a mais tênue percepção de que esta era a forma como estava sendo rotulada a partir de cima".[20] Mas isso não duraria. Nas décadas seguintes, os novos sistemas de educação, saúde, justiça, segurança e imigração organizaram-se com base nas categorias censitárias, fazendo dos rótulos inventados um elemento perene na vida cotidiana das pessoas. Logo, as identidades imaginadas pelas administrações coloniais filtraram-se para as consciências e coagularam-se sob a forma de comunidades raciais e étnicas.

O uso acadêmico do termo etnia começou no início do século XIX. De modo geral, o termo pretendia indicar um conjunto social definido pelas ideias de ancestralidade e cultura comuns. Entretanto, a coesão de comunidades étnicas não se apoia em nenhuma similitude objetiva, mas, como explicou o antropólogo Siegfried Nadel há mais de meio século, "depende de uma teoria de identidade cultural que ignora ou descarta como imaterial as variações existentes e ignora ou negligencia as uniformidades presentes além das fronteiras selecionadas". Ou seja, e ainda com Nadel, a comunidade étnica deriva de "uma similitude aceita como dogma".[21]

Etnólogos participaram, tanto quanto oficiais militares e burocratas, da conquista colonial da África. As suas descrições e classificações étnicas não refletiam as lealdades clânicas e locais, tão relevantes na vida dos africanos, mas resultavam unicamente de um dogma antropológico. Na África austral, os caçadores e coletores do grupo linguístico khoisan foram denominados *bushmen*, "homens dos bosques", por oposição aos *men*, isto é, os humanos propriamente ditos. Na mente dos classificadores, aqueles seres "primitivos", mais que uma raça, constituíam uma espécie separada e situada em algum ponto intermediário entre os humanos e os macacos.

Entre os nativos considerados humanos, não há carência de exemplos de comunidades inventadas pelos sábios europeus encarregados de colocar ordem na diversificada paisagem etnológica do continente. O explorador Henry Morton Stanley, durante o empreendimento de implantação da colônia privada do Congo para o rei Leopoldo II, "descobriu" os bangalas, "uma tribo muito evoluída".[22] Aquele sinal bastou para que, em 1907, os diferentes clãs da região ganhassem o estatuto de etnia, numa obra oficial de etnografia dos povos do Congo. Os dinkas do Sudão Meridional, na verdade uma série de clãs distintos, converteram-se acidentalmente numa etnia, a partir de um engano de um explorador que tomou o nome de um dos chefes locais por denominação genérica de um povo. Similarmente, seis dezenas de clãs de língua luo do norte de Uganda transformaram-se na etnia acholi apenas porque o termo "*shooli*" era utilizado por mercadores árabes para fazer referência àqueles clãs.

A ordem imaginada pelos detentores da administração tendia a se tornar uma ordem real, vivida e sentida, quando a classificação étnica entranhava-se nos censos e nas leis. No Sudão anglo-egípcio, desde 1924, a administração britânica separou fisicamente a população islamizada setentrional dos grupos agropastoralistas meridionais, proibindo a circulação de "nativos" entre as duas partes do território e promovendo o cristianismo no sul. Os dinkas passaram a agir como uma comunidade étnica na hora da independência do Sudão, em meados da década de 1950, por oposição ao regime islâmico e pró-egípcio instalado em Cartum, e continuaram a fazê-lo ao longo das duas guerras civis sudanesas, encerradas por um acordo frágil em 2005.

Se, no Sudão, os dinkas emanaram do desejo britânico de cristianizar o sul, no protetorado de Uganda os acholis reconheceram-se como uma comunidade étnica por oposição à política britânica de favorecimento dos chefes do antigo reino de Buganda, no sul. Em virtude das políticas de recrutamento da administração britânica, os acholis e outros grupos setentrionais forneceram a mão de obra do Exército ugandês colonial, o que acabou configurando uma etnocracia militar e semeando o terreno para sucessivos golpes de estado na Uganda independente. Desde 1987, a Acholilândia é o foco de atuação do Exército de Resistência do Senhor, uma sanguinária guerrilha cristã que almeja estabelecer uma teocracia baseada nas tradições acholis.

A "etnogênese colonial" na África refletia as concepções de mundo dos europeus, mas também respondia ao objetivo prático de cooptar chefias tradicionais. Os britânicos, com seu sistema de governo indireto, destacaram-se na fabricação de etnias que serviriam como ferramentas para a imposição da ordem. Referindo-se à atual Tanzânia, colonizada pelos alemães e transferida como protetorado à Grã-Bretanha, o historiador John Iliffe explicou: "A ideia da tribo jazia no núcleo do governo indireto em Taganica. Requintando o pensamento racial comum nos tempos dos alemães, os administradores acreditavam que todo africano pertencia a uma tribo, assim como todo europeu pertencia a uma nação." O equívoco, contudo, funcionou como uma profecia autorrealizável: "Os britânicos acreditavam erroneamente que os nativos de Tanganica vinham de tribos; os nativos criaram tribos destinadas a funcionar dentro do contexto colonial [...]."[23]

Os etnólogos devotados à classificação dos nativos imaginavam que as etnias constituíam variedades das grandes "famílias" raciais – e que cada uma delas singularizava-se por uma cultura imanente, ancestral e fechada sobre si mesma. À luz da teoria da evolução cultural, procuravam situar cada grupo num ponto específico da linha do progresso, identificando etnias mais adiantadas e mais atrasadas. Todas essas crenças sofreram o fogo da crítica do germano-americano Franz Boas, que dissociou cultura de biologia e estabeleceu um novo chão para a Antropologia.

Boas começou sua revolução conceitual inspirado pelo contato com os inuits da ilha de Baffin, numa viagem de pesquisa etnográfica iniciada em 1883. Aquela experiência revelou-lhe os riscos de tentar entender culturas diferentes a partir do olhar cultural ocidental. Ele percebeu bem cedo que a teoria da evolução cultural nada esclarecia sobre seus objetos de estudo, mas dizia muito sobre a inadequação dos métodos e conceitos predominantes numa Antropologia atravessada pela noção de superioridade racial. E concluiu que os elementos de uma cultura possuem um significado genuíno apenas no interior de seu próprio contexto cultural.

A Etnologia estabelecida naturalizava a cultura, figurando-a como algo imanente a um grupo humano. Boas voltou-se contra essa abordagem essencialista, mostrando que cultura é uma noção dinâmica, referenciada em situações definidas e contextos locais – e, por isso, sujeita a processos contínuos de reelaboração. O seu programa antropológico amparava-se no método histórico, ou seja, no reconhecimento da singularidade dos fenômenos e no compromisso de articular narrativas apoiadas nos dados empíricos. Os objetos de estudo da Antropologia moderna deviam ser vistos como sujeitos históricos: agentes capazes de agir criativamente no interior de seu contexto cultural, modificando-o e atribuindo novos significados à sua experiência social.

Na visão boasiana, o conceito de raça não tinha relevância. O verdadeiramente importante era o olhar que fabrica a raça. A passagem seguinte foi escrita em 1928:

> Somos facilmente enganados por impressões gerais. Em sua maioria, os suecos são loiros, de olhos azuis, altos e têm cabeças compridas. Isso faz com que formulemos na nossa mente o ideal de um sueco e esqueçamos as variações que ocorrem na Escandinávia. Se falamos de um siciliano, pensamos em uma pessoa morena e pequena, de olhos e cabelos escuros. Indivíduos que diferem desse tipo não estão na nossa mente quando pensamos num "típico" siciliano. Quanto mais uniforme é um povo, mais fortemente somos impressionados pelo "tipo". Todos os países se afiguram a nós como habitados por um certo tipo, cujas feições são determinadas pelas formas de ocorrência mais frequente. Isso, contudo, nada nos diz a respeito de sua composição hereditária e da extensão de suas variações. O "tipo" é formado bastante subjetivamente, com base na nossa experiência cotidiana.[24]

A antropologia antirracista emergiu no zênite do racismo imperial. Ela teria que aguardar duas décadas, o nazismo e o Holocausto para ocupar o centro do palco político.

A nação como linhagem

A Constituição francesa de 1793 durou poucos meses, mas permanece como o principal documento legal emanado da Revolução. Ela definiu a cidadania como um contrato entre os habitantes de um território e, avançando nessa via, concedeu o direito de cidadania aos estrangeiros domiciliados na França por um ano e também a "qualquer estrangeiro considerado pelo corpo legislativo como necessitado de tratamento humano".[25] Mas a reação romântica às Luzes conectou a nação ao sangue e imaginou a comunidade nacional como uma estirpe ligada por laços de descendência.

O filósofo e poeta prussiano Johann Gottfried Herder é a fonte original dessa reação. Ao lado do jovem escritor Johann von Goethe, ele deflagrou o movimento do *Sturm und Drang*, um grito de revolta contra o racionalismo universalista francês e uma plataforma literária para a expressão da emoção e da singularidade nacional. "Fale alemão, ó, alemão" – a conclamação herderiana apoiava-se na ideia de que o poeta cria a nação ao seu redor quando confere voz ao turbilhão dos sentimentos ancestrais de um povo.

No pensamento de Herder, cultura é um marcador de diferenças. O apelo a um passado de tradições entranhadas na "alma" nacional, lançado um século antes da unificação do Estado alemão, funcionava como a demarcação cultural de um território:

> Foi assim que certos intelectuais burgueses alemães, destituídos de poder enquanto classe e de união enquanto nação, responderam aos apóstolos iluministas de uma "civilização" universal (sem esquecer a ameaça anglo-francesa de dominação industrial), através da celebração das *Kulturen* indígenas de sua nação.[26]

Como a Alemanha de Herder não era um Estado, o filósofo substituiu o conceito político-jurídico da nação, formulado pelos iluministas e consagrado pela Revolução Francesa, pelo conceito de "nação *folk*". A nação seria um organismo natural, oriundo da aurora dos tempos, que precisaria de proteção e nutrição. A cultura, não a lei, entrelaçaria a nação, e a sobrevivência nacional dependeria da conservação e exaltação de sua cultura. O "espírito" do povo (*Volk*), expresso no folclore, ocuparia o núcleo do organismo nacional. Um alemão é um alemão pois compartilha uma cultura; um estrangeiro não pode se tornar um alemão pelo decreto de um governo. O direito do sangue erguia-se em desafio ao direito da terra dos franceses.

Herder estava muito longe de ser um fanático. Ele não opunha o sentimento à razão, mas procurava incorporar a segunda ao primeiro. Não confundia o *Volk* alemão com o nacionalismo prussiano, abominava o absolutismo e, para surpresa de muitos, declarou seu apoio à Revolução na França. Embora compartilhasse do difundido preconceito antijudaico, acreditava na unidade essencial da humanidade. O nacionalismo romântico do século XIX, na sua ampla gama de variações, selecionou elementos do pensamento herderiano e mesclou-os com novas ideias – entre as quais, destacadamente, o conceito de raça.

No painel multifacético da produção romântica da nação, sob os impulsos da indústria editorial e do sistema público de ensino, emergiram as línguas nacionais modernas, os paradigmas das literaturas nacionais e, de modo geral, as narrativas históricas nacionais. A "comunidade imaginada" pelo nacionalismo ancorava sua legitimidade num passado imemorial e num território natural. Nem todo o nacionalismo romântico era racista, mas as noções de raça e etnia desempenharam papéis cruciais na delimitação entre o "nacional" e o "estrangeiro". Na Europa, o antissemitismo ganhou um novo sentido: os judeus, que eram "forasteiros religiosos", converteram-se em "forasteiros étnicos" – e Richard Wagner argumentou, em 1850, que eles eram intrinsecamente incapazes de compor música alemã. Nos EUA, com a abolição da escravidão, consolidou-se a ideia de que a "República dos iguais" – a "cidade brilhante no alto da colina", na frase célebre do sermão de 1630 do puritano John Winthrop – era uma nação de brancos.

Os sentidos de nação e raça desencontraram-se com a Revolução Francesa e se reencontraram com o nacionalismo romântico. No volume 13 da *Encyclopédie* de Diderot e d'Alembert, publicado em 1765, a entrada para "raça" define: "extração, descendência, linhagem; aquilo que se refere tanto aos ascendentes quanto aos descendentes de uma mesma família: quando ela é nobre, esta palavra é sinônimo de nascimento".[27] A entrada para "nação", que está no volume 11, faz referência aos provérbios que sublinham supostas características peculiares de cada nação ("licencioso como um francês, ciumento como um italiano, sério como um espanhol, malicioso como um inglês, orgulhoso como um escocês, bêbado como um alemão [...]"), mas situa-se nitidamente no terreno do direito da terra. O trecho decisivo da definição é: "[...] uma quantidade considerável de pessoas, que habita a extensão do país, enclausurada em certos limites, e que obedece a um mesmo governo".

No seu significado medieval, nação era uma estirpe aristocrática, articulada por laços de sangue. Ainda no início do século XVIII, o francês Charles Montesquieu empregou o termo nação para designar apenas a aristocracia e o alto clero, não as pessoas comuns. Mas os iluministas acabaram rompendo o cordão que ligava a nação ao nascimento ou às classes de "sangue azul" e a irrupção revolucionária do Terceiro Estado conectou-a firmemente às ideias de contrato político e território. A separação entre nação e linhagem evidencia-se na *Encyclopédie*, uma obra francesa e uma expressão de concepções correntes em meados do século XVIII. O nacionalismo romântico restaurou o antigo cordão, mas em novos termos. A nação dos românticos não era aristocrática, mas era uma estirpe étnica: o *Volk*, o povo inteiro, entrelaçado por uma cultura orgânica entranhada no sangue. A Alemanha de Hitler conduziria essa noção às suas últimas e trágicas consequências.

Notas

[1] GOULD, Stephen Jay. *Darwin e os grandes enigmas da vida*. São Paulo, Martins Fontes, 1992, p. 230.

[2] MAYR, Ernst. *This is biology*. Cambridge/London, Harvard University Press, 1997, p. 141.

[3] GOULD, Stephen Jay (1992). Op. cit., p. 231-234.

[4] BARBUJANI, Guido. *A invenção das raças*. São Paulo, Contexto, 2007, p. 123.

[5] TUAN, Yi-fu. *Topofilia*. São Paulo, Difel, 1980, p. 37-39.

[6] JEFFERSON, Thomas. *Notes on the state of Virginia*. Chapel Hill, University of North Carolina, 2006, p. 154.

[7] GOBINEAU, Arthur de. *Essai sur l'inégalité des races humaines*. Tome premier. Digitalização: Google Books. Paris, Librairie de Firmin Didot Frères, 1853, p. 198.

[8] GOULD, Stephen Jay. *The mismeasure of man*. Nova York/Londres, Penguin Books, 1996, p. 80.

[9] GOULD, Stephen Jay (1996). Op. cit., p. 82-101.

[10] GOULD, Stephen Jay (1996). Op. cit., p. 115.

[11] GOULD, Stephen Jay (1996). Op. cit., p. 119.

[12] TOCQUEVILLE, Alexis de. *A democracia na América*. São Paulo, Martins Fontes, 1998, p. 395.

[13] TOCQUEVILLE, Alexis de. Op. cit., p. 398.

[14] SAID, Edward. *Cultura e imperialismo*. São Paulo, Companhia das Letras, 1995, p. 48.

[15] GOULD, Stephen Jay (1996). Op. cit., p. 145.

[16] MORGAN, Lewis H. Ancient society. *Marxist Internet Archive*, Chapter I: Ethnical Periods. Disponível em: <http://www.marxists.org/reference/archive/morgan-lewis/ancient-society>. Acesso em: 28 maio 2009.

[17] GOULD, Stephen Jay (1996). Op. cit., p. 153.

[18] FINER, S. E. *The history of government*, vol. III: Empires, monarchies and the modern state. Oxford/Nova York, Oxford University Press, 1997, p. 1610.

[19] ANDERSON, Benedict. *Imagined communities*. Nova York/Londres, Verso, 1991, p. 164.

[20] ANDERSON, Benedict. Op. cit., p. 169.

[21] GABBERT, Wolfgang. "Concepts of ethnicity". *Latin American and Caribbean Ethnic Studies*, vol. 1, n. 1, abril 2006, p. 89.

[22] LEMARCHAND, René. "Ethnicity as a mith: the view from the Central Africa". Occasional Paper, Centre of African Studies, University of Copenhagen, maio 1999, p. 5.

[23] HOBSBAWM, Eric J. & RANGER, Terence (Orgs.). *A invenção das tradições*. Rio de Janeiro, Paz e Terra, 1984, p. 257 e 259.

[24] BOAS, Franz. *Anthropology and modern life*. Nova York, Dover, 1986, p. 22.

[25] CONSTITUTION DE L'AN I (1793). Disponível em: <http://mjp.univ-perp.fr/france/co1793.htm>. Acesso em: 29 maio 2009.

[26] SAHLINS, Marshall. "O 'pessimismo sentimental' e a experiência etnográfica: por que a cultura não é um 'objeto' em via de extinção (parte I)". *Mana*. Rio de Janeiro, v. 3, n. 1, abr. 1997, p. 46.

[27] DIDEROT, Denis & D'ALEMBERT, Jean le Rond. *L'Encyclopédie ou Dictionnaire raisonné des sciences, des arts et des métiers*. Disponível em: <http://diderot.alembert.free.fr>. Acesso em: 29 maio 2009.

Hitler e a crise da raça

No Putsch da Cervejaria, a tentativa fracassada de golpe de estado de Adolf Hitler de novembro de 1923, morreram 16 nazistas, mas apenas um integrante do alto círculo do Partido Nazista. Esse homem era Ludwig Maximilian Erwin von Scheubner-Richter, um alemão do Báltico nascido em Riga, na Letônia, que combateu ao lado dos contrarrevolucionários na Revolução Russa e transferiu-se para a Alemanha em 1918. A influência intelectual desse homem, que estava de braços dados com Hitler quando foi atingido por um tiro, filtrou-se no livro *O mito do século XX*, escrito por seu companheiro de emigração Alfred Rosenberg, também um alemão do Báltico e um contrarrevolucionário.

O livro de Rosenberg sofreu, ainda, influências do pensamento do eugenista americano Madison Grant, mas bebeu, diretamente, na obra *As fundações do século XIX* publicada na Alemanha em 1899, do inglês germanófilo Houston Stewart Chamberlain, um seguidor de Gobineau. Na visão de Chamberlain, uma linha de continuidade une, através dos povos germânicos, a Europa clássica à contemporânea:

> Esses bárbaros, que se lançavam nus às batalhas; esses selvagens, que repentinamente ergueram-se das florestas e pântanos para inspirar num mundo civilizado e cultivado os terrores de uma conquista violenta alcançada pela mão forte sozinha, eram apesar de tudo os herdeiros legais dos helenos e dos romanos, sangue do seu sangue e alma de sua alma.[1]

Os europeus, fonte da civilização ocidental, pertenceriam a um único grande tronco racial, o dos arianos, o mais avançado entre todos. O eixo principal do tronco ariano seria constituído pelos povos nórdicos ou germânicos, que teriam resgatado a civilização clássica pela destruição de um decadente Império Romano, submetido ao domínio de judeus e outros não europeus. Em Chamberlain, o "racismo científico" do século XIX transfigurava-se no nacionalismo racista do século XX, que encontraria uma expressão completa e extremada na Alemanha nazista.

A ideia da superioridade da "raça ariana" não era nova e tinha sido desenvolvida, notadamente, por Gobineau. O antissemitismo era muito antigo e sofrera uma releitura pelo pensamento racial do século XIX. A novidade estava na articulação daquelas noções em uma filosofia da história que atribuía aos povos germânicos o papel fundamental de assegurar a continuidade da tradição clássica por meio do ato de separá-la das degenerantes influências semitas. O eugenismo manifesta-se nesse caso de um modo muito amplo, que escapa ao frasco da Biologia e estende-se à esfera da cultura.

O pensamento racial da época não contestava a mistura de raças, em si mesma. Chamberlain imaginava que todos os troncos raciais, inclusive o ariano, haviam sido gerados por misturas de raças originais. Contudo, os elementos do cadinho não podiam ser excessivamente distintos, sob o risco de produzir mestiços, um conceito paralelo ao de cão vira-lata. Os judeus (*Homo judaeica*, na sua denominação) estariam nessa categoria, pois derivariam do cruzamento pouco viável do verdadeiro semita, o árabe beduíno, com o hitita ou sírio. Essa miscigenação teria resultado na reunião dos piores traços do primeiro, como o "nariz judaico" e a atração pela usura, e dos segundos, como a inclinação anti-intelectual. Sem a liderança histórica dos germânicos, os arianos não poderiam ter escapado à sina da miscigenação doentia e da consequente decadência.

A obra de Chamberlain foi recepcionada com uma avalanche de elogios pela imprensa e por intelectuais britânicos. Do outro lado do Atlântico, porém, levantou-se a voz crítica do ex-presidente americano Theodore Roosevelt. Numa resenha escrita em 1913, Roosevelt previsivelmente concordou com o conceito, então generalizado, de superioridade da raça branca, mas ridicularizou a ideologia germanista:

Tudo que ele diz em derrisão desse uso forçado da palavra "humanidade" poderia, com uma porcentagem muito maior de verdade, ser dito em relação às palavras e ideias simbolizadas por teutonismo e arianismo, do modo como o senhor Chamberlain utiliza tais termos. De fato, da forma como os usa, eles equivalem a pouco mais que expressões de seus gostos e desgostos pessoais.[2]

A repulsa aos judeus e a ideia de que são incompatíveis com a cultura alemã constituem elementos centrais no ensaísmo do músico Richard Wagner. Chamberlain estabeleceu-se na Áustria, casou-se com Eva Wagner, filha de Richard, tornou-se um ativo nacionalista alemão, apoiou a Alemanha contra sua pátria natal na grande guerra e ingressou no Partido Nazista. Hitler e Joseph Goebbels o visitaram mais de uma vez em sua residência e quase toda a cúpula nazista compareceu ao seu funeral, em 1927. Dois anos antes, o jornal do Partido Nazista qualificou sua obra como um evangelho do movimento.

O mito do século xx foi publicado em 1930. Como Chamberlain, Rosenberg acreditava que "humanidade" era um conceito vazio: só as raças possuíam alma. Também como seu principal inspirador, bateu nas teclas da corrupção do sangue ariano pela miscigenação com outras raças e do contraste histórico entre a "raça ariano-nórdica" e os judeus. Ele se interessou pelas influências degeneradoras dos semitas sobre a cultura e a arte, rejeitou o cristianismo tradicional e defendeu a ideia de uma "religião do sangue", que expressaria a nobreza do caráter ariano e teria expressões no paganismo indo-europeu, no bramanismo, no zoroastrismo e no cristianismo primevo.* A Reforma Protestante teria significado um avanço limitado no rumo certo.

O racismo de Rosenberg promoveu a teoria nórdica segundo a qual o eixo da "raça ariana" era constituído pelo conjunto dos "povos nórdicos": germânicos, britânicos, escandinavos, holandeses e bálticos. A "raça ariana" seria algo mais amplo, incluindo os povos do sul da Europa, os bérberes do norte da África e até mesmo os eslavos do Leste Europeu, que para Hitler formavam uma raça inferior. Os negros e os judeus ocupariam os lugares mais baixos da pirâmide das raças.

Na interpretação histórica de Rosenberg, o cosmopolitismo, a democracia e o bolchevismo – os três, emanações do judaísmo – ameaçavam destruir a civilização. Só o mito do sangue – isto é, da nação-raça – poderia restaurar a ordem do mundo.

---

* Para Rosenberg, Jesus Cristo não podia ser um judeu, pois isso implicaria em Deus ser judeu. Como Chamberlain, ele postulava que Cristo era um membro de um enclave ariano-nórdico na Galileia e um rebelde em luta contra os judeus. O cristianismo primitivo expressaria uma "religião do sangue", até ser conspurcado, logo após a morte de Cristo, pelo apóstolo Paulo e seus seguidores.

Uma gota de sangue

O caos foi elevado atualmente quase à condição de meta programática consciente. Como consequências finais de uma era democraticamente desintegrada, os mensageiros antinaturais da anarquia anunciam suas presenças em todas as grandes cidades do mundo. O material explosivo está presente em Berlim tanto quanto em Nova York, Xangai e Londres. Como uma defesa natural contra esse perigo mundial, uma nova experiência difunde-se como um fluido misterioso sobre o globo. Esta ideia posiciona conceitos como povo e raça instintiva e conscientemente no centro do seu pensamento. Ela está ligada com os supremos valores organicamente estabelecidos de cada nação, ao redor das quais seus sentimentos se desenvolvem, determinando o caráter e a cor da cultura a partir do passado. O que foi parcialmente esquecido, parcialmente negligenciado, é de repente reconhecido por milhões como sua tarefa: vivenciar um mito e criar um caráter.[3]

Rosenberg chamava o povo alemão à ação. Era preciso retomar a longa e gloriosa tradição da "raça ariano-nórdica" e erguer um Estado, um Império, baseado no mito do sangue.

O misticismo racial de Heinrich Himmler não estava amparado na teia de referências filosóficas e históricas de Rosenberg. O todo-poderoso chefe das SS (uma organização paramilitar do Partido Nazista) que supervisionou o sistema de campos de concentração e de extermínio, chegou a ser o número dois na hierarquia nazista. Contudo, ele não era um intelectual, mas um burocrata fanático, e suas ideias sobre raça careciam de originalidade.

Himmler entrou bastante cedo para uma fraternidade mística de seguidores da Ariosofia, sistema esotérico que nasceu a partir de um ressurgimento tardio do movimento romântico e inspirou-se no paganismo germânico medieval. A ideia de supremacia ariana inscrevia-se na Ariosofia. Himmler estudou Agronomia em Munique e passou algum tempo numa granja, interessando-se pelo cruzamento de animais. Essas experiências o levaram a imaginar um esquema de aperfeiçoamento físico da população alemã por meio de seleção dirigida, que a tornaria inteiramente "nórdica".

Segundo um biógrafo, Himmler confidenciou certa vez que sempre tinha junto de si a *Bhagavad Gita*, uma escritura ariana em sânscrito extraída do épico hindu *Mahabharata*. O texto ancestral permitia-lhe colocar-se na posição do herói Arjuna e, assim, conduzir sem remorsos ou culpa a operação do Holocausto.* Na sua ordem de ideias, o extermínio dos judeus era um componente crucial desse empreendimento eugênico amparado em razões místicas.

---

* Arjuna, o "arqueiro insuperável", recebe a proteção de Krishna, que lhe revela o *Bhagavad Gita* na hora da guerra contra os kauravas. Diante das hesitações do herói, alarmado com a perspectiva de derramamento do sangue de seu povo, Krishna o instrui a combater incondicionalmente pelo que é justo, sem esperar retribuições e arrostando qualquer consequência.

"No início era o *Volk*..."

O dístico célebre de Benito Mussolini – "tudo para o Estado, nada contra o Estado, nada fora do Estado" – é uma síntese adequada da doutrina fascista, mas não serve para caracterizar o nazismo. O totalitarismo nazista, ao contrário dos diversos autoritarismos de tipo fascista, não partia da celebração do Estado, mas da glorificação do povo (*Volk*). Um ano depois de chegar ao poder, em 1934, Hitler explicitou uma vez mais sua posição: "Estrangeiros talvez digam que o Estado nos criou. Não! Nós somos o Estado! Não seguimos as ordens de nenhum poder terreno, mas apenas as de Deus, que criou o povo alemão! De nós depende o Estado!"[4]

No "Manifesto Fascista de 1932", Mussolini escreveu que "não é o povo que faz o Estado, mas o Estado que faz o povo".[5] No *Mein Kampf*, publicado sete anos antes, Hitler escrevera que "a autoridade do Estado não pode jamais ser um fim em si mesma, porque, se assim o fosse, qualquer tipo de tirania seria inviolável e sagrada. [...] não devemos esquecer que a mais alta meta da existência humana não é a manutenção de um Estado, mas sim a conservação da raça".[6] Em 1938, o tema reapareceu num discurso em Salzburgo, e o Führer disse: "No início era o *Volk* e, só depois, surgiu o Reich."[7]

Hitler foi um revolucionário romântico cuja visão da história conflitava com as instituições criadas pela modernidade – entre elas, o Estado. Contudo, seu norte não era sempre descrito da mesma forma: às vezes, ele usava o termo *Volk*; noutras, o termo raça. Não se deve concluir disso que ele identificava o conceito de *Volk* ao de raça. O historiador John Lukacs mostrou que, no pensamento hitlerista, a "raça ariana" nunca ficou claramente definida e não foi equiparada com exatidão ao povo alemão. Além disso, Hitler tinha pouco apreço pelo racismo primitivo e místico de Himmler e desconfiava da glorificação do passado imemorial dos germânicos.

Há significativos registros do desdém de Hitler pelo livro de Rosenberg, que considerava incompreensível e contaminado de misticismo. Rosenberg tendia a equiparar o *Volk* à raça "ariano-nórdica". Hitler distinguia nitidamente esses conceitos. Numa passagem esclarecedora do discurso que pronunciou para oficiais no hotel Platterhof, na Baviera, em maio de 1944, ele disse que "[...] *Volk* e raça não são a mesma coisa. A raça é um componente de sangue, um núcleo hematológico, ao passo que o *Volk* é frequentemente composto não de uma única raça, mas de dois, três, quatro ou cinco diferentes núcleos raciais [...]". No mesmo discurso, negou que existisse, "do ponto de vista genético", uma raça judaica, e declarou: "Usamos a expressão raça judaica como questão de conveniência [...]."[8]

Politicamente, Hitler foi sobretudo um nacionalista extremado – o mais fanático entre todos eles. A raça, como tudo mais, subordinava-se às conveniências desse nacionalismo. Se a propaganda racial era capaz de contribuir para despertar a paixão nacionalista no povo alemão, ela seria um instrumento adequado ao fim supremo. Mas o nazismo não pode ser interpretado como um herdeiro legítimo do pensamento racial do século XIX: na verdade, ele evidenciava uma crise do sistema hierárquico das raças.

O ódio nutria o pensamento do líder nazista – e ele conhecia a eficiência do ódio como instrumento de poder político. Hitler odiava, acima de tudo, os judeus. Ele acreditava na mitologia histórica antissemita, reproduzida em versões bastante similares em tantos livros, entre os quais os de Chamberlain e Rosenberg. Não tinha nenhuma dúvida sobre a veracidade dos *Protocolos dos sábios do Sião*, o célebre relato fraudulento da conspiração judaica mundial fabricado pela polícia política da Rússia czarista nos primeiros anos do século XX. Mas seu antijudaísmo só se tingia com as cores fortes do ódio num outro quadro de referências, contemporâneo e pessoal.

A tradição antissemita converteu os judeus na representação da usura e do cosmopolitismo. Nas narrativas dos ideólogos nazistas, os judeus encarnavam as finanças internacionais e, principalmente, destacavam-se pela sua "incapacidade" de constituir uma verdadeira nação, o que figurava como prova definitiva de inferioridade racial. Tudo isso aparece em Chamberlain e Rosenberg, como também no *Mein Kampf* e em incontáveis pronunciamentos de Hitler. Mas o ódio hitlerista aos judeus decorria essencialmente de sua interpretação da derrota alemã de 1918.

A rendição na Primeira Guerra Mundial conduzira Hitler ao caminho da política. Na sua concepção, as tarefas nacionais prioritárias eram a superação do trauma da derrota e a restauração do orgulho nacional. Aos seus olhos, uma próxima guerra afigurava-se como inevitável e era preciso aprender as lições inscritas na tragédia anterior. A principal lição: os judeus haviam sido os culpados pela derrota.

Para Hitler, os judeus controlavam a política da França, detinham posição dominante nos EUA e constituíam uma poderosa corrente nos altos círculos do poder britânico: a Alemanha havia se curvado a uma coalizão inimiga forjada pelos judeus. Contudo, mais importante ainda era o fronte interno: os judeus formavam uma quinta-coluna infiltrada na nação alemã. A derrota de 1918 podia ter sido evitada, pois, militarmente, a guerra não estava perdida. Tudo ruiu quando essa quinta-coluna conclamou os operários à insurreição, destruindo a capacidade alemã de lutar. A humilhação da Alemanha e a "escravização" dos alemães imposta pelo Tratado de Versalhes eram frutos diretos da ação judaica. Por isso, o destino da Alemanha dependia do resultado do confronto histórico com os judeus, que só terminaria pela aniquilação total de um dos contendores.

De modo geral, o racismo de Hitler não era mais acentuado que o de tantos outros, na mesma época, dentro e fora da Alemanha. A sua singularidade estava na obsessão pelos judeus – isto é, pela guerra sem quartel, travada no interior da "raça branca", entre os judeus e o *Volk* alemão. Os judeus, que haviam assaltado o poder na Rússia bolchevique, ameaçavam destruir totalmente a nação alemã. Mas, se assim era, como sustentar a inferioridade dos judeus? A explicação encontra-se no *Mein Kampf*:

> [...] embora entre os judeus o instinto de autopreservação não tenha sido mais fraco – mas muito mais forte – que entre outros povos, e embora possa se criar facilmente a impressão de que as capacidades intelectuais dos judeus são ao menos iguais às das outras raças, os judeus carecem totalmente do pré-requisito mais essencial de um povo cultivado – nomeadamente, o espírito idealista. No povo judeu, a disposição para o sacrifício não se estende além do simples instinto de preservação individual. No caso deles, o sentimento de solidariedade racial que aparentemente manifestam nada mais é que um instinto gregário muito primitivo, similar ao que se encontra entre outros organismos nesse mundo.[9]

Carentes de "espírito de sacrifício", de uma solidariedade racial verdadeira, egoístas e covardes, os judeus entrariam em conflitos intermináveis uns com os outros se deixados sozinhos no mundo. Por esse motivo, eles não eram capazes de se organizar num Estado territorial e "o Estado judeu [...] não tem absolutamente nenhuma fronteira territorial".[10] Os judeus formariam Estados dentro dos Estados, parasitando as nações.

O racismo antissemita de Hitler não se alicerçava sobre a Biologia, distinguindo-se radicalmente do "racismo científico" que continuava em voga. O defeito insanável dos judeus era de ordem cultural e histórica. Não é que Hitler não acreditasse, ao menos parcialmente, nos dogmas sobre as diferenças físicas e intelectuais entre as raças e na hierarquia racial convencional. Mas nada disso lhe interessava muito. Sob a perspectiva da realização do destino do *Volk* alemão, sua referência absoluta, o essencial era a guerra contra os judeus. Naquela guerra, a vantagem dos alemães estava no "espírito idealista". Cabia ao nazismo desenvolvê-lo até as últimas consequências.

Um *Volk* perfeito

> Na medida em que tantos integrantes de nossa Câmara dos Lordes casam-se com filhas de milionários, é concebível que nosso Senado caracterize-se, com o passar do tempo, por uma perspicácia para os negócios acima do comum – e possivelmente também por um padrão mais baixo de probidade que no presente.[11]

Francis Galton, autor dessa avaliação mordaz, acreditava mesmo no que estava dizendo. Ele cunhou, em 1883, o termo "eugenia" e defendia a regulamentação dos matrimônios e do tamanho das famílias em função das virtudes e defeitos hereditários dos casais.

Numa atmosfera intelectual encantada pela ideia de que a ciência havia descoberto os segredos da divisão humanidade em raças e da hereditariedade, a "ciência da eugenia" logo ganhou adeptos e invadiu as universidades. As investigações eugenistas receberam fartos financiamentos de fundações como a Rockefeller e a Kellogg's. Sob a influência de Galton, o governo de Theodore Roosevelt instituiu uma Comissão de Hereditariedade nos EUA, com a missão de identificar as origens dos americanos e estimular o aperfeiçoamento físico e intelectual da raça. Leis de esterilização com fins eugenistas foram criadas em alguns estados americanos a partir de 1907. Outros países, como a Suécia e a Suíça, conduziram programas oficiais eugenistas.

Uma Primeira Conferência Internacional de Eugenia reuniu-se em Londres em 1912, sob a presidência de Leonard Darwin, filho do célebre naturalista e um incansável defensor da "ciência da eugenia" e da adoção de políticas públicas eugenistas. As conferências seguintes realizaram-se em Nova York, em 1921 e 1932. Naquela terceira conferência, o psiquiatra suíço Ernst Rüdin foi escolhido presidente da Federação Internacional das Sociedades Eugênicas. Rüdin dirigia os mais prestigiosos institutos científicos nos campos da Psiquiatria e da Genealogia na Alemanha – e logo se tornou um entusiasta do nazismo. Quando chegaram ao poder, os nazistas apoiaram-se na sua autoridade intelectual e no seu reconhecimento internacional para conduzir o mais vasto programa eugenista da história.

Hitler desdenhava o misticismo racial, mas glorificava a ciência e perseguia apaixonadamente o ideal de purificação do *Volk*. Essa ideia já se encontrava plenamente elaborada no *Mein Kampf*: "O Estado é apenas o recipiente e a raça é o que ele contém. O Estado só pode ter um significado se preserva e protege o seu conteúdo. De outra forma, não tem valor."[12] Consequentemente, o programa eugenista ocupava um lugar central no pensamento hitlerista:

> Será a tarefa do Estado do povo converter a raça no centro da vida da comunidade. Ele deve garantir que a pureza da linhagem racial será preservada. Ele deve proclamar como verdade que as crianças são o patrimônio mais valioso que um povo pode ter. Ele deve derivar disso que apenas aqueles que são saudáveis devem gerar crianças; que há apenas uma infâmia, nomeadamente, pais que são doentes ou evidenciam defeitos hereditários trazerem filhos ao mundo, e que, nesses casos, é uma elevada honra abster-se de fazer isso.[13]

A Alemanha tornou-se o primeiro e único Estado oficialmente eugenista com a promulgação da Lei para a Prevenção da Descendência Hereditariamente Doentia, em julho de 1933. A lei conferia ao Estado o poder de esterilizar portadores de doenças que se supunham hereditárias, como esquizofrenia, insanidade maníaco-depressiva ou epilepsia. Cegos, surdos e portadores de outras deficiências podiam também ser esterilizados se os médicos oficiais diagnosticassem causas hereditárias para tais males. Além disso, os alcoólatras estavam contemplados pela lei.

Um sistema judicial completo foi constituído para decidir sobre pedidos de esterilização. Na base desse sistema encontravam-se as cortes eugênicas distritais, compostas por um juiz, um médico público e um médico especialista em eugenia indicado pelo Reich, que realizavam julgamentos secretos. As sentenças dessas cortes podiam ser contestadas numa Corte Suprema Eugênica, que fazia parte da Corte Suprema e se compunha de modo similar ao das cortes distritais.

O modelo inspirador da lei nazista eram as leis eugenistas adotadas em estados dos EUA. Mas os eugenistas americanos enxergaram na lei alemã um aperfeiçoamento, pois ela tinha caráter nacional, propiciando uma uniformidade de critérios e de aplicação inexistentes nos EUA. Uma comissão de eugenistas americanos visitou a Alemanha para conhecer as Cortes. Ao final dessa visita, o secretário da Sociedade Eugênica Americana, Frederick Osborne, saudou as iniciativas alemãs como "talvez o mais importante experimento jamais tentado".[14]

Sob esse aparato judicial, em 1937 haviam sido esterilizados 225 mil indivíduos e, no fim do regime nazista, o total atingiu cerca de 400 mil, contra cerca de 30 mil nos EUA. As cortes operavam com base em critérios elásticos e recomendações políticas de não tolher o alcance do empreendimento. A meta de aperfeiçoar a "raça ariana", livrando o povo alemão de impurezas, não devia ficar refém de controvérsias científicas sobre a natureza hereditária de algumas moléstias. Era melhor prevenir e, mesmo à custa de injustiças singulares, assegurar o futuro da nação. Os processos cercavam-se de um meticuloso cenário "científico" e muitas vezes as cortes submetiam os indivíduos sob ameaça de esterilização a testes de inteligência destinados a dirimir dúvidas.

Uma coisa leva a outra. Pouco depois do início do empreendimento, Hitler determinou a esterilização de "criminosos habituais", o que foi feito a partir da presunção lombrosiana de uma tendência inata e hereditária à criminalidade. Como os processos corriam sob sigilo, a lei converteu-se em pretexto para uma "limpeza étnica" mais ampla. Ciganos e negros perfeitamente saudáveis foram esterilizados. Em 1937, esterilizaram-se crianças nascidas de uniões entre alemãs e soldados do norte da África que participaram da ocupação da Alemanha no final da grande guerra.

O núcleo científico do programa nazista organizava-se em torno do Instituto Kaiser Wilhelm de Antropologia, Hereditariedade Humana e Eugenia, fundado em Berlim em 1927, e da Clínica Hadamar, principal hospital psiquiátrico da rede

Uma gota de sangue

utilizada no programa de "eutanásia" Ação T4.* Ensaio geral do Holocausto, o T4 funcionou oficialmente entre 1939 e 1941, período em que exterminou mais de duzentas mil pessoas classificadas como criminosos psicopatas, paralíticos incuráveis, epiléticos, esquizofrênicos ou doentes mentais. Hitler, diretamente, tomou as decisões para a deflagração da operação genocida.

No início, as vítimas eram crianças com até 3 anos de idade. Meses depois, com o início da guerra, a máquina de matar passou a agir de modo mais desenvolto, tragando crianças e adultos. Em janeiro de 1940, no lugar do método lento e dispendioso da injeção letal, passou-se a usar o monóxido de carbono. Os cadáveres das vítimas eram incinerados em forno crematório. As famílias recebiam falsos atestados de óbito, que faziam parte da operação de camuflagem do conjunto do empreendimento. Contudo, em virtude das proporções que assumiu o programa, o segredo não durou muito e multiplicaram-se os protestos, oriundos principalmente de religiosos. Em agosto de 1941, o T4 foi suspenso.

O eugenismo nazista não se ergueu num vácuo nem representou uma mera importação do movimento eugênico nos EUA. Ele tinha raízes na evolução singular da Medicina alemã durante a segunda metade do século XIX, da qual emanou o movimento de higiene racial.

O ponto de partida foi a difusão, entre os psiquiatras alemães, da teoria da degeneração, formulada pelo francês Bénédict Morel em 1857. De acordo com ela, desde o pecado original de Adão e Eva a humanidade dividiu-se, em virtude de fatores como o clima, a alimentação e os costumes, numa variedade normal ou saudável e numa outra anormal ou doentia, ambas reproduzindo-se hereditariamente. A transmissão hereditária das características anormais tornaria os indivíduos mais doentes a cada geração, até a eventual extinção dos grupos ou famílias contaminados. Os psiquiatras alemães extirparam a teoria da linguagem religiosa e a conectaram ao cérebro e sistema nervoso. Por essa via, estabeleceram um forte nexo com a teoria de Lombroso sobre o delinquente nato.

Na virada do século, a teoria da degeneração superara os domínios da Psiquiatra, convertendo-se num dogma médico de uso quase generalizado. Os corpos saudáveis resistiam às infecções, mas os corpos anormais recepcionavam os agentes das doenças. A noção de transmissão hereditária completava o esquema explicativo, fornecendo um diagnóstico quase mágico para as enfermidades individuais. O passo seguinte foi dado pelo ginecologista Friedrich Wilhelm

---

* O nome em código T4 é uma referência ao endereço das instalações centrais do programa, situadas no bairro berlinense de Tiergarten.

Schallmayer, que publicou em 1903 *Hereditariedade e seleção no processo de vida das nações*, a obra fundadora do movimento alemão de higiene racial. Schallmayer transferiu a ideia de hereditariedade do contexto lamarckiano e inscreveu-a numa concepção darwinista. Além disso, sob o impacto do social-darwinismo então em voga, derrubou as cercas que limitavam o paradigma ao campo da Medicina, abrindo um horizonte para a interpretação da "questão social" por meio do conceito biológico de degeneração.

"Os insanos constituem uma enorme carga para o Estado."[15] O diagnóstico de Schallmayer, um dogma do eugenismo alemão do qual os nazistas extrairiam terríveis deduções, tinha um duplo significado. De um lado, queria dizer simplesmente que a "eficiência" da nação era diminuída pelo desvio de recursos destinados aos cuidados com os hereditariamente anormais. De outro, que tais cuidados eram contraproducentes, pois, no lugar de reduzir a população anormal, estimulava seu aumento ao prolongar a vida dos doentes e proporcionar-lhes descendência mais numerosa.

Schallmayer não deve ser visto como um racista da linhagem de Gobineau. A sua obra principal sofreu pesadas críticas de cientistas sociais e especialistas em saúde pública. Nos debates que travou, o fundador do movimento de higiene racial distinguiu-se claramente dos ideólogos da supremacia da "raça ariano-nórdica", entrincheirados na escola alemã de Antropologia Social, e chegou a exprimir dúvidas acerca da superioridade da "raça branca" sobre a "raça amarela". De fato, ele considerava que uma política de supremacia racial carecia de fundamentos científicos e só poderia "conduzir à anarquia política e moral".[16]

Também não é procedente traçar uma linha de continuidade direta entre Schallmayer e o programa T4. Na visão dos fanáticos do arianismo, a eugenia representava um instrumento para o aperfeiçoamento racial do *Volk* e devia se concentrar na meta de aumentar a proporção do "elemento nórdico" na população alemã. Schallmayer, por outro lado, desprezava a hipótese de que se podia relacionar as capacidades mentais dos indivíduos às suas pertinências raciais. O seu movimento de higiene racial baseava-se nas diferenças supostamente hereditárias entre os indivíduos, não em alegadas diferenças entre grupos raciais. O eugenismo nazista continha elementos das duas concepções.

A Sociedade Alemã de Higiene Racial foi fundada em 1905. Em 1911, oito anos antes da morte de Schallmayer, um grupo de eugenistas alinhados com o arianismo criou secretamente um "Círculo Nórdico" no interior daquela instituição. Aos poucos, o eugenismo alemão tingiu-se com as cores do supremacismo ariano, num processo que só se concluiria anos após a chegada dos nazistas ao poder. Nessa trajetória, o conceito de higiene racial deu lugar ao termo *Rassenhygiene*, de acentuadas conotações racistas, jamais empregado por Schallmayer.* Na sua letra, a lei eugenista de 1933 consagrava as ideias convencionais de higiene racial que não haviam conseguido se converter em política de Estado antes do advento do nazismo. Mas, na sua aplicação prática, aquela lei serviu perfeitamente às finalidades específicas da supremacia ariana.

O Instituto Kaiser Wilhelm funcionou como o centro científico do eugenismo nazista. Seus teóricos mais destacados eram Fritz Lenz e Eugen Fischer. O primeiro, antigo colega de Schallmayer e um dos criadores do "Círculo Nórdico", defendia há longo tempo a renovação do *Volk* alemão por meio da implantação de colônias rurais, em terras a serem conquistadas na Rússia. Tais terras seriam entregues gratuitamente a casais modelares, que contrairiam a obrigação de formar famílias com um mínimo de cinco filhos. O segundo, um filiado dos primeiros tempos do Partido Nazista, foi indicado por Hitler reitor da Universidade de Berlim.

Sob o nazismo, o biólogo Otmar von Verschuer assumiu a direção do Kaiser Wilhelm, no lugar de Fischer. Verschuer era o orientador acadêmico da tese de pós-doutorado de Josef Mengele, o "anjo da morte", oficial das SS e chefe médico do campo de extermínio de Auschwitz. Pesquisas recentes indicam que Mengele funcionou como elo entre o campo da morte e uma rede de centros de pesquisa nos quais atuavam cientistas orientados pelo diretor do Kaiser Wilhelm. Por intermédio do monstro de Auschwitz, amostras humanas obtidas nas câmaras de gás eram enviadas para o instituto berlinense e para diversos departamentos universitários conceituados. Verschuer nunca sofreu processo e, em 1951, foi agraciado com o título de decano da Universidade de Münster, onde dirigiu um destacado centro de pesquisa genética da Alemanha Ocidental.

Leis de Nuremberg

Na última página do *Mein Kampf*, Hitler articulou seu programa racial a seu projeto expansionista: "Um Estado que, numa época de adulteração racial, devota-se ao dever de preservar os melhores elementos de seu estoque racial deverá um dia tornar-se o senhor da Terra."[17] Mas, para se tornar "o senhor da Terra", o Estado nazista teria que resolver a "questão judaica". A resposta a esse problema provocou o mais terrível genocídio da história.

---

* O termo *Rassenhygiene* foi cunhado em 1895 por Alfred Ploetz, fundador da Sociedade Alemã de Higiene Racial. Ploetz não era, originalmente, um arianista, mas depois esteve, junto com seu pupilo Fritz Lenz, entre os criadores do "Círculo Nórdico" na instituição eugenista.

As sementes do Holocausto encontram-se, todas elas, no *Mein Kampf*. A obra de Hitler, diferentemente da tradição anterior do pensamento racista, insere a noção de raça num quadro geopolítico coerente, em torno do qual o Estado nazista elaborou a decisão da "solução final" (*Endlosung*). De um lado, o tema da raça ariana era subordinado ao imperativo do nacionalismo alemão. De outro, os judeus eram identificados como os inimigos mortais da Alemanha. A máquina de extermínio foi posta em funcionamento a partir desses dois pressupostos. Entretanto, é um equívoco interpretar a "solução final" como um fruto direto ou inevitável da doutrina hitlerista.

O processo que culminou com a decisão da "solução final" não se desenrolou no plano das ideias, mas no da política de Estado. Intelectualmente, a atitude de Hitler diante da "questão judaica" não sofreu mudanças significativas entre 1919 e 1945. Mas, no início dessa trajetória, seu objetivo último não era exterminar fisicamente os judeus, e sim expulsá-los da Alemanha. Ao longo do tempo, definiram-se diversas políticas distintas para os judeus, em função da evolução da conjuntura internacional. O extermínio só foi decidido quando a guerra mundial assumiu uma configuração ameaçadora para o futuro do Estado nazista.

O programa do Partido Nazista de 1920 previa reservar a cidadania alemã aos arianos, excluir os judeus dos empregos públicos e da imprensa e expulsar do país os judeus imigrados após o início da Primeira Guerra Mundial. Adicionalmente, aquele programa estabelecia que, "em caso de necessidade", o Estado deveria expulsar do país todos os estrangeiros. Essa combinação de medidas táticas e transitórias com a expressão de uma meta estratégica persistiu na linguagem dos nazistas até depois da chegada do Partido ao poder. No final de 1928, ponto de partida da sucessão de crises e eleições que o conduziria ao governo, Hitler declarou que os judeus só poderiam ser tolerados na Alemanha na condição de estrangeiros.[18]

Na perspectiva de Hitler, os judeus não representavam essencialmente um problema de política interna. Os judeus eram o inimigo mundial da Alemanha e, portanto, a solução da "questão judaica" entrelaçava-se com o tema do lugar da nação alemã na Europa e no mundo. Aparentemente, durante muitos anos, o líder nazista refreou sua tendência de expulsar os judeus do território alemão imaginando que eles seriam valiosos como reféns. Nessa ordem de ideias, o controle dos nazista sobre a comunidade judaica alemã ajudaria a dissuadir as potências inimigas de atacar a Alemanha antes que a máquina de guerra do país estivesse consolidada.

Hitler tendia a ver com bons olhos o projeto sionista de criação de um Estado judeu, mas não acreditava que ele pudesse se realizar. Na mesma ordem de ideias, parece ter avaliado a possibilidade de deportação de todos os judeus do mundo para uma "reserva", mas a descartou pois exigiria uma improvável cooperação internacional. O espectro do extermínio nunca se ausentou das declarações e confidências do líder nazista. Entretanto, seu ódio genuíno sempre foi subordinado à razão de Estado e, portanto, às circunstâncias da política internacional e nacional.

No *Mein Kampf*, Hitler oferece uma análise da conjuntura do início da Primeira Guerra Mundial que esclarece a sua abordagem do "problema judaico". Recordando a explosão de patriotismo que assinalou aquela fase do conflito e o sacrifício dos soldados na frente de batalha, ele avalia que aquele era o momento de "impiedosamente arrancar tudo o que se opunha ao espírito nacional". O fogo da sua crítica se dirige ao Kaiser, pela sua omissão em destruir os "criminosos" e os "vermes" – isto é, os judeus – que agiam como quintas-colunas na nação alemã.[19] Uma futura oportunidade como aquela não poderia ser desperdiçada. Como explicou Phillippe Burrin, esta passagem é crucial para a compreensão da mente de Hitler:

> Escrevendo após a derrota, ele atribuía retrospectivamente um duplo valor à medida rápida que desejaria aplicar. Um valor propiciatório, pois tal medida, traduzindo uma vontade de lutar até o fim, "talvez" favorecesse a vitória, poupando assim a vida de numerosos soldados alemães. E também um valor de vingança, e o que é mais espantoso: a morte de milhares de judeus, mesmo que não mudasse o resultado da guerra, seria, apesar de tudo, plenamente justificada porque vingaria a morte dos alemães tombados no campo de batalha.[20]

É importante compreender o significado da avaliação histórica hitlerista, do ponto de vista de suas repercussões para a política nazista. Hitler considerava que a Alemanha estaria praticamente condenada ao fracasso caso se repetisse a situação da guerra mundial anterior, na qual o país enfrentou uma ampla coalizão de potências num conflito prolongado. O planejamento de guerra que elaborou, desde a chegada ao poder, previa um conflito-relâmpago na Frente Ocidental, a neutralização da Grã-Bretanha e a consolidação da vitória alemã – tudo isso antes da abertura da guerra contra a URSS, na frente oriental. É concebível imaginar que, nesse cenário, sua solução para o "problema judaico" fosse a deportação e o estabelecimento de uma "reserva" fiscalizada pela Alemanha triunfante e por seus vassalos. O extermínio da "quinta-coluna" só se tornaria imperativo na pior hipótese, ou seja, no cenário de reprodução de uma guerra dilatada.

A solução do "problema judaico" e a conquista do "espaço vital" para o *Volk* alemão eram as duas grandes metas históricas do nazismo. Elas tinham importância equivalente, mas ocupavam lugares estratégicos distintos. O "espaço vital" podia ser obtido pela vitória na guerra e nada deveria atrapalhar esse empreendimento. Se as coisas funcionassem como Hitler esperava, o Reich restaurado teria à sua disposição os meios para expulsar os judeus da Europa e confiná-los para sempre num território vigiado. Enquanto a guerra não começava, os judeus alemães seriam aterrorizados, anulados enquanto fator político e utilizados como reféns. Contudo, se as coisas tomassem um rumo inesperado, a *Endlosung* poderia ser antecipada e assumir os contornos de um genocídio.

O regime nazista conduziu, incansavelmente, uma política antijudaica. Mas essa política não obedeceu, pelo menos até o início da guerra mundial, a diretrizes de nenhum plano central coerente. Entre a nomeação de Hitler para formar o gabinete de governo, em 1933, e a declaração de guerra, em 1939, diferentes agências do poder nazista adotaram as suas próprias iniciativas de perseguição aos judeus. Tais iniciativas não tinham sempre o mesmo sentido e refletiam a correlação de forças em mudança no interior de um bloco dirigente constituído por nazistas e pela direita conservadora tradicional. Nesse contexto, Hitler agia como árbitro de última instância, favorecendo ideologicamente os nazistas mais radicais, porém, ao mesmo tempo, vetando atos imprudentes à luz da situação internacional da Alemanha.

A primeira lei nacional antijudaica, adotada em 1933, proibiu aos "não-arianos" o acesso a empregos públicos. Os textos destinados a esclarecer a lei definiram os judeus como aqueles que tinham ao menos um quarto de "sangue judaico" (ou seja, um avô judeu). Por pressão dos conservadores, uma exceção foi aberta aos ex-combatentes judeus. Leis similares, do mesmo ano, proibiram os judeus de praticar a medicina e a advocacia.

Quase ao mesmo tempo, iniciou-se uma cooperação entre Himmler, chefe das SS e da polícia, e o movimento sionista. O objetivo de Himmler era conseguir a emigração rápida dos judeus alemães, o que coincidia com os esforços da Agência Judaica. Seguindo essa lógica, adotaram-se medidas destinadas a apregoar uma identidade judaica distinta, e os sionistas foram autorizados a criar escolas de hebraico e cursos de formação profissional para candidatos à transferência à Palestina.

Um segundo ciclo de leis antijudaicas completou-se durante o ano de 1935. A pressão começou a partir Goebbels, o ministro da Propaganda, e do Partido Nazista, que deflagrou ações de vandalismo contra comerciantes judeus. No congresso nazista de Nuremberg, Hitler pessoalmente solicitou a Bernhard Lösener, funcionário do Ministério do Interior encarregado das leis sobre os judeus, a elaboração de normas discriminatórias relativas ao matrimônio e à cidadania. As duas Leis de Nuremberg foram rapidamente aprovadas. A Lei para a Proteção do Sangue Germânico e da Honra Germânica proibiu casamentos e relações sexuais entre judeus e arianos.* A Lei de Cidadania do Reich cancelou a cidadania dos

---

* Adicionalmente, essa lei proibiu os judeus de içar a bandeira alemã, mas, coerentemente com a política de cooperação com o movimento sionista, permitiu-lhes expor a bandeira judaica branca e azul com a estrela de Davi ao centro. Conferir no site da University of the West of England o documento "Nuremberg Law for the Protection of German Blood and German Honor". Disponível em: <http://www.ess.uwe.ac.uk/documents/gerblood.htm>. Acesso em: 1 jun. 2009.

"não arianos" e introduziu uma distinção entre cidadãos e nacionais. Somente o "cidadão do Reich", categoria que excluía os judeus, possuiria "completos direitos políticos".[21] O debate que se seguiu, sobre os "meio-judeus" ou "judeus mestiços", é bastante esclarecedor da atitude hitlerista diante da questão racial.

O Partido Nazista pretendia conservar a definição ampla já existente pela qual um único avô judeu fazia de alguém um judeu, mas os conservadores do gabinete exigiam uma definição mais restrita. Para surpresa e consternação do Partido, Hitler decidiu-se pelo ponto de vista dos conservadores, declarando que a solução para os "mestiços" seria a assimilação, ao longo de algumas gerações. Walter Gross, chefe da Agência de Política Racial do Partido, explicou que o Führer não adotava uma "manobra tática", mas anunciava uma orientação de princípio.[22] Goebbels ainda tentou conseguir que ao menos os "meio-judeus" (ou seja, com dois avôs judeus) fossem considerados judeus, mas Hitler não cedeu e o decreto final considerou-os alemães, excluindo apenas aqueles casados com um judeu.

A abordagem de Hitler pode ser interpretada como um recuo circunstancial, com vistas a conservar a unidade do governo e a aplacar a opinião internacional, mas os argumentos do líder nazista apontam em outra direção. Eles indicam que o ponto central, na sua visão, não era racial, e sim político. A coesão do *Volk* alemão seria afetada se uma camada da população dividisse a sua lealdade ou não tivesse segurança sobre a sua identidade. O tema da "pureza de sangue", caro aos racistas místicos, não era verdadeiramente importante. O ódio aos judeus, por outro lado, tinha um valor estratégico. A definição restritiva ajudava a concentrar o ódio num alvo nítido, enquanto a assimilação cuidaria do resto.

Por essa época, nos estados sulistas dos EUA, estavam em pleno vigor leis antimiscigenação baseadas na regra da gota de sangue única, que definia como negro qualquer indivíduo com um antepassado negro. Uma corrente historiográfica sustenta a interpretação de que as Leis de Nuremberg inspiraram-se no modelo americano. Contudo, uma diferença essencial não deve passar despercebida. As leis segregacionistas americanas excluíam absolutamente a figura do mestiço e, nesse sentido, derivavam em linha direta do pensamento racial do século XIX. A decisão hitlerista de reconhecer como alemão o "meio-judeu" admitia a existência provisória de mestiços, assinalando uma significativa ruptura com o racismo tradicional.

A ambivalência do regime nazista sobre o "problema judaico" persistiu até o início da guerra, mas a tensão entre as iniciativas destinadas a expulsar os judeus e a política de conservá-los como reféns atingiu o auge em 1938. Com a anexação da Áustria (*Anschluss*), seguida pela Conferência de Munique, modificou-se a situação internacional da Alemanha e ampliou-se a liberdade de ação dos nazistas. Em Viena, sob a supervisão de Reinhard Heydrich, chefe do serviço de inteligência das SS, Otto Eichmann criou um sistema de emigração judaica em massa pelo qual o confisco dos judeus ricos financiava a saída dos pobres. Em Berlim, Goebbels tentava forçar o passo e, em novembro, deflagrou o grande ataque (*pogrom*) da Noite dos Cristais.

A Noite dos Cristais marcou o início da expulsão sistemática dos judeus do Reich. Entre 1933 e 1937, 130 mil judeus deixaram a Alemanha, quase um terço deles em direção à Palestina. Em 1938 e 1939, partiram 118 mil. Em setembro de 1938, Hitler comunicou ao embaixador polonês que pretendia articular com os países da Europa Central um plano de transferência dos judeus para uma colônia fora da Europa. A ideia foi repetida para vários interlocutores dos países da esfera de influência alemã ao longo do primeiro semestre de 1939. Em 30 de janeiro daquele ano, perante o Reichstag (o parlamento alemão), o Führer expôs aquela estratégia internacional e reafirmou, com mais clareza que em oportunidades anteriores, a ameaça premonitória: se os judeus novamente empurrassem as nações da Europa à guerra, seriam aniquilados como raça.[23]

Vitória na derrota

O programa de "eutanásia" T4 funcionou a plena força durante os primeiros dois anos da guerra, mas praticamente não atingiu os judeus. Nessa fase, a melhor hipótese hitlerista havia sido frustrada pela decisão britânica de continuar a combater, mas a aliança com a URSS assegurava uma perspectiva de triunfo para a Alemanha. A divisão da Polônia entre alemães e soviéticos e as rápidas vitórias do Exército alemão na Frente Ocidental formavam o pano de fundo para a orientação da política antijudaica nazista.

A guerra impedia, evidentemente, uma sequência do projeto hitlerista de cooperação geral para a remoção dos judeus da Europa, mas, ao mesmo tempo, a conquista da Polônia abria caminho para a criação de uma reserva territorial judaica fora do Reich. Essa ideia, que parece ter emanado de Rosenberg, foi anunciada por Heydrich logo após o início das hostilidades. A reserva ficaria no sul polonês, entre Cracóvia e Lublin, em território não anexado ao Reich, e receberia também os ciganos expulsos da Alemanha. Era, na visão do Führer, uma solução transitória, adaptada à conjuntura internacional.

O ambicioso projeto da reserva não foi adiante, pois inexistiam meios logísticos para realizá-lo, em meio a diversas outras prioridades militares e de reinstalação dos alemães procedentes da esfera de influência soviética na Polônia Oriental e nos Países Bálticos. Meses depois, com o fracasso dos esforços de Himmler para evacuar os judeus dos territórios anexados ao Reich, o Führer desinteressou-se da "solução polonesa".

Uma gota de sangue

No entanto, o destino dos judeus oscilava ao sabor da evolução da guerra. Na primavera de 1940, após a derrota francesa e quando circulavam rumores de que os britânicos firmariam a paz, Hitler retomou a ideia de expulsar os judeus de toda a Europa e de transferi-los para a colônia francesa de Madagascar. Pouco depois, entretanto, ficou evidente que a Grã-Bretanha continuaria a lutar, e o projeto foi adiado para um futuro incerto. A expressão "solução final", cunhada nos últimos meses de 1939, aparece em documentos nazistas sobre a questão judaica, mas até a invasão da URSS seu significado continou associado à ideia de deportação.

A invasão foi imaginada no fim de julho de 1940, decidida em definitivo após a reeleição de Franklin Roosevelt, em novembro, mas deflagrada apenas em junho de 1941. Nesse intervalo, persistiu no horizonte nazista o expediente de expulsão dos judeus da Europa, e Eichmann trabalhou ativamente no projeto Madagascar, chegando a enviar conselheiros antijudaicos a países da esfera de influência alemã para conversações sobre o tema.

O cenário modificou-se radicalmente com o início da Operação Barbarossa, em 22 de junho de 1941, quando as forças alemãs avançaram sobre a URSS. Na retaguarda, começaram os fuzilamentos em massa e a aniquilação de centenas de milhares de judeus soviéticos. As ações de extermínio, conduzidas pelos Einsatzgruppen (forças-tarefa da SS), tinham por alvo os funcionários comunistas, os judeus e todos os que tentassem resistir à invasão. As diretrizes de Hitler orientavam os comandos a estimular *pogroms* de judeus pelas populações locais. A violência extrema da ofensiva na URSS destinava-se, na formulação hitlerista, a eliminar a "camada dirigente judaico-bolchevista". Ainda não correspondia, contudo, a uma decisão de extermínio sistemático dos judeus da Europa.[24]

A decisão fatal veio em meados de setembro, depois do golpe representado pela assinatura da Carta do Atlântico, entre Winston Churchill e Franklin Roosevelt, a 11 de agosto, e quando Hitler tomou consciência do fracasso da Operação Barbarossa. A campanha na URSS deveria durar semanas ou poucos meses. Mas o inimigo dispunha de reservas militares superiores às avaliadas e lutava encarniçadamente. Em agosto, o Führer evidenciou a interlocutores que perdia as esperanças de um rápido triunfo. Nas semanas seguintes, ruminou muitas vezes as memórias amargas de 1918. A conclusão daquelas ruminações conduziu ao maior genocídio planejado da história. Os judeus foram condenados às câmaras de gás quando a vitória na guerra fugia ao seu alcance, o que converteu o objetivo último em prioridade imediata. A Alemanha triunfaria ou pereceria, mas os judeus não viveriam para testemunhar o desenlace.

A raça rejeitada

Menos de quatro anos depois da abertura dos campos de extermínio nazistas e do pleno reconhecimento do Holocausto, a ONU proclamou a Declaração Universal dos Direitos Humanos. O primeiro artigo do histórico documento começa com a célebre assertiva: "Todos os seres humanos nascem livres e iguais em dignidade e direitos." O segundo artigo cita a palavra raça, para afirmar que: "Todas as pessoas são titulares dos direitos e liberdades anunciados nesta Declaração, sem distinção de nenhum tipo, como raça, cor, sexo, linguagem, religião, opiniões políticas ou outras, origem nacional ou social, propriedade, nascimento ou outra condição."[25]

Dezenove meses mais tarde, em julho de 1950, a Unesco divulgou uma declaração intitulada "A questão da raça".[26] A declaração foi relatada pelo antropólogo anglo-americano Ashley Montagu, nascido Israel Ehrenberg, de pais judeus, no bairro pobre londrino de East End, e assinada por outros sete influentes especialistas nos campos da Antropologia, Biologia e Psicologia. Escrito sob o impacto brutal dos campos da morte, como rememorou um dos signatários originais, Claude Lévi-Strauss, no sexagésimo aniversário da Unesco, o texto começa do seguinte modo: "A importância que adquiriu o problema da raça no mundo moderno dificilmente precisa ser enfatizada. A humanidade não esquecerá tão cedo as injustiças e os crimes que conferiram trágicas ressonâncias à palavra 'raça'."

Alguns anos antes da deflagração da guerra mundial, líderes políticos e cientistas haviam solicitado uma conferência internacional para denunciar o racismo. Contudo, em nome da "política do apaziguamento", a iniciativa fora abortada. A Unesco a retomava após a indescritível catástrofe humana produzida pela conjunção do nacionalismo extremado com o racismo. Num esforço de esclarecimento político e moral, a declaração caracterizou o racismo como uma "expressão particularmente depravada e ignóbil do espírito de casta", que se sustenta sobre a "crença na inata e absoluta superioridade de um grupo humano arbitrariamente definido sobre outros grupos, também arbitrariamente definidos" que "no lugar de se basear em fatos científicos, é geralmente mantida em desafio ao método científico".

"A questão da raça" é um documento formulado por cientistas. A sua denúncia do racismo não era fruto de nenhum espetacular avanço nos conhecimentos científicos sobre o tema da raça. Tanto quanto a crença na raça do "racismo científico" predominante desde o século XIX apoiava-se essencialmente em atitudes culturais, a denúncia do pós-guerra refletia muito mais o novo contexto político que alguma súbita emergência de sólidas provas científicas capazes de destruir os velhos conceitos. O espectro de Auschwitz pairava sobre o mundo, impondo uma revisão com repercussões nos dois lados do Atlântico. Como apontou Stephen Jay Gould, num comentário sobre a posição da ciência diante do tema da raça:

> [...] alguns tópicos são carregados de enorme importância social, mas abençoados com muito pouca informação confiável. Quando a relação entre dados empíricos e impacto social é tão baixa, uma história de atitudes científicas

pode ser pouco mais que um registro oblíquo de mudanças sociais. A histórica das visões científicas sobre raça, por exemplo, espelha a dinâmica social. Esse espelho continua a refletir nos bons tempos e nos tempos ruins, nos períodos de crença na igualdade e nas eras de exaltado racismo. O dobre de finados do velho eugenismo nos EUA soou mais em virtude do uso singular de Hitler de argumentos antes aceitos pela esterilização e purificação racial do que de avanços no conhecimento genético.[27]

No momento em que foi elaborada a declaração da Unesco, a Genética ainda não havia demonstrado a natureza literalmente superficial das diferenças entre as chamadas "raças". Prudentes, os especialistas escreveram que:

> o fato biológico da raça e o mito da "raça" devem ser distinguidos. Para todos os propósitos sociais práticos, "raça" não é menos um fenômeno biológico que um mito social. O mito da "raça" criou uma quantidade enorme de prejuízos humanos e sociais.

Amparados no estado das ciências, os especialistas indicaram que os grupos humanos não se distinguem por suas capacidades intelectuais, que diferenças genéticas não têm importância na interpretação das diferenças sociais e culturais entre grupos humanos e que não existia nenhuma evidência capaz de sugerir malefícios advindos da miscigenação.

No seu parágrafo final, a declaração fez o elogio da "ética da irmandade universal", assegurando que esta se sustenta nos dados oriundos da investigação biológica. A pretensão era firmar um definitivo atestado de óbito da raça. Poucos, naquele momento, poderiam supor ou adivinhar um retorno triunfante da raça aos domínios do discurso político e social.

Notas

[1] CHAMBERLAIN, Houston Stewart. *The foundations of the 19th century*. Londres, John Lane, The Bodley Head, 1912, p. 495.

[2] ROOSEVELT, Theodore. "The foundations of the nineteenth century". *History as literature*. Nova York, Charles Scribner's Sons, 1913. Disponível em: <http://www.bartleby.com/56/8.html>. Acesso em: 14 jun. 2009.

[3] ROSENBERG, Alfred. *The myth of the twentieth century*. Newport Beach, Noontide Press, 1982, p. 106.

[4] LUKACS, John. *O Hitler da história*. Rio de Janeiro, Jorge Zahar, 1998, p. 92.

[5] LUKACS, John. Op. cit., p. 92.

[6] HITLER, Adolf. *Mein Kampf*, Londres/Nova York/Melbourne, Hurst & Blackett, 1939, p. 85.

[7] LUKACS, John. Op. cit., p. 92.

[8] LUKACS, John. Op. cit., p. 93.

[9] HITLER, Adolf. Op. cit., p. 235.

[10] HITLER, Adolf. Op. cit., p. 236.

[11] GOULD, Stephen Jay. *The mismeasure of man*. Nova York/Londres, Penguin Books, 1996, p. 108.

Hitler e a crise da raça

[12] HITLER, Adolf. Op. cit., p. 307.

[13] HITLER, Adolf. Op. cit., p. 314.

[14] BAUR, Eugene. "The law for the prevention of hereditarily diseased offspring". Disponível em: <http://www.facinghistorycampus.org/campus/rm.nsf/0/81C67A69F8081A5885257037005E9C6A>. Acesso em: 1 jun. 2009.

[15] WEISS, Sheila Faith. *Race hygiene and national efficiency: the eugenics of Wilhelm Schallmayer*. Berkeley/Los Angeles/Oxford, University of California Press, 1987, p. 46.

[16] WEISS, Sheila Faith. Op. cit., p. 102.

[17] HITLER, Adolf. Op. cit., p. 525.

[18] BURRIN, Philippe. *Hitler e os judeus: génese de um genocídio*. Porto Alegre, L&PM, 1990, p. 27.

[19] HITLER, Adolf. Op. cit., p. 140.

[20] BURRIN, Philippe. Op. cit., p. 31.

[21] UNIVERSITY OF THE WEST OF ENGLAND. "Reich citizenship law". Disponível em: <http://www.ess.uwe.ac.uk/documents/citizen.htm>. Acesso em: 1 jun. 2009.

[22] BURRIN, Philippe. Op. cit., p. 47.

[23] BURRIN, Philippe. Op. cit., p. 63.

[24] BURRIN, Philippe. Op. cit., p. 109.

[25] THE UNIVERSAL DECLARATION OF HUMAN RIGHTS. Disponível em: <http://www.un.org/Overview/rights.html>. Acesso em: 1 jun. 2009.

[26] UNESCO. "The race question". Disponível em: <http://unesdoc.unesco.org/images/0012/001282/128291eo.pdf>. Acesso em: 1 jun. 2009.

[27] GOULD, Stephen Jay. Op. cit., p. 54.

Revolta em Soweto

Pieter Willem Botha, o PW ou "Grande Crocodilo", governou a África do Sul entre 1978 e 1989, como primeiro-ministro e depois como presidente. Numa entrevista, explicou:

> O apartheid, como o compreendemos, existiu na África do Sul desde os séculos anteriores sob o domínio britânico. [...] O paternalismo colonial tinha uma conotação racial e, por algumas centenas de anos, os brancos governaram os negros em todo o mundo. A África do Sul herdou o paternalismo colonial, e isso acarretou o governo dos negros pelos brancos.[1]

A entrevista foi concedida em 1986 e o diagnóstico deve ser interpretado num contexto internacional de pressões diplomáticas crescentes contra o regime que ele liderava. No outono do apartheid, que seria completamente abolido com as eleições de 1994, o presidente sul-africano procurava passar uma borracha sobre a singularidade do Estado racial implantado quase quatro décadas antes e, para isso, situava as suas origens num passado mais distante. Nesse passo, ele dividia as responsabilidades pelo sistema de segregação oficial com a Grã-Bretanha, a antiga potência colonial que subordinou os colonos bôeres* na sangrenta Guerra dos Bôeres (1899-1902).

PW tinha um claro interesse político em situar o estado racial de seu país no cenário amplo da colonização europeia na África. As Nações Unidas haviam passado resoluções de condenação do apartheid nas conferências internacionais contra o racismo de 1978 e 1983. A África do Sul já sofria sanções culturais e esportivas e, nos anos 1980, iniciava-se um movimento de desinvestimento de empresas multinacionais estabelecidas no país. Internacionalmente, o regime de minoria branca contava apenas com o "engajamento construtivo" dos governos de Margaret Thatcher, da Grã- Bretanha, e de Ronald Reagan, dos EUA, que enxergavam na África do Sul um bastião anticomunista na África austral, mas mesmo esses apoios incertos e ambíguos se dissolveriam anos depois, com o fim da Guerra Fria.

A interpretação de PW contrariava a narrativa histórica organizada em torno da ideia da singularidade do regime do apartheid. Segundo tal narrativa, o regime político estabeleceu-se em 1948, a partir da vitória eleitoral do Partido Nacional, a organização política dos africânderes,** sobre o Partido Unido, que representava os interesses da população de origem britânica. O poder africânder representaria um desvio radical da norma da colonização britânica na África e expressaria um nacionalismo étnico exacerbado, com nítidas inclinações nazistas.

A cadeia de eventos que conduziu os africânderes ao poder parece oferecer sustentação à narrativa canônica. O Partido Unido, que governou o país entre 1934 e 1948, nasceu da fusão entre o Partido Sul-Africano, de Jan Smuts, o estadista que corporificava os laços entre a África do Sul e a Grã-Bretanha, e uma facção do Partido Nacional dirigida pelo general James Barry Hertzog, um dos líderes africânderes na Guerra dos Bôeres. Na hora da declaração britânica de guerra à Alemanha nazista, em 1939, o primeiro-ministro Hertzog pronunciou-se pela neutralidade, ficou em minoria no partido e renunciou à chefia do governo. No governo de Smuts, a África do Sul engajou-se na guerra ao lado dos britânicos, enquanto Hertzog conduzia sua facção política de volta ao Partido Nacional, que sobrevivia sob a liderança ultranacionalista de Daniel François Malan. Foi esse Partido Nacional, reunificado e antibritânico, que implantou formalmente o regime do apartheid.

---

*   *Bôer* é o termo holandês que designa agricultores. Historicamente, o termo passou a designar os colonos protestantes, geralmente oriundos da Holanda, que se estabeleceram na África austral a partir da fundação da Colônia do Cabo, pela Companhia Holandesa das Índias Orientais (VOC), em 1652.

**   O termo africânder designa o conjunto dos descendentes dos colonos bôeres na África do Sul, que utilizam o idioma africâner, um dialeto derivado do holandês do século XVII.

Há mais evidências para sustentar a tese da excepcionalidade sul-africana. Em 1918, quatro anos depois da formação do Partido Nacional de Hertzog, surgira a Jovem África do Sul, logo rebatizada Afrikaner Broederbond (Irmandade Africânder), uma sociedade secreta, de composição exclusivamente masculina e protestante, devotada à promoção da supremacia dos descendentes dos bôeres. Jan Smuts classificou-a mais tarde como uma perigosa organização fascista, mas quando ela se constituiu carecia de objetivos claramente definidos e foi vista por seus aderentes iniciais como uma rede cultural destinada a conservar as tradições bôeres e o idioma africâner num mundo em rápida mutação.

A Broederbond nasceu como reação às humilhações impostas aos africânderes após a vitória britânica na Guerra dos Bôeres e à política de anglicização conduzida pelo governador britânico Alfred Milner nas antigas colônias dos bôeres de Orange e do Transvaal, no platô interior sul-africano. Mas ela organizava-se doutrinariamente em torno do conceito romântico do *Volk* africânder, uma ponte intelectual que conectaria diversos de seus líderes ao pensamento nazista. De acordo com uma suposta declaração de Hertzog, de 1935, a Broederbond era a face subterrânea do Partido Nacional, que por sua vez não passava da expressão pública da Broederbond. E, de fato, quase todos os integrantes dos gabinetes de governo posteriores a 1948 pertenciam à sociedade secreta africânder.

Funcionalmente, a legislação do apartheid foi concebida em 1947, no interior do Escritório Sul-Africano de Assuntos Raciais, uma agência governamental infiltrada por integrantes da Broederbond, e progressivamente implantada a partir das eleições que conduziram Malan à chefia do gabinete no ano seguinte. Malan pertencia à Broederbond, assim como seus sucessores Johannes Strijdom, Hendrik Verwoerd, John Vorster e o próprio PW. Dirigentes da Broederbond constituíram o conglomerado financeiro sul-africano Absa Group, e outras destacadas empresas sul-africanas nos setores de finanças e de produção de material bélico surgiram a partir da cúpula da sociedade secreta.

O sistema oficial do apartheid tomou forma no mesmo ano em que a ONU redigia a Declaração Universal dos Direitos Humanos e apenas dois anos antes da divulgação da célebre declaração antirracista da Unesco. Não é difícil contar a história da África do Sul do apartheid como a narrativa de um fenômeno desviante, literalmente reacionário. Essa versão, que se tornou dominante, relegaria o diagnóstico do "Grande Crocodilo" Botha ao escaninho das tentativas de justificação tardia de um regime odioso. Mas PW não era um sofisticado ideólogo nem, muito menos, um hábil estadista. Ele falou o que realmente pensava e, na sua avaliação histórica, há uma parte incômoda da verdade.

O apartheid como norma

O Cabo foi povoado inicialmente por poucos milhares de colonos holandeses, alemães e escandinavos, em sua maioria calvinistas, e duas centenas de huguenotes franceses fugidos da perseguição religiosa. Além dos colonos livres, participavam da economia local um certo número de escravos, africanos ou malasianos importados e nativos pastores Khoi, então denominados hotentotes. Verificou-se significativa miscigenação entre colonos e escravos, da qual resultou uma população mestiça, os chamados coloured, que representam hoje cerca de 9% dos 44 milhões de sul-africanos.

Ao longo do século XVIII, a fronteira de povoamento bôer moveu-se para o nordeste do Cabo, em ondas sucessivas conhecidas como treks (jornadas), promovendo a ocupação das pradarias por criadores de gado. Os treks propiciaram o encontro dos bôeres com os agricultores bantos do interior. A resistência banto ao avanço dos colonos degenerou nas duas primeiras "guerras cafres",* em 1779 e 1789, pouco antes da invasão da Holanda pelas forças napoleônicas e do fim do controle da VOC sobre a colônia no extremo meridional da África.

A soberania sobre a Colônia do Cabo passou formalmente à Coroa britânica em 1814, em decorrência dos acordos do Congresso de Viena. Nessa transição encontram-se as raízes da fragmentação política da África do Sul em distintas colônias. O choque entre o poder britânico e o modo de vida bôer manifestou-se como oposição entre as línguas inglesa e africâner e entre as missões anglicanas e a Igreja Reformada Holandesa. Mas, sobretudo, as tensões derivaram do projeto recolonizador britânico.

Com a finalidade de uniformizar a tributação, o Ministério Colonial de Londres regulamentou o direito de propriedade da terra e criou reservas para os bantos, restringindo os horizontes de expropriação fundiária dos nativos pelos colonos. A ruptura crucial deu-se com a abolição geral da escravidão nos domínios britânicos, por decisão parlamentar, em 1833. No Cabo, cerca de 35 mil escravos ganharam a liberdade, e seus proprietários bôeres receberam indenizações num total de 20 milhões de libras esterlinas. O ato de abolição foi o estampido do Grand Trek, a jornada que ocuparia o lugar de mito fundador da nação africânder na África do Sul.

Os treks precedentes haviam formado um tapete contínuo de povoamento, conectado à base colonial do Cabo. No Grand Trek, entre 1834 e 1838, milhares de colonos partiram em levas sucessivas, com seus carros de bois e rebanhos, seguindo líderes religiosos e militares, e irrompendo nos altos platôs interiores. No espírito

---

* O termo "cafre", oriundo do nome de uma das tribos bantos da África austral, passou a ser usado pelos colonos como denominação genérica dos nativos.

daqueles colonos, as jornadas refaziam a epopeia bíblica do Êxodo e sinalizavam as trilhas rumo à Terra Prometida. O episódio, um ato de revolta contra o futuro e uma negação radical da modernidade, moldou duradouramente a visão de mundo dos bôeres. Isolando-se do processo evolutivo, os colonos recusavam um entorno técnico e ideológico em rápida transformação e devotavam-se à aventura de reiterar, indefinidamente, o seu modo de vida e os seus modelos mentais tradicionais.

Vencendo as escarpas íngremes, os *trekers* atingiram os platôs recobertos de savanas e campos. Muitos atravessaram o rio Orange e fundaram o Estado Livre de Orange, com capital em Bloemfontein. Outros seguiram adiante, cruzaram o rio Vaal e fundaram o Transvaal, com capital em Pretória, uma homenagem a Andrés Pretorius, o líder bôer que comandou o extermínio de mais de três mil zulus na batalha de Blood River, em 1838. Um terceiro fluxo bôer tentou estabelecer uma República na região oriental do Natal, mas os colonos foram repelidos pelos britânicos, retrocederam e acabaram se unindo ao Transvaal.

Os britânicos reconheceram a autonomia dos dois Estados bôeres, mas, em 1877, decretaram a anexação do Transvaal. O ato deflagrou a primeira guerra anglo-bôer, na qual os colonos, sob a direção de Paul Kruger, o maior de todos os chefes bôeres, se impuseram sobre as tropas britânicas. Nas suas Repúblicas isoladas, aferrados ao Velho Testamento e aos costumes dos antepassados, os bôeres completaram uma trajetória de africanização. Com seus velhos líderes de longas barbas brancas, carros de bois, escravos e proles numerosas, constituíram uma nova tribo nas terras interiores da África austral.*

As descobertas sucessivas de diamantes, em 1876, na confluência dos rios Orange e Vaal, uma faixa de limites incertos entre o Cabo e o Orange, e de ouro, em 1885, no Witwatersrand (ou, simplesmente, Rand), pouco ao sul de Pretória, em pleno Transvaal, romperam o equilíbrio geopolítico na África do Sul. A corrida dos diamentes fez surgir do nada a cidade de mineiros de Kimberley, rodeada de núcleos de negros imigrantes que trabalhavam como operários dos escavadores brancos. Uma corrida do ouro ainda maior levou milhares de *uitlanders* (estrangeiros, na expressão dos bôeres de Pretória) para o Rand, onde nasceu no platô desolado a cidade de Johannesburgo, que evoluiria como maior polo comercial, financeiro e demográfico da África do Sul.

A exploração dos diamantes logo caiu no monopólio da De Beers, empresa criada pelo célebre imperialista britânico Cecil John Rhodes, que diversificou

---

* O venerado Paul Kruger ilustra, numa escala exagerada, os padrões das famílias bôeres. Durante sua vida, entre filhos, netos e bisnetos, ele chegou a ter 156 descendentes.

Uma gota de sangue

seus negócios e, sob o beneplácito do Ministério Colonial, assumiu concessões ferroviárias e telegráficas. A De Beers expandiu-se para as minas de ouro do Rand, onde enfrentou a concorrência do empreendedor alemão Ernest Oppenheimer, que acabaria por assumir posição majoritária e fundar, em 1917, a gigantesca Anglo American Corporation, símbolo maior do "capitalismo minerador" sul-africano.

A Guerra dos Bôeres eclodiu a partir de uma série de incidentes entre Kruger, o representante do poder bôer no Transvaal, e Rhodes, o símbolo do novo "capitalismo minerador". O primeiro, apegado à utopia de sua República agrária isolada, negava direitos políticos aos *uitlanders*, tributava pesadamente as minas e taxava os fretes. O segundo, que já se tornara primeiro-ministro do Cabo, almejava eliminar os entraves aos negócios representados pelas entidades políticas bôeres. O conflito, de uma violência singular, iniciou-se com avassaladores triunfos das forças de Kruger e exigiu o engajamento de quatrocentos mil soldados britânicos, transferidos inclusive do Canadá e da Austrália. Em 1900, os britânicos haviam se imposto, e Kruger partiu em busca de aliados na Europa. O líder bôer não retornaria vivo a seu país. Ele morreu na Suíça, em 1904, e teve um enterro com honras de Estado em Pretória. Dois anos antes, Rhodes, sua nêmesis, falecera no Cabo e, conforme um desejo expresso, fora enterrado no cume de granito dos morros Matopos, na então Rodésia do Sul (atual Zimbábue).

Os bôeres mantiveram ainda uma guerra de guerrilhas, sob a liderança de homens como Louis Botha e Smuts, que mais tarde promoveriam a conciliação entre os africânderes e a Grã-Bretanha. A resistência tenaz foi vencida pela combinação do uso da força, com a queima de fazendas e o confinamento em massa de bôeres em campos de concentração, e da persuasão, com a concessão da cidadania britânica a todos os colonos e a garantia de autonomia para a União Sul-Africana no interior do Império Britânico.

Na área diamantífera de Kimberley, desde o início, um sistema de passes impedia o acesso independente de negros aos campos da fortuna. No Rand, em escala muito maior que em Kimberley, os nativos africanos foram recrutados para o trabalho nas minas e constituíram, na periferia de Johannesburgo, a vasta aglomeração de Soweto.* Em 1893, os mineradores brancos já protestavam contra a concorrência da mão de obra nativa, e o governo bôer do Transvaal impôs uma regra de cor estatutária, limitando a contratação de africanos pelo conglomerado de Rhodes. A rígida separação entre brancos e nativos certamente atrapalhava os

---

* O nome Soweto é a abreviação de South Western Townships, indicando os guetos negros que se constituíram a sudoeste da cidade branca de Johannesburgo.

66

negócios, mas de modo nenhum representava uma novidade digna de nota na África colonial britânica.

A historiografia dos imperialismos europeus na África estabeleceu uma distinção entre os princípios do assimilacionismo, uma marca da colonização católica e portuguesa, e da segregação, uma marca da colonização britânica e protestante. Num ensaio inspirado, o antropólogo Peter Fry observou que essa distinção não deveria ser interpretada como um contraste entre atitudes "fixas e imutáveis", registrou a significativa miscigenação entre colonos protestantes e nativos do Cabo e assinalou que as duas potências coloniais invocaram tanto um princípio quanto o outro, em conjunturas diferentes. O recorte histórico é importante:

> Só no final do século XIX o segregacionismo passou a ser o dogma dos governos coloniais britânicos. Neste mesmo período, Portugal manteve seu comprometimento com a assimilação, mas moderou-o com medidas separatistas, por meio da operação informal do preconceito racista, a institucionalização do trabalho forçado e o confinamento parcial da população indígena em "circunscrições", o equivalente das reservas.[2]

No percurso de sua análise, Fry mostrou que a abordagem historiográfica impregnou-se das clássicas inclinações antiportuguesas dos britânicos. Mas, sobretudo, evidenciou um aparente paradoxo: a "missão civilizadora" na África, tal como proclamada pelos britânicos, associava a denúncia da escravidão com o desprezo pela mestiçagem. Não é fortuito que personagens tão distintos quanto o primeiro-ministro Palmerston, o explorador David Livingstone e o administrador colonial Frederick Lugard revelassem, entre a segunda metade do século XIX e o início do século XX, um mesmo sentimento de superioridade moral diante dos colonialistas portugueses e usassem expressões como "delinquência moral" e "devassidão" para fazer referência à miscigenação em Moçambique.[3]

Na África do Sul britânica, o princípio da segregação se impôs, progressivamente, a partir da segunda metade do século XIX. Em meados do século, como ocorreu em outras partes do sistema colonial britânico, criaram-se parlamentos no Cabo e no Natal. Neles, ao contrário das câmaras bôeres, em tese negros podiam votar e ser eleitos. Entretanto, as regras de qualificação econômica e educacional do eleitorado impediram na prática a presença de representantes *coloured* ou bantos nesses parlamentos.* Tais regras, que variavam localmente, foram uniformizadas

---

* Contudo, havia representantes *coloured* na câmara municipal da Cidade do Cabo, entre os quais, por muitos anos, o médico Abdullah Abdurahman, líder da Organização Política Africana (APO). Este primeiro partido não branco estabelecido na África do Sul foi criado em 1902 e seus filiados eram, exclusivamente, mestiços do Cabo.

Uma gota de sangue

por leis promulgadas na década de 1890. Em 1905, uma lei delimitou as terras reservadas aos bantos e criou o sistema de passes (*pass laws*), que restringiu os direitos de circulação dos nativos. No ano seguinte, implantou-se o registro étnico e o passaporte interno para os asiáticos do Natal.*

O jovem advogado Mahatma Gandhi, que emigrara para o Natal em 1893, onde permaneceu até 1915, iniciou a sua longa carreira de ativista defendendo os direitos políticos da comunidade indiana da colônia. Ele fundou o Congresso Indiano do Natal e organizou protestos contra o registro étnico dos asiáticos. Quando eclodiu uma guerra entre a administração colonial e os nativos zulus do Natal, em 1906, negociou com Smuts a incorporação de um contingente indiano às Forças Armadas britânicas. O norte de sua luta política era conseguir o estatuto de cidadãos britânicos com plenos direitos para os indianos, para que a comunidade étnica não se visse lançada à vala comum dos "cafres".

Uma década antes de assumir a chefia de governo da África do Sul, Smuts proferiu, em Oxford, as Palestras em Memória de Rhodes. Nessas conferências, o homem que simbolizou a conciliação entre britânicos e africânderes criticou, do seu ponto de vista, as atitudes britânicas prevalecentes na África durante boa parte do do século XIX. Durante muito tempo, sob o influxo dos "princípios da Revolução Francesa", delineou-se a missão de "transformar os africanos primitivos em bons europeus". Essa meta ofereceu aos nativos "uma aparência de igualdade com os brancos que de pouco lhes servia" e "destruiu a base do sistema africano, que era o seu maior bem". A verdadeira missão civilizatória, que se encontrava já em plena aplicação, consistia em preservar as tradições e instituições africanas, separando-as das europeias: "O Império Britânico não simboliza a assimilação dos povos em um tipo único, não simboliza a padronização, mas o desenvolvimento mais pleno e livre dos povos segundo suas próprias linhas específicas."[4]

Bem antes da implantação formal do apartheid, Smuts estava explicitamente defendendo a "segregação institucional" e a "segregação territorial". Em 1909, uma convenção constitucional reunindo britânicos e africânderes da África do Sul limpou as cicatrizes da Guerra dos Bôeres e estabeleceu as bases para a unificação das colônias do Cabo, Natal, Transvaal e Orange na União Sul-Africana. A Lei da África do Sul, emanada daquela convenção, criou um parlamento bicameral, sediado na Cidade do Cabo, determinou que senadores e deputados seriam "súditos britânicos de ascendência europeia" e praticamente definiu o eleitorado em bases

---

* A comunidade de origem asiática na África do Sul originou-se de trabalhadores imigrados da Índia Britânica para as plantações de cana-de-açúcar do Natal a partir de 1843.

68

raciais.[5] Como concessão a um passado mais liberal, a lei constitucional assegurou o direito de voto aos *coloured* do Cabo e aos escassos asiáticos e bantos que já o tinham antes da união das colônias.

O edifício da segregação ergueu-se implacavelmente. Em 1913, a Lei de Terras dos Nativos reservou terras para cada comunidade "racial", atribuindo aos bantos 8% do total das terras e permitindo a expulsão de cerca de um milhão de camponeses.* Em 1918 e 1923, duas leis de zoneamento residencial delimitaram guetos raciais (*townships*) nas cidades brancas. Em 1926, a Lei de Barreira de Cor impediu a contratação de não brancos para empregos qualificados nas minas e indústrias. Em 1936, a Lei de Representação dos Negros cancelou inteiramente o direito de voto dos negros e criou uma representação separada para os *coloured* do Cabo. Dez anos depois, quase às vésperas da vitória eleitoral do Partido Nacional, o gabinete de Smuts passou a Lei de Posse de Terras dos Asiáticos, que proibiu a venda de terras para indianos.

A norma como exceção

A constituição original do Transvaal, de 1858, estipulava que "está fora de cogitação a igualdade entre brancos e não brancos, tanto na Igreja como no Estado".[6] Os bôeres não tinham dúvidas a respeito do princípio da separação racial, num tempo em que os britânicos oscilavam entre as ideias conflitantes da igualdade dos homens e da irredutível diferença entre as raças. Contudo, na hora em que consolidaram seu controle sobre a África do Sul, os britânicos já pensavam de modo bastante parecido ao dos bôeres derrotados, ao menos acerca do problema da raça.

A legislação segregacionista anterior a 1948 derivou, em parte, da necessidade de reconciliação entre a administração colonial e os africânderes. Não houve uma rendição incondicional no fim da Guerra dos Bôeres, mas um acordo ambíguo que só propiciou a unificação das colônias depois de anos e complicadas negociações. O governador Milner expôs com desgosto, em 1905, a receita para a formação da União Sul-Africana: "Basta sacrificar os *niggers* e o jogo fica fácil."[7] Os *niggers* (pretos) foram sacrificados passo a passo no altar da geopolítica britânica. Mas não foi difícil sacrificá-los naqueles tempos de glória do "racismo científico", de fusão entre os paradigmas do nacionalismo e da raça e de entusiasmo internacional pelo eugenismo.

Na África do Sul do "capitalismo minerador", o tema da raça cruzou-se desde o início com o dos direitos dos trabalhadores. Antes da Guerra dos Bôeres, a De

---

* Uma nova lei fundiária, de 1936, elevou para 13% as terras reservadas aos nativos.

Beers de Rhodes exigia a liberdade de contratar negros para reduzir os custos de operação de suas minas profundas, e, já naqueles tempos, os operários brancos ofereceram resistência a essa estratégia empresarial. O crescimento explosivo do setor minerador e da indústria, junto com a urbanização dos africânderes, amplificou as tensões. Quando terminou a Primeira Guerra Mundial, os empresários da Câmara das Minas reagiram à queda inevitável das cotações do ouro, aumentando a contratação de negros. A iniciativa deflagrou um movimento grevista selvagem no Rand, que degenerou em batalhas campais entre os trabalhadores brancos e as forças governamentais. Mais de 250 grevistas foram mortos e os líderes da chamada "Revolta Vermelha", enforcados. A divisa dos revoltosos, decalcada do Manifesto Comunista de 1848, era: "Trabalhadores de todo o mundo, uni-vos por uma África do Sul Branca."[8] O jovem Partido Comunista Sul-Africano, fundado no ano anterior, ocupou postos-chave na liderança do movimento.*

A "Revolta Vermelha" assinalou o início da inflexão que se concluiria em 1948. Dois anos depois dos confrontos sangrentos no Rand, Smuts perdeu as eleições para Hertzog. O novo governo refletia tanto o nacionalismo da Broederbond quanto os interesses dos trabalhadores brancos e dos africânderes pobres das cidades. A Lei de Barreira de Cor, promulgada em seguida, e a criação de indústrias estatais destinadas a assegurar o emprego dos brancos puseram em prática a divisa dos revoltosos de 1922. A guerra mundial implodiu de uma vez a coalizão entre a elite pró-britânica do Cabo e os políticos africânderes de Pretória. Alguns líderes do Partido Nacional expressaram abertamente seu apoio a Hitler, e o Ossewabrandwag (OB), um grupo clandestino de extrema direita, promoveu atos de sabotagem contra o governo de Smuts.**

Na narrativa canônica, que se estabeleceu quando o regime do apartheid enfrentava o isolamento internacional, o Partido Nacional vitorioso em 1948 é apresentado como uma corrente política quase nazista e a África do Sul branca como um desvio patológico reminiscente da Alemanha de Hitler. Contudo, essa interpretação oculta o mais importante: a coalizão que implantou o apartheid não era uma expressão direta da elite intelectual romântica e filonazista da Broederbond do Transvaal, mas principalmente de pensadores do Cabo, influenciados

---

* Os comunistas sul-africanos defenderam a limitação da contratação de negros até 1924. Naquele ano, por ordem da Internacional Comunista, reorientaram seu programa definindo a África do Sul como uma nação que deveria pertencer aos "nativos" e "africanizando" o Partido. Pouco mais tarde, mudaram novamente de posição e passaram a defender uma nação para todos os sul-africanos e um governo baseado na vontade da maioria.

** O jovem John Vorster, que viria a ser primeiro-ministro um quarto de século mais tarde, militou no OB e, em virtude de atos de sabotagem, foi aprisionado na província de Orange.

pelo pensamento racial predominante no Ocidente e organizados em torno da liderança de Malan.

O persistente impacto da Broederbond no centro do poder sul-africano é algo bem documentado, mas a organização secreta funcionava como uma rede mais ou menos fluida de ideias e negócios. Malan pertencia a ela, como grande parte da elite política africânder, mas suas conexões cruciais encontravam-se no Cabo. Os pensadores decisivos na formulação do plano do apartheid, inspirados no paternalismo colonial dos missionários da Igreja Reformada Holandesa e no sistema de segregação aplicado no sul dos EUA, imaginaram-no como uma modernização da legislação segregacionista já existente na própria África do Sul. Esses fundadores intelectuais do apartheid, N. P. van Wyk Louw e G. B. A. Gerdener, delinearam na década de 1930 os contornos do programa geral de "separação de raças" conduzido no pós-guerra.[9]

Wyk Louw, acadêmico e poeta, tido como a maior autoridade na literatura africânder, procurou conciliar a ideia do apartheid com os princípios do liberalismo. Ele via na África do Sul uma ponte civilizatória entre Europa e África e advogava a "adaptação" do pensamento liberal às condições peculiares sul-africanas. Gerdener, historiador das missões holandesas na Universidade de Stellenbosch, no Cabo, narrou a epopeia dos bôeres de modo a apresentar a separação das raças como condição para a manutenção da liberdade dos brancos e das culturas dos nativos.* Os dois viriam a criticar os traços mais cruéis do apartheid, que interpretaram como desvios de uma norma benigna.

O Partido Nacional de Malan teve 402 mil votos nas eleições de 1948, enquanto o Partido Unido de Smuts alcançou 524 mil votos. Entretanto, o sistema distrital vigente ampliava artificialmente a representação rural, de modo que o Partido Nacional conseguiu 70 cadeiras, contra as 65 do Partido Unido, num parlamento de 150 representantes. Sob os gabinetes de Malan (1948-1954), Strijdom (1954-1958) e Verwoerd (1958-1966), o partido africânder estabeleceu o chamado "Pequeno Apartheid". Em 1961, estimulado pela política britânica de concessão da independência a suas colônias africanas, Verwoerd rompeu os laços com a Comunidade Britânica e proclamou a República Sul-Africana.

O edifício jurídico do apartheid foi erguido sobre a Lei de Registro da População, de 1950, que classificou os sul-africanos com base em critérios etnorraciais.

---

* Deve-se a Gerdener uma biografia de Sarel Cilliers, pregador e companheiro de Pretorius na Batalha de Blood River. Cilliers teria jurado, na hora da batalha, que se Deus concedesse a vitória aos bôeres, eles construiriam uma igreja e que aquele dia, 16 de dezembro, seria celebrado para sempre como feriado religioso. A data não foi celebrada ao longo de quase todo o século XIX. A biografia de Gerdener, publicada em 1919, parece ter desempenhado um papel decisivo na difusão e consolidação do feriado africânder do Dia do Juramento.

Uma gota de sangue

A lei definiu os quatro grandes grupos de raça: brancos, negros, mestiços (*coloured*) e asiáticos. Além disso, dividiu os negros em grupos linguísticos (nguni, sotho, venda, shangaan-tsonga e ndebele), dos quais emanavam nove etnias: zulu, xhosa, swazi, tsonga, venda, tswana, sotho do norte, sotho do sul e ndebele.

A operação classificatória alicerçava-se supostamente na Etnologia, mas não conseguia ocultar as suas fragilidades. Alguns grupos bantos distinguiam-se por um passado de conflitos militares, enquanto outros apresentavam apenas pequenas diferenças de dialeto em virtude do distanciamento geográfico. De qualquer modo, os sábios classificadores não se envergonharam sequer de inventar a etnia ndebele, mesmo "ndebele" sendo apenas um termo da língua sotho usado para designar os zulus.

Suposições etnológicas serviam para classificar os negros em grupos étnicos, mas não tinham utilidade no caso dos mestiços do Cabo, de variadas origens, que falavam o africânder ou o inglês, ou ambos. Para distingui-los dos negros e dos brancos, inventaram-se testes práticos constrangedores, como o do pente, pelo qual o agente recenseador determinava o grau de crespidão do cabelo dos indivíduos. Naturalmente, como resultado dessa abordagem, pessoas da mesma família acabavam rotuladas em diferentes grupos raciais.

Submetidos à classificação do apartheid, os *coloured* desenvolveram um sentido de coesão étnica que ocultou a diversidade cultural dos mestiços do Cabo. A história da segregação colocou-os em posição intermediária entre os brancos e os bantos. O Estado africânder definiu-os curiosamente como uma "nação em formação". Ao longo do tempo, as lideranças políticas *coloured* oscilaram entre a tentativa de se distinguir dos negros, de modo a conservar um mínimo de direitos, e a adesão ao projeto de uma África do Sul democrática e não racial.

O "Pequeno Apartheid" começou a ser montado sobre a Lei de Áreas de Grupo, votada em 1950 e emendada em 1966, que consolidou a segregação residencial urbana. O documento legal foi complementado pela Lei dos Nativos, de 1952, que regulamentou o antigo sistema de passaporte interno (*pass laws*).* O sistema de segregação completou-se em 1959, por meio da Lei de Autogoverno Banto, ancorada na antiga Lei de Terras dos Nativos, que consolidou as reservas tribais. De acordo com a lei, essas reservas propiciariam aos grupos étnicos bantos desenvolver formas autônomas de organização política, restaurando suas identidades e culturas. A legislação de autogoverno tinha suas raízes na Lei de Autoridades

---

* A verificação dos passaportes pela polícia provocou um número crescente de detenções para a regularização dos livros de passe. Em determinados anos, seiscentos mil "transgressores" chegaram a ser detidos.

Bantos, de 1951, que permitia a criação de autoridades tribais tradicionais nas reservas. O Departamento de Assuntos Nativos, uma agência essencial no edifício do apartheid, encarregava-se da supervisão das chefias tribais.

Ao lado da legislação principal, criaram-se as leis do chamado "apartheid mesquinho", erroneamente interpretadas como menos significativas. A Lei de Proibição de Casamentos Mistos, de 1949, e a Lei da Imoralidade, do ano seguinte, diretamente inspiradas nas leis antimiscigenação ainda vigentes no sul dos EUA, proibiram as uniões e relações sexuais entre brancos e não brancos. Os africânderes queriam conservar a "pureza" de sua nação branca, evitando a reprodução da mestiçagem que gerou os *coloured* do Cabo. O "apartheid mesquinho" fechou seu círculo em 1953, com as Leis de Serviços Públicos Separados, que segregou as bibliotecas, restaurantes, parques, praias, transportes e banheiros públicos, e de Educação Banto, que separou racialmente os sistemas de ensino, em todos os níveis, e definiu currículos distintos para os nativos.

A Lei de Registro da População, alicerce do apartheid, foi promulgada no ano em que a Unesco divulgou a sua declaração sobre a raça. As leis antimiscigenação da África do Sul, do mesmo ano, vieram à luz quando o estado da Califórnia finalmente aboliu a sua própria lei antimiscigenação e um juiz americano relacionou-a ao *Mein Kampf* de Hitler. Apesar disso, ao longo da primeira década do apartheid, a África do Sul sofreu apenas críticas esparsas da ONU.

As reações internacionais contra o apartheid tomaram corpo após o Massacre de Sharpeville, de 1960, quando a polícia sul-africana abriu fogo contra manifestantes negros que protestavam contra as *pass laws*, e estenderam-se concomitantemente ao desenvolvimento da luta pelos direitos civis nos EUA. A norma, que era a segregação, finalmente convertia-se em desvio aos olhos do Ocidente. A África do Sul tornava-se uma exceção e o sistema do apartheid passava a ser interpretado como uma singularidade e uma aberração. Nesse compasso, os orgulhosos dirigentes africânderes, que se enxergavam como integrantes legítimos do concerto das nações civilizadas, começaram a ser apontados, para sua surpresa, como herdeiros do nazismo.

Afro-americanos

Confrontados com o isolamento internacional, os governos de Vorster (1966-78) e, em seguida, do "Crocodilo" Botha expandiram a engenharia social da segregação rumo a uma meta ousada. No lugar do Estado racial de minoria branca, eles tentaram transformar a África do Sul num Estado de maioria branca, pela supressão jurídica da presença de sul-africanos negros. Esse projeto, que acabaria fracassando, foi denominado "Grande Apartheid".

Uma gota de sangue

O vértice do projeto estabeleceu-se com as leis de Cidadania das Pátrias Bantos, de 1970, e de Constituição das Pátrias Bantos, de 1971, que delineavam o caminho para a criação de Estados étnicos (bantustões) nas terras reservadas aos diferentes grupos nativos. Antes, com a Lei de Autogoverno Banto, Verwoerd contentara-se em criar territórios étnicos revestidos por um arremedo de autonomia, nos quais funcionariam instituições tribais de poder. Agora, Vorster descerrava a cortina para a fabricação de microestados étnicos soberanos, que gravitariam como satélites na órbita de uma triunfante África do Sul branca.

No ponto de chegada, o regime do apartheid suprimiria a nacionalidade dos negros, que seriam compulsoriamente transformados em cidadãos das "suas" entidades étnicas. Com isso, seria viável conciliar, de uma vez por todas, a inclusão dos negros no mercado de trabalho sul-africano com sua exclusão da vida política do Estado branco. Na condição de estrangeiros, os nativos desempenhariam a função de força de trabalho, mas jamais poderiam almejar o estatuto de eleitores.

De acordo com a lei de 1971, as reservas tribais foram transformadas em dez "pátrias bantos", cada uma designada para determinado grupo étnico, com exceção dos xhosas, que foram alocados nos bantustões separados de Transkei e Ciskei. Por meio da cooptação de lideranças tribais, quatro bantustões (Transkei, Bophutatswana, Venda e Ciskei) foram declarados independentes entre 1976 e 1981, mas nenhum deles obteve reconhecimento internacional. Os demais foram administrados como territórios semiautônomos por chefias tribais.

O empreendimento do apartheid envolveu, crucialmente, a fabricação de nações étnicas. Assim como os intelectuais africânderes narraram a história dos bôeres, eles produziram narrativas acadêmicas sobre os grupos étnicos nativos definidos pelo Estado racial. Historiadores, antropólogos e linguistas empenharam-se na descrição das culturas singulares dos nativos, partindo do paradigma romântico de que a cultura é uma essência ancestral, um atributo quase biológico de grupos rigidamente delimitados. O censo e o museu desempenharam funções paralelas na política de separação de raças da África do Sul. O primeiro fixava nas estatísticas a presença demográfica das etnias; o segundo expunha as evidências materiais da singularidade imanente de cada uma.

O Kaffrarian Museum,* de História Natural e Cultural, fundado em King Williams Town em 1884, figurou como instituição mais importante na etnologia da África do Sul do apartheid. As suas coleções de artefatos e documentos étnicos revelam muito mais acerca das formas de pensar dos acadêmicos brancos que das

---

* Atual Amathole Museum. O nome original, uma referência à "terra dos cafres", foi abandonado em 1999.

culturas de seus objetos de estudo nativos. O culto às tradições étnicas foi difundido pelos sucessivos governos africânderes. A Lei de Educação Banto destinava-se não só a segregar as instituições de ensino brancas, mas também a estimular o uso das línguas nativas pelos diferentes grupos étnicos. Em consequência daquela lei, a Universidade de Fort Hare, fundada em 1916 no Cabo Oriental como instituição liberal voltada para a educação superior dos negros, foi subordinada ao paradigma étnico e transformada em universidade dos bantustões.* No início da década de 1960, editaram-se leis de educação dos coloured e dos indianos que criaram sistemas de ensino separados para esses grupos.

Nos bantustões, sob o influxo de Pretória, uma política de retribalização abriu caminho para uma incessante "invenção de tradições". O Ciskei foi um exemplo extremo das estratégias de produção de pseudoetnicidades. No bantustão "independente", antropólogos a serviço do Departamento de Assuntos Nativos da África do Sul julgavam as qualificações de candidatos a chefes tribais locais com base em laudos genealógicos. Os candidatos deviam demonstrar que pertenciam a linhagens clânicas das antigas chefias xhosas. Tipicamente, centenas de pretendentes eram capazes de demonstrar qualificações adequadas, de modo que o resultado dependia da rede de relações políticas estabelecida com os burocratas e antropólogos avaliadores.[10]

O apartheid esgotou-se historicamente porque a maioria negra não incorporou a narrativa étnica articulada pelo Estado. Apesar dos imensos esforços administrativos e policiais, a atração exercida pelas cidades sabotava continuamente a segregação territorial. No governo de Verwoerd, uma política de descentralização industrial, conduzida a ferro e fogo contra a lógica empresarial, provocou uma onda de transferências de fábricas para o entorno das reservas tribais. Na década de 1970, com o "Grande Apartheid", transferências forçadas empurraram nada menos que 1,2 milhão de negros para os bantustões, que chegaram a abrigar 11 milhões de habitantes, cerca de 55% do total de bantos. Mesmo assim, as tendências profundas da economia de mercado apontavam no rumo da integração, não no da separação.

Os sinais da crise trafegavam abaixo da calmaria superficial. Nos bantustões, predominava uma tumultuada política tribal, mas mesmo naquelas reservas étnicas infiltravam-se as influências do mundo urbano de que participavam tantos trabalhadores migrantes. Nas townships, principalmente na área mineradora do Rand,

---

* Antes disso, passaram pelos bancos de Fort Hare figuras como Nelson Mandela e Thabo Mbeki, futuros líderes do movimento antiapartheid, o chefe zulu Mangosuthu Buthelezi e Robert Mugabe, que dirigiria a luta contra o regime de minoria branca na Rodésia do Sul e se tornaria ditador do Zimbábue.

o inglês figurava como língua comum dos negros e, desde a metade do século XX, o jazz americano tornara-se a expressão musical predominante.[11] Uma avalanche invisível e silenciosa projetava-se contra o Estado africânder.

O tema da língua catalizou a Revolta em Soweto, que assinalou o início da prolongada crise do apartheid. A Lei de Educação Banto reduzira os recursos para as escolas segregadas dos negros e o governo priorizava a construção de escolas nos bantustões. As tensões aumentaram com um regulamento de 1974, que ampliou o uso do africânder no sistema de ensino banto. De acordo com o novo regulamento, o inglês seria utilizado em Ciências, o africânder funcionaria como língua em Matemática e Estudos Sociais e os idiomas nativos ficariam reservados para Música e Religião. Ativistas antiapartheid, entre eles o bispo Desmond Tutu, bem como o sindicato dos professores bantos, protestaram, crismando o africânder como língua da opressão. Em abril de 1976, estudantes secundaristas de uma escola da *township* declararam greve, foram seguidos por colegas de outras escolas e formaram um comitê de ação.

A revolta eclodiu na manifestação pública de 16 de junho. O protesto pacífico degenerou em confrontação quando a polícia usou bombas de gás lacrimogêneo e cães. Os estudantes reagiram lançando pedras. Os policiais abriram fogo. Num dia inteiro de violência, 23 pessoas morreram. No dia seguinte, os manifestantes retomaram as ruas e foram recebidos por uma força policial armada com rifles automáticos, carabinas, blindados e helicópteros. O total de mortos pode ter atingido meio milhar. Depois, revoltas pipocaram na Cidade do Cabo e em Port Elizabeth, trabalhadores negros fizeram greves de protesto e uma passeata de trezentos estudantes universitários brancos indignados com a repressão cortou as ruas de Johannesburgo.

Os jovens venceram. As normas sobre o ensino em africânder foram canceladas e a centelha da luta popular contra o apartheid havia se espalhado. Mas, sobretudo, uma mensagem política tinha se difundido. Os negros urbanos da África do Sul estavam dizendo que não queriam ser xhosas, zulus, tswanas, sothos ou tsongas, mas sul-africanos. Não era só isso: exigindo aprender inglês, eles estavam definindo a sua identidade pelas relações que estabeleciam com o mundo exterior, além dos limites da África. Aqueles estudantes de Soweto, que ouviam jazz e rock, e cujos pais haviam acompanhado as marchas pelos direitos civis de Martin Luther King, definiam-se, no fundo, como afro-americanos.

O sentido da cidadania

O Congresso Nacional Africano (CNA) nasceu em 1912 reunindo ativistas políticos, líderes religiosos e tribais em defesa dos direitos dos negros da África do Sul. A organização ganhou novo impulso com a formação de sua Liga da Juventude, em 1944, e principalmente com o lançamento, em 1952, da Campanha de Desafio, um movimento de resistência pacífica contra as "leis injustas" do apartheid. Mas o seu programa foi delineado pela Carta da Liberdade, aprovada num campo de futebol nos arredores de Johannesburgo em 1955, que começava com as palavras "Nós, o povo da África do Sul" e proclamava: "A África do Sul pertence a todos quantos nela vivem, negros e brancos, e nenhum governo pode reclamar autoridade legítima a menos que esteja baseado na vontade de todo o povo."[12]

Inspirado no paradigma da igualdade, o programa definia a cidadania com referência no território, não na raça ou na etnia. O "povo" da África do Sul eram "negros e brancos juntos iguais, compatriotas e irmãos". Em 1961, sem o consentimento de seu presidente Albert Luthuli, um tradicional mas combativo chefe zulu, o CNA formou uma ala militar, a Umkhonto we Sizwe (Lança da Nação), que conduziria atos de sabotagem e atentados contra alvos do regime. Pouco mais tarde, o regime conseguiu localizar e prender Nelson Mandela, o novo presidente do CNA. No Julgamento de Rivonia, em 1964, a acusação caracterizou a Carta da Liberdade como um documento marxista, e Mandela foi sentenciado à prisão perpétua.

A verdadeira meta fundamental do programa do CNA – um Estado unitário, democrático e não racial – provocou a primeira significativa dissidência na coalizão negra antiapartheid. Em 1959, sob a liderança de Robert Sobukwe, antigo integrante da Liga da Juventude do CNA, formou-se o Congresso Pan-Africanista (PAC). Influenciado pelo ganês Kwame Nkrumah e pelo queniano Jomo Kenyatta, Sobukwe defendia a unidade geopolítica da África e a ideia de que o continente africano pertencia aos negros. Ele não aceitava os princípios não raciais da Carta da Liberdade e deplorava a colaboração entre o CNA e os brancos do Partido Comunista Sul-Africano.

Antecipando-se a uma campanha planejada pelo CNA, o PAC dirigiu o protesto que degenerou no Massacre de Sharpeville e, em seguida, no banimento oficial das duas organizações. Sobukwe foi sentenciado à prisão em Robben Island, onde permaneceu confinado numa solitária durante oito anos. Renomeado como Congresso Pan-Africanista da Azânia, o PAC criou um braço militar que jamais estabeleceu uma guerrilha efetiva. Azânia, termo de origem antiga e incerta, era o nome proposto por Nkrumah para substituir África do Sul e batizar a futura nação negra.

No vazio político produzido pela repressão ao CNA e ao PAC, emergiu o Movimento de Consciência Negra (BCM). O movimento surgiu no interior da exclusivamente negra Organização dos Estudantes Sul-Africanos (Saso), formada pelo estudante de Medicina Steve Biko em 1968. Logo depois, ele originaria uma rede política nacional, a Convenção do Povo Negro (BPC). Biko defendia o pan-africanismo de Nkrumah e Sobukwe, mas estava envolto pelas ideias dos pensadores anticolonialistas Frantz Fanon, Aimé Césaire e Léopold Senghor. Além disso, seu ativismo sofreu a influência do nacionalismo negro do norte-americano Malcolm X e do Partido dos Panteras Negras, constituído na Califórnia dois anos antes da fundação da Saso.

"Homem negro, você está por sua própria conta": o lema do BCM tinha um nítido sentido racial, mas o tema da raça aparece de modo mais matizado no movimento de Biko do que no PAC ou no nacionalismo negro dos EUA. O conceito de "negritude" ganhava uma tradução no pensamento de Biko como luta pela dignidade e pela "autoconsciência" dos negros: a "libertação pessoal" deveria caminhar paralelamente à libertação política. O BCM, como o PAC, rejeitava o não racialismo do CNA, mas definia como "negros" todos os sul-africanos não-brancos. A definição destinava-se, taticamente, a estabelecer coalizões com os indianos do Natal e os *coloured* do Cabo, mas tinha um significado mais profundo. O termo negativo "não brancos" devia ser abandonado, pois implicava converter os brancos numa referência geral de identidades. No seu lugar, o termo "negros" designaria não uma raça, mas a condição de opressão compartilhada pela maioria dos sul-africanos.[13]

Biko abordava a luta política sob uma perspectiva flexível e pragmática. Ele não acreditava na eficácia da guerrilha, tal como preconizada pelo PAC, e lançava mão dos métodos de resistência pacífica celebrizados por Gandhi. O seu movimento organizava-se em bases descentralizadas e estimulava o surgimento de lideranças locais. O BCM foi a principal força política na articulação da Revolta de Soweto, mas Biko não participou pessoalmente do levante, pois estava proibido de falar em público e submetido a restrições de circulação.

Soweto selou o destino de Biko. Em 1977, o líder do BCM foi preso e submetido a continuados maus-tratos até morrer no chão de um hospital prisional, em Pretória, com 30 anos de idade. Depois de Soweto, todas as organizações ligadas ao BCM foram banidas e a maioria dos seus ativistas integrou-se ao CNA, que voltava a se fortalecer. O legado político de Biko, contudo, deu origem à Organização do Povo da Azânia (Azapo), constituída em 1978 a partir da Saso. Na década derradeira do apartheid, a Azapo tentou conciliar a ideia de consciência negra com o marxismo e envolveu-se em sangrentos choques subterrâneos com o CNA.

Na etapa final, a luta contra o Estado africânder foi polarizada pela Frente Democrática Unida (UDF), uma ampla coalizão antiapartheid formada em 1983 pelo reverendo Allan Boesak, estreitamente ligado ao CNA. A UDF adotou a Carta da Liberdade e atraiu o apoio de organizações sociais, sindicatos e personalidades de todo o país. Numa conjuntura de forte retrocesso do nacionalismo negro e intensa repressão sobre as suas organizações, a meta de um Estado unitário não racial encontrou oposição significativa apenas na elite política zulu.

O senso de coesão dos zulus consolidou-se no início do século XIX, com a formação de um poderoso Império na região do Natal, centralizado pela autoridade do rei Shaka. Os conflitos subsequentes com os bôeres, a trágica Batalha de Blood River e a Guerra Anglo-Zulu de 1879, que destruiu a soberania do Império, reforçaram uma identidade étnica que se nutre de uma narrativa de sangue e honra. Na África do Sul branca, a maioria dos zulus permaneceu na vasta reserva banto do KwaZulu, que viria a se converter em bantustão autônomo.

Gatsha Mangosuthu Buthelezi nasceu em 1928, no clã real zulu, estudou em Fort Hare e, na universidade, integrou-se à Liga da Juventude do CNA. Oscilando entre a oposição moderada ao regime branco e uma política étnica pragmática, foi apontado chefe do KwaZulu em 1970, sofreu incessantes acusações de colaboracionismo, mas recusou a oferta de Pretória de concessão de "independência" para o bantustão e manteve-se firme na defesa da libertação de Mandela. O Partido da Liberdade Inkhata, fundado por Buthelezi em 1975 com base em uma antiga organização cultural zulu, rompeu com o CNA cinco anos mais tarde, em virtude da oposição de Buthelezi à tática de resistência armada ao regime branco.

Nos anos 1980, as milícias do CNA e do Inkhata enfrentaram-se seguidas vezes, conduzindo campanhas de intimidações e assassinatos. Amigo fraternal de Harry Oppenheimer, filho e herdeiro do fundador da Anglo-American, o chefe zulu foi visto pelos africânderes como um instrumento dos interesses dos anglófonos sul-africanos – e, efetivamente, ele mantinha uma diversificada rede de relações com empresários do Natal e do Cabo. Entretanto, como assinalou Anthony Sampson, Buthelezi admirava os africânderes e enxergava na "tribo bôer" uma imagem espelhada dos zulus.

O Inkhata foi crismado como "tribalista" pelo CNA e funcionou como partido étnico controlado pelo aparato governamental do KwaZulu, embora fosse aberto à filiação de qualquer cidadão. Seus detratores o acusaram de favorecer a criação de uma África do Sul descentralizada, composta por entidades étnicas autônomas, o que configuraria uma versão revista do "Grande Apartheid". A acusação, um elemento da encarniçada luta faccional do outono do apartheid, não tem sustentação documental. Buthelezi e seu partido invocavam a "identidade" e a "cultura" singulares da "nação zulu" não com o intuito de fragmentar o país em entidades étnicas, mas para negociar o lugar que seria ocupado pela elite regional zulu no cenário pós-apartheid.

O empreendimento de Buthelezi alcançou relativo sucesso. A constituição de 1996 definiu a África do Sul como Estado unitário, mas mitigou a centralização do poder por meio da concessão de um grau significativo de autonomia provincial. Nas eleições do pós-apartheid na província do KwaZulu-Natal, onde o zulu é a língua materna de 80% da população, o Inkhata consolidou-se como segundo maior partido, pouco atrás do CNA.

Uma gota de sangue

A confusão de raças

Frederik Willem de Klerk foi eleito líder do Partido Nacional em fevereiro de 1989 e assumiu a presidência da África do Sul meses depois, quando o "Grande Crocodilo" sofreu um ataque cardíaco e, na Europa, desenrolavam-se as manifestações de massa que derrubaram o Muro de Berlim e os regimes comunistas do bloco soviético. Nascido numa família de políticos africânderes de Johannesburgo, De Klerk fez uma longa carreira como parlamentar e, depois, ministro do governo Botha, sempre exibindo perfeitas credenciais conservadoras. A sua conversão começou apenas na hora em que se tornou líder do partido dirigente, quando pronunciou um discurso surpreendente, propondo negociações com o CNA para a edificação de uma África do Sul liberta do racismo.

As reformas que De Klerk conduziu, iniciadas pela libertação de Mandela, culminaram com as eleições multirraciais de 1994 e o fim do apartheid. Mas o sinal de que uma era terminava veio antes, em 1986, quando a Igreja Reformada Holandesa, o principal pilar social do regime segregacionista, que ainda reunia quase dois quintos dos brancos sul-africanos, decidiu abrir-se para fiéis de todas as "raças" e adotou um documento no qual definia o racismo como "um pecado que ninguém pode defender ou praticar".[14] Naquele momento, muitos imaginavam que o apartheid vivia a sua crise terminal, mas poucos souberam prever o fim pacífico de um regime tão entranhado na história e nas instituições sul-africanas.

Margaret Thatcher e os conservadores britânicos resistiam a se unir às sanções internacionais contra o apartheid e não escondiam suas firmes convicções de que a implantação de um regime de maioria na África do Sul degeneraria numa ditadura e na partida de quase todos os brancos do país. Sombriamente, analistas respeitados profetizavam o agravamento dos conflitos entre o CNA e o Inkhata, bem como entre os diferentes grupos "étnicos" nos quais as leis do apartheid dividiram os negros sul-africanos. Fora da segregação, só havia a alternativa da guerra civil – essa era uma opinião bastante generalizada às vésperas do colapso negociado do Estado africânder.

Os profetas erraram, pois não conseguiram avaliar as repercussões da modernização econômica e social da África do Sul. O apartheid foi capaz de retardar e distorcer, mas não de reverter, o processo de urbanização da população negra sul-africana. Em 1978, apenas um quinto dos negros urbanizados tinha pais ou filhos nos bantustões e metade deles tinha nascido nas áreas urbanas reservadas aos brancos. Em 1985, de 25 milhões de negros, 10 milhões residiam nas *townships* das cidades brancas. Em Soweto, 95% das famílias viviam na *township* há mais de três décadas, e mesmo numa cidade voltada para a mineração como Kimberley a proporção de migrantes temporários havia caído de mais de 85% em 1970 para

80

perto de 35%. A lógica integradora da economia capitalista produzia um caldeirão identitário no qual se dissolviam as fronteiras étnicas tão cuidadosamente descritas na lei.

As fronteiras "raciais", muito mais vincadas, também sofriam os impactos da modernização. Desde a década de 1970 ampliou-se a sindicalização dos trabalhadores negros das minas e indústrias. O Congresso dos Sindicatos Sul-Africanos (Cosatu), central sindical criada em 1985 pelo CNA e pelos comunistas, com sindicalistas brancos ocupando um quarto das secretarias regionais, refletia na sua composição a emergência de um proletariado multirracial. Naquele ano, os negros já representavam 32% dos trabalhadores qualificados, e eram negros mais de 40% dos estudantes universitários. Delineava-se uma classe média negra de residentes ilegais em bairros brancos de Johannesburgo, a BMW abria uma revendedora em Soweto e verificava-se um fenômeno de "colonização" negra dos centros comerciais de Johannesburgo e da Cidade do Cabo.

Enquanto se constituíam enclaves de classe média negra nas áreas urbanas brancas, formavam-se também favelas negras fora das *townships*. Essas ocupações ilegais começaram na Cidade do Cabo, onde a favela de Crossroads despontou em 1975 e sucessivas remoções forçadas revelaram-se incapazes de impedir seu crescimento. Dez anos depois, quando seus habitantes conquistaram o reconhecimento do direito de permanência, já existiam favelas ilegais em Pretória, Johannesburgo, Durban e Port Elizabeth. A segregação residencial nas cidades desabava, lenta mas inexoravelmente. O apartheid foi desmontado pacificamente porque, entre os habitantes das cidades da África do Sul, difundiu-se uma identidade não racial que tinha correspondência no programa político do CNA.

Três décadas exatas separam as eleições que encerraram a época do apartheid do discurso "Estou preparado para morrer", pronunciado por Mandela na abertura de sua defesa perante a Corte Suprema, em Pretória, a 20 de abril de 1964. As frases finais daquele discurso não tinham perdido atualidade:

> Acima de tudo, nós queremos direitos políticos iguais, porque sem eles nossas privações serão permanentes. Eu sei que isso soa revolucionário para os brancos neste país, porque a maioria dos eleitores serão africanos. Isso faz o homem branco temer a democracia. Mas não se pode permitir que esse medo feche o caminho à única solução que garantirá harmonia racial e liberdade para todos. Não é verdade que a emancipação de todos resultará em dominação racial. A divisão política, baseada na cor, é inteiramente artificial e, quando ela desaparecer, também desaparecerá a dominação de um grupo de cor por outro. O CNA luta há meio século contra o racismo. Quando triunfar, não mudará essa política.[15]

Mandela concluiu assim:

> Durante minha vida, devotei-me à luta do povo africano. Lutei contra a dominação branca, e lutei contra a dominação negra. Eu nutri o ideal de uma sociedade democrática e livre na qual todas as pessoas vivam juntas em harmonia com iguais oportunidades. É um ideal pelo qual espero viver e que quero alcançar. Mas, se necessário, é um ideal pelo qual estou preparado para morrer.[16]

Nas eleições de 27 de abril de 1994, o CNA recebeu 62% dos votos e duas semanas depois Mandela tomou posse como primeiro presidente negro do país. Entretanto, o racialismo voltaria a figurar como política de governo na África do Sul, pelas mãos do CNA.

Notas

[1] SAMPSON, Anthony. *O negro e o ouro*. São Paulo, Companhia das Letras, 1988, p. 75.

[2] FRY, Peter. *A persistência da raça*. Rio de Janeiro, Civilização Brasileira, 2005, p. 55.

[3] FRY, Peter. Op. cit., p. 52-53.

[4] FRY, Peter. Op. cit., p. 57.

[5] THE UNION OF SOUTH AFRICA. "South Africa Act, 1909". Disponível em: <http://www.law.wisc.edu/gls/cbsa1.pdf>. Acesso em: 2 jun. 2009.

[6] FERRO, Marc. *História das colonizações*. São Paulo, Companhia das Letras, 1996, p. 174.

[7] JUDD, Denis. *Empire: the British imperial experience from 1765 to the present*. Londres, HarperCollins, 1996, p. 169.

[8] SAMPSON, Anthony. Op. cit., p. 72.

[9] GILIOMEE, Hermann. "The making of the apartheid plan". *Journal of Southern African Studies*, v. 29, n. 2, jun. 2003.

[10] PEIRES, Jeff B. "Ethnicity and pseudo-ethnicity in the Ciskei". In: BEINART, William & DUBOW, Saul (Ed.). *Segregation and apartheid in twentieth-century South Africa*. Nova York, Routledge, 1995.

[11] HOBSBAWM, Eric J. *História social do jazz*. Rio de Janeiro, Paz e Terra, 1990, p. 81.

[12] "The freedom charter". Disponível em: <http://www.anc.org.za/ancdocs/history/charter.html>. Acesso em: 11 jul. 2009.

[13] GIBSON, Nigel. "Black Consciousness 1977-1987: the dialectics of liberation in South Africa". *Centre for Civil Society Research Report*, n. 18, Durban, jun. 2004, p. 7.

[14] SAMPSON, Anthony. Op. cit., p. 287-288.

[15] "I am prepared to die" – Nelson Mandela's statement from the dock at the opening of the defence case in the Rivonia Trial. Disponível em: <http://www.anc.org.za/ancdocs/history/mandela/1960s/rivonia.html>.

[16] Idem.

Triunfo do multiculturalismo

"Por que você nos importuna?", perguntou ao policial que a abordava dentro do ônibus. "Eu não sei, mas lei é lei e você está presa".[1] Rosa Parks, nascida em Tuskegee, no Alabama, de ancestrais negros, índios e irlandeses, tinha 42 anos em 1955, quando desobedeceu a ordem do motorista que lhe instava a ceder seu assento a passageiros brancos em Montgomery, a capital do estado. O seu gesto não foi especificamente programado, mas também não derivou apenas de um impulso pessoal. Parks fazia parte da seção local da Associação Nacional para o Avanço das Pessoas de Cor (NAACP), cujo presidente buscava um caso exemplar de segregação racial no sistema público de transportes com a finalidade de deflagrar um movimento de protesto.

A NAACP, uma influente organização para a promoção dos direitos civis, fundada em 1909 pelo acadêmico negro de Harvard William E. B. du Bois, concentrou-se por muito tempo em combater as leis segregacionistas americanas nos tribunais. No pós-guerra, contudo, estimulada pelo novo panorama internacional, começava a ensaiar protestos públicos. Edgar D. Nixon, o combativo presidente da seção local, não podia imaginar, contudo, que o boicote aos ônibus de Montgomery organizado a partir da prisão de Parks representaria a eclosão do movimento pelos direitos civis nos EUA.

O boicote foi organizado por Nixon e pelos jovens pastores batistas Ralph Abernathy e Martin Luther King Jr., que fundaram a Associação pelo Progresso de Montgomery (MIA). Durante 381 dias, atendendo ao chamado da MIA, a população negra da cidade parou de utilizar ônibus. Caminhando, pedalando, pegando carona ou usando táxis que, em solidariedade, cobravam o mesmo preço das tarifas de ônibus, eles atraíram as atenções de todo o país. Ativistas negros sofreram violências, as casas de Luther King e Abernathy foram atacadas com coquetéis molotov e o primeiro passou duas semanas na cadeia. Uma Corte Federal do distrito julgou inconstitucional a segregação nos ônibus do Alabama. No fim de 1956, a Corte Suprema pronunciou um veredito contra a apelação e o movimento alcançou uma vitória histórica.

No ano seguinte, ao lado de outras organizações locais e de igrejas segregadas do Sul, a MIA impulsionou a formação da Conferência da Liderança Cristã do Sul (SCLC). Sob a presidência de Luther King, a SCLC converteu-se no motor do movimento nacional que derrotou as leis segregacionistas. Sob o influxo daquele movimento, o Congresso aprovou a Lei dos Direitos Civis, de 1964, que baniu a segregação racial em escolas, empregos e equipamentos e lugares públicos, e a Lei Nacional dos Direitos de Voto, de 1965, que proibiu o uso de qualificações discriminatórias pelas quais se limitava o direito de voto dos negros.*

Por meio da voz de Luther King, o movimento pelos direitos civis ergueu a bandeira da igualdade entre os cidadãos. No seu discurso mais conhecido, diante do Memorial a Lincoln, em Washington, em agosto de 1963, o líder da SCLC invocara a Declaração de Independência e a Constituição, que formavam o alicerce do ideal de que as pessoas não fossem julgadas "pela cor da sua pele". O conceito de igualdade de direitos está no cerne da Lei Nacional dos Direitos de Voto, que é uma regulamentação da 15ª Emenda da Constituição americana, adotada anos

---

* A Lei dos Direitos Civis foi encaminhada ao congresso pelo presidente John Kennedy e votada no governo de Lyndon Johnson, seu grande promotor. De acordo com uma narrativa, ao assinar a lei o sulista Johnson comentou que ela custaria o Sul ao Partido Democrata. Ele venceu as eleições presidenciais daquele ano, mas perdeu em cinco estados sulistas para o republicano Barry Goldwater. Em 1968, o segregacionista George Wallace, concorrendo como independente, dividiu o Sul com o republicano Richard Nixon. De 1980 em diante, os republicanos tornaram-se hegemônicos no sul, mas as causas dessa mudança estrutural no mapa eleitoral dos EUA constituem um tópico de acesos debates.

Triunfo do multiculturalismo

depois da Guerra Civil para proteger o direito de voto contra a discriminação racial. Esse mesmo conceito serviu de base para o veredito da Corte Suprema de junho de 1967 que derrubou as últimas leis antimiscigenação ainda vigentes nos EUA.

As vitórias do movimento pelos direitos civis corrigiam um desvio histórico, alinhando finalmente o país aos princípios proclamados solenemente na arena internacional, no imediato pós-guerra. O triunfo do princípio da igualdade nos EUA representava um valioso estímulo direto à luta antiapartheid que tomava corpo na África do Sul. Contudo, paradoxalmente, logo depois daquelas proclamações de que os cidadãos não podem ser julgados pela sua ancestralidade suposta ou pela cor da sua pele, os EUA deram meia-volta e começaram a passar leis e regulamentos destinados a distribuir direitos de acordo com categorias raciais.

A expressão "ação afirmativa" ingressou na linguagem legal americana em 1961, quando o presidente John Kennedy emitiu a Ordem Executiva 10.925, que criou o Comitê de Oportunidades Iguais de Emprego e ordenou que os projetos financiados por fundos federais adotassem "ação afirmativa" para assegurar práticas de contratação e emprego isentas de propensões raciais. Na versão dos arautos das políticas de discriminação reversa, esse documento é exibido como o começo de tudo. Entretanto, isso não é verdade, pois a Ordem Executiva de Kennedy situava-se no terreno do combate à discriminação, antecipando um dos aspectos da Lei dos Direitos Civis. Textualmente, o documento associava a noção de "ação afirmativa" com as obrigações de contratar empresas ou empregar pessoas "sem levar em conta suas raça, credo, cor ou origem nacional".[2]

A mesma falsa versão consagra, como passo seguinte, a Ordem Executiva 11.246, emitida pelo presidente Lyndon Johnson em 1965. Uma vez mais, porém, o texto legal inscreve-se na moldura do princípio da igualdade. Os seus conceitos reproduziam, literalmente, aqueles usados na ordem executiva de Kennedy. As novidades eram a formulação mais detalhada de obrigações e a previsão de duras penalidades para os infratores.[3] Tratava-se de vencer a tenaz resistência da discriminação, enraizada em hábitos e atitudes muito antigos.

As ordens executivas de Kennedy e Johnson participavam da lógica conceitual da Lei dos Direitos Civis, cuja subseção 703 do Título VII declarava que não se requeria de um empregador "conceder tratamento preferencial a qualquer indivíduo ou grupo com base em qualquer desequilíbrio que possa existir" na relação entre a parcela de empregados daquele grupo e a parcela de indivíduos do grupo na população da comunidade, da cidade, do estado ou do país.[4] Na lei americana, "ação afirmativa" começou a adquirir o significado de discriminação reversa com o Plano de Filadélfia anunciado pelo presidente Richard Nixon em 1969.

Filadélfia foi selecionada, pois as empresas e os sindicatos de trabalhadores violavam sistematicamente a Lei dos Direitos Civis, negando oportunidades iguais de trabalho a candidatos negros na construção civil da cidade. O Plano previa "metas e cronogramas", provocando a reação do senador democrata Sam J. Ervin: "É tão claro como o sol do meio-dia num céu sem nuvens que essas porcentagens são cotas e que elas se baseiam na raça".[5] Na acesa polêmica que se seguiu, Nixon negou que tentasse impor cotas e o Congresso deu suporte à posição do presidente.

O presidente republicano é o verdadeiro ponto de partida das políticas de discriminação reversa nos EUA. Em 1970, sob a inspiração do Plano de Filadélfia, diretivas do governo federal faziam referência a "procedimentos orientados para resultados". O ato conclusivo dessa trajetória ocorreu em 1973, quando ministérios e agências federais divulgaram o memorando "Guia de práticas de empregos estaduais e locais". O documento tomava o cuidado de afirmar que cotas rígidas não eram aceitáveis, mas sustentava um sistema de metas quantitativas e verificáveis. A linguagem contrariava o espírito da Lei dos Direitos Civis, abrindo caminho para políticas de emprego baseadas na concessão de tratamento preferencial.

As políticas de emprego seguiam paralelamente às de promoção daquilo que Nixon qualificou, em 1968, como *black capitalism*.[6] Pela Ordem Executiva 11.458, do ano seguinte, o presidente tratava de estimular "a mobilização de atividades e recursos do Estado e dos governos locais, empresas e associações comerciais, universidades, fundações, organizações profissionais e voluntárias [...] com vistas ao crescimento das empresas de minorias [...]".[7] Na sequência dessa iniciativa, em 1971, a Ordem Executiva 11.625 demandava das agências federais planos e metas para o programa Iniciativa de Negócios de Minorias (MBE), que preconizava critérios raciais na contratação de fornecedores do governo.[8]

O cérebro por trás das políticas de raça de Nixon era Arthur Fletcher, negro, nascido no Arizona em 1924, antigo ativista do movimento pelos direitos civis, que ocupava o cargo de secretário-assistente no Departamento de Trabalho. O republicano Fletcher, que ficou conhecido como o "pai da ação afirmativa" nos EUA, serviu nos governos Gerald Ford (1974-1977), Ronald Reagan (1981-1989) e George H. Bush (1989-1993), assegurando a continuidade das políticas inauguradas por Nixon.

A precedência do republicano é um fato histórico incontestável. Entretanto, o conceito de *black capitalism* e as políticas de ação afirmativa com bases raciais evoluíram como um empreendimento bipartidário, e os programas foram mantidos e ampliados nos governos dos democratas Jimmy Carter (1977-1981) e Bill Clinton (1993-2001). Sob o impacto das iniciativas federais, multiplicaram-se as políticas estaduais e locais de discriminação reversa nos campos da contratação de empresas, do emprego e do ensino. Enquanto isso, a raça convertia-se em fator relevante na admissão às universidades, que desenvolveram suas próprias metas quantitativas e cotas destinadas a minorias.

Triunfo do multiculturalismo

O estatuto legal das políticas de preferências raciais nunca foi plenamente esclarecido. A Corte Suprema, com alguma relutância, ofereceu sustentação a essas políticas até perto do final da década de 1980. Entretanto, para passar pelo crivo judicial, os programas se ocultavam sob o disfarce de procedimentos antidiscriminatórios.[9] Uma nova Lei dos Direitos Civis, aprovada em 1991, baniu métodos notórios de concessão de preferências raciais, como a criação de padrões distintos para minorias em exames seletivos. Contudo, as práticas de discriminação reversa prosseguiram, ainda que mais dissimuladas.

A publicação, em 1971, de *Uma teoria da justiça*, do filósofo americano John Rawls, coincidiu com a conclusão do rápido processo de atribuição de um novo significado à expressão "ação afirmativa". A obra, considerada a base intelectual das políticas de preferências para "grupos em desvantagem", investiga soluções para o problema da justiça distributiva e formula a teoria da "justiça como equidade". Preocupado com a discriminação de minorias no seu país, o filósofo agregou o "princípio da diferença" ao da igualdade de oportunidades. Segundo esse princípio, as posições de prestígio e influência devem ser usadas para o maior benefício dos integrantes de minorias em situação de desvantagem.

Um profundo defensor do liberalismo, Rawls sofreu as influências intelectuais do filósofo Isaiah Berlin e do jurista Herbert L. A. Hart. Sua obra pode ser vista como uma tentativa de conciliar a doutrina liberal com as modernas sociedades democráticas de massas. Embora ele nunca tenha escrito diretamente sobre o tema da ação afirmativa, sua teoria propiciou aos arautos das políticas de preferências justificá-las como um modo legítimo de utilizar desigualdades de direito para produzir uma maior equidade. Coincidências são muitas vezes reveladoras quando se trata da história das ideias. A reinterpretação do sentido da expressão "ação afirmativa", entre a Lei dos Direitos Civis e as primeiras iniciativas do governo Nixon, possivelmente exerceu alguma influência sobre o pensamento de Rawls. Mas a marcha triunfante das políticas de discriminação reversa não mantém nenhuma relação causal com a obra do filósofo.

A Fundação Ford e as "políticas da diferença"

Os EUA estavam intelectual e moralmente preparados para recepcionar as políticas de ação afirmativa baseadas na raça, pois o paradigma da diferença ocupa um lugar central na história americana. Apesar das solenes proclamações sobre a igualdade de direitos que estão nos documentos fundadores, a nação americana enxergou-se a si mesma, desde o início, como uma nação de brancos. Poucos anos separam o fim da escravidão da produção das leis segregacionistas que converteram os negros em cidadãos de segunda classe. Essas leis permaneceram vigentes durante quase um século inteiro.

Na esfera legal, a noção de raça só pode funcionar eficientemente se todos sabem, sem sombra de dúvida, quem é quem. Os EUA figuram como o primeiro país a adotar leis antimiscigenação. Essas leis apoiaram-se na chamada regra da gota de sangue única, pela qual a existência de um único ancestral não branco exclui um indivíduo da categoria dos brancos. A regra, que surgiu junto com as leis antimiscigenação, permitiu aos recenseamentos classificar os americanos em brancos e não brancos, e classificar as pessoas rotuladas como não brancas em diversas minorias (negros, índios, asiáticos e, mais recentemente, hispânicos). As políticas de ação afirmativa ergueram-se sobre esse edifício ideológico, administrativo e legal, que não foi abolido nem mesmo com a vitória do movimento pelos direitos civis.

A discriminação reversa não emanou automaticamente das concepções predominantes na sociedade americana. Ela surgiu na arena política pelos esforços de diferentes atores. Embora diversos líderes do movimento pelos direitos civis tenham antevisto os riscos das políticas de preferências raciais, outros consideraram que elas constituíam o passo lógico seguinte à conquista da igualdade legal. Fletcher é a figura-chave no lado republicano. No lado democrata, o nome é Jesse Jackson, companheiro de Luther King na SCLC, que rompeu com Abernathy, o novo líder da organização, e tornou-se o polo de articulação entre o Partido Democrata e o eleitorado negro.*

O movimento pelos direitos civis empolgou multidões. Em contraste, as políticas de discriminação reversa nunca foram sustentadas por um movimento de massas. Mas a sua difusão, para além dos limitados programas federais, deu-se com a entrada em cena dos intelectuais e acadêmicos, que implantaram sistemas de admissão universitária orientados por critérios raciais, articularam iniciativas de "equilíbrio racial" nas escolas públicas e, sobretudo, formularam uma explicação multiculturalista da nação americana. Nada disso teria sido possível sem a intervenção da Fundação Ford (FF), o ator mais destacado na marcha triunfante das políticas de raça.

Edsel Bryant Ford, filho de Henry Ford, o fundador da Ford Motor Co., presidiu a gigante de Detroit entre 1919 e 1943. Em 1936, ele e seu pai, na tradição filantrópica americana, estabeleceram a FF e definiram como sua missão adminis-

---

* Os democratas tornaram-se hegemônicos no eleitorado negro durante os governos Kennedy e Johnson. Quando Nixon, com o Plano de Filadélfia, tentou recuperar o espaço perdido pelos republicanos entre os negros, os democratas abraçaram as políticas de ação afirmativa e passaram a reclamar o estatuto de pioneiros, reinterpretando o significado da Lei dos Direitos Civis de 1964.

Triunfo do multiculturalismo

trar fundos para o desenvolvimento científico e educacional e para a caridade. Após a morte dos dois fundadores, em 1947, a presidência passou a Henry Ford II, filho de Edsel, e a FF recebeu uma fortuna em ações da Ford Motor. Em 1955, por decisão do conselho de curadores, a Fundação começou a vender suas ações da montadora automobilística e, em meados da década de 1970, já não mantinha nenhuma relação com a Ford Motor.

O ensaísta americano Dwight Macdonald descreveu, em 1956, a FF como "um grande corpo de dinheiro totalmente circundado por pessoas que querem algum".[10] O patrimônio financeiro legado pelos fundadores transformou a Fundação na maior entidade filantrópica do mundo, e sua missão foi redefinida em torno das metas de promover internacionalmente a liberdade, a democracia, a paz e a educação.

Nos anos da aurora da Guerra Fria, a FF funcionou como um tentáculo oculto da política externa americana. Paul Hoffman, um dos mais destacados arquitetos do Plano Marshall na Europa, deixou o governo americano para presidir a FF entre 1950 e 1953, quando ela iniciou a sua expansão no exterior. Richard M. Bissell Jr. trabalhou como alto-executivo da Fundação logo depois de servir na administração do Plano Marshall e pouco antes de ingressar oficialmente na CIA. John J. McCloy foi secretário da Guerra entre 1941 e 1945 e depois, sucessivamente, presidente do Banco Mundial, alto-comissário dos EUA na Alemanha ocupada, CEO do Chase Manhattan Bank e CEO da FF. Nos sete anos que dirigiu a Fundação, a partir de 1958, manteve o hábito de definir, em visitas informais e conversas com membros do Conselho de Segurança Nacional, os projetos no exterior que seriam agraciados com os maiores financiamentos da FF.

McGeorge Bundy tinha apenas 30 anos quando participou, com Bissell, de um grupo de formuladores de política externa que procurava articular o Plano Marshall à ajuda da CIA a grupos anticomunistas na França e Itália. Ele chegou ao governo junto com a equipe de acadêmicos montada por John Kennedy e serviu como conselheiro de Segurança Nacional nos governos Kennedy e Johnson, até 1966, quando se tornou presidente da FF. Nos treze anos de presidência de Bundy, a Fundação descobriu as minorias, desempenhando um papel crucial na difusão das políticas de raça nos EUA e na arena internacional. A reorientação não podia ser mais radical: em 1960, o item "direitos das minorias" representava 2,5% dos financiamentos; em 1970, atingia 40%.

No fim da década de 1960, a FF estava diante de um cenário de crise política que se agravou ao longo do primeiro mandato de Nixon, quando as coalizões sociais articuladas no movimento pelos direitos civis voltavam-se para a luta contra a Guerra do Vietnã. O núcleo dirigente da Fundação interpretou a radicalização dos protestos como um sintoma de funcionamento defeituoso do pluralismo político

89

Uma gota de sangue

e formulou o conceito de multiculturalismo como uma ferramenta para restabelecer a normalidade nas engrenagens da democracia. De acordo com a lógica do multiculturalismo, as amplas coalizões sociais deveriam dar lugar a organizações e movimentos específicos, delineados em função dos interesses de cada minoria. A Fundação ajudaria a esculpir esses movimentos, oferecendo-lhes plataformas políticas e fundos capazes de sustentar grupos de pressão.[11]

A introdução das "políticas da diferença" – ou da "diversidade", na linguagem oficial da FF – teve um poderoso efeito de cooptação de lideranças e intelectuais. Investigando as fundações filantrópicas, o sociólogo Craig Jenkins registrou que elas funcionam como "porteiros", financiando os movimentos e as iniciativas que, por essa via, conseguem converter suas bandeiras em políticas públicas. "No processo, elas também selecionaram as novas organizações que se tornaram traços permanentes da paisagem política."[12] É precisamente o que ocorreu nos EUA a partir da intervenção da FF.

A estratégia foi deflagrada por meio da advocacia de interesse público voltada para minorias. A FF financiou fundos para litigância em defesa dos mexicanos-americanos (Maldef), dos porto-riquenhos (PR-LDEF), dos povos indígenas (Native-American LDEF) e das mulheres (WLF). Essas organizações, que não têm uma base de associados, dependem inteiramente de doações oferecidas por empresas e fundações, em especial a FF. Como é natural, seus dirigentes são ativistas ligados à Fundação. Contudo, esses ativistas se apresentam na esfera pública como representantes dos interesses das respectivas "minorias" e, em virtude dos recursos financeiros de que dispõem, exercem significativa influência institucional. Previsivelmente, todas as organizações criadas nessas bases engajaram-se na promoção das políticas de discriminação reversa, funcionando como grupos de pressão profissionalizados.

O envolvimento da FF com os negros iniciou-se pelo financiamento de uma organização histórica, que desempenhou papéis relevantes nas lutas pelos direitos civis. A NAACP ganhou um fundo jurídico e educacional, mas perdeu sua independência. Apesar de manter mais de seiscentos mil filiados, passou a depender essencialmente das grandes entidades filantrópicas e engajou-se nas políticas de raça. O processo culminou em 1994, quando a venerável organização, que enfrentava situação falimentar, foi resgatada por duas contribuições da FF, num total de seiscentos mil dólares, depois de substituir seu diretor-executivo pelo pretendente indicado pela Fundação.

A FF não se limitou a financiar as organizações previamente existentes. Com o seu patrocínio, movimentos militantes de "chicanos" foram transformados numa organização étnica. O Conselho do Sudoeste de La Raza (SWCLR) nasceu em Phoenix, Arizona, em 1968, a partir da contratação de três lideranças comunitárias pela FF.

Cinco anos depois, o SWCLR tornou-se uma organização nacional, mudou sua sede para Washington e seu nome para Conselho Nacional de La Raza (NCLR).* Logo depois, a Fundação entrou em atrito com o sindicalista Henry Santiestevan, que presidia o NCLR, e exigiu a sua substituição, ameaçando suspender os financiamentos. Raul Yzaguirre assumiu a presidência, alinhou por completo a organização à agenda política do doador original e converteu-a numa poderosa instituição, financiada pelo governo federal, além de grandes empresas e diversas entidades filantrópicas.

O discurso da vitimização e os recursos financeiros da FF uniram-se para gerar o que o jornalista George Will caracterizou, apropriadamente, como "a proliferação de grupos acalentando mágoas e reivindicando direitos".[13] Como registrou Joan Roelofs, um dos resultados do processo foi a cooptação em massa de lideranças independentes: "ativistas de movimentos sociais são desse modo transformados em pesquisadores, administradores e litigantes; e os movimentos são fragmentados em 'políticas identitárias'."[14]

Na sua origem, a FF já representava as tendências modernas da filantropia, que não pretende oferecer donativos aos pobres, mas fazer uso das ciências sociais para reformar as sociedades. Desde a revisão de sua missão, no pós-guerra, a Fundação havia se fixado na meta de influenciar as políticas públicas e promover reformas institucionais não só a partir do convencimento dos governos, mas, especialmente, pela mobilização de base. A aventura multiculturalista nas universidades americanas derivou da combinação dos dois paradigmas.

A abordagem básica da Fundação consistiu em incentivar a adoção de sistemas de admissão orientados por preferências para "grupos minoritários". O instrumento pragmático utilizado foi oferecer vultosas doações, condicionando-as à implantação de cotas para minorias. Contudo, as ambições da FF ultrapassavam em muito a mera mudança dos sistemas de admissão. A finalidade era reformar de alto a baixo as perspectivas acadêmicas, as atitudes políticas, os currículos e as práticas nas universidades. Tratava-se, no fim das contas, de incutir o princípio do multiculturalismo no código genético do fazer acadêmico. Mais uma vez, a ferramenta de persuasão seria a oferta condicional de generosas doações.

Os relatórios anuais da FF descrevem, às vezes com minúcias, o *modus operandi* do assalto às universidades. Um único exemplo: em 1989, duzentas universidades e faculdades foram convidadas a concorrer por doações de cem mil dólares "para

---

* O termo "Raza", nesse contexto, tem um sentido étnico paradoxal, pois resulta da mestiçagem. Trata-se do "povo mestiço" criado pelo encontro entre espanhóis e ameríndias na América colonial. A origem da expressão parece encontrar-se na obra do mexicano José Vasconcelos, *La raza cósmica*, publicada em 1925.

revisar ou desenvolver programas acadêmicos voltados a dar uma máxima atenção à cultura e experiência de minorias étnicas e a fazer as perspectivas multiculturais pesarem em todos os aspectos do currículo".[15] Uma das 19 instituições agraciadas, a Universidade Brandeis, de Massachusetts, comprometeu-se a organizar um curso de verão sobre as tradições orais na África e na "diáspora africana" e, mais amplamente, a incorporar materiais africanos e "derivados da África" no núcleo de seu currículo.

O cientista político Harold Laski (1893-1950), com sua longa experiência em Harvard, Yale e na London School of Economics, conhecia o impacto das fundações sobre as universidades: "As fundações não controlam, simplesmente porque, no significado direto e simples da palavra, não há necessidade de fazerem isso. Elas têm apenas que indicar a inclinação momentânea de suas mentes para todo o mundo universitário descobrir o sentido apontado e tender rapidamente para aquele ângulo do compasso intelectual."[16] Entretanto, Laski não viveu o suficiente para apreciar a ousada operação da FF no mundo universitário americano. A Fundação não se limitou a distribuir doações institucionais condicionadas, mas criou vastos programas de bolsas de pesquisas, destinados a professores, e de especialização, destinados a pós-graduandos e graduandos. Para ter mais chances de sucesso na conquista das bolsas, os pretendentes deviam formar "equipes multiculturais" e definir temas e abordagens multiculturalistas.

Do ponto de vista teórico, o multiculturalismo assenta-se sobre um primeiro pressuposto que não é dramaticamente distinto do artigo de fé do "racismo científico". Esse pressuposto pode ser expresso como a noção de que a humanidade se divide em "famílias" discretas e bem definidas, denominadas etnias. O "racismo científico" fazia as suas "famílias" – as raças – derivarem da natureza. O multiculturalismo faz as etnias derivarem da cultura. O segundo pressuposto do multiculturalismo é que a cultura corresponde a um atributo essencial, imanente e ancestral de cada grupo étnico. Essa naturalização da cultura evidencia que o conceito de etnia, na narrativa multiculturalista, ocupa um nicho metodológico paralelo àquele do conceito de raça na narrativa do "racismo científico".

Sob o influxo dos milionários financiamentos da FF, as universidades imitaram os padrões de segregação urbana e criaram seus próprios guetos, na forma de novos campos de estudo – *Black Studies*, depois *African-American Studies*, *Mexican-American Studies*, *Native-American Studies*, os estudos de *race relations*, os "estudos femininos" e incontáveis estudos étnicos específicos. Nos cinco anos iniciais, implantaram-se mais de quinhentos programas de *Black Studies* nos EUA. Desse modo, os pressupostos multiculturalistas adquiriam vida e realidade, como componentes do saber acadêmico consagrado. Mas, não satisfeita em produzir objetos de estudo, a "transformação curricular" injetou a raça, a etnia e o gênero em todos os departamentos e disciplinas, investigando, por exemplo, o "olhar afro-americano" das paisagens urbanas, os temas feministas na arte contemporânea e a misoginia inscrita na *Nona Sinfonia* de Beethoven.

Universidades em busca de dinheiro e acadêmicos em busca de prestígio definiram suas prioridades acadêmicas nos termos sugeridos pelo doador. A Universidade de Chicago, seguindo as tendências gerais, implantou um Centro para o Estudo de Raça, Política e Cultura que, no início de 2005, recebeu da FF e de outras entidades filantrópicas mais de um milhão de dólares em doações. Cathy Cohen, diretora do Centro, explicou que "o recebimento das doações mostra que pesquisa inovadora está sendo realizada"[17], um raciocínio amparado na curiosa ideia de que os donos do dinheiro são os melhores avaliadores da pertinência de um saber.

A maior das doações recebidas naquele ano pelo Centro dirigido por Cohen, proveniente da FF, no valor de seiscentos mil dólares, destinava-se à linha de pesquisa "Os jovens afro-americanos e seu empoderamento sexual: sexo, política e cultura".[18] É claro que a linha de pesquisa não existiria sem a intervenção da Fundação. Mas há algo de maior relevância: a mera enunciação do programa acadêmico significa que, de acordo com o saber institucional adventício, "afro-americanos" constituem um grupo perfeitamente identificável e distinto dos demais por feições culturais relacionadas ao sexo e à política.

A marcha do multiculturalismo pelos *campi* universitários nem sempre contou com a adesão voluntária dos acadêmicos, mas a Fundação soube manejar com eficácia seus meios de persuasão. Robert Steele, professor de Psicologia na Universidade Wesleyan, de Connecticut, que cumpriu o papel de coordenador de uma das sessões da conferência "Intensificação da diversidade cultural", patrocinada pela FF em Pasadena, Califórnia, em 2004, explicitou o receituário: "As pessoas não serão pacificamente assimiladas ao multiculturalismo por meio da verdade, através do diálogo. Você lhes dá assistentes de pesquisa, você oferece orientadores de pós-graduação."[19] A meta não é apenas incutir ideias, mas colocar os acadêmicos ligados à Fundação nos postos de comando e, efetivamente, assumir o controle de departamentos e universidades inteiras: "Nós teremos mudado a universidade quando mulheres e pessoas de cor possam se ver dirigindo o lugar."[20]

Henry Ford II deixou a presidência da FF em 1950, mas permaneceu envolvido com a sua direção durante mais um quarto de século, como CEO e depois como curador. Contudo, ele experimentou uma desilusão crescente com os rumos da entidade filantrópica e, em 1977, renunciou à sua posição no conselho. "A Fundação é uma criatura do capitalismo", observou, mas tornou-se difícil identificar algum traço de capitalismo "em qualquer coisa que ela faz. É ainda mais difícil encontrar uma compreensão disso em muitas das instituições, particularmente as universidades, que são beneficiárias do programa de subvenções da Fundação".[21]

O herdeiro dos fundadores era um conservador da velha estirpe e não entendia o sentido das políticas conduzidas pela FF desde o final da década de 1960. Mas, pela perspectiva de Bundy e de seus sucessores, o multiculturalismo era um remendo vital para o sistema político do capitalismo – e não apenas nos EUA.

Nações dentro da nação

As políticas de preferências nos empregos e de cotas nas universidades só podiam funcionar se contassem com uma classificação geral e uniforme dos cidadãos. Os EUA tinham uma longa tradição de classificação étnica, expressa no censo. Além disso, a regra da gota de sangue única cancelava a existência de mestiços, evitando dificuldades de rotulação dos candidatos. Ao igualar legalmente os cidadãos, a Lei dos Direitos Civis tornou inócua, no plano político, a classificação étnica. Contudo, logo depois, as iniciativas de ação afirmativa restauraram o uso político da classificação das pessoas. O multiculturalismo fez o resto, conferindo uma nova legitimidade a essas tradições racistas.

De modo geral, os multiculturalistas engajaram-se na defesa da rígida classificação censitária americana, que descreve uma sociedade fragmentada em grupos étnicos perfeitamente delimitados. As organizações que falavam em nome dos interesses dos "afro-americanos" converteram-se em defensoras da regra da gota de sangue única, que foi transformada em algo como um artigo de consenso nacional. Na síntese do historiador David Hollinger:

> O modelo negro tal como entendido no início dos anos 1970 – por organizações de pressão afro-americanas, tanto quanto por administradores públicos e tribunais – abrangia a interpretação dos nítidos limites entre grupos como fatos da vida e não desafiava tais limites caracterizando-os como construções históricas eventuais. De fato, proceder de outro modo seria, potencialmente, negar às vítimas do racismo branco os benefícios que lhes eram devidos: se a regra da gota de sangue única definiu a discriminação, ela naturalmente definiria os remédios antidiscriminatórios.[22]

Quando um rótulo étnico tem potenciais repercussões na vida prática, as pessoas forjam novas identidades ou selecionam, entre mais de uma identidade viável, aquela mais bem adaptada a seus interesses. O número recenseado de índios americanos e nativos do Alasca experimentou um aumento de 259% entre os censos de 1970 e 1990, apesar de uma taxa de natalidade muito baixa no grupo. No decênio seguinte, a expansão foi de 26,4%, ainda assim superior ao do cresci-

Triunfo do multiculturalismo

mento vegetativo e bem maior que a dos brancos e negros. No censo de 1970, o grupo representava 0,4% da população total. No censo de 2000, após três décadas de discriminação reversa, ele atingia 0,9% do total.[23] Contudo, provavelmente em virtude do estigma singular que marca a identidade negra nos EUA, não se registra um movimento similar de brancos se reclassificando como "afro-americanos".

O essencialismo cultural não tem o compromisso do "racismo científico" com a Biologia, o que lhe confere ampla flexibilidade na fabricação de grupos étnicos. Essa vantagem política foi largamente explorada pelos multiculturalistas na sua relação com os "hispânicos". No início, os "mexicano-americanos" ganharam o estatuto de etnia. Depois, o grupo étnico conheceu um alargamento, passando a abranger toda a comunidade oriunda da América Latina de língua espanhola. Entretanto, os "mexicano-americanos" continuaram a figurar como um subgrupo dentro da minoria mais abrangente, com suas próprias organizações de pressão e centros de estudos étnicos.

José Angel Gutierrez, advogado, ativista e professor universitário, fundou o Partido Raza Unida, um partido regional "chicano", e o Centro de Estudos Mexicano-Americanos da Universidade do Texas em Austin, que nasceu em 1970. "Nós somos uma nação dentro desta nação", explicou Gutierrez num debate radiofônico.[24] Na visão do multiculturalismo, a nação americana é uma confederação de nações étnicas, cada uma delas com a sua cultura singular e com seus interesses igualmente singulares.

O conceito de "nação dentro da nação" inspirou o sistema de educação bilíngue, em inglês e espanhol, que vigorou na Califórnia durante mais de três décadas. A base legal do sistema emanou de duas leis de educação bilíngue passadas em 1968 e 1974, que ofereceram fundos suplementares para escolas públicas interessadas em prover programas especiais para alunos com "limitada proficiência em inglês" (LEP). Um ano antes da aprovação da primeira dessas leis federais, o então governador da Califórnia, Ronald Reagan, derrubou a legislação que impunha o uso exclusivo do inglês na instrução pública. Em 1974, uma lei estadual de Educação Bilíngue-Bicultural estabeleceu programas de ensino em espanhol para alunos com LEP. Sete anos depois, uma nova lei estadual detalhou as obrigações das escolas com ensino bilíngue, reforçando o sistema.

Na África do Sul do apartheid, as línguas bantos ocupavam lugares centrais na educação das crianças negras. Nos EUA do multiculturalismo, crianças cujas árvores genéticas tinham raízes na América hispânica deviam aprender basicamente em espanhol. Como queriam as organizações que pressionaram pela adoção da educação bilíngue e os sindicatos de professores dirigidos por multiculturalistas, a educação bilíngue californiana tornou-se uma educação quase exclusivamente

Uma gota de sangue

em espanhol. O resultado foi a configuração de um gueto educacional no qual quatrocentos mil alunos ouviam inglês apenas durante cerca de meia hora do dia letivo. Em 1998, na moldura mais ampla do declínio das políticas de discriminação reversa, os eleitores do estado aprovaram por 61% dos votos a Proposição 227, que impôs o ensino em inglês, exceto nos casos de pais que solicitem o bilinguismo.*

Richard Rodriguez, filho de imigrantes mexicanos, nascido em São Francisco, na Califórnia, tornou-se um escritor aclamado com a publicação da obra autobiográfica *Hunger of Memory*, que narra seu desenvolvimento como estudante americano de origem hispânica numa escola composta principalmente por "gringos" de alta renda. O livro apareceu em 1981, no zênite do multiculturalismo, e provocou acesa celeuma. Comentaristas nos dois extremos do espectro político acusaram o autor de ter se beneficiado das políticas de ação afirmativa para minorias, que ele agora contestava. Os conservadores tradicionais o bombardearam por criticar as restrições à imigração, enquanto os multiculturalistas o execraram por sua oposição ao ensino em espanhol.

Nada disso afetou as posições de Rodriguez. Bem mais tarde, num artigo para a revista *Dissent*, ele observou que, nos anos iniciais da ação afirmativa em Harvard ou Berkeley, ouvia-se muito

> palavreado sobre "personagens exemplares" e "voltar para ajudar o seu povo". Questão embaraçante, pois os primeiros beneficiários da ação afirmativa eram principalmente de classe média. E pior: aqueles de dentro ganhavam o rótulo de "minoria" devido à sua suposta relação com um grande número de pessoas de fora.[25]

Na lógica política do multiculturalismo, os beneficiados pelos programas de discriminação reversa viriam a constituir elites dirigentes de "seus" grupos étnicos. Os jovens graduados e pós-graduados nas universidades deviam assumir o compromisso de prosseguir o movimento, tornando-se ativistas nas organizações de minorias. Nesse processo, como registrou Rodriguez, a culpa jogava o seu papel: "Os graduandos de classe média sabiam que eles estavam ganhando nas costas dos pobres."[26]

A FF participou de todos os aspectos do empreendimento multiculturalista nos EUA. Mas, sobretudo, ela funcionou como o nó mais importante de articulação entre a universidade, as organizações de pressão e os órgãos da administração pública. Por intermédio da Fundação, acadêmicos encontraram os caminhos rumo a postos

---

* A Proposição 227 teve significativo apoio do eleitorado hispânico, apesar de uma feroz campanha contrária das organizações multiculturalistas, e depois de sua entrada em vigor registrou-se baixa demanda por classes em espanhol.

na direção das organizações de minorias e a cargos governamentais encarregados de programas de ação afirmativa. No sentido inverso, ativistas foram inseridos em programas universitários de pós-graduação, sob a orientação de professores financiados pela Fundação. Como consequência dessa "circulação de cérebros", configurou-se uma rede multiculturalista tentacular, organicamente descentralizada, mas que compartilha a mesma visão de mundo.

Desde as origens, a FF viu-se a si mesma como um ator global. O poderio financeiro da Fundação conferia-lhe uma capacidade de projetar influência muito além das fronteiras americanas e ela organizou-se para atuar agressivamente no exterior. Em 1952, inaugurou seu primeiro escritório regional, em Nova Délhi, na Índia, logo seguido pelo de Jacarta (Indonésia) e, em 1957, pelo do Cairo (Egito). No início da década de 1960, surgiram os escritórios africanos de Lagos (Nigéria) e Nairóbi (Quênia) e os latino-americanos da Cidade do México, Rio de Janeiro e Santiago (Chile). Numa fase posterior, com a abertura chinesa, o encerramento da Guerra Fria e o colapso do apartheid, implantaram-se escritórios em Pequim (China), Moscou (Rússia), Hanói (Vietnã) e Johannesburgo (África do Sul). Em 2005-2006, as doações dos escritórios regionais representavam 30% dos desembolsos totais da Fundação.

A sede mundial, em Nova York, base do conselho de curadores de 13 membros, e os escritórios regionais no exterior empregam um corpo permanente de seis centenas de funcionários. Dinheiro nunca foi problema. No ano fiscal de 2007, a FF estava entre as cinco entidades filantrópicas mais ricas, com patrimônio total de 13,7 bilhões de dólares. Ao longo de sete décadas, ela distribuiu mais de 15 bilhões em doações para milhares de instituições e indivíduos. Em 2001, na maior subvenção singular de sua história, usou 280 milhões de dólares para criar um programa de bolsas de pós-graduação destinadas a "lideranças emergentes de comunidades marginalizadas fora dos EUA".[27] Trata-se, evidentemente, de uma ferramenta de cooptação de lideranças comunitárias em larga escala. Com cerca de 4,3 mil bolsistas espalhados pelo mundo, o programa recebeu, em 2006, 75 milhões adicionais e foi estendido até 2014.

O multiculturalismo organizou praticamente todos os aspectos da atuação da FF nos EUA a partir dos anos 1970. No exterior, o novo paradigma teve que ser adaptado aos variados cenários nacionais e a outras prioridades na agenda da Fundação. Na Índia, o escritório regional definiu a "diversidade" nos termos postos pelo antigo sistema de castas, que havia sido reativado pelas políticas coloniais britânicas, e dirigiu recursos para os defensores da ação afirmativa em benefício das "castas desfavorecidas". No México e na América Central, a FF concentrou-se na promoção de identidades étnicas de grupos ameríndios, que foram classificados como minorias marginalizadas.

Na África, os escritórios de Lagos e Nairóbi subvencionaram organizações de proteção de direitos de minorias, o que em diversos casos, mas não sempre, significa a promoção de interesses exclusivistas de elites étnicas e regionais. Com o fim do apartheid, a política de *black empowerment* conduzida pelo governo sul-africano ganhou o respaldo da FF. A influência da Fundação em alguns países africanos evidenciou-se mais de uma vez pela presença de "homens da Ford" em ministérios e na alta administração governamental. O caso mais notório é o da Nigéria, cujo ex-ditador Olusegun Obasanjo tornou-se membro do conselho de curadores da Fundação, dirigindo seu Comitê de Assuntos Internacionais, cargo do qual renunciou para se eleger presidente do seu país pelo voto popular, em 1999. Após a posse de Obasanjo, a FF ajudou a subvencionar a comissão oficial encarregada de redigir uma nova Constituição.

A difusão internacional do multiculturalismo foi interpretada pelos sociólogos franceses Bourdieu e Wacquant como "uma verdadeira 'globalização' das problemáticas americanas".[28] A ação da FF no Brasil atesta a agudeza desse diagnóstico. As subvenções da Fundação replicaram nas universidades brasileiras os modelos de estudos étnicos e de "relações raciais" aplicados nos EUA e consolidaram uma rede de organizações racialistas que começaram a reproduzir os discursos e demandas das similares afro-americanas. Por essa via, a polaridade branco/preto, que se coagulou nos EUA com a regra da gota de sangue única, foi exportada para os ativistas no Brasil, um país atravessado por desigualdades sociais muito diferentes e cuja tradição identitária articulou-se em torno da ideia de mestiçagem.

Da inauguração do escritório brasileiro até 2001, a FF desembolsou em doações 347 milhões de dólares, em valores ajustados à inflação. Na década inicial, os valores anuais de subvenções giraram em torno de 11 milhões. A partir de 1975, as doações caíram dramaticamente, até 2,1 milhões em 1978. Uma recuperação paulatina iniciou-se em meados dos anos 1980 e, em 2001, o valor doado atingiu 16 milhões de dólares.[29] No decênio iniciado em 1995, os valores médios alcançaram o patamar de 13 milhões.

O perfil dos financiamentos no Brasil conheceu uma mudança de outra natureza, expressa na nítida tendência histórica de aumento do número anual de doações, que saltou de menos de uma dezena nos anos iniciais para mais de uma centena desde o final dos anos 1990. A estratégia original de concentração das doações em grandes donatários institucionais, especialmente universidades, deu lugar a uma orientação de pulverização do dinheiro por inúmeras pequenas organizações não governamentais (ONGs). Os números atestam a escala da mudança de rota: as ONGs brasileiras, que receberam 4% das subvenções totais na primeira década, saltaram para 54% no início do século XXI.[30]

O "giro popular" da Fundação acompanhou a sua "decisão de privilegiar uma definição mais instrumental das Ciências Sociais" e beneficiou, em especial, as "organizações de ativistas afro-brasileiros"[31] engajadas nas políticas de raça e na demanda de iniciativas de discriminação reversa. Num movimento complementar, as doações destinadas a universidades, embora continuassem a fornecer recursos para os mais variados programas, passaram a privilegiar instituições que figuraram como modelos para a difusão dos sistemas de admissão por cotas raciais.*

No Brasil, não existiam organizações tradicionais como a NAACP, com uma ampla base social entre os negros. Inexistiam também organizações militantes de relevância, com exceção do Movimento Negro Unificado, que tendia a rejeitar o modelo americano do *black capitalism*. Por isso, o "giro popular" da FF resultou, basicamente, no surgimento de uma rede de ONGs racialistas constituídas ao redor de ativistas acadêmicos. As novas ONGs cultivaram as suas relações com a Fundação e importaram utilitariamente a linguagem multiculturalista elaborada nos EUA.

Entretanto, a doutrina multiculturalista incorporou-se ao código genético do escritório regional da FF e foi convertida num eixo transversal de articulação do conjunto das subvenções. O sociólogo Edward Telles, chefe do programa de Direitos Humanos da Fundação no Brasil entre 1996 e 2000, explicou a metodologia utilizada para a seleção de donatários desde o final dos anos 1990:

> A Ford-Brasil requer uma "tabulação da diversidade" e uma explicação de todos os seus financiados em todos os campos de atuação. Isto inclui mais de cem apoios por ano, dos quais menos de vinte são, principalmente, sobre questões raciais. Esta tabulação enumera toda a equipe em diferentes níveis, de acordo com critérios de gênero [...], de raça (brancos/não brancos), e a explicação induz os financiados a explicarem por que eles refletem, ou não, a diversidade local com respeito a gênero e cor e o que eles pretendem fazer para melhorar isto.[32]

Encontro em Durban

Na sua sessão de 1997, a Assembleia Geral da ONU invocou o meio século da Declaração Universal dos Direitos Humanos para convocar uma Conferência

---

* A Universidade Estadual do Rio de Janeiro recebeu uma doação de US$ 1,3 milhão, que figura na lista das maiores da história do escritório, em 2001, quando implantou seu programa pioneiro de cotas raciais. A Universidade de Brasília implantou seu programa em 2004 e nos anos seguintes recebeu sucessivas doações. A Universidade Federal do Rio Grande do Sul resistiu até 2007, quando instituiu cotas raciais e recebeu US$ 130 mil. A Universidade Federal de São Carlos, outra "retardatária", foi contemplada com uma doação excepcional de US$ 1,5 milhão, em 2007, ano em que aderiu ao sistema de cotas.

Mundial contra o Racismo, a Discriminação Racial, a Xenofobia e Intolerâncias Relacionadas (WCAR), a ser realizada em Durban (África do Sul), em 2001, sob a coordenação do Alto-Comissariado para Direitos Humanos. Mary Robinson, a alta-comissária e presidente honorária da Oxfam, uma das mais poderosas ONGs internacionais, prometeu na ocasião "fazer [...] uma Conferência de ações, não apenas palavras".[33] De fato, haveria ação – e um turbilhão de palavras.

Na origem da convocação, estavam centenas de ONGs engajadas na promoção dos direitos humanos. Muitas, se não a maioria, adotavam a perspectiva multiculturalista e encaravam a Conferência como uma oportunidade singular para introduzir os seus conceitos na linguagem oficial da ONU. A FF estava longe de ser a única financiadora dessas organizações, mas figurava destacadamente na lista de patrocinadores de uma parcela significativa delas.

A escolha de Durban como sede da WCAR obedecia a um imperativo simbólico e a um arranjo político. Durban não só está no país que havia se libertado do apartheid como também é um centro de "diversidade" em que a maioria negra convive com os brancos e com a numerosa minoria de origem indiana, um meio social no qual o jovem Mahatma Gandhi começou sua carreira. Além disso, o governo sul-africano conduzia o mais amplo programa de ação afirmativa do mundo e mantinha estreita cooperação com o alto-comissariado de Robinson e com o escritório da FF inaugurado em 1993 em Johannesburgo.

A ação iniciou-se nos encontros regionais preparatórios, em 2000 e 2001, em Estrasburgo (França), Santiago (Chile), Dacar (Senegal) e Teerã (Irã). Nos países democráticos, as delegações nacionais incluíam, em posições proeminentes, os "representantes da sociedade civil", isto é, dirigentes de ONGs multiculturalistas e colaboradores dessas organizações oriundos das universidades. Os textos prévios indicavam de antemão as ideias surpreendentes que seriam consagradas em Durban. No encontro dos países asiáticos, em Teerã, ONGs engajadas no tema da Palestina apresentaram propostas visceralmente anti-israelenses, associando o sionismo ao racismo. Os diplomatas americanos imaginavam que aquelas ONGs eram financiadas pela Arábia Saudita. Depois descobririam que o dinheiro originava-se, principalmente, do escritório regional da FF no Cairo e chegava às organizações por intermédio de entidades guarda-chuvas.*

O primeiro desastre diplomático do novo século desenhou-se quando, na sua resolução oficial, o encontro intergovernamental de Teerã acusou Israel de praticar

---

* Essas entidades eram o Comitê Palestino para a Proteção dos Direitos Humanos e do Meio Ambiente, que operava sob o acrônimo de LAW, e a Rede de ONGs Palestinas (PNGO).

"discriminação racial" contra os palestinos nos territórios ocupados, e a delegação síria parecia engajada numa tentativa de reativar a Resolução 3.379, aprovada pela Assembleia Geral da ONU em 1975, mas anulada em 1991, que qualificou o sionismo como "uma forma de racismo". O tenso equilíbrio foi rompido pela Conferência paralela de ONGs em Durban, um fórum previsto na programação oficial da WCAR. Em meio a cartazes nos quais se entrelaçavam imagens israelenses e ícones nazistas, as ONGs apresentaram uma declaração crismando Israel como um "Estado racista de apartheid" e responsabilizando-o por "genocídio e limpeza étnica". O episódio envenenou as difíceis negociações entre governos que estavam em curso e precipitou a retirada das delegações israelense e americana.

Depois da dupla retirada, os trechos polêmicos do projeto de resolução foram derrubados para evitar a saída do Canadá e de diversas delegações europeias, o que configuraria o colapso da Conferência. Mas um estrago estava feito. Em virtude da disputa sobre Israel, os textos da Declaração e do Programa de Ação de Durban, que introduziram na linguagem oficial da comunidade internacional algumas noções cruciais do multiculturalismo, não tiveram a assinatura da pátria ideológica da doutrina.

Os documentos finais da Conferência de Durban constituem um tenso compromisso entre o conceito clássico de igualdade política e os conceitos de etnia e raça do multiculturalismo. Ao lado da reafirmação e do detalhamento dos princípios gerais proclamados pela Declaração Universal de 1948, a Declaração da WCAR qualificou "os valores de solidariedade, respeito, tolerância e multiculturalismo" como "terreno moral e inspiração para nossa luta em todo o mundo contra o racismo" e caracterizou a "diversidade cultural" como "valioso patrimônio para o desenvolvimento e bem-estar da humanidade".[34]

A introdução do princípio da "diversidade cultural" no direito internacional servia como alicerce para a construção de um edifício com profundas implicações práticas. A Declaração oficializou o conceito de "afrodescendentes" e solicitou o reconhecimento da "cultura" e "identidade" dos "afrodescendentes" nas Américas e, de modo geral, nas regiões da "diáspora africana". Utilizando esses termos, o documento recolhia o conceito de uma nação diaspórica, constituída com base na ancestralidade e na cultura. A proclamada nação na diáspora estaria composta por populações espalhadas em diversos países e seria detentora de um direito à reparação.

É no direito de guerra que pode ser encontrado um conceito de reparação como direito coletivo. Historicamente, a reparação, em dinheiro ou bens, tomou o lugar da pilhagem dos vencidos pelos vencedores. No caso da nação diaspórica da Declaração de Durban, os negros das Américas figuram como presumidos descendentes dos escravos africanos transferidos pelo tráfico no Atlântico e, nessa

Uma gota de sangue

condição, como detentores de um direito à reparação. Segundo a tortuosa lógica da demanda, a reparação deve ser paga pelos brancos, que figuram como supostos descendentes dos proprietários de escravos. Procurando operacionalizar o conceito de reparação racial, o Programa de Ação da WCAR solicita dos Estados a implementação de "ações afirmativas ou positivas, em comunidades de descendência primariamente africana".[35]

A incorporação do conceito de nação diaspórica dos "afrodescendentes" inseriu as categorias de afro-americanos e afro-brasileiros, entre outras, no direito internacional. As repercussões desse passo são evidentes. Os países das Américas que firmaram os documentos de Durban estavam implicitamente adotando para si mesmos uma definição de Estados plurinacionais – o que significa conferir à "minoria" de "afrodescendentes" o estatuto de nação. Em consonância com isso, as ONGs multiculturalistas passaram a exigir dos governos a incorporação à legislação de direitos coletivos especiais para os "afrodescendentes". No Brasil, particularmente, a Declaração e o Programa de Ação da WCAR teriam forte impacto político.

Durban representou um triunfo ideológico inédito para o multiculturalismo, mas a FF não pôde comemorá-lo por muito tempo. Organizações judaicas americanas expuseram o sentido das doações do escritório regional do Cairo, responsabilizaram a Fundação pelos ataques a Israel nos documentos preparatórios e acusaram-na de respaldar o antissemitismo. Parlamentares ensaiaram exigir uma investigação das contas da FF e ameaçaram passar leis aumentando a taxação das entidades filantrópicas. Susan Berresford, a então presidente da Fundação, uma antiga integrante do conselho do Chase Manhattan Bank, apressou-se em fazer um acordo quando a crise roçou na esfera do dinheiro. Além de interromper as subvenções às entidades palestinas taxadas de antissemitas, a direção da FF estabeleceu novas normas de controle dos beneficiários de doações e voltou a financiar organizações judaicas que estavam fora das listas de donatários, como a Liga Antidifamação, o Comitê Judaico Americano e o Centro Simon Wiesenthal.

As novas normas foram explicitadas no início de 2004 por meio de um memorando dirigido aos cinco mil donatários da Fundação que dizia: "Rubricando essa carta de doação, você concorda que sua organização não promoverá ou se engajará em violência, terrorismo, intolerância ou na destruição de qualquer Estado, nem fará subdoações a qualquer entidade engajada nessas atividades." Para não deixar margem a interpretações, o memorando esclarecia que a interdição "aplica-se a todos os fundos da organização, não apenas àqueles derivados de uma doação da Ford".[36]

A linguagem, extraída da Lei Patriótica passada pelo governo George W. Bush na "guerra ao terror", provocou protestos de tradicionais beneficiários de fundos da FF, como a União Americana pelos Direitos Civis (ACLU), e de reitores de prestigio-

102

sas universidades dos EUA. Eles argumentaram que o termo "intolerância" (*bigotry*) presta-se às mais abrangentes interpretações e que o memorando atingia a liberdade de expressão e impunha uma inaceitável vigilância dos donatários sobre manifestações de professores e estudantes. No fim, o dinheiro falou mais alto e as universidades renderam-se à linguagem da Fundação. Em 2004, contudo, a ACLU sustentou sua posição recusando doações que totalizavam mais de um milhão de dólares.

Em decorrência dos incidentes sobre a "questão judaica", o processo diplomático de Durban sofreu avarias, e a reputação da FF foi ferida em uma área sensível. Mas, mesmo aos trancos, o multiculturalismo saiu da Conferência mundial avalizado por documentos que recolheram alguns de seus conceitos principais. A ONU renunciara, ao menos parcialmente, à linha expressa no imediato pós-guerra pela Declaração Universal de 1948 e pela declaração antirracista da Unesco. Depois de Durban, a etnia e a raça podiam ser invocadas para a fabricação legal de minorias às quais se atribuiriam direitos coletivos especiais.

Minorias de todo o mundo, uni-vos!

O Palácio da Paz, em Haia (Holanda), começou a ser erguido em 1907, a partir de um projeto arquitetônico em estilo neorrenascentista assinado pelo francês Louis Cordonnier e contando com o financiamento integral do filantropo Andrew Carnegie, que para aquele fim criara a Fundação Carnegie. Seu primeiro ocupante foi a Corte Permanente de Arbitragem estabelecida na Primeira Conferência de Haia, de 1899. Desde 1946, ele sedia a Corte Internacional de Justiça da ONU.

Parece improvável, mas no imponente Palácio da Paz reuniram-se, em 1991, entidades que falam em nome dos interesses de 15 "povos indígenas", "minorias" ou "nações ocupadas" – entre os quais os aborígines australianos, os nativos filipinos da Cordillera, os papuas de Papua Ocidental, os tibetanos seguidores do Dalai Lama, os tártaros da Crimeia, os curdos iraquianos e, curiosamente, até a população da província rebelde chinesa de Taiwan, representada por seu governo. Do encontro nasceu a Organização das Nações e Povos Não Representados (UNPO), com a finalidade expressa de assistir seus integrantes numa "efetiva participação no nível internacional".[37]

Desde a fundação, a UNPO contou com a generosidade de doadores como a União Europeia, governos e agências públicas de Taiwan, da Suíça, da Holanda e dos países nórdicos, além de fundações filantrópicas poderosas como a MacArthur e, destacadamente, a FF. Talvez por isso, seu quadro de membros conheceu vertiginoso crescimento, aproximando-se da marca de seis dezenas. Entre as entidades que ingressaram na organização encontram-se o governo separatista da Chechênia

103

no exílio e "representantes" dos húngaros da Romênia, dos abkhazes da Geórgia, dos árabes ahwazis do Irã, dos assírios da Mesopotâmia, dos baluques do Paquistão, dos montanheses do Vietnã, dos ogonis da Nigéria, dos batwas de Ruanda, dos masais do Quênia e da Tanzânia, dos mestiços rehoboth basters da Namíbia, dos ameríndios nahuas do México e mapuches do Chile e Argentina, da "nação dene" do Canadá e até mesmo um pequeno partido africânder da África do Sul.

A UNPO não promove o separatismo, embora algumas das entidades associadas sejam grupos separatistas. A organização prega a resistência pacífica e defende a autonomia cultural e política das "minorias" que congrega. Não há nada em comum na coleção heterogênea de "nações" supostamente representadas na UNPO, mas as entidades que proclamam representá-las compartilham uma reivindicação: o reconhecimento dessas "minorias" como coletividades distintas e, portanto, como potenciais titulares de direitos coletivos especiais – o que implica, quase diretamente, a elevação daquelas entidades ao estatuto de representantes das respectivas "nações".

Os movimentos nacionalistas tradicionais pretendem estabelecer um Estado soberano para uma nação que é proclamada como distinta. Há movimentos desse tipo no interior da UNPO, como os governos separatistas da Chechênia e da Abkhazia e os dois grandes partidos dos curdos iraquianos, que utilizam a organização como trampolim na sua luta pela soberania. Contudo, na sua vasta maioria, os integrantes da UNPO são frutos ideológicos e financeiros do multiculturalismo – e querem criar regimes de autonomia regional no interior dos Estados existentes. A estratégia dessas entidades, que se desenvolve no ambiente da diplomacia internacional, consiste em conseguir o apoio da ONU e de outras instituições multilaterais para impor aos governos nacionais, de fora para dentro, a aceitação de suas demandas.

Há uma diferença crucial entre os movimentos nacionalistas tradicionais e os movimentos multiculturalistas de "minorias". No primeiro caso, as elites nacionalistas só têm possibilidades de sucesso se conseguem articular uma narrativa capaz de empolgar as massas, que então se dispõem a sacrifícios às vezes dramáticos em nome da bandeira de uma nova nação. No segundo, as elites multiculturalistas não precisam de apoio popular, pois a sua legitimidade se conquista nos salões suntuosos das instituições internacionais. Diferentemente das nações, que emanam de um processo complexo de fabricação de uma história, uma literatura e uma geografia, as "minorias" da globalização emergem apenas de uma postulação étnica superficial. Nações podem até ser interpretadas como imposturas, mas são imposturas nas quais um povo acredita. As "minorias", em contraste, são imposturas nas quais nem mesmo os impostores acreditam.

Os "povos indígenas" formam parte significativa das minorias descritas pela doutrina do multiculturalismo. A comunidade internacional deu um primeiro passo para o reconhecimento dessas "minorias" em 1982, quando o Conselho Econômico e Social (Ecosoc) da ONU criou o Grupo de Trabalho sobre Populações Indígenas (WGIP). O passo seguinte veio em 1989, com a aprovação da Convenção 169, sobre "povos indígenas e tribais", da Organização Internacional do Trabalho (OIT).[38]

A Convenção 169 substituiu uma anterior, de 1957, com o mesmo título. O documento original articulava-se em torno de noções de igualdade perante a lei, não discriminação e proteção de direitos culturais e à terra. Na sua nova versão, a Convenção flerta com a noção de autonomia política dos povos indígenas, especialmente nos artigos referentes a direitos territoriais, instituições e sistemas de justiça tradicionais. O artigo 6° do documento conclama os governos a consultar os povos indígenas, "através das suas instituições representativas", sobre medidas legislativas ou administrativas a eles concernentes. Essa provisão significa que os Estados devem reconhecer instituições tradicionais de poder político que se situam fora do âmbito constitucional. Adicionalmente, o mesmo artigo confere aos Estados a responsabilidade de estimular, inclusive com recursos financeiros, "o pleno desenvolvimento das instituições" desses povos, uma formulação que guarda desconfortável paralelo com as políticas sintetizadas na Lei de Autoridades Bantos da África do Sul do apartheid.

Tudo se tornaria mais nítido nos dois decênios seguintes. Em 1994, o WGIP entregou à Comissão de Direitos Humanos (atual Conselho de Direitos Humanos) um esboço de Declaração dos Direitos dos Povos Indígenas. Ao mesmo tempo, a Assembleia Geral proclamava uma Década Internacional dos Povos Indígenas do Mundo (1995-2005), durante a qual diferentes agências da ONU engajaram-se, junto com os "povos tradicionais", na formulação de projetos nos campos do desenvolvimento econômico, da proteção ambiental, da saúde, da educação e dos direitos de minorias. Naquele contexto surgiu o Fórum Permanente de Assuntos Indígenas do Ecosoc, que é composto por 16 membros rotativos, dos quais 8 são indicados por governos e outros 8 por grupos indígenas.

A sessão da Assembleia Geral de 2004 proclamou uma Segunda Década consagrada aos povos indígenas (2005-2015). As instituições intergovernamentais e as ONGs foram chamadas a contribuir para o fundo destinado a financiar as atividades da Segunda Década. Entre os objetivos do Programa de Ação esboçado para a Segunda Década surgia, nitidamente formulado, um direito de autonomia política para essas "minorias":

> Promover a participação completa e efetiva dos povos indígenas em decisões que, direta ou indiretamente, afetem seus modos de vida, seus territórios e terras tradicionais, sua integridade cultural como povos indígenas com direitos coletivos ou qualquer outro aspecto de suas vidas, considerando o princípio de livre, prévio e informado consentimento.[39]

As coisas caminharam com rapidez. Em 2006, o Conselho de Direitos Humanos adotou a Declaração Universal dos Direitos dos Indígenas e a submeteu à sessão da Assembleia Geral do ano seguinte, que a aprovou com apenas quatro votos contrários e 11 abstenções. O documento não constitui um tratado e sua aplicação não é legalmente obrigatória para os Estados que a subscrevem, o que ajuda a explicar a larga maioria favorável. Entretanto, ele constitui um passo ousado na direção da incorporação do multiculturalismo ao direito internacional. A Declaração cancela, potencialmente, a soberania dos Estados sobre parte de seus territórios. O artigo 3º proclama: "Os povos indígenas têm direito à autodeterminação. Em virtude desse direito, eles determinam livremente o seu estatuto político e livremente perseguem seu desenvolvimento econômico, social e cultural."[40]

O tema da autonomia política tem, evidentemente, amplas repercussões. No artigo 4º da Declaração, destinado a evitar que o direito proclamado seja interpretado de modo a abranger a secessão, a autodeterminação é traduzida como "direito à autonomia ou autogoverno" nos assuntos internos. O artigo 5º indica mais especificamente o significado da autonomia: de acordo com ele, os povos indígenas têm direito a "conservar e fortalecer as suas singulares instituições políticas, legais, econômicas, sociais e culturais".[41] Por esses artigos, os Estados signatários se comprometem a admitir, por exemplo, a jurisdição absoluta de tribunais indígenas nas terras dessas comunidades.

EUA, Canadá, Austrália e Nova Zelândia recusaram-se a endossar a Declaração, argumentando que ela fere a soberania nacional. O documento prevê a obrigação dos Estados de restituir ou compensar os povos indígenas pela retirada, sem seu consentimento, de terras, recursos, propriedades culturais, intelectuais, religiosas ou espirituais. Sob essa forma genérica, a obrigação pode ser aplicada a episódios ocorridos há séculos e originar infindáveis disputas judiciais.

Do ponto de vista da soberania, os artigos 30º e 36º são particularmente sensíveis. O primeiro dispõe que atividades militares só podem ocorrer em terras indígenas quando justificadas "por um interesse público relevante". Mesmo nesse caso, os Estados signatários obrigam-se a "conduzir consultas efetivas" com as "instituições representativas" dos povos indígenas "antes de utilizar suas terras e territórios para atividades militares". O segundo reconhece o direito de povos indígenas separados por fronteiras internacionais de desenvolver relações de cooperação, inclusive em atividades políticas.[42]

O Brasil, alinhando-se à maioria dos Estados, votou favoravelmente à Declaração. Poucos meses depois de sua aprovação, o documento converteu-se em elemento crucial na disputa em torno da Terra Indígena Raposa Serra do Sol, em Roraima. A demarcação contínua da terra indígena, adotada pelo governo federal, atendeu

Triunfo do multiculturalismo

às demandas dominantes no interior do próprio governo, expressas entre os grupos indígenas da área pelo Conselho Indígena de Roraima (CIR) e pelo Conselho Indigenista Missionário (Cimi), da Igreja Católica. Do lado oposto, o governo estadual de Roraima, empresários agrícolas estabelecidos na terra indígena, as Forças Armadas e parcela dos índios sob influência de missionários evangélicos posicionaram-se pela demarcação descontínua. A polêmica incidiu sobre os temas da identidade indígena e das relações entre os índios e o conjunto da sociedade brasileira.

O CIR é uma entidade financiada por fundações e ONGs internacionais, através das quais recebe subvenções da FF. Na sua argumentação para sustentar a demarcação contínua, emergiram os argumentos canônicos do multiculturalismo e, com destaque, a Declaração dos Direitos dos Povos Indígenas. Os defensores de uma solução alternativa, por sua vez, criticaram a premissa da autonomia política dos índios que se oculta atrás do modelo de demarcação adotado pelo governo. Comandantes militares interferiram no debate apontando as ameaças à soberania nacional contidas nos artigos 30° e 36° da Declaração e insistindo na exclusão da faixa de fronteiras da área da terra indígena.

A polêmica chegou ao Supremo Tribunal Federal (STF), sob a forma de uma ação que pedia a nulidade da demarcação da terra indígena. Em março de 2009, o julgamento foi concluído e, por um placar de dez votos a um, a corte constitucional confirmou a demarcação contínua, mas a submeteu ao cumprimento de 18 condições, que passam a valer como jurisprudência para futuras demarcações. Proibiu-se aos índios a exploração econômica dos recursos hídricos, dos potenciais energéticos e dos recursos minerais da área. Determinou-se que a implantação de infraestruturas militares, de comunicações e de transportes não demanda a anuência dos índios. Assegurou-se o direito de trânsito de pesquisadores e de não índios em geral na terra indígena. O CIR e o Cimi criticaram as condições, caracterizando-as como equivocadas limitações ao direito dos índios.

O voto dissonante emanou de Marco Aurélio de Mello, que sublinhou o grau de integração dos grupos indígenas da área com a sociedade envolvente e defendeu a tese da demarcação em ilhas. O ministro foi ao fundo político do tema, destacando o conflito crucial entre a Declaração Universal dos Direitos Indígenas e o princípio da soberania nacional, rejeitando a "visão romântica, calcada em resgate de dívida caduca" e enfatizando "o fato de índios e não índios serem todos brasileiros".[43] O seu voto, ao lado das 18 condições postas pela maioria, evidenciou que a polêmica continua acesa.

A difusão global do multiculturalismo fechou o ciclo do pós-guerra, no qual a etnia e a raça haviam sido crismadas como expressões do preconceito e reminiscências dos tempos áureos do "fardo do homem branco". Sob o influxo da experiência

Uma gota de sangue

dos EUA, o princípio da igualdade vergou-se e ressurgiram triunfantes a raça e a etnia. A crença na divisão da humanidade em "famílias" separadas por diferenças inatas vestiu-se de uma nova linguagem, de exaltação da diversidade cultural, mas permaneceu fiel a si mesma.

Notas

[1] NATIONAL PUBLIC RADIO. "Civil rights icon Rosa Parks dies", 25 out. 2005. Disponível em: <http://www.npr.org/templates/story/story.php?storyId=4973548&sourceCode=gaw>. Acesso em: 4 jun. 2009.

[2] U. S. EQUAL EMPLOYMENT OPPORTUNITY COMMISSION. "Executive order 10.925", 6 mar. 1961. Disponível em: <http://www.eeoc.gov/abouteeoc/35th/thelaw/eo-10925.html>. Acesso em: 4 jun. 2009.

[3] U. S. EQUAL EMPLOYMENT OPPORTUNITY COMMISSION. "Executive order 11.246", 28 set. 1965. Disponível em: <http://www.eeoc.gov/abouteeoc/35th/thelaw/eo-11246.html>. Acesso em: 4 jun. 2009.

[4] U. S. EQUAL EMPLOYMENT OPPORTUNITY COMMISSION. "Title VII of the Civil Rights Act of 1964". Disponível em: <http://www.eeoc.gov/policy/vii.html>. Acesso em: 4 jun. 2009.

[5] WICKER, Tom. "In the nation: quotas, goals and tricks". *The New York Times*, 23 dez. 1969, p. 30.

[6] TIME. "The birth pangs of black capitalism", 18 out. 1968. Disponível em: <http://www.time.com/time/magazine/article/0,9171,902468,00.html>. Acesso em: 4 jun. 2009.

[7] THE AMERICAN PRESIDENCY PROJECT. "Executive order 11.458", 5 mar. 1969. Disponível em: <http://www.presidency.ucsb.edu/ws/index.php?pid=60475>. Acesso em: 4 jun. 2009.

[8] THE AMERICAN PRESIDENCY PROJECT. "Executive order 11.635", 13 out. 1971. Disponível em: <http://www.presidency.ucsb.edu/ws/index.php?pid=59099>. Acesso em: 4 jun. 2009.

[9] SOWELL, Thomas. *Affirmative action around the world: an empirical study*. New Haven/Londres, Yale University Press, 2004, p. 130-131.

[10] SHERMAN, Scott. "Target Ford". *The Nation*, 5 jun. 2006.

[11] ROELOFS, Joan. *Foundations and public policy: the mask of pluralism*. Nova York, Suny Press, 2003, p. 31.

[12] ROELOFS, Joan. Op. cit., p. 4.

[13] BRANDT, Daniel. "Multiculturalism and the ruling elite". NameBase NewsLine, n. 3, out.-dez. 2003. Disponível em: <http://www.namebase.org/news03.html>. Acesso em: 5 jun. 2009.

[14] ROELOFS, Joan. Op. cit., p. 24.

[15] FORD FOUNDATION. "Ford Foundation annual report 1990", p. 91. Disponível em: <http://www.fordfound.org/archives/item/1990/text/181>. Acesso em: 5 jun. 2009.

[16] ROELOFS, Joan. Op. cit., p. 27.

[17] HARMS, William. "Grants to Cohen, center support new research on race, politics and culture". *Chicago Tribune*, 20 jan. 2005.

[18] HARMS, William. Op. cit..

[19] SYKES, Charles & BILLINGSLEY, K. L., "How the Ford Foundation created multiculturalism". FrontPageMagazine.com, 9 jan. 2004.

[20] SYKES, Charles & BILLINGSLEY, K. L. Op. cit.

[21] SYKES, Charles & BILLINGSLEY, K. L. Op. cit.

[22] HOLLINGER, David A. "Amalgamation and hypodescent: the question of ethnoracial mixture in the history of the United States". *The American Historical Review*, v. 108, n. 5, dez. 2003, parágrafo 40.

[23] U. S. CENSUS BUREAU. "Demographic trends in the 20th century: Census 2000 Special Report". nov. 2002.

[24] GUTIERREZ, José Angel. *La politiquera*, abr. 2006, p. 7.

[25] AZEVEDO, Celia Maria Marinho de. "Cota racial e estado: abolição do racismo ou direitos de raça?". *Cadernos de Pesquisa*, v. 34, n. 121, jan.-abr. 2004, p. 231.

[26] AZEVEDO, Celia Maria Marinho de. Op. cit., p. 231.

Triunfo do multiculturalismo

[27] FORD FOUNDATION. "Ford Foundation Annual Report 2006", p. 4.

[28] BOURDIEU, Pierre & WACQUANT, Loic. "Sobre as artimanhas da razão imperialista". *Estudos Afro-Asiáticos*, ano 24, n. 1, 2002, p. 21.

[29] BROOKE, Nigel & WITOSHYNSKY, Mary (Org.). *Os 40 anos da Fundação Ford no Brasil*. São Paulo/Rio de Janeiro, Edusp/Fundação Ford, 2002, p. 18-20.

[30] BROOKE, Nigel & WITOSHYNSKY, Mary (Org.). Op. cit., p. 24.

[31] BROOKE, Nigel & WITOSHYNSKY, Mary (Org.). Op. cit., p. 32 e 37.

[32] TELLES, Edward. "As fundações norte-americanas e o debate racial no Brasil". *Estudos Afro-Asiáticos*, ano 24, n. 1, 2002, p. 153.

[33] WORLD CONFERENCE AGAINST RACISM. "The World Conference against Racism, Racial Discrimination, Xenophobia and Related Intolerance". Disponível em: <http://www.un.org/WCAR/e-kit/backgrounder1.htm>. Acesso em: 5 jun. 2009.

[34] UNITED NATIONS HUMAN RIGHTS. "U. N. World Conference against Racism, Racial Discrimination, Xenophobia and Related Intolerance: Declaration/Programme of Action", p. 3 e 5. Disponível em: <http://www.unhchr. ch/pdf/Durban.pdf>. Acesso em: 5 jun. 2009.

[35] Idem, p. 22.

[36] SHERMAN, Scott. Op. cit.

[37] UNREPRESENTED NATIONS AND PEOPLES ORGANIZATION. "Unpo Brochure", p. 1. Disponível em: <http://www. unpo.org/downloads/UNPOBrochure.pdf>. Acesso em: 5 jun. 2009.

[38] OFFICE OF THE HIGH COMISSIONER FOR HUMAN RIGHTS. "Convention (n. 169) Concerning Indigenous and Tribal Peoples in Independent Countries. Disponível em: <http://www.unhchr.ch/html/menu3/b/62.htm>. Acesso em: 5 jun. 2009.

[39] UNITED NATIONS GENERAL ASSEMBLY. "Draft programme of action for the second international decade of the world's indigenous peoples", 18 ago. 2005, p. 4. Disponível em: <http://daccessdds.un.org/doc/UNDOC/GEN/N05/464/96/PDF/N0546496.pdf?OpenElement>. Acesso em: 19 jun. 2009.

[40] UNITED NATIONS. "United Nations declaration on the rights of indigenous peoples", p. 4. Disponível em: <http://www.un.org/esa/socdev/unpfii/documents/DRIPS_en.pdf>. Acesso em 5 jun. 2009.

[41] Idem, p. 5.

[42] Idem, p. 11 e 13.

[43] SUPERIOR TRIBUNAL FEDERAL. "Petição 3.388-4 Roraima" e "Voto-Vista". p. 47-53. Disponível em: <http://www. stf.jus.br/arquivo/cms/noticiaNoticiaStf/anexo/pet3388MA.pdf>. Acesso em: 5 jun. 2009.

PARTE II

ONE DROP RULE

Loving Day

Seaborne Anderson Roddenberry é um nome obscuro na história política americana. Nascido no estado da Geórgia, em 1870, cinco anos depois da derrota da Confederação e durante o período da Reconstrução, quando uma ampla reforma legal conferia direitos políticos e sociais aos antigos escravos sulistas, ele tornou-se advogado, elegeu-se para o Legislativo estadual, presidiu a comissão de educação do condado de Thomas, foi apontado juiz na Corte do mesmo condado e elegeu-se prefeito de Thomasville. No ápice da sua carreira, foi eleito para a Câmara Federal pelo Partido Democrata em 1909 e reeleito duas vezes, falecendo em setembro de 1913.

O único sinal duradouro de sua passagem pelo Capitólio é uma proposta de emenda constitucional, rejeitada na sessão de 11 de dezembro de 1912. Ela dizia:

> O casamento entre negros ou pessoas de cor e caucasianos ou qualquer outro tipo de pessoas, nos EUA ou em qualquer território sob a sua jurisdição, fica proibido para sempre; e a expressão "negro ou pessoa de cor", como aqui empregada, deve ser tomada como significando toda e qualquer pessoa de ancestralidade africana ou que tenha qualquer traço africano ou sangue negro.[1]

Uma gota de sangue

A Reconstrução perdeu ímpeto em poucos anos e, articulada na corrente conservadora dos *redeemers* (redentores), a velha elite sulista retomou o controle dos governos estaduais na antiga Confederação. A reação contra as reformas atingiu um ponto culminante entre 1890 e 1908, com a aprovação de novas constituições e leis estaduais que condicionavam o direito de voto à alfabetização e à propriedade, excluindo quase todos os negros e os pobres em geral da participação política. A emenda de Roddenberry foi uma tentativa de expandir a reação no plano federal. Ela não passou, mas os estados conservaram o privilégio de proibir os casamentos interraciais.

Esse privilégio tinha o suporte da Corte Suprema, estabelecido no caso Pace *versus* Alabama, de janeiro de 1883. O Código do Alabama punia com dois a sete anos de prisão o crime de matrimônio ou "vida em adultério ou fornicação" entre brancos e negros ou descendentes de negros até a terceira geração. Um tribunal estadual sentenciou o negro Tony Pace e a branca Mary J. Cox a dois anos de prisão por viverem "em fornicação" e a Corte Suprema do Alabama confirmou a decisão. Pace apelou, arguindo que nenhum estado podia negar o direito de proteção igual perante a lei consagrado pela 14ª Emenda e que as leis estaduais previam pena menor pelo crime de fornicação cometido por pessoas da mesma raça. A Corte Suprema rejeitou a apelação sob o curioso argumento de que o Código estadual não continha discriminação, pois previa punição igual aos dois culpados, o negro e o branco.[2]

Numa longa história de decisões judiciais, as proibições a casamentos interraciais sofreram golpes parciais, até serem definitivamente abolidas em 1967. Um marco judiciário foi estabelecido em 1923, num caso não relacionado a casamentos inter-raciais em que a Corte Suprema absolveu um acusado de ensinar em alemão, o que infringia lei estadual banindo a educação em língua estrangeira para crianças até a oitava série. Interpretando o sentido do termo "liberdade" no contexto da 14ª Emenda, os juízes concluíram que ele "denota não apenas a liberdade física, mas também o direito do indivíduo de contratar, engajar-se em qualquer ocupação comum, adquirir conhecimento útil, casar, estabelecer um lar e educar os filhos [...]".[3]

Na Califórnia, o banimento da proibição a casamentos inter-raciais só se consumou no pós-guerra, no caso Perez *versus* Sharp, de 1948. Andrea Perez, branca, e Sylvester Davis, negro, viram negada a solicitação de uma licença de casamento pelo condado de Los Angeles, pois o Código Civil estadual determinava que "todos os casamentos de pessoas brancas com negros, mongoloides, membros da raça malaia ou mulatos são ilegais e nulos". Perez apelou à Corte Suprema da Califórnia, argumentando que ela e Davis pertenciam à Igreja Católica, que não proibia matrimônios entre pessoas de raças diferentes, e que o Código feria a liberdade religiosa do casal, protegida pela 1ª Emenda. O tribunal acolheu o apelo não apenas com base na 1ª Emenda, mas também com base na 14ª, defi-

114

nindo o casamento como "um direito fundamental de homens livres", citando a interpretação formulada no caso de 1923 e declarando a lei inconstitucional, por ser "discriminatória e irracional".[4]

O voto do juiz J. Carter, concorrente com a maioria, caracterizou a lei estadual como "produto da ignorância, do preconceito e da intolerância", citando a Declaração de Independência, o *Bill of Rights* e a Carta das Nações Unidas. Avançando sobre os argumentos eugênicos apresentados em defesa da lei questionada, comparou-os a passagens do *Mein Kampf* nas quais Hitler sustentava a superioridade das raças puras. Naquele ano, menos de três meses depois do julgamento, surgiria a Declaração Universal dos Direitos Humanos. Sob o impacto da guerra mundial e do Holocausto nazista, a noção de raça retroagia e a ideia da igualdade humana difundia-se nas leis e nas decisões judiciais.

Um passo a mais aconteceu no julgamento do caso McLaughlin *versus* Flórida, de 1964, que reverteu uma lei estadual proibindo a "ocupação habitual de um quarto à noite por um negro e uma pessoa branca". A lei não interditava matrimônios, mas a coabitação inter-racial, e previa punição de prisão por até um ano ou multa de até quinhentos dólares. O reclamante apelava, com base na 14ª Emenda, contra a decisão da Corte Suprema da Flórida, que sustentara a constitucionalidade da lei com base no antigo precedente de Pace *versus* Alabama.[5]

McLaughlin *versus* Flórida tinha a sua complexidade, pois a lei em questão era parte de um capítulo legal intitulado "Adultério e fornicação", que criminalizava essas práticas para qualquer casal. A diferença residia em que unicamente no caso da coabitação entre branco e negro não se exigia comprovação de intercurso sexual. A Corte Suprema deu ganho de causa ao reclamante e, na justificação, mostrou que o precedente de 1883 havia sido derrubado em decisões posteriores. O veredito limitou-se a constatar a discriminação singular cometida pela lei e, explicitamente, deixou pendente a questão da validade da proibição estadual de casamentos inter-raciais. Meses antes, naquele mesmo ano, o Congresso aprovara a histórica Lei dos Direitos Civis. Mesmo assim, elementos vitais da segregação legal sobreviviam ao escrutínio da Corte constitucional.

O golpe definitivo veio com o caso Loving *versus* Virgínia, de 12 de junho de 1967, no qual a Corte Suprema derrubou as restrições daquele estado aos casamentos inter-raciais.[6] Atualmente, o 12 de junho é celebrado em diferentes lugares dos EUA como o *Loving Day*. A comemoração geralmente envolve casais inter-raciais e organiza-se como um modesto projeto cívico de exaltação da tolerância e da igualdade.

"Loving" é o sobrenome, pleno de ressonâncias sugestivas, do branco Richard, que se casou em 1958 com a negra Mildred Jeter. O casal, residente na Virgínia, contraiu matrimônio no Distrito de Colúmbia, circundando as restrições de seu estado, mas cometeu a imprudência de continuar a residir no condado de Caroline. Um tribunal estadual condenou-os a um ano de cadeia, com suspensão da sentença condicional à transferência do casal, por um mínimo de 25 anos, para outro estado. No seu argumento, o juiz disse:

> Deus Todo-Poderoso criou as raças branca, negra, amarela, malaia e vermelha, e as colocou em continentes separados. E, a não ser pela interferência nesse arranjo, não haveria motivo para tais matrimônios. O fato de que Ele separou as raças mostra que Ele não pretendia que as raças se misturassem.[7]

Os Loving mudaram-se para o Distrito de Colúmbia e, em 1963, começaram a apelar nas Cortes estaduais da Virgínia. Mas eles se chocaram contra uma muralha de leis antimiscigenação, que desciam a detalhes e meticulosamente previam punições aos que tentassem casar-se em outros estados. No núcleo daquelas leis estava a proibição absoluta ao matrimônio ou coabitação de uma pessoa branca com qualquer pessoa que não fosse branca. A Corte Suprema de Apelações do estado reiterou a decisão original justificando a validade das leis pelos propósitos de "preservar a integridade racial de seus cidadãos" e evitar a "adulteração do sangue".

Na sentença conclusiva, a Corte Suprema bombardeou impiedosamente as leis discriminatórias da Virgínia e os argumentos de seus tribunais, tachando-os como "medidas destinadas a conservar a supremacia branca" e declarando inconstitucionais todas as "medidas que restringem os direitos dos cidadãos sob a invocação da raça". Os juízes caracterizaram as "distinções entre cidadãos derivadas apenas de suas ancestralidades" como "odiosas para um povo livre cujas instituições estão fundadas na doutrina da igualdade" e ficaram a um passo de declarar ilegais as classificações raciais. Mas eles não avançaram esse sinal.

Melting pot

Ao pé da letra, *melting pot* significa "caldeira de fusão", ou seja, o recipiente no qual se derretem e fundem os metais. No mito de origem dos EUA, o "homem americano" se distingue do inglês por ser o produto do encontro de imigrantes de diferentes extrações que, juntos, engajaram-se na construção de uma nação nova. O conceito surgiu na hora da Guerra de Independência e aparece, em forma embrionária, num relato de viagem de 1782:

> [...] de onde veio todo esse povo? Eles são uma mistura de ingleses, escoceses, irlandeses, franceses, holandeses, alemães e suecos. Desse promíscuo cruzamento, emergiu a raça agora chamada americanos. [...] O que, então, é o americano,

Loving Day

esse homem novo? Ele não é um europeu, nem um descendente de um europeu; daí essa estranha mistura de sangue, que não se encontra em nenhum outro país. [...] Os americanos estiveram, um dia, espalhados por toda a Europa; aqui, incorporaram-se em um dos melhores sistemas de população jamais vistos.[8]

A visão de uma fusão de raças tinha, de modo geral, um claro limite. O americano derivava da "mistura de sangue" entre europeus, mas não de uma mistura mais ampla, na qual pudessem ser incluídos orientais, nativos americanos ou negros. Ao longo do século XIX, com a consolidação do racismo científico, o *melting pot* adquiriu um sentido bem diverso do original – e contrastante com o significado literal da expressão. Não se tratava mais de uma "fusão" de sangues, mas da coexistência de cepas diferentes numa moldura política única, definida pelos valores da "República dos cidadãos". Algo bem mais próximo de uma salada de frutas que de um cadinho de metais.

Um homem como Ralph Waldo Emerson, filósofo e poeta do transcedentalismo, o pioneiro do romantismo ambiental americano, exaltava a miscigenação entre brancos e não brancos, mas figurava como voz isolada. A peça teatral *The Melting Pot*, de Israel Zangwill, encenada em 1908, consta como o primeiro uso exato da expressão. Era uma adaptação de *Romeu e Julieta* que celebrava a assimilação cultural dos imigrantes na nova pátria. O cadinho dos EUA abrangia alemães, franceses, ingleses, irlandeses, judeus e russos, mas não as "raças" negra, amarela e vermelha.

A Lei de Naturalização de 1790 demarcou as fronteiras raciais da identidade americana. De acordo com ela, apenas os imigrantes que fossem "pessoas brancas livres" podiam almejar a naturalização e a cidadania. Uma nova lei, promulgada cinco anos depois, conservou a limitação racial. Só em 1870, no rescaldo da Guerra Civil, imigrantes africanos ganharam o direito de solicitar a cidadania. Os "amarelos" da Ásia Oriental e Meridional tiveram que esperar até o pós-guerra.

No seu célebre soneto "O Novo Colosso", gravado em bronze na Estátua da Liberdade, Emma Lazarus descreve os EUA como o porto dos imigrantes, das "massas em desordem", dos "pobres" e "desalentados" que aspiram à liberdade. A assimilação, porém, nunca foi fácil, nem entre brancos europeus. Os irlandeses e os italianos, assim como os judeus, enfrentaram o preconceito e, há apenas meio século, John Kennedy teve que assegurar aos eleitores que pleiteava a presidência "não como um católico, mas como um americano". O *melting pot*, porém, foi redefinido efetivamente pelas linhas de fronteira da raça.

O senso comum sugere que o racismo é um fenômeno antiquado, que deveria se enfraquecer aos poucos, num processo quase linear, com a passagem do tempo. O erro dessa ideia é imaginar que a escravidão negra tenha sido algo como um ponto culminante do racismo. Mas o instituto legal da escravidão não tem relação

117

Uma gota de sangue

com o racismo e não precisa dele para existir: os negros escravos não eram escravos por serem negros, mas por terem sido convertidos à condição de mercadorias nos quadros de um sistema político e jurídico que admitia a extensão do direito de propriedade ao corpo humano. O racismo organizou-se de fato apenas no outono do sistema mercantil-escravista que integrava Europa, América e África.

O estado da Pensilvânia, situado fora dos domínios da escravidão, aboliu suas leis antimiscigenação em 1780, antes do fim da Guerra de Independência, e seu exemplo foi seguido por alguns estados durante o século XIX. Contudo, entre o final do século XIX e as primeiras décadas do século XX, nada menos que trinta estados restabeleceram ou produziram leis antimiscigenação.

A segregação racial aumentou como uma reação às reformas da Reconstrução. As igrejas negras segregadas começaram a surgir em 1816, quando se estabeleceu a Igreja Episcopal Metodista Africana de Sion, mas essa tendência só assumiu os contornos de um movimento geral entre a Guerra Civil e a década de 1880, com a segregação dos batistas negros.[9] Em Nova Orleans, os *créoles*, antigos escravos libertos de ascendência francesa, compunham uma modesta classe média até a década de 1880, quando o recrudescimento da segregação os empurrou para junto dos negros pobres – um fenômeno que ajudou a criar as condições para o nascimento do *jazz*.[10] Como manifestação da segregação sistemática, num contexto de urbanização crescente, surgiram entre 1910 e 1914 os primeiros grandes teatros voltados para um público exclusivamente negro, como o New Palace, em Nova York, o Pekin e o State, em Chicago, e o Booker T. Washington, em St. Louis, batizado em homenagem a um respeitado líder da comunidade negra.[11]

Na acepção de uma salada de frutas, o *melting pot* descreve a sociedade americana como uma coleção de grupos raciais com identidades culturais essencialmente distintas. A segregação residencial urbana, na modalidade em que se desenvolveu nos EUA, decorreu da divisão da sociedade segundo nítidas linhas de raça. Os guetos urbanos americanos contrastam com os padrões de segregação espacial brasileiros, essencialmente ligados à renda, e configuram verdadeiros mosaicos raciais. O modelo clássico desenvolveu-se em Los Angeles: os brancos separaram-se pela fuga rumo aos subúrbios, mas, nas áreas centrais, os bairros negros e hispânicos formaram conjuntos distintos e salpicados por enclaves étnicos de chineses, filipinos e coreanos.

No centro do conceito do *melting pot* está a convicção de que a espinha dorsal da nação é constituída pelos brancos protestantes, a "raça" configurada pela fusão original de cepas europeias. O imperativo eugênico de conservar a integridade da raça branca inspirou as leis antimiscigenação. Mas a visão de uma ameaça à identidade branca, anglo-saxã e protestante dos EUA não se confinou aos negros. Em 2004, em meio a crescentes preocupações com o fluxo de imigrantes mexicanos, o cientista político Samuel Huntington, celebrizado pelo seu *Choque de civilizações*, publicou *Who Are We? The Challenges to America's National Identity*. A obra, que identifica na imigração hispânica um ácido corrosivo atuando sobre a cultura americana, forneceu argumentos para uma articulação conservadora voltada para restringir os direitos dos imigrantes.

O argumento de Huntington é que os EUA não são uma nação de imigrantes, mas de colonos – isto é, dos colonos europeus originais que "fundiram" suas identidades e estabeleceram a base cultural do país. Naquela origem, encontram-se os valores da Constituição, a ética protestante e o lugar especial da religião na vida social. Tudo o que veio depois é apenas adição – e o advento da imigração em massa de latino-americanos, que são católicos e adaptados a uma cultura de dependência, desgasta o rochedo sobre o qual se ergue a nação. *Who Are We?*, como registrou Alan Wolfe, é um grito nativista, uma reação cultural reminiscente do pensamento de Madison Grant, o que nos leva de volta aos negros e ao eugenismo.[12]

Jim Crow

Na história judicial que culmina com Loving *versus* Virgínia, não se coloca em nenhum momento o problema de saber quem é negro. Os apelantes não questionam o rótulo racial que os define e, mesmo quando um veredito como Perez *versus* Sharp apontava notórias inconsistências nos paradigmas da eugenia, os juízes não entreviam a hipótese de declarar a nulidade do sistema de classificação racial sobre o qual se erguia a segregação legal. Essa clareza conceitual deve-se, em grande medida, a Madison Grant, um advogado nascido em Nova York, em 1865, que dividiu suas atenções entre o eugenismo e o conservacionismo ambiental.

Grant privou da amizade dos presidentes Theodore Roosevelt e Herbert Hoover, criou parques nacionais, formulou as primeiras leis contra a caça aos veados e ajudou a fundar o Zoológico do Bronx. Por sua insistência, em setembro de 1906, Ota Benga, um pigmeu do Congo Belga, foi exibido ao público na jaula dos macacos daquele zoológico. Dez anos depois, Grant publicou *The Passing of the Great Race*, um tratado eugenista no qual delineava a tese de que a "raça nórdica" era a responsável pelo desenvolvimento civilizacional da humanidade. O livro vendeu mais de 1,5 milhão de exemplares ao longo de duas décadas, algo que serve como índice das dimensões da reação contra a "contaminação" do país pelas hordas de europeus católicos e asiáticos que chegavam na crista da maior onda imigratória da história dos EUA.

Uma luta encarniçada pelo controle da Associação de Antropologia dos EUA opôs Grant a Franz Boas e terminou com a vitória do segundo. Conta a lenda que Grant recusava-se a apertar a mão do judeu Boas. Sob a influência do eugenista

Uma gota de sangue

americano, o movimento eugênico alemão adotou a tese da "raça nórdica", que o ideólogo nazista Alfred Rosenberg denominava "ariano-nórdica". O governo nazista alemão promoveu a tradução e divulgou edições oficiais da obra de Grant, que ganhou do próprio Hitler o seguinte elogio: "O livro é minha Bíblia".

Depois da derrota acadêmica na guerra contra Boas, Grant fundou, junto com Francis Galton, a Galton Society, principal organização eugenista americana, e dedicou-se a conferir forma legislativa a suas ideias raciais. Em 1924, os EUA passaram a Lei de Imigração, que estabeleceu cotas para a entrada de europeus do Sul e do Leste e proibiu a entrada de asiáticos, e a Virgínia promulgou uma Lei de Integridade Racial, que se tornou a mais célebre das leis antimiscigenação do país. Grant assessorou diretamente a produção de ambas as leis.

A lei estadual da Virgínia, no seu item 5, determinava que:

> Será ilegal, de agora em diante, que qualquer pessoa branca case-se com qualquer um que não seja uma pessoa branca ou com uma pessoa com uma mistura de sangue que não seja de branco e de índio americano. Para a finalidade dessa lei, o termo "pessoa branca" deve se aplicar somente àquele que não tenha traço algum de qualquer sangue senão o caucasiano; mas pessoas que tenham 1/16 ou menos de sangue de índio americano e não tenham nenhum outro sangue não caucasiano devem ser definidas como pessoas brancas.[13]

Muitas leis antimiscigenação existiram nos EUA antes da lei da Virgínia de 1924. Entretanto, elas utilizavam diversas frações distintas para definir misturas de sangue que colocavam alguém fora dos domínios da raça branca. Em alguns estados, 1/16 ou 1/32 de "sangue negro" não chegavam a macular a essência branca de uma pessoa; em outros, o uso do termo "mulato" propiciava alguma confusão na classificação racial. A lei escrita com a ajuda de Grant removeu as ambiguidades. Com a exceção muito parcial do "sangue índio", uma única gota de sangue não branco contaminava irremediavelmente seu portador, excluindo-o da raça branca.

One drop rule. A regra da gota de sangue única serviu como modelo para as legislações estaduais, que logo adaptaram suas definições ao paradigma da pureza racial. Antes da lei da Virgínia, a miscigenação entre pessoas de ancestralidade europeia e africana não era bem-vista, mas aceitava-se como um fato da vida a existência de mestiços, usualmente classificados como mulatos. A lei de 1924 não tinha interesse em definir precisamente as raças não brancas, embora determinasse uma classificação nominal dos habitantes do estado segundo a sua "composição racial". Contudo, ao delimitar meticulosamente a raça branca, produzia a divisão legal da população em dois grupos polares: brancos e não brancos.

As repercussões da lei não ficaram circunscritas à esfera do matrimônio. Sob a batuta de Walter Plecker, o chefe de Registro de Estatísticas da Virgínia, o estado "simplificou" a classificação original em seis raças, emitindo certidões de nascimento que rotulavam todas as pessoas exclusivamente nas categorias "branco" e *colored* (no caso, não brancos). Desse modo, os índios perderam o privilégio de gerarem descendentes brancos por sucessivas miscigenações e, mais importante, duas gerações inteiras de índios foram extirpadas da possibilidade de comprovar sua identidade étnica para efeito de participação em programas federais.

Antes da Guerra Civil, diversos estados americanos, principalmente no Sul, criaram leis de discriminação contra negros. A Constituição de Indiana, de 1851, proibia que "negros e mulatos" se estabelecessem no estado e os estados escravistas, sem exceção, tinham leis antimiscigenação. Os *Black Codes*, como eram chamadas tais leis, foram reforçados na hora da derrota da Confederação, em 1865, mas removidos logo em seguida pelos governos da Reconstrução. Com o fim da ocupação militar dos antigos estados confederados, em 1877, os governos dos *redeemers* passaram legislações segregacionistas, que ficaram conhecidas como Leis Jim Crow.* A regra da gota de sangue única – no início sob formas ligeiramente distintas, depois uniformizada pelo modelo da Virgínia – fornecia o arcabouço para o sistema de discriminação legal.

Nos estados do Sul e do Sudoeste, as leis segregacionistas abrangiam o casamento e as relações sexuais, os transportes públicos, os banheiros, as escolas, os hospitais, os hotéis e restaurantes, os reformatórios penais, os teatros, as bibliotecas, os equipamentos esportivos e de lazer. Na Carolina do Norte, uma lei proibia o intercâmbio de livros entre escolas para brancos e para não brancos: depois de utilizado pela primeira vez por alguém de uma raça, o volume tornava-se de uso exclusivo daquela raça.

Estritamente, as Leis Jim Crow não se expandiram além dos limites da antiga Confederação e de estados de sua área de influência. Contudo, a segregação no começo do século XX tinha caráter geral. As taxas eleitorais e o requisito de alfabetização excluíam quase todos os negros do direito de voto, mas muitos brancos pobres conseguiam votar utilizando brechas na legislação. No governo de Woodrow Wilson, a velha elite política sulista encontrou o caminho para voltar a ocupar cargos de destaque na administração federal. A discriminação intensificou-se, enquanto apagava-se no passado a memória da Reconstrução. Em Washington e outras cidades, ergueram-se barreiras físicas segregando os funcionários negros em escritórios, refeitórios e sanitários de repartições federais.

---

* "Jim Crow" é um nome próprio usado como adjetivo com significação pejorativa, de origem desconhecida, que designava o negro americano. O uso desse termo está documentado desde a década de 1830.

A igualdade e a diferença

As leis raciais criadas após o ocaso da Reconstrução geraram, de imediato, uma tensão em torno do princípio da igualdade política e jurídica consagrado na 14ª Emenda. A história jurídica da luta pelos direitos civis é, essencialmente, a história da interpretação do princípio da igualdade.

Uma primeira decisão marcante, como vimos, foi adotada pela Corte Suprema no caso Pace *versus* Alabama, de 1883. Pouco mais tarde, Plessy *versus* Ferguson, de 1896, consolidou a doutrina jurídica do "separados, mas iguais" (*separated, but equal*), que serviria como sustentáculo para as leis segregacionistas. Na Louisiana, antes da consolidação da regra da gota de sangue única, uma lei estadual separava os trens de passageiros em vagões para brancos, *colored* (no caso, mulatos) e negros. Homer Plessy, cidadão de Nova Orleans com um oitavo de ancestralidade negra, que participava de um pequeno grupo disposto a desafiar na justiça as Leis Jim Crow, embarcou num vagão para brancos, declarou aos funcionários sua condição racial e foi preso por não aceitar a transferência para um vagão reservado aos *colored*.

O caso foi levado até a Corte Suprema, que julgou contra Plessy com base no argumento de que as acomodações eram iguais e, portanto, não violavam a 14ª Emenda. No único voto dissonante, o juiz John Marshall Harlan, antigo proprietário de escravos convertido à ideia de igualdade por horror à Ku Klux Klan e aos linchamentos, escreveu que a Constituição não admite castas na sociedade americana. "Nossa Constituição é cega diante da cor", argumentou Harlan, antecipando o objetivo nuclear do movimento pelos direitos civis.[14]

Um ano antes do veredito, Booker Tagliaferro Washington concedera seu valioso apoio à ideia de que a igualdade poderia andar junta com a segregação. Nascido escravo, em 1856, e libertado no fim da Guerra Civil, Washington conseguiu cursar uma universidade na Virgínia e tornou-se reitor de uma nova Escola Normal no Alabama que viria a ser a Universidade Tuskegee. Em 1895, perante a audiência branca de uma exposição internacional de plantadores de algodão, ele proferiu um discurso em que defendeu a contratação de empregados negros na era da grande imigração europeia. O discurso foi crismado depreciativamente por Du Bois, o líder da NAACP, como "Concessão de Atlanta", pois Booker Washington sustentou que brancos e negros poderiam progredir juntos na segregação: "em todas as coisas puramente sociais, podemos ser tão separados como os dedos, porém devemos ser unidos como uma mão em todas as coisas essenciais para o progresso mútuo".[15]

A doutrina do "separados, mas iguais" proporcionou um caminho para acomodar as Leis Jim Crow à proteção constitucional do princípio da igualdade. Contudo, a tensão entre separação e igualdade pontilhou toda a primeira metade do século XX e algumas decisões da Corte Suprema declararam inconstitucionais determinados aspectos das leis segregacionistas. Brown *versus* Board of Education, o veredito histórico de 1954, não foi um raio no céu claro, mas fechou o ciclo inaugurado por Plessy *versus* Ferguson e representou um golpe fatal na doutrina sobre a qual se sustentava o edifício legislativo da separação racial.

O caso foi organizado pela seção local da NAACP, que convenceu Oliver L. Brown a encabeçar uma ação coletiva de pais de alunos negros contra a segregação escolar em Topeka, no Kansas. O tribunal distrital deu ganho ao conselho de educação, baseando-se no precedente de Plessy *versus* Ferguson e argumentando que as escolas públicas para negros tinham padrões similares aos das escolas para brancos. A Corte Suprema juntou a apelação de Brown a casos semelhantes de outros estados, todos eles patrocinados pela NAACP. Contudo, com a solitária exceção de Topeka, as escolas para negros eram nitidamente inferiores. No dia 17 de maio, por unanimidade, a Corte Constitucional declarou que "instalações educacionais separadas são inerentemente desiguais" e violavam a 14ª Emenda.[16]

Não é verdadeira, contudo, a lenda segundo a qual Brown *versus* Board of Education derrubou completamente a doutrina do "separados, mas iguais". O veredito confinou-se à esfera da educação e o argumento decisivo foi o de que a segregação das crianças e jovens provocava um "senso de inferioridade" entre os negros, com repercussões negativas na sua motivação para aprender. Nos anos seguintes, casos como NAACP *versus* Alabama (1958) e Boynton *versus* Virgínia (1960) ampliaram o consenso judicial contrário às leis segregacionistas. Mesmo assim, apenas com Loving *versus* Virgínia desabaram os pilares remanescentes do "separados, mas iguais".

Martin Luther King Jr. tinha 25 anos e acabara de se tornar pastor de uma igreja batista em Montgomery, no Alabama, quando emergiu o veredito de Brown *versus* Board of Education. No ano seguinte, ele lideraria o boicote aos ônibus de Montgomery que deflagrou o movimento pelos direitos civis. O sentido político desse movimento foi definido pelo "Eu tenho um sonho", o discurso célebre que pronunciou em frente ao Memorial a Lincoln, durante a Marcha sobre Washington, em 28 de agosto de 1963.

"Eu tenho um sonho" é um diálogo com os ideais proclamados pelos fundadores da nação americana, que começava invocando Abraham Lincoln:

> Cem anos atrás, um grande americano, sob cuja sombra simbólica estamos agora, assinou a Proclamação de Emancipação [...]. Aquele decreto momentoso chegou como um grande farol de luz e esperança para milhões de negros escravos [...]. Ele chegou como uma alegre alvorada para encerrar a longa noite do seu cativeiro. Mas cem anos depois, os negros ainda não são livres. [...] Cem anos depois, os negros ainda definham nas margens da sociedade americana e se descobrem em exílio na sua própria terra.[17]

O "exílio", que remetia à Bíblia, tinha um profundo conteúdo programático. A discriminação racial "exilava" os negros, convertendo-os em estrangeiros. A conquista dos direitos civis significava um retorno do "exílio", a volta dos negros à "sua própria terra". Contra uma tradição pontuada por líderes negros que olhavam o mundo pelas lentes da raça, Luther King estava dizendo que os negros americanos eram, antes de tudo, americanos. Ele se preparava para conectar o movimento pelos direitos civis à Revolução Americana:

> Quando os arquitetos de nossa República escreveram as magníficas palavras da Constituição e da Declaração de Independência, estavam assinando uma nota promissória da qual são herdeiros todos os americanos. Essa nota era uma promessa de que todos os homens – sim, homens negros tanto quanto homens brancos – teriam garantidos os "inalienáveis direitos" à "vida, liberdade e busca da felicidade" [...]. Mas no lugar de honrar essa sagrada obrigação, os EUA deram às pessoas negras um cheque ruim, um cheque que voltou com a inscrição "fundos insuficientes". [...] Eu tenho o sonho de que um dia essa nação se erguerá e viverá o verdadeiro sentido de seu credo: "Nós sustentamos como verdade autoevidente que todos os homens foram criados iguais".[18]

O clímax chega como uma torrente de imagens pela qual os cenários do "Sul profundo" transfiguram-se em visões de salvação e redenção. No sonho,

> um dia, nas colinas vermelhas da Geórgia, os filhos de antigos escravos e os filhos de antigos proprietários de escravos serão capazes de sentar-se juntos na mesa da irmandade [e,] lá no Alabama, pequenos meninos e meninas negros serão capazes de dar as mãos a pequenos meninos e meninas brancos como irmãs e irmãos. [Nesse dia,] todos os vales serão elevados e todas as colinas e montanhas serão rebaixadas, os lugares ásperos se tornarão lisos e os lugares sinuosos se tornarão retos.[19]

A síntese é por demais conhecida: "Eu tenho o sonho de que meus quatro pequenos filhos viverão um dia numa nação na qual não serão julgados pela cor da sua pele, mas pelo conteúdo de seu caráter."

A visão de Luther King, de uma nação americana única, não coincidia com a de outras lideranças negras que se inscreviam na longa e heterogênea tradição do "nacionalismo negro". Malcolm X, nascido Malcolm Little em 1925, em Omaha (Nebraska), foi o principal representante dessa perspectiva nos anos 1950 e 1960, quando fervilhava o movimento pelos direitos civis.

A violência capturou Malcolm ainda na infância. Louise, sua mãe, havia sido concebida num ato de estupro cometido por um branco contra uma negra. Seu pai, Earl, um pregador batista leigo e membro de uma organização internacional fundada pelo pan-africanista jamaicano Marcus Garvey, morreu num acidente

Loving Day

jamais esclarecido. Três de seus irmãos foram mortos por brancos, um de seus tios foi vítima de linchamento e sua família viveu durante anos sob ameaças de bandos da Ku Klux Klan e de outros grupos de supremacia branca. Na juventude, Malcolm envolveu-se com roubos e com o negócio do tráfico de drogas em Boston e Nova York. Nos anos de prisão, entre 1946 e 1952, ingressou na Nação do Islã, uma seita afro-muçulmana então liderada por Elijah Muhammad, que pregava o separatismo negro.

Malcolm X liderou a Nação do Islã em Nova York, a partir de seu templo no Harlem, até 1964, quando rompeu com a seita em virtude do comportamento adúltero de Elijah Muhammad, convertendo-se ao Islã tradicional e realizando a peregrinação a Meca. Cassius Clay (Muhammad Ali) ingressou na Nação do Islã por sua influência e, mais tarde, também trocou-a pelo Islã. O complô que culminou no assassinato do líder negro, em fevereiro de 1965, nunca foi inteiramente desvendado, mas as evidências apontam para a seita.

Ao longo da maior parte de sua vida política, Malcolm X sustentou a ideia de que os negros americanos participam de uma nação diaspórica gerada pelo tráfico escravista. Ele visitou a África três vezes, encontrando-se com chefes de governo, líderes políticos e estudantes. Defendeu, perante a Organização de Unidade Africana (OUA), a edificação dos "Estados Unidos da África". Enquanto permaneceu na Nação do Islã, sustentou uma espécie de supremacia negra de contornos étnicos e religiosos. Depois da ruptura, revisou essa perspectiva de um conflito racial atávico e lamentou sua oposição anterior à busca de coalizões entre negros e brancos.

A Marcha sobre Washington de Luther King foi criticada asperamente por Malcolm X, que a enxergou como um movimento controlado por brancos e subordinado à tradição histórica branca da política americana. No discurso "A cédula ou a bala", de abril de 1964, Malcolm X caracterizou a religião como um tema da esfera privada, definiu-se como um "nacionalista negro combatente da liberdade" e fixou as seguintes metas: "o homem negro deve controlar a política e os políticos na sua própria comunidade" e "nós devemos comandar, operar e controlar a economia de nossa comunidade".[20]

O nacionalismo negro de Malcolm X, junto com o pensamento de esquerda de Lenin, Mao Tsé-tung, Che Guevara e Frantz Fanon, inspirou a fundação do Partido dos Panteras Negras pelos jovens ativistas Huey P. Newton e Bobby Seale, de Oakland, na Califórnia, em 1966. Inicialmente, os Panteras Negras concentraram-se na ideia de autodefesa das comunidades e bairros negros contra a brutalidade policial. Com o tempo, o partido expandiu-se e substituiu a doutrina do nacionalismo negro pela do socialismo. Nesse processo, embora conservando o caráter de partido exclusivamente negro, passou a condenar o "racismo negro" e a defender alianças

125

com organizações de imigrantes mexicanos, grupos pacifistas e de contracultura. Uma dissidência dos Panteras Negras, liderada por Stokely Carmichael, reavivou o movimento Black Power e restaurou o conceito do nacionalismo negro.

Nos Jogos Olímpicos da Cidade do México, em 1968, Tommie Smith e John Carlos, medalhistas de ouro e bronze dos duzentos metros rasos, calçaram luvas negras e fizeram a saudação dos Panteras Negras no pódio, durante a cerimônia de premiação. Naquele ano, o icônico diretor do FBI John Edgar Hoover classificou o partido como "o maior desafio à segurança interna do país". Por essa época, os Panteras Negras dividiam-se entre uma ala política e correntes confrontacionistas que portavam armas, dirigiam demonstrações de rua e envolviam-se em conflitos com a polícia. Newton foi preso e condenado após uma briga de trânsito na qual matou involuntariamente um policial. Outros ativistas foram condenados sob duvidosas acusações de conspiração. Nos anos seguintes, o partido fragmentou-se em frações e correntes cada vez menores, virtualmente desaparecendo da cena política.

Após o colapso das organizações criadas nos anos 1960, a herança do nacionalismo negro caiu no colo de Louis Farrakhan, um filho de imigrantes caribenhos que ingressou na Nação do Islã inspirado por Malcolm X e, em 1978, reconstruiu a seita que havia sido arruinada por dissensões internas. Figura controversa, orador brilhante e autor de comentários antissemitas e homofóbicos, Farrakhan liderou a Marcha de Um Milhão de Homens que reuniu cerca de quinhentos mil manifestantes em Washington, em 1995.* O discurso que proferiu naquele 17 de outubro deve ser interpretado como uma resposta direta ao "Eu tenho um sonho" de Luther King.

Como Luther King mais de três décadas antes, Farrakhan voltou-se para as figuras de Lincoln, Jefferson e Washington, mas para lançar-lhes uma acusação, não para recordar a promessa original de igualdade:

> Abraham Lincoln viu na sua época [...] o grande abismo entre negros e brancos. [...] quando ele viu esse grande abismo, ponderou sobre uma solução de separação. Abraham Lincoln disse que jamais defendeu sermos membros de um júri ou termos estatuto igual ao dos brancos dessa nação. Abraham Lincoln disse que, se era para existir superiores e inferiores, ele preferia que a posição superior fosse consignada à raça branca.[21]

A acusação era a de que os "pais fundadores" haviam erguido uma nação americana ancorada no conceito da supremacia branca. Não se tratava, como queria

---

* A marcha foi convocada por Farrakhan como uma manifestação exclusivamente masculina. Contudo, outras organizações compartilharam a convocação, estendendo-a a mulheres. Entre os oradores do evento, estava Rosa Parks.

Luther King, de exigir o cumprimento dos princípios da Declaração de Independência e da Constituição, mas de "descartar" a "perspectiva limitada" dos fundadores, reinventando a nação. Farrakhan não tinha um programa para essa reinvenção, mas tinha um para os negros. O primeiro ponto desse programa era a unidade racial:

> Há um novo homem negro nos EUA hoje. Há uma nova mulher negra nos EUA hoje. Agora, irmãos, [...] de hoje em diante, nós não poderemos jamais nos ver novamente pelos olhos estreitos das fronteiras limitadas de nossas organizações fraternais, cívicas, políticas, religiosas, de vizinhança ou profissionais. [...] quando vocês retornarem a suas cidades e encontrarem um homem negro, uma mulher negra, não perguntem a ele qual é a sua afiliação social, política ou religiosa [...]. Saibam que ele é seu irmão.[22]

A ameaça à unidade dos negros provinha da assimilação social, que Farrakhan descrevia como cooptação. Os brancos cooptavam os negros oferecendo privilégios a uma minoria, enviando os melhores atletas à NBA, a liga profissional de basquete, à NFL, a liga de futebol americano, e transformando-os em celebridades. A associação desses negros passa a ser com homens e mulheres brancos, "e associação gera assimilação". O segundo ponto do programa de Farrakhan era criar uma economia e uma política negras, autônomas diante do mundo dos brancos, a partir do esforço individual dos negros e da solidariedade geral de raça:

> Homem negro, você não deve falar mal de pessoas brancas. Tudo que tem a fazer é voltar à sua casa e transformar nossas comunidades em lugares produtivos. Tudo que deve fazer [...] é tornar nossas comunidades lugares seguros e decentes para viver. E se começarmos a dotar as comunidades negras de empresas, implantando fábricas, desafiando-nos para sermos melhores do que somos, os brancos, em vez de passar de carro usando a palavra "N",* dirão: olhem, olhem para eles, meu Deus, eles são maravilhosos; não podemos mais dizer que são inferiores.[23]

O pregador da Nação do Islã não pretendia mudar a sociedade, como Malcolm X ou os Panteras Negras, nem obter reparações pelo passado escravista, como querem os arautos das ações afirmativas. O seu discurso dirigia-se a um grande gueto negro que devia se enxergar como uma nação separada – e progredir separadamente. No fim, ele propôs a constituição de um fundo para o desenvolvimento econômico dos negros, cujo financiamento viria de uma contribuição individual voluntária de dez dólares mensais.

---

* A referência é a *nigger*, termo depreciativo e insultuoso para negro (*black*).

Uma gota de sangue

Na visão de Luther King, os EUA nasceram sob o signo de uma promessa verdadeira de igualdade, que não foi honrada por seus governos. A sua luta era pela recuperação daquela promessa solene de uma nação para todos os seus cidadãos. Esse horizonte não racial distinguia-o decisivamente do nacionalismo negro, nas suas versões revolucionária ou conservadora. O debate era sobre igualdade e diferença. Ao contrário de Luther King, o nacionalismo negro, por cima das suas inúmeras dissensões, convergia nas crenças de que a raça é a fonte primordial da identidade e de que só a separação entre as "nações" negra e branca ofereceria uma solução para o problema do racismo. Ironicamente, do seu próprio modo, as diversas correntes do nacionalismo negro continuavam a desenrolar o fio das Leis Jim Crow.

O todo e as partes

As políticas de discriminação reversa começaram a ser implantadas de fato no início da década de 1970, no governo de Richard Nixon. As preferências raciais foram aceitas mais ou menos sem resistências, na medida em que se acomodavam perfeitamente à noção sedimentada do *melting pot*, ajudando os negros a encontrarem para si mesmos um lugar proporcional no condomínio de raças da sociedade americana. Junto com a difusão dessas políticas, disseminou-se o uso do termo "afro-americano", no lugar de "negro".

Os programas de ação afirmativa baseados em cotas para negros não demandavam a produção de novos conceitos, pois a regra da gota de sangue única estabelecera há muito os limites entre as raças. Desse modo, as iniciativas federais e universitárias de preferências raciais não precisavam se ocupar com a definição do público-alvo que seria beneficiado. Contudo, com a discriminação reversa, renovaram-se as disputas judiciais sobre o sentido do princípio da igualdade consagrado na 14ª Emenda.

University of California Regents *versus* Bakke, de 1978, foi a primeira oportunidade para a Corte Suprema se pronunciar sobre o núcleo jurídico da questão. O candidato à escola de Medicina Allan Bakke, branco, apelou aos tribunais depois de, por duas vezes, não conseguir vaga mesmo obtendo resultados melhores que os dos aprovados às vagas reservadas para negros. A corte dividiu-se e, por cinco a quatro, deliberou que a raça poderia ser usada como fator para determinar programas de ação afirmativa, mas não sob a forma de um sistema inflexível de cotas. Bakke foi admitido na escola de Medicina, porém a tensão constitucional persistiu.[24] Em 1979, a Corte emitiu um veredito similar no caso United Steelworkers of America, AFL-CIO *versus* Weber.[25] No ano seguinte, em Fullilove *versus*

128

Loving Day

Klutznick, a Corte Suprema viu-se diante de uma apelação contra uma lei federal que destinava 10% do orçamento de obras públicas para contratos com empresas controladas por membros de minorias. A lei definia seis minorias beneficiárias: negros, hispânicos, orientais, índios, esquimós e originários das ilhas Aleutas. O veredito afirmou a constitucionalidade da lei, sob o argumento de que ela procurava remediar a discriminação de fato que sofriam empresários de grupos minoritários nos processos de subcontratação. Segundo os juízes, no contexto de uma iniciativa compensatória, "não se requer que o Congresso atue de um modo totalmente 'cego diante da cor'".[26]

Naqueles anos do auge das políticas de preferências raciais, a Corte Constitucional evitava veredito principistas, tentando conciliar o princípio da igualdade com as demandas de correção do legado discriminatório e de promoção da diversidade. Em Wygant *versus* Jackson Board of Education, de 1986, foi declarada inconstitucional a política distrital de, em caso de demissão, dispensar em primeiro lugar professores brancos. O argumento dos juízes concentrou-se na diferença entre o ato de contratação, em que o peso das preferências raciais distribui-se difusamente pela sociedade, e o ato de demissão, que atinge o emprego de indivíduos singulares.[27]

No ano seguinte, em United States *versus* Paradise, a Corte Suprema apoiou a decisão de uma Corte Federal que havia imposto cotas raciais para contratações e promoções no Departamento de Segurança Pública do Alabama. O veredito apoiou-se na comprovação de que o departamento, daquele estado de antigas tradições segregacionistas, mantinha práticas de "persistente, sistemática e obstinada exclusão discriminatória de negros".[28]

Do ponto de vista jurídico, o conceito genérico de reparação histórica nunca foi considerado suficiente para legitimar políticas de preferência racial. Em Cidade de Richmond *versus* Croson, de 1989, a Corte Suprema julgou inconstitucional um programa municipal de reserva de 30% do orçamento de obras públicas para a contratação de empresas de proprietários negros. Os juízes argumentaram que "uma alegação indeterminada de que houve discriminação no passado em certo setor não pode justificar o uso inflexível de cotas raciais".[29] O veredito do caso Adarand Constructors *versus* Peña, de 1995, sobre um programa federal semelhante, exigiu que as cotas fossem "estritamente cortadas" para corrigir distorções específicas.[30] A Corte foi mais longe, questionou as "políticas federais baseadas em raça" e determinou que "todas as classificações raciais" impostas por órgão de governo "devem ser analisadas por um tribunal revisor sob estrito escrutínio".

Fora dos tribunais, o debate se organizou em torno dos polos da igualdade jurídica e das políticas universalistas, de um lado, e da diferença racial e da reparação histórica, de outro. Inevitavelmente, os contendores colocaram o legado de Luther

Uma gota de sangue

King no centro da polêmica e ofereceram respostas contrastantes para a espinhosa questão de saber como teria se posicionado o líder do movimento pelos direitos civis se tivesse vivido para ver o desenvolvimento das políticas de discriminação reversa.

Numa entrevista ao programa de TV Crossfire, o escritor David Horowitz, uma das principais vozes do conservadorismo americano, provocou celeuma interminável ao julgar que Luther King "era um conservador, pois preconizava a crença no conteúdo do caráter – o valor que os conservadores defendem hoje". É preciso sublimar por completo o contexto histórico no qual viveu e morreu Luther King para classificá-lo como um conservador, mas a célebre passagem sobre o "conteúdo do caráter" levanta questões legítimas sobre o sentido do movimento pelos direitos civis.

O ensaísta Tim Wise alega que tudo o que os críticos da discriminação reversa têm de Luther King é "uma linha, de um discurso".[31] Como outros ativistas das políticas de ação afirmativa, ele menciona passagens nas quais Luther King se distancia da defesa incondicional da "cegueira diante da cor". De fato, não é difícil recolher nos livros de Luther King frases que contêm a ideia de compensações raciais. Em *Why We Can't Wait*, ele afirma que não é realista exigir que os negros peçam apenas a igualdade perante a lei. Em *Where do We Go from Here*, reivindica que, após tanto tempo de discriminação, a sociedade faça algo a favor dos negros para propiciar a competição em igualdade de condições. Numa entrevista à revista *Playboy*, em 1965, usou a expressão "programas compensatórios especiais" e traçou um paralelo com o tratamento favorecido dispensado aos veteranos de guerra.

Não foram só palavras. Luther King liderou a Operação Breadbasket, uma campanha desenvolvida em 12 cidades para pressionar empresas que discriminavam os negros nas contratações a retificarem suas condutas. A ideia de reparação histórica aparece na entrevista à *Playboy*, sob a seguinte formulação:

> [...] por dois séculos, os negros foram escravizados e roubados de qualquer salário – uma riqueza potencialmente acrescida que teria sido o legado de seus descendentes. Toda a riqueza dos EUA de hoje não poderia compensar adequadamente os seus negros por esses séculos de exploração e humilhação.[32]

E, contudo, o Luther King dos arautos da discriminação reversa é tão irreal quanto o de Horowitz e só se sustenta sobre cuidadosos recortes de suas palavras. De fato, o líder do movimento pelos direitos civis tendia a concordar, sob um aspecto crucial, com os velhos textos de Du Bois, para quem os trabalhadores brancos nada ganharam com a segregação, exceto a recompensa psicológica de pertencer à "raça" dos poderosos – e em troca dessa recompensa concederam o poder político e econômico para as elites. Numa expressão inspirada de Luther King, os brancos pobres eram as "vítimas derivadas" da escravidão e das Leis Jim

130

Crow. Essa interpretação histórica é uma chave para entender a extensão da pobreza entre os brancos no sul dos EUA. As Leis Jim Crow desvalorizaram o trabalho de modo generalizado, contribuindo para comprimir os salários de negros e brancos. A segregação legal dividiu a classe trabalhadora, reduzindo o poder dos sindicatos e inviabilizando a formação de coalizões políticas reformistas. Pouco antes da Segunda Guerra Mundial, o aumento das taxas eleitorais em oito estados do Sul excluiu do eleitorado, além de virtualmente todos os negros, quase dois terços dos brancos.

Luther King tinha tudo isso em mente quando explicitou que seu *"Bill of Rights* para os desvalidos", inspirado nos programas para veteranos de guerra, deveria ter como beneficiários os negros e os brancos pobres. No *Where do We Go from Here*, seu penúltimo livro, ele foi mais longe. Registrou que, em números absolutos, existiam duas vezes mais brancos pobres que negros pobres nos EUA e afirmou que, no lugar de uma ênfase excessiva nas relações entre pobreza e discriminação racial, melhor seria abordar a pobreza que atingia tanto os negros quanto os brancos.

O ministro batista, teólogo e sociólogo Luther King, filho de um pastor que liderava a seção da NAACP em Atlanta, não cabe no traço das caricaturas. Filosoficamente, ele não se alinhava com os liberais progressistas, que acreditavam na perfeição humana e interpretavam a salvação como a criação de um "paraíso na Terra" por meio da ação cívica, mas com a doutrina neofundamentalista de sua igreja negra, que se enraizava na noções do pecado original, da salvação no outro mundo e de um Deus intensamente atuante, pronto a perdoar, mas também a punir.[33] Politicamente, ele participou com destaque da coalizão progressista nas lutas pelos direitos civis e contra a Guerra do Vietnã, articulando um programa de reformas voltado para a inclusão social de negros e brancos pobres. Nos meses que precederam seu assassinato, liderou a Campanha do Povo Pobre e viajou pelo país para reunir um "exército multirracial dos pobres", que deveria pressionar o Congresso a aprovar o *"Bill of Rights* dos desvalidos".

No tempo de Luther King, as ações afirmativas não haviam ainda assumido a forma de preferências raciais, muito menos a de cotas numéricas para negros. Aquela "uma linha de um discurso", sobre o conteúdo do caráter, expressa a sua concepção verdadeira de uma nação baseada na igualdade política. Há, obviamente, uma "questão negra" no pensamento de Luther King. Não poderia ser de outro modo, pois as leis de diversos estados e uma sólida tradição segregacionista faziam dos negros cidadãos de segunda classe. Mas a doutrina multiculturalista e as políticas de raça postas em prática na década de 1970 representaram uma ruptura fundamental com o núcleo da visão de Luther King.

A herança do movimento pelos direitos civis e a ambivalência judicial, expressa nas decisões da Corte Suprema, não evitaram a expansão das políticas de discriminação reversa. Durante quase duas décadas, essas novas leis raciais tomaram o lugar das Leis Jim Crow, extintas tão pouco tempo antes. A substituição de umas pelas outras é um testemunho da força do paradigma do *melting pot* e da regra da gota de sangue única. Os EUA, depois da tempestade política dos anos 1960, continuaram a enxergar a si mesmos como um todo fragmentado em partes discretas, que podiam ser facilmente nomeadas por meio de referências étnicas e raciais. O líder negro Jesse Jackson, mais que qualquer outro, corporificou a persistência dessa concepção.

Jackson tinha 27 anos e estava com Luther King em Memphis, no Tennesse, no fatídico 4 de abril de 1968. Nascido na Carolina do Sul, filho de Helen Burns, que tinha 16 anos quando deu à luz, e de Noah Robinson, então casado com outra mulher, o jovem Jackson aproveitou-se de bolsas esportivas para cursar a universidade e ingressou num seminário teológico, que não concluiu, antes de se entregar totalmente ao movimento liderado por Luther King. Em 1966, dirigiu a Operação Breadbasket em Chicago e logo depois tornou-se diretor nacional da iniciativa.

Três anos após o assassinato de Luther King em Memphis, em virtude de divergências com Ralph Abernathy, o novo chefe da SCLC, Jackson criou sua própria organização, a Operação Push. As suas candidaturas presidenciais de 1984 e 1988 pararam nas primárias democratas, mas conferiram-lhe influência nacional e permitiram-lhe articular a Rainbow Coalition (Coalizão do Arco-Íris). As duas organizações se fundiram, em 1996, na Rainbow/Push. À frente delas, e na moldura do Partido Democrata, Jackson converteu-se no mais saliente arauto das políticas raciais nos EUA.

O líder cívico Jackson pouco tinha em comum com o pregador sectário Farrakhan, seu contemporâneo no palco da política negra americana. O primeiro expressou uma política integracionista que dependia de uma teia de acordos com políticos, corporações econômicas e instituições acadêmicas. O segundo conduziu um movimento de autonomia dos negros cuja vitalidade repousava na adesão popular à sua liderança. Mas, além do antissemitismo, bastante atenuado no caso de Jackson, os dois compartilharam a ideia de que a nação americana não é composta por indivíduos singulares, mas por coletividades delimitadas pelas fronteiras da raça.

"Coalizão do Arco-Íris", o nome da organização política de Jackson, veicula o conceito de uma nação multicultural. O discurso que pronunciou perante a Convenção Nacional Democrata de 1984 não poderia ser mais revelador: "Nossa bandeira é vermelha, branca e azul, mas nossa nação é um arco-íris – vermelha, amarela, marrom, preta e branca – e todos somos preciosos aos olhos de Deus."[34] Traduzindo o sentido do *melting pot*, que faz do todo uma mera soma exata de suas partes, ele construiu a metáfora adequada para o multiculturalismo:

Loving Day

> Os EUA não são como um cobertor – uma peça única de tecido, a mesma cor, a mesma textura, o mesmo tamanho. Os EUA são mais como uma colcha: muitos retalhos, muitas peças, muitas cores, muitos tamanhos, toda tecida e alinhavada por um fio uniforme. O branco, o hispânico, o negro, o árabe, o judeu, a mulher, o nativo americano, o pequeno agricultor, o empresário, o ambientalista, o pacifista, o jovem, o velho, a lésbica, o gay e o inválido constituem a colcha americana.

O multiculturalismo, tal como expresso por Jackson, constitui uma alternativa conservadora e integracionista ao programa do nacionalismo negro. Ao mesmo tempo, representa uma estratégia distinta da preconizada por Luther King, pois a sua lógica colide frontalmente com o princípio universalista. A maré alta das políticas de preferência racial coincidiu com a "era Reagan", mas começou a refluir antes ainda da Conferência de Durban.

O voto de Anthony Kennedy

O veredito de Adarand Constructors *versus* Peña caiu como um bloco de gelo no caldeirão fervilhante dos programas de discriminação reversa, pois o argumento citava Loving *versus* Virgínia para colocar em questão a legitimidade da classificação racial dos cidadãos. Reagindo de imediato, o presidente Bill Clinton, um defensor notório das políticas de preferência racial, estabeleceu em julho de 1995 uma série de "parâmetros sobre ação afirmativa". O memorando da Casa Branca basicamente solicitou a eliminação do uso de cotas numéricas, mas interpretou a palavra dos juízes como um sinal de reafirmação da necessidade da ação afirmativa.

A Corte Suprema usou a primeira oportunidade disponível para contestar a interpretação presidencial. Em 1996, no caso Hopwood *versus* University of Texas Law School, a decisão confirmou a sentença de uma Corte de Apelações que havia suspendido o programa de ação afirmativa na admissão à Universidade do Texas. Investindo no campo dos princípios, a Corte de Apelações declarara inválido até o uso da raça como um fator entre outros na seleção de candidatos, anulando o precedente de University of California Regents *versus* Bakke.[35]

Sob o impacto dessas decisões, estados e universidades reverteram políticas que pareciam consolidadas. No final de 1997, a Califórnia aprovou a Proposição 209, pela qual "o estado não deve discriminar contra, ou oferecer tratamento preferencial para qualquer indivíduo ou grupo com base em raça, sexo, cor, etnia ou origem nacional na administração dos empregos públicos, da educação pública ou dos contratos públicos"[36]. Um ano depois, o estado de Washington passou a Iniciativa 200, similar à lei californiana, abolindo completamente os programas de ação afirmativa.

133

Atrás da Proposição 209, ergue-se a figura de Ward Connerly. Negro, segundo a regra da gota de sangue única, mas mestiço em quatro partes iguais – negra, irlandesa, francesa e indígena choctaw – na sua própria definição, Wardell Anthony Connerly nasceu na Louisiana em 1939, em tempos de segregação incontestável, formou-se em Artes e Ciência Política e chegou ao posto de reitor da Universidade da Califórnia em 1993. Nessa condição, notabilizou-se por denunciar os programas de ação afirmativa da instituição como equivalentes à discriminação racial e convenceu a direção da universidade a abolir as preferências raciais, mantendo porém ações afirmativas baseadas em critérios socioeconômicos.

Republicano de linha libertária, Connerly assumiu o comando da Campanha Iniciativa dos Direitos Civis na Califórnia, que conseguiu aprovar a Proposição 209, com 54% de votos favoráveis, contra a oposição das fundações Ford, Rockefeller e Carnegie, além da ACLU e do sindicato dos professores do estado. Depois, ele ampliou a campanha para outros estados e conseguiu aprovar proposições similares em Washington (1998) e Michigan (2006). Na Califórnia, defendeu uma proposição, afinal derrotada, que proibiria ao governo estadual classificar as pessoas segundo critérios de raça, etnia, cor ou origem nacional.

Na Corte Suprema, uma sólida maioria estava disposta a barrar o caminho para as políticas de preferências raciais ostensivas, mas havia uma cisão sobre o princípio geral do uso da raça como critério acessório em programas educacionais. A primeira batalha foi travada em Grutter *versus* Bollinger, um caso sobre o sistema de admissão na Faculdade de Direito da Universidade de Michigan que gerara veredictos contraditórios em instâncias inferiores. Em 2003, a disputa chegou à corte constitucional que, por uma maioria de cinco votos a quatro, invalidou Hopwood *versus* Universidade do Texas e permitiu o uso da raça como um dentre vários fatores de seleção. Contudo, por seis votos a três, os juízes declararam inaceitável o sistema de adição de pontos com base racial e exigiram uma "análise individualizada" dos candidatos.[37]

A segunda batalha, decidida em 2007, teve desfecho diferente, mas reproduziu o placar de cinco votos a quatro. Duas apelações distintas sobre programas de "equilíbrio racial" em escolas secundárias foram juntadas e apreciadas em Parents *versus* Seattle. O veredicto proibiu o uso de critérios raciais na admissão de matrículas de estudantes. Na argumentação, a maioria estabeleceu um diálogo deliberado com a história dos EUA. A passagem crucial é a seguinte:

> Ações governamentais que dividem o povo por meio da raça são essencialmente suspeitas, pois tais classificações promovem noções de inferioridade racial e conduzem a políticas de hostilidade racial; reforçam a crença, sustentada por tantos durante tanto tempo de nossa história, de que os indivíduos devem ser

Loving Day

avaliados pela cor da sua pele; endossam argumentações baseadas na raça e a concepção de uma nação dividida em blocos raciais, contribuindo desse modo para uma escalada de hostilidade racial e conflito.[38]

A menção implícita, mas bem evidente, àquela "uma linha de um discurso" de Luther King exterminava qualquer dúvida sobre a opinião da maioria. Pela primeira vez, uma decisão da corte constitucional atacava de frente a própria ideia de classificação racial e, com ela, a "concepção de uma nação dividida em blocos raciais". O presidente da Corte, juiz John Roberts, voltou-se explicitamente para a letra e o espírito de Brown *versus* Board of Education e escreveu: "quando se trata de usar a raça para determinar as matrículas das crianças nas escolas, a história será ouvida". Ele queria dizer que a inversão do sinal da discriminação, como se faz nas ações afirmativas raciais, consagra a raça no domínio da lei, destruindo o princípio da cidadania. A sua conclusão: "o caminho para acabar com a discriminação baseada na raça é acabar com a discriminação baseada na raça".

O juiz Anthony Kennedy alinhou-se com a maioria, mas proferiu um voto separado. Primeiro, ele protestou: "Quem exatamente é branco e quem é não branco? Ser forçado a viver sob um rótulo racial oficial é inconsistente com a dignidade dos indivíduos na nossa sociedade. E é um rótulo que um indivíduo é impotente para mudar!". Em seguida, sustentou a legalidade de iniciativas como a seleção de áreas residenciais racialmente segregadas para os investimentos prioritários em educação pública.

No seu voto, o juiz Kennedy ousou ainda mais que a maioria, ultrapassando a fronteira conceitual extrema. Ao longo de toda a sua história, os EUA cuidaram de definir precisamente quem é branco e quem é não branco. A regra da gota de sangue única, que ganhou uma formulação definitiva na lei da Virgínia de 1924, propiciava a demarcação exata da "nação branca". A indagação de Kennedy equivale a um programa de ruptura com a própria lógica da racialização.

Parents *versus* Seattle foi o ponto culminante de uma trajetória de rejeição crescente das políticas raciais iniciada pela Corte Suprema mais de uma década antes. Essa trajetória não pode ser compreendida fora de um contexto mais amplo de mudanças nas percepções dos americanos sobre o tema da raça.

Historicamente, a sociedade americana olhou para si mesma através do prisma predominante da dualidade branco-negro. No pós-guerra, os fluxos de imigrantes asiáticos e latino-americanos matizaram esse contraste, introduzindo variáveis novas. A imigração hispânica desempenhou um papel singular nesse processo, pois os imigrantes transferiram-se junto com suas próprias concepções sobre o tema racial. Essas concepções, oriundas da experiência social da América Latina, são muito mais fluidas e abrangem, destacadamente, a noção de mestiçagem. Os EUA não poderiam ficar imunes à influência de um mundo incapaz de se descrever em duas categorias polares.

135

Ao mesmo tempo, os padrões de segregação espacial urbana conheciam uma interessante evolução. Os subúrbios brancos de classe média, um fenômeno que se difundiu a partir da década de 1950, consolidaram a segregação residencial nas cidades americanas. Em 2000, a maioria da população morava nos subúrbios, mas eles experimentavam transformações notáveis, em virtude do influxo de não brancos. Entre 2000 e 2006, a população branca dos subúrbios das grandes cidades cresceu 7%, enquanto a população asiática crescia 16%; a negra, 24%; e a hispânica, 60%. No mesmo intervalo, Manhattan e São Francisco perdiam número significativo de negros e hispânicos e Los Angeles perdia um imenso contingente de negros.[39] A segregação residencial não está diminuindo, mas mudando de forma. Enquanto os subúrbios tradicionais tornam-se menos segregados, expandem-se as *exurbs** habitadas pela classe média alta. Embora sejam predominantemente brancas, essas comunidades refletem um processo de segregação por renda, não por raça.

Concomitantemente, na mesma direção, verificam-se processos mais sutis, como a nítida tendência de aumento das uniões inter-raciais e, não menos importante, de reconhecimento social de identidades multirraciais. No censo de 1970 foram declarados como filhos de uniões inter-raciais apenas quinhentos mil menores de 18 anos. Vinte anos depois, esse número havia crescido para cerca de dois milhões e, em 2000, para algo em torno de três milhões.[40]

Essas tendências sociais de longo prazo assumiram a forma de uma crise do sistema de classificação adotado pelo Escritório do Censo americano. O censo, refletindo o conceito do *melting pot*, impõe às pessoas a escolha de uma entre quatro opções fechadas de pertinência racial: branco, negro, índio americano e asiático ou originário das ilhas do Pacífico. Num item separado, o declarante deve responder se pertence ao grupo etnolinguístico hispânico. A crise emergiu no censo de 1990, quando cerca de dez milhões de pessoas escolheram a opção "outra" no item de classificação racial. O significativo contingente abrangia principalmente hispânicos, mas também muitos descendentes de uniões inter-raciais.

O fenômeno animou grupos de cidadãos a proporem a criação de uma categoria multirracial destinada a abrigar os declarantes que não se identificam com nenhuma das raças censitárias. Em julho de 1996, milhares de cidadãos manifestaram-se em Washington numa Marcha da Solidariedade Multirracial convocada para pressionar o governo a incluir a nova categoria no censo. Connerly e seu Instituto Americano de Direitos Civis juntaram-se à campanha no ano seguinte.

---

* Condomínios distantes dos centros urbanos, em áreas rurais, mas funcionalmente ligados às cidades pelo fluxo pendular de seus habitantes entre seus locais de residência e de trabalho.

Loving Day

O "Movimento Multirracial", como ficou conhecido, converteu-se em uma voz influente, expressando-se por meio de publicações como a *Interracial Voice*, de Nova York, e *The Multiracial Activist*, baseado na Virgínia.

Contudo, a venerável regra da gota de sangue única não cederia facilmente. Em 1997, uma força-tarefa composta por trinta agências federais e encarregada de avaliar a proposta concluiu, curiosamente, que criar uma categoria multirracial "aumentaria as tensões raciais e aprofundaria a fragmentação de nossa população".[41] Sob intensa pressão de organizações envolvidas com a defesa das políticas de preferências raciais, o Escritório do Censo decidiu conservar a antiga classificação, permitindo apenas que as pessoas optem por se descreverem como integrantes de mais de uma raça.

A solução criou nada menos que 63 combinações raciais para não hispânicos e outras 63 para hispânicos reconhecidas pelo governo federal, evidenciando o absurdo contido no argumento de evitar uma maior fragmentação censitária da população. Mas a força-tarefa exibiu outro argumento, através do qual é possível discernir as suas reais motivações: ela explicou que uma categoria multirracial causaria confusão, pois reuniria num conjunto indistinto descendentes de pais branco e negro e descendentes de pais branco e asiático. No fim das contas, a proposta não devia ser aprovada, pois diluiria as minorias raciais, dificultando a delimitação de grupos beneficiários de políticas de discriminação reversa.

O censo de 2000 realizou-se sob o signo das velhas categorias, mas segundo as novas regras. Entretanto, mesmo a modesta mudança de regras foi esterilizada pela decisão de computar as pessoas que marcaram mais de uma categoria racial num grupo minoritário específico – aquele em maior desvantagem social. Assim, por exemplo, nas publicações de síntese, os que se declararam "branco" e "asiático" foram computados como asiáticos e os que se declararam "branco" e "negro", ou "asiático" e "negro", foram computados como negros. Por essa via, o Estado americano conservou a eficiência da regra da gota de sangue única para a definição de "quem exatamente é branco". Além disso, evitou a redução censitária do contingente de negros, satisfazendo a demanda básica das organizações engajadas na promoção de programas de preferência racial.*

Anthony Robert Hale, estudante de Literatura da Universidade da Califórnia em Berkeley e defensor da adoção de uma categoria multirracial no censo,

---

* Naquele censo, a opção "outra" foi selecionada por mais de 15 milhões de pessoas. Além disso, 6,8 milhões definiram-se como pertencendo a duas ou mais raças. Mais de 90% destes últimos descreveram-se como frutos de uniões entre brancos e negros.

Uma gota de sangue

constatou que, para a maioria das pessoas, "raça mista significa nenhuma raça".[42] Talvez seja exatamente esse o motivo de fundo pelo qual o censo decidiu preservar a integridade da sua aquarela racial.

Barack Obama: *The Speech*

"Não existem os Estados Unidos dos negros, os Estados Unidos dos brancos, os Estados Unidos dos descendentes de latinos ou os Estados Unidos dos descendentes de asiáticos – existem apenas os Estados Unidos da América."[43] Barack Obama pronunciou essas palavras na Convenção Nacional Democrata de 2004, como um jovem candidato ao Senado por Illinois. Quatro anos mais tarde, o senador foi indicado candidato a presidente dos EUA, superando Hillary Clinton nas primárias de seu partido.

Jesse Jackson criticou-o na campanha presidencial de 2008 por não enfatizar suficientemente o tema da raça e, no intervalo de uma entrevista, imaginando que os microfones estavam desligados, confessou seu desejo de "capar" o candidato democrata. No fundo, Obama retomava o fio perdido desde o assassinato de Luther King, colocando o acento nas políticas públicas universais. Num livro publicado na metade de seu mandato como senador, ele escreveu: "Rejeito uma política baseada unicamente em raça, sexo, orientação sexual ou vitimização."[44] Obama não se apresentava como um "político negro", na tradição de Jackson, e sugeria um futuro pós-racial para a nação.

No auge da disputa com Hillary Clinton, a campanha de Obama foi confrontada com seu mais difícil desafio, quando o reverendo Jeremiah Wright, pastor da sua igreja negra, o homem que oficiou seu casamento e batizou seus filhos, num sermão rancoroso, amaldiçoou os EUA como uma "nação racista". O candidato precisava reagir a um escândalo – e, no lugar de apenas se dissociar do antigo confessor, ofereceu um balanço do "impasse racial no qual estamos presos há muitos anos". O discurso, elegante e pungente, pronunciado em Filadélfia a 18 de março de 2008, inscreve-se entre as peças de retórica política que marcam uma época.[45]

Obama examinou as fontes da persistência do cisma racial americano e indicou os sinais de sua possível superação. Camada após camada, escavou o solo que oculta as raízes da amargura de negros em relação a brancos, evidenciando suas relações com a longa história da discriminação e da segregação. Como Luther King havia feito um quarto de século antes, retomou o princípio da igualdade consagrado nos documentos fundadores dos EUA e mostrou como eles formam uma plataforma para a luta contra o racismo. Mas, atravessando uma fronteira que não foi transposta por Luther King, introduziu a visão de uma sociedade culturalmente mestiça.

138

Loving Day

O passo ousado partiu de uma declaração biográfica:

> Eu sou filho de um homem negro do Quênia e de uma mulher branca do Kansas. Fui criado com a ajuda de um avô branco que sobreviveu à Depressão para servir no Exército de Patton durante a Segunda Guerra Mundial e de uma avó branca que trabalhou numa linha de montagem de bombardeiros no Forte Leavenworth enquanto ele se encontrava além-mar. Frequentei algumas das melhores escolas dos EUA e vivi em uma das mais pobres nações do mundo. Sou casado com uma americana negra que carrega nela o sangue de escravos e proprietários de escravos – uma herança que transmitimos a nossas duas preciosas filhas. Tenho irmãos, irmãs, sobrinhas, sobrinhos, tios e primos, de todas as raças e tons de pele, espalhados por três continentes, e por todo o tempo que eu viver nunca esquecerei que em nenhum outro país da Terra essa minha história seria possível.

Ele estava se descrevendo como um mestiço, palavra que não encontra correspondência rigorosa na língua inglesa. Nos EUA, importa-se do espanhol a palavra *mestizo* ou utilizam-se os termos compostos *half-breed* e *half-blood*, que remetem a uma divisão de sangue, mas não conseguem produzir a ideia de fusão. A carência não é uma falha da língua, mas um testemunho da experiência cultural anglo-saxônica e da história americana.

A regra da gota de sangue única ainda sobrevive e, de acordo com ela, Obama não pode existir como mestiço: ele é negro ou não existe. A solução para isso implica uma revolução conceitual, que é a redefinição do *melting pot*. Foi o que Obama sugeriu, como conclusão de sua descrição pessoal e familiar:

> É uma história que não fez de mim o mais convencional dos candidatos. Mas é uma história que marcou a minha personalidade genética com a ideia de que esta nação é mais que a soma de suas partes – que, a partir de tantos, somos verdadeiramente um.

Ser mais que a soma das partes: eis um desafio formidável para os EUA.

Notas

[1] "Congressional Record, 62nd Congress, 3rd session", Dec. 11, 1912, v. 49, p. 502.

[2] SUPREME COURT OF THE UNITED STATES. "Pace v. State, 106 U. S. 583 (1883)". Disponível em: <http://supreme.justia.com/us/106/583/case.html>. Acesso em: 5 jun. 2009.

[3] SUPREME COURT OF THE UNITED STATES. "Meyer v. State Of Nebraska, 262 U. S. 390 (1923)". Disponível em: <http://supreme.justia.com/us/262/390/case.html>. Acesso em: 5 jun. 2009.

[4] THE MULTIRACIAL ACTIVIST. "Perez v. Sharp, Oct. 1, 1948, 32 Cal. 2d 711, 198 P. 2d 17". Disponível em: <http://www.multiracial.com/government/perez-v-sharp.html>. Acesso em: 5 jun. 2009.

Uma gota de sangue

5. SUPREME COURT OF THE UNITED STATES. "McLaughlin v. Florida, 379 U. S. 184 (1964)". Disponível em: <http://supreme.justia.com/us/379/184/case.html>. Acesso em: 5 jun. 2009.

6. SUPREME COURT OF THE UNITED STATES. "Loving v. Virginia, 388 U. S. 1 (1967)". Disponível em: <http://supreme.justia.com/us/388/1/case.html>. Acesso em: 5 jun. 2009.

7. SUPREME COURT OF THE UNITED STATES. Loving v. Virginia. Op. cit.

8. ST. JOHN DE CRÈVECOEUR, J. H. *Letters from an american farmer*. Disponível em: <http://www.gutenberg.org/etext/4666>. Acesso em: 5 jun. 2009.

9. HOBSBAWM, Eric J. *História social do jazz*, Rio de Janeiro, Paz e Terra, 1990, p. 57.

10. HOBSBAWM, Eric J. Op. cit., p. 53.

11. HOBSBAWM, Eric J. Op. cit., p. 61.

12. WOLFE, Alan. "Native son". *Foreign Affairs*, maio-jun. 2004, p. 124.

13. VIRGINIA CENTER FOR DIGITAL HISTORY. "Racial Integrity Act of 1924". Disponível em: <http://www.vcdh.virginia.edu/encounter/projects/monacans/Contemporary_Monacans/racial.html>. Acesso em: 5 jun. 2009.

14. SUPREME COURT OF THE UNITED STATES. "Plessy v. Ferguson, 163 U. S. 537 (1896)". Disponível em: <http://supreme.justia.com/us/163/537/case.html>. Acesso em: 5 jun. 2009.

15. FORDHAM UNIVERSITY. "Modern history sourcebook: Booker T. Washington (1856-1915): speech at the Atlanta Exposition, 1895. Disponível em: <http://www.fordham.edu/halsall/mod/1895washington-atlanta.html>. Acesso em: 5 jun. 2009.

16. SUPREME COURT OF THE UNITED STATES. "Brown v. Board of Education, 347 U. S. 483 (1954)". Disponível em: <http://supreme.justia.com/us/347/483/case.html>. Acesso em: 5 jun. 2009.

17. LUTHER KING JR., Martin. "I have a dream". Disponível em: <http://www.americanrhetoric.com/speeches/mlkihaveadream.htm>. Acesso em: 5 jun. 2009.

18. Idem.

19. Idem.

20. X, Malcolm. "The ballot or the bullet". Disponível em: <http://www.americanrhetoric.com/speeches/malcolmxballotorbullet.htm>. Acesso em: 5 jun. 2009.

21. CNN. "Minister Farrakhan challenges black men", 17 out. 1995. Disponível em:<http://www-cgi.cnn.com/US/9510/megamarch/10-16/transcript/>. Acesso em: 5 jun. 2009.

22. Idem.

23. Idem.

24. SUPREME COURT OF THE UNITED STATES. "University of California Regents v. Bakke, 438 U. S. 265 (1978)". Disponível em: <http://supreme.justia.com/us/438/265/case.html>. Acesso em: 5 jun. 2009.

25. SUPREME COURT OF THE UNITED STATES. "United Steelworkers of America, AFL-CIO-CLC v. Weber, 443 U. S. 193 (1979)". Disponível em: <http://supreme.justia.com/us/443/193/case.html>. Acesso em: 5 jun. 2009.

26. SUPREME COURT OF THE UNITED STATES. "Fullilove v. Klutznick, 448 U. S. 448 (1980)". Disponível em: <http://supreme.justia.com/us/448/448/case.html>. Acesso em: 5 jun. 2009.

27. SUPREME COURT OF THE UNITED STATES. "Wygant v. Jackson Board of Education, 476 U. S. 267 (1986)". Disponível em: <http://supreme.justia.com/us/476/267/case.html>. Acesso em: 5 jun. 2009.

28. SUPREME COURT OF THE UNITED STATES. "United States v. Paradise, 480 U. S. 149 (1987)". Disponível em: <http://supreme.justia.com/us/480/149/case.html>. Acesso em: 5 jun. 2009.

29. SUPREME COURT OF THE UNITED STATES. "City of Richmond v. J. A. Croson Co., 488 U. S. 469 (1989)". Disponível em: <http://supreme.justia.com/us/488/469/case.html>. Acesso em: 5 jun. 2009.

30. SUPREME COURT OF THE UNITED STATES. "Adarand Constructors, Inc., Petitioner v. Federico Pena, Secretary of Transportation, et al., 515 U. S. 200 (1995)". Disponível em: <http://supreme.justia.com/us/515/200/case.html#200>. Acesso em: 5 jun. 2009.

31. WISE, Tim. "Misreading the dream". *Alternet*, 21 jan. 2003.

32. WISE, Tim. Op. cit.

33. ZEITZ, Joshua. "What did Martin Luther King really believe?". *American Heritage People*, 16 jan. 2006.

[34] Jackson, Jesse. "1984 Democratic National Convention Adress". Disponível em: <http://www.americanrhetoric.com/speeches/jessejackson1984dnc.htm>. Acesso em: 5 jun. 2009.

[35] Supreme Court of the United States. "Cheryl J. Hopwood et al. v. Texas et al., 95 U. S. 1773 (1996)". Disponível em: <http://supreme.justia.com/us/95/774/case.html>. Acesso em: 5 jun. 2009.

[36] Proposition 209: Text of Proposed Law. Disponível em: <http://vote96.sos.ca.gov/Vote96/html/BP/209text.htm>. Acesso em: 10 jul. 2009.

[37] Supreme Court of the United States. "Grutter v. Bollinger, 02 U. S. 241 (2003)". Disponível em: <http://supreme.justia.com/us/539/306/case.html>. Acesso em: 5 jun. 2009.

[38] Supreme Court of the United States. "Parents Involved in Community Schools v. Seattle School District N. 1, 05 U. S. 908 (2007)". Disponível em: <http://supreme.justia.com/us/new-cases/2006-2007-USSC-cases.html>. Acesso em: 5 jun. 2009.

[39] The Economist. "An age of transformation", 31 maio 2008, v. 387, n. 8.582.

[40] U. S. Census Bureau. "Race data". Disponível em: <http://www.census.gov/population/www/socdemo/race.html>. Acesso em: 5 jun. 2009.

[41] The New York Times. "Panel balks at multiracial census category", 9 jul.1997.

[42] The New York Times. "Multiracial americans ready to claim their own identity", 20 jul. 1996.

[43] Obama, Barack. *A audácia da esperança*, São Paulo, Larousse do Brasil, 2007, p. 249.

[44] Obama, Barack. Op. cit., p. 19.

[45] Obama, Barack. "A more perfect union". Disponível em: <http://www.americanrhetoric.com/speeches/barackobamaperfectunion.htm>. Acesso em: 5 jun. 2009.

Preto no branco

"Morena", "acastanhada", "branca melada", "bronzeada", "canela", "chocolate", "sarará", "cobre", "queimada de sol", "encerada", "marrom", "meio preta", "melada", "paraíba", "rosa queimada", "sapecada", "tostada", "trigueira"... Na Pesquisa Nacional por Amostra de Domicílios (PNAD) de 1976, os pesquisadores do IBGE registraram 136 respostas diferentes à solicitação de autodeclaração de cor/raça dos entrevistados.[1]

O resultado foi interpretado por intelectuais e ativistas de organizações do movimento negro como uma prova dos efeitos insidiosos de um racismo disseminado, mas subterrâneo, que vigoraria na sociedade brasileira. Os negros não querem assumir a sua verdadeira identidade, ocultando-a sob o manto de incontáveis eufemismos: foi o diagnóstico a que chegaram partindo não de alguma evidência relevante, mas de uma interpretação pré-existente sobre a história do Brasil e as relações sociais no país.

O diagnóstico teve consequências. Pouco mais de uma década depois, organizações do movimento negro deflagraram uma campanha cívico-educativa para

Uma gota de sangue

persuadir os "negros" a declararem, no censo que se realizou em 1991, a sua "verdadeira" cor/raça. O principal instrumento da iniciativa foi um cartaz contendo a fotografia de uma jovem negra e a conclamação: "Qual é a sua cor? Responda com bom s(c)enso. Não deixe sua cor passar em branco". A ideia era aproveitar o recenseamento para conferir visibilidade aos negros, pois, na visão dos promotores da campanha, esse grupo havia sido virtualmente erradicado do cenário político nacional. Tratava-se, no fim das contas, de promover uma retificação identitária.

Censos têm múltiplas utilidades. Menos visíveis, mas não menos importantes, que suas funções administrativas são suas funções identitárias. No sistema de classificação racial do censo americano, como reflexo da regra da gota de sangue única, não existe uma categoria multirracial. O fato biológico da miscigenação e a noção cultural de mestiçagem encontram-se oficialmente interditados. O sistema de classificação do censo brasileiro distingue-se duplamente do americano. Em primeiro lugar, o conceito de raça aparece como equivalente secundário do conceito de cor, o que sinaliza alguma desconfiança sobre a sua objetividade. Em segundo lugar, há uma categoria expressamente designada para abrigar as pessoas que se identificam como mestiças. Essa categoria aparece sob o curioso rótulo "pardos" e nada tem de periférico: no escaninho de "pardos" estão classificados quase dois quintos dos brasileiros.

Nem brancos, nem pretos: a ideia de uma categoria intermediária, mestiça, remete à formação da identidade nacional brasileira. Haddock Lobo, organizador do censo do Rio de Janeiro de 1849, rejeitou inserir um item sobre cor naquela pesquisa por considerar odiosas as classificações raciais.[2] O primeiro censo nacional, de 1872, introduziu esse tipo de classificação, utilizando as categorias "brancos", "pretos", "pardos" e "caboclos" (no sentido então usual de indígenas). O censo de 1890 manteve o padrão, apenas substituindo o termo "pardo" por "mestiço".

As elites do Império do Brasil interpretavam como sua missão a criação de uma civilização moderna – isto é, "europeia" – nos trópicos. Mas o Brasil não poderia ocupar um lugar destacado no concerto das nações enquanto fosse um "país de negros". O dilema encontrou solução no "branqueamento". O empreendimento começou cedo, anos antes da proclamação da independência, quando o governo de D. João VI financiou a imigração de algumas centenas de colonos suíços e alemães, que fundaram Nova Friburgo. A nova cidade, nas proximidades do Rio de Janeiro, deveria contribuir para a mudança do panorama racial da sede da Corte. Meio século depois, a promoção da imigração de trabalhadores europeus para o café foi justificada, em larga medida, como um passo decisivo na "reforma racial" do país.

A ideia de civilizar por meio da transferência em massa de brancos foi explicitada em 1810, antes ainda da transferência da família real, pelo mulato José da Silva Lisboa, o visconde de Cairu, que pretendia colocar freio ao crescimento das popula-

144

ções negra e mestiça pelo encerramento do tráfico de escravos e pela importação de europeus. José Bonifácio de Andrada não concordava com Cairu sobre a natureza deletéria da mestiçagem, mas alinhava-se com o embrionário projeto do "branqueamento". Logo após a independência, buscando influenciar a Assembleia Constituinte, ele propôs uma supressão gradativa da escravidão e o estímulo governamental a casamentos inter-raciais, o que produziria o tão desejado clareamento dos brasileiros.

Bonifácio, com seus casamentos inter-raciais, era uma exceção. De modo geral, a mestiçagem não constituía um objetivo, mas no máximo uma desagradável etapa intermediária na direção do "branqueamento". A meta definida no Império do Brasil continuava bem viva em 1911, quando João Batista Lacerda, diretor do Museu Nacional do Rio de Janeiro, apresentou ao I Congresso Internacional das Raças, em Londres, uma tese que profetizava a "extinção paralela" dos mestiços e da "raça negra" no Brasil, na aurora do século XXI. Ela seguia dominante duas décadas depois, quando Edgard Roquette-Pinto, antropólogo e antirracista, adversário do arianista Oliveira Viana, previa que em 2012 negros e índios teriam desaparecido no país e os mestiços representariam apenas um quinto da população.[3]

Entretanto, a sociedade brasileira não se inclinou na direção imaginada pelas elites imperiais. Os censos revelam que não ocorreu "branqueamento", mas sim algo que se poderia qualificar, para usar a linguagem censitária, como "pardização". Os censos de 1900 e 1920 eliminaram o item racial, no segundo caso sob o argumento de que "as respostas ocultavam em grande parte a verdade".[4] Contudo, aquele item retornou no censo de 1940, junto com o termo "pardos", delineando o padrão que se conservaria praticamente inalterado até o fim do século XX.*

Em 1940, 63,4% dos brasileiros declararam-se "brancos", enquanto 14,6% declararam-se "pretos" e 21,2%, "pardos". Em 2000, contudo, as parcelas de "brancos" e "pretos" haviam caído para 53,7% e 6,2%, respectivamente, enquanto a de "pardos" crescera para 38,5%.[5] Isso significa que, em apenas seis décadas, a participação dos "brancos" no total da população reduziu-se em mais de 15% e a dos "pretos", em mais de 57%. No mesmo intervalo, a participação dos "pardos" ampliou-se em quase 82%. Obviamente, essas trajetórias explicam-se em parte pela continuidade do processo de miscigenação da sociedade brasileira. Contudo, a natureza drástica das mudanças não pode decorrer unicamente desse fator.

Como perceberam os responsáveis pelo censo de 1920, as respostas oferecidas aos recenseadores são, numa certa medida, moldadas pelas concepções e ideologias predominantes em cada momento histórico. Na segunda metade do século XX, uma

---

* A exceção foi o censo de 1970, realizado no auge da ditadura militar, no qual não constava um item racial.

Uma gota de sangue

parte significativa dos brasileiros abdicou de se identificar como "preta", optando pela identidade "parda", e outra parte, significativa embora menor, abdicou de se identificar como "branca", optando também pela identidade "parda". A migração de respostas das duas categorias polares para a categoria intermediária atesta o fracasso do projeto das elites imperiais, mas evidencia, igualmente, que o "branqueamento" não é a verdadeira dificuldade com que se defrontam as organizações do movimento negro empenhadas em conferir visibilidade aos negros.

Na acepção proposta pelo pensamento racial do século XIX, "pardo" era o produto da miscigenação entre as "raças" branca e negra. O argumento utilizado na hora do censo de 1890 para substituir o termo por "mestiço" foi que a categoria não se aplicava rigorosamente a produtos da miscigenação entre brancos e índios e entre negros e índios. O sucesso estatístico da categoria "pardos" na segunda metade do século XX não tem relação com o significado do termo ou com o sentido a ele atribuído originariamente. Ele reflete, tanto quanto as dezenas de expressões criativas dos entrevistados da PNAD de 1976, a precariedade das identidades raciais no Brasil e a valorização de uma identidade intermediária, que não é essencialmente racial. É inviável entender isso sem abordar o fracasso do projeto de "branqueamento" das elites imperiais, que desmoronou sob os golpes do pensamento antirracista de Gilberto Freyre.

A mestiçagem como solução

Arthur de Gobineau, um dos pais fundadores do "racismo científico", viveu no Brasil pouco menos de um ano, entre 1869 e 1870, a contragosto, como representante diplomático da França, e se tornou amigo de D. Pedro II. As teorias em voga na Europa sobre a hierarquia das raças enraizaram-se no Brasil com ele, no ocaso da escravidão e na hora do debate que preparou a imigração europeia em grande escala para o complexo cafeeiro paulista.

O instituto da escravidão fazia das teorias racistas um item supérfluo no Império do Brasil. A diferença entre as pessoas estava definida pela propriedade – em particular, pela propriedade de escravos. A distinção primária, entre homens livres e escravos, e a secundária, entre homens livres proprietários e não proprietários, eram suficientes para a ordem social vigente. Mas a aproximação do fim da escravidão recolocava, em novos termos, o problema da diferença, abrindo espaço para a difusão do "racismo científico".

O pensamento racial impulsionou, mais que qualquer outra coisa, o empreendimento de transferência em massa de imigrantes. Sob uma encomenda direta de D. Pedro II, Gobineau escreveu na Suécia, três anos depois de deixar o posto

146

no Rio de Janeiro, *L'Emigration au Brésil: l'Empire du Brésil à l'Exposition Universelle de Vienne*, um ensaio que se destinava a apresentar o Brasil como destino atraente para imigrantes escandinavos. A palavra chave é "escandinavos": o francês, alarmado com as labaredas ainda recentes da Comuna de Paris, não pensava apenas em brancos, mas especialmente em uma "gente forte, laboriosa e que em absoluto não tem ideias revolucionárias".[6]

O tema da miscigenação logo alçou-se a uma posição central no projeto civilizatório das elites brasileiras da transição entre os séculos XIX e XX. O médico e antropólogo Raimundo Nina Rodrigues, que se dedicou aos problemas da saúde pública e entregou-se a registros etnológicos da cultura negra, não admitia a miscigenação, pois as três "raças" componentes da população brasileiras estariam em fases diversas da evolução biológica. A mistura, argumentava, geraria indivíduos física e intelectualmente desequilibrados.

Euclides da Cunha qualificou o mestiço como "um forte", mas também o considerava "desequilibrado". A sua opinião, expressa em *Os sertões*, de 1902, coincide com a de Nina Rodrigues:

> A mestiçagem extremada é um retrocesso. O indo-europeu, o negro e o brasílio-guarani ou o tapuia exprimem estádios evolutivos que se fronteiam, e o cruzamento, sobre obliterar as qualidades preeminentes do primeiro, é um estimulante à revivescência dos atributos primitivos dos últimos.[7]

A degeneração pela miscigenação é um dos núcleos argumentativos de *Retrato do Brasil*, a grande obra de Paulo Prado, publicada em 1928, que define a tristeza como a marca singular do caráter nacional. O "povo triste" de Prado emanou da "luxúria" inaugural, ou seja, das "uniões de pura animalidade" entre colonos lascivos e índias sensuais, primeiro, e depois entre os mesmos colonos e negras africanas de uma "passividade infantil".[8]

Se, em Prado, a mestiçagem constituía um pecado original irremediável, para muitos representava uma dificuldade prática, de distinção no cotidiano. Em meados da década de 1930, o médico e antropólogo José Bastos de Ávila, alto-funcionário do Instituto de Pesquisas Educacionais do Rio de Janeiro, na tentativa de solucionar o problema premente de identificar os alunos negros e brancos, sugeriu que se utilizasse o índice de Lapicque. Inventado pelo francês Louis Lapicque em 1906, o tal índice fornecia uma razão entre o comprimento dos braços e o tamanho de outras partes do corpo e propiciaria uma classificação racial indubitável. Entretanto, ainda que parecesse bem mais "científico" que comparar o tipo de cabelo ou o formato do nariz e dos lábios, o índice fracassou clamorosamente em testes efetuados pelo próprio Bastos de Ávila com centenas de crianças.[9]

Uma gota de sangue

O predomínio do "racismo científico" era amplo, mas não absoluto. O médico e psiquiatra Juliano Moreira, negro baiano de família pobre e diretor do Hospital Nacional de Alienados entre 1903 e 1930, contrapôs-se aos pontos de vista então hegemônicos, que associavam a "degeneração" à constituição racial. Ele relacionou a primeira a fatores como as condições educacionais e sanitárias, o alcoolismo e a sífilis, apontando caminhos para um pensamento psiquiátrico livre do preconceito de raça.[10] Moreira participava do movimento sanitarista, que teve entre seus expoentes Roquette-Pinto, um pioneiro da etnografia sertaneja e crítico implacável da noção de que os problemas do país decorriam de causas raciais. No rastro do movimento sanitarista, Monteiro Lobato reinventou o Jeca Tatu, que surgiu como metáfora do mestiço rural intrinsecamente doente, mas que se converteu numa vítima das carências brasileiras nos campos da saúde e da educação.[11]

Manoel Bomfim, também ele médico, mas dedicado principalmente à defesa da educação popular, foi um dos pioneiros da crítica ao pensamento racial. No *América Latina: males de origem*, de 1905, escrito na França sob a influência da leitura de obras do liberal Walter Bagehot, ele denunciou o "racismo científico" como "um sofisma abjeto do egoísmo, hipocritamente mascarado de ciência barata, e covardemente aplicado à exploração dos fracos pelos fortes".[12] Tais palavras valeram-lhe uma rumorosa polêmica com Sílvio Romero, um arauto convicto do projeto de "branqueamento" e um dos intelectuais de maior prestígio da época.

A antropologia de Franz Boas repercutiu cedo no Brasil, trincando o dogma racial. O pensamento de Boas, bem como das teses do geógrafo Friedrich Ratzel, encontram-se em O *problema nacional brasileiro*, do republicano Alberto Torres. A coletânea, com artigos publicados no *Jornal do Commercio* em 1912 e um discurso proferido no Instituto Histórico e Geográfico Brasileiro (IHGB), trazia a seguinte passagem:

> A ideia de "raça" é uma das mais abusivamente empregadas entre nós. [...] O número de raças puras é limitadíssimo, sendo poucos, em nossos dias, os exemplares de verdadeiros espécimes de raças, virgens de mescla. [...] O homem moderno resulta, muito mais diretamente, do meio que habita e, principalmente, da sociedade que o cerca, que dos impulsos congênitos de sua estirpe. [...] Brasileiros, o nosso afeto patriótico deve abranger, numa igual e completa cordialidade, os descendentes dos portugueses, dos negros, dos índios, dos italianos, dos espanhóis, dos eslavos, de alemães, de todos os outros povos que formam a nossa nação. Fora destes, não temos que reconhecer senão homens, senão semelhantes, seres da mesma natureza e do mesmo espírito, para quem o nosso país sempre teve abertas [...] casas e almas.[13]

Gilberto Freyre tinha, portanto, algo como uma tradição antirracista que o precedia. Contudo, a sua obra foi bem mais adiante e desempenhou uma função

148

identitária singular. Por meio dela, o Brasil transitou de um paradigma a outro, virando uma página de sua história intelectual. A transição, bem como a dívida do sociólogo pernambucano para com os sanitaristas, encontra-se estampada no prefácio à primeira edição de *Casa-grande e senzala*:

> Vi uma vez, depois de mais de três anos maciços de ausência do Brasil, um bando de marinheiros nacionais – mulatos e cafuzos – descendo não me lembro se do São Paulo ou do Minas pela neve mole de Brooklyn. Deram-me a impressão de caricaturas de homens. E veio-me à lembrança a frase de um livro de viajante americano que acabava de ler sobre o Brasil: *the fearfully mongrel aspect of most of the population.* A miscigenação resultava naquilo. Faltou-me quem me dissesse então, como em 1929 Roquette-Pinto aos arianistas do Congresso Brasileiro de Eugenia, que não eram simplesmente mulatos ou cafuzos os indivíduos que eu julgava representarem o Brasil, mas cafuzos e mulatos doentes.[14]

Logo depois dessa passagem, Freyre atribui a Franz Boas a sua compreensão de que não havia nenhum problema intrínseco com os mulatos e cafuzos. Na biblioteca de Freyre, no bairro recifense de Apipucos, estão os retratos do historiador e diplomata Manuel de Oliveira Lima e de Boas. No início dos anos 1920, sob a influência de Oliveira Lima, Freyre acompanhou os cursos de Boas na Universidade Colúmbia. O contato foi mantido através de um colega alemão, Rüdiger Bilden, que viajou ao Brasil como bolsista, em 1926. Boas ensinou Freyre a distinguir raça de cultura.

O aprendizado foi difícil e tortuoso. Quando estudante do antropólogo americano, Freyre escreveu a Oliveira Lima sugerindo-lhe a leitura do eugenista Madison Grant, o desafeto de Boas que ajudou a redigir a lei antimiscigenação da Virgínia. Por aqueles anos, o jovem estudante alinhava-se à ideia de "branqueamento" e sua tese de mestrado não faz menção a Boas. De acordo com Pallares-Burke, em *Um vitoriano nos trópicos*, a virada ocorreu durante a breve passagem de Freyre pela Universidade de Oxford, entre 1922 e 1923, quando ele entrou em contato com a obra de Chesterton e com um livro do grego-irlandês Patrick Lafcadio Hearn sobre a mestiçagem no Caribe francês.

Roquette-Pinto e Bilden concluíram o reencontro intelectual de Freyre com Boas. Lendo as obras do brasileiro, no final dos anos 1920, o pernambucano rompeu definitivamente com as ideias de Grant. Lendo artigos do alemão, na mesma época, ele identificou as chaves teóricas para uma interpretação da sociedade brasileira. *Casa-grande e senzala* é o fruto desse longo aprendizado – e uma ferramenta sem igual na difusão da antropologia antirracista no Brasil.

O caminho tem dupla mão. No seu *The Anthropology of Modern Life*, de 1930, Boas escreveu, atribuindo a interpretação a um informe de Bilden:

149

A percepção de raça entre brancos, negros e índios no Brasil parece ser completamente diferente da forma como nós a percebemos. No litoral há uma abundante população de negros. A mestiçagem de índios é também muito marcante. A discriminação entre essas três raças é muito menor do que entre nós, e os obstáculos sociais para a mestiçagem ou para o avanço social não são notáveis.[15]

Este é justamente o tema de fundo de *Casa-grande e senzala*. Freyre jamais ocultou a violência da escravidão, uma acusação que começaria a ser dirigida contra ele no pós-guerra. Na sua primeira obra clássica, expôs em minúcias os sofrimentos a que eram submetidos os escravos, mas, sobretudo, rompeu com o "racismo científico" e seu paradigma da superioridade racial dos brancos. Publicada em 1933, na hora da ascensão de Hitler ao poder, *Casa-grande e senzala* sinalizava a divergência entre o Brasil e o racismo predominante no Ocidente da primeira metade do século XX.

Não é que Freyre rejeitasse a existência mesma de raças humanas. Como quase todos, na sua época, imaginava que as raças eram um fato biológico. Entretanto, não aceitava a noção de uma hierarquia racial e, principalmente, recusava a ideia de que as raças deveriam naturalmente permanecer separadas. O Brasil de Freyre gira quase sempre em torno das relações entre os proprietários brancos "polígamos" e um conjunto heterogêneo formado não só pelos escravos das senzalas como também pelos agregados que viviam como "vassalos" das casas-grande. Com o tempo, o sociólogo apurou suas observações da miscigenação e reconheceu tanto a forte presença de escravos alforriados quanto o peso predominante das mulheres entre os libertos. Na evolução de seu pensamento, de *Casa-grande e senzala* a *Novo mundo nos trópicos*, publicado em 1971, compreendeu que a mestiçagem realizou-se mais amplamente no universo dos homens e mulheres livres. Como sintetizou o historiador Manolo Florentino, numa frase certeira: "Resultamos do encontro de pobres amantes".[16]

O sexo tem um lugar destacado na obra clássica de Freyre, mas é um equívoco corriqueiro e politicamente interessado interpretá-la como o elogio da miscigenação biológica. Em *Casa-grande e senzala*, a mestiçagem emerge como fenômeno histórico e cultural de múltiplos sentidos. A passagem decisiva é:

> Todo brasileiro, mesmo o alvo, de cabelo louro, traz na alma, quando não na alma e no corpo [...] a sombra, ou pelo menos a pinta, do indígena ou do negro. [...] Na ternura, na mímica excessiva, no catolicismo em que se deliciam nossos sentidos, na música, no andar, na fala, no canto de ninar menino pequeno, em tudo que é expressão sincera de vida, trazemos quase todos a marca da influência negra.[17]

Para Freyre, as culturas dos diferentes componentes da nação brasileira existem em cada um dos brasileiros – e, nesse sentido, ele expressou na linguagem da Sociologia o ideal modernista de nação.

Apesar de seu pioneirismo sociológico, Freyre fazia parte de um movimento maior de revisão e reinvenção nacionais. Só cinco anos separam *Casa-grande e senzala* da publicação de *Macunaíma*, que a precedeu e introduziu um herói transracial no imaginário do país – e não é fortuito que Manuel Bandeira celebrasse a obra freyreana com um poema de 1948 no qual ironizava a "mania ariana" de Oliveira Viana.

Na história intelectual do Brasil, existe o antes e o depois de *Casa-grande e senzala*. A sua revolução conceitual propiciou a superação da imagem do país elaborada pelas elites imperiais, que enxergavam na população negra o obstáculo principal para a construção de uma civilização moderna nos trópicos. A senda conceitual aberta pela sociologia freyreana inspirou historiadores e cientistas sociais, trazendo à superfície uma paisagem de objetos de estudo que estava enterrada sob os detritos do pensamento racial. Um só exemplo, pleno de significados: em *O medo do feitiço*, uma investigação da perseguição judicial contra as religiões mediúnicas, a antropóloga Yvonne Maggie evidenciou que os juízes e advogados envolvidos nos processos contra praticantes do candomblé compartilhavam a crença na magia, que afeta pessoas de todas as cores, classes sociais e denominações religiosas no Brasil.

O mestiço nos EUA e no Brasil

Casa-grande e senzala apareceu menos de uma década depois da Lei de Integridade Racial da Virgínia, a síntese mais acabada das leis antimiscigenação aplicadas nos EUA. A divergência não era, exclusivamente, entre Brasil e EUA: o projeto da mestiçagem circulava na América Latina desde 1925, ano da publicação de *La raza cósmica*, do intelectual e político mexicano José Vasconcelos.

Vasconcelos ocupa um lugar destacado entre os visionários realistas e ambiciosos do período ainda tumultuoso no qual a poeira da Revolução Mexicana sedimentava-se num regime burocrático e semiautoritário. Nacionalista e ardente defensor da aliança geopolítica entre as nações latino-americanas, Vasconcelos dirigiu a Universidade Nacional do México, serviu como ministro da Educação do governo de Álvaro Obregón, na primeira metade da década de 1920, e candidatou-se a presidente em 1929. Mais tarde, levado por uma combinação de antiamericanismo e antissemitismo, converteu-se em um admirador de Hitler e do racismo nazista.

La raza cósmica é de um período anterior, menos sombrio, de seu pensamento – e sofreu influência direta da experiência do autor no Brasil. Em 1922, como enviado diplomático extraordinário do México, Vasconcelos percorreu vários países da América do Sul e participou das comemorações do centenário da independência brasileira. A sua obra narra as impressões dessa viagem, profetiza a grandeza da América Latina, que seria modernizada pela ciência e geraria uma refinada civilização, e anuncia o advento da "quinta raça". Aquela "raça cósmica" embrionária constituía-se pela mistura racial ibero-americana.

A concepção histórica de Vasconcelos estava atravessada pela ideia de um conflito entre as civilizações anglo-saxônica e ibérica. A queda e a humilhação ibéricas eram frutos da desunião entre as nações de tal origem, que ele contrastava com a aliança geopolítica das nações anglo-saxônicas. A restauração da grandeza perdida depois da epopeia das Grandes Navegações não se faria a partir da Espanha, mas do Novo Mundo. O fundamento dessa restauração – "nossa missão étnica" – encontrava-se na união de todas as "estirpes" da América Latina, por meio da mestiçagem.

A mestiçagem em Vasconcelos é uma ferramenta quase mística de sua ideologia antiamericana – ou, mais precisamente, antianglo-saxônica. Gilberto Freyre não acalentava nada parecido com essa ideologia e não vislumbrava no horizonte nenhuma "missão étnica". Entretanto, também para ele, a mestiçagem continha um valor espiritual positivo. Nos EUA, pelo contrário, miscigenação significava degeneração, contaminação racial. A lei da Virgínia de 1924 sedimentou, na política e na legislação, a ideia de pureza racial. Nela se condensou um interdito que, embora em crise, segue vigente: nos EUA, o mestiço não tem o direito de existir.

O princípio da separação entre as raças predominou, de modo geral, na expansão imperial anglo-saxônica. O fato biológico da miscigenação ocorreu, é claro, em maior ou menor escala, em todos os lugares, mas ele não foi incorporado à esfera identitária. Na África do Sul, em virtude da história singular da região do Cabo, uma categoria inteira de mestiços – os *coloured* – alcançou estatuto legal. Entretanto, a exceção confirma a regra: a legalização dos *coloured* servia para circundar a mestiçagem por um anel de ferro, prendendo-a na redoma da excepcionalidade.

Nos EUA, ocorreram amplas miscigenações. Contudo, negou-se até mesmo uma admissão periférica da presença de mestiços. O termo miscigenação (*miscegenation*), com o sentido agourento de mistura equivocada, foi introduzido na língua inglesa por americanos em 1863, durante a Guerra Civil, um evento que trazia a perspectiva da abolição da escravidão e, com ela, o espectro do aumento das uniões inter-raciais. Antes da guerra, os raros abolicionistas que enxergavam na mistura de "raças" uma meta positiva usavam a palavra amalgamação (*amalgamation*).

Os inventores de *miscegenation* foram dois jornalistas defensores da escravidão, no curso de um golpe baixo eleitoral desenhado para sabotar a reeleição de Abraham Lincoln. A dupla utilizou a palavra como título de um panfleto falsamente atribuído aos abolicionistas, a fim de associar o Partido Republicano àquela ideia impopular. Durante a campanha, que culminaria com a vitória de Lincoln, os republicanos efetivamente acreditaram no embuste, o que provocou rusgas entre a direção do Partido e a ala minoritária de radicais abolicionistas.[18]

Os censos americanos chegaram a incluir a categoria *mullato*, mas ela foi abandonada depois de 1920, quando a regra da gota de sangue única generalizou-se nas leis e nas consciências. Leis antimiscigenação existiram nas colônias do Sul desde o século XVII, com a função principal de regulamentar as heranças. Tais leis, restauradas após o fim da Reconstrução, tornavam bastardos os filhos de uniões entre brancos e negros, cancelando seus direitos de herança. "Por isso, as dinâmicas de formação racial e as dinâmicas de formação de classe foram, nesse mais crucial dos casos americanos, basicamente as mesmas."[19]

O modelo racial bipolar dos EUA converte os mestiços de uniões entre brancos e negros em negros. Entre seus efeitos mais notáveis está o fenômeno do *passing*, uma estratégia de reinvenção identitária pela qual um indivíduo se "faz passar" por integrante de um grupo social no qual não seria normalmente admitido. Como regra, no *passing* racial americano, um mestiço, socialmente classificado como negro, refaz a sua identidade como branco. Um exemplo histórico marcante é o de Walter Francis White, chefe-executivo da NAACP entre 1929 e 1955, um mestiço com 27 ancestrais de quarta geração brancos e cinco negros, mas definido como negro pela regra da gota de sangue única. Loiro, de olhos azuis e pele clara, White passou-se por branco durante suas investigações de linchamentos cometidos no Sul contra negros.

White fez o *passing* por razões de segurança, no curso de uma ação política. Mas, de modo geral, a estratégia era usada como forma de integração social, profissional e pessoal ao grupo dominante. Este foi o caso de muitos *créoles* de classe média de Nova Orleans, atingidos pelo aumento da segregação no final do século XIX. Um deles, o destacado cartunista George Herriman, cujos pais foram classificados como *mulattos* no censo de 1880, mudou-se com a família para Los Angeles, onde passou-se por branco de ascendência grega. Para esconder seu cabelo, Herriman não tirava o chapéu em público. Outro célebre *créole* de Nova Orleans que fez o *passing* foi Anatole Broyard, crítico literário do *The New York Times* em meados do século XX, retratado numa biografia escrita por sua filha Bliss e provável fonte de inspiração para o personagem Coleman Silk, de Philip Roth, em *A marca humana*.

O *passing* podia ser uma aventura efêmera, como a de tantos mestiços que se passavam por brancos para frequentar restaurantes segregados, ou durar muitos anos, até mesmo uma vida inteira. Transferir-se para outra cidade, romper com velhos amigos e conhecidos, substituir o nome, destruir documentos pessoais, ocultar dos filhos, temporária ou permanentemente, a verdadeira história familiar eram táticas utilizadas por muitos *passers*. Não existem, naturalmente, estimativas demográficas precisas sobre o fenômeno. Quando dirigia a NAACP, White afirmou que "aproximadamente 12 mil negros de pele clara desaparecem" a cada ano no

Uma gota de sangue

universo branco. No pós-guerra, uma estimativa acadêmica colocou o número anual de *passers* na faixa de 2,5 mil a 2.750 e o total de "brancos negros" nos EUA em cerca de 110 mil.[20]

Paralelamente ao *passing* na vida real, desenvolveu-se nos EUA uma tradição literária singular que o tematiza. Um dos primeiros romances nessa linha é *Clotel, or the President's Daughter*, de William Wells Brown, publicado em 1853, que ficcionaliza a vida de uma suposta filha de Thomas Jefferson com a jovem escrava Sally Hemings, ela própria uma mestiça. De fato, segundo algumas narrativas verossímeis, Jefferson teve vários filhos bastardos com Hemings, entre os quais as meninas Beverly e Harriet, que se fizeram passar por brancas na década de 1820 a fim de escapar à escravidão.[21] Mas a explosão, tanto do *passing* quanto das tramas literárias nele apoiadas, deu-se na passagem do século XIX para o XX, acompanhando as leis antimiscigenação e a difusão de organizações da Ku Klux Klan.*

Frances Harper, negra, abolicionista, poeta e jornalista, escreveu em 1892 *Iola Leroy*, um romance que condenava a estratégia do *passing*. O mestiço Charles W. Chesnutt retratou o *passing* com delicadeza e empatia no *The House Behind the Cedars*, de 1900. Em 1929 apareceu *Passing* de Nella Larsen, uma talentosa escritora mestiça do movimento da Renascença do Harlem. Alguns anos depois, surgiu o célebre folhetim *Imitation of Life*, de Fannie Hurst, adaptado duas vezes para o cinema.

Num país que continua a identificar meticulosamente a "raça" de seus cidadãos, o *passing* segue funcionando como estratégia identitária. De acordo com uma análise extrapolatória a partir de dados do censo de 2000, entre 35 mil e 50 mil jovens adultos previamente identificados por seus pais como negros redefinem-se anualmente como brancos ou hispânicos. Na direção oposta, em virtude das políticas de discriminação reversa, há casos registrados de brancos que se passam por negros. Um deles, que chegou aos tribunais, é o dos irmãos Paul e Philip Malone.

Os Malone identificaram-se como brancos ao se candidatarem a empregos de bombeiros em Boston, em 1975, mas foram rejeitados. Dois anos mais tarde, quando o Departamento de Bombeiros da cidade aplicava um programa de ação afirmativa imposto judicialmente, reapresentaram-se na qualidade de negros e foram admitidos. Uma década depois, por ocasião de uma promoção, alguém os denunciou como impostores raciais. No fim de uma batalha judicial, a Corte Suprema de Massachusetts passou um veredito contrário aos irmãos. O veredito condenou-os,

---

* A primeira Ku Klux Klan foi formada no Tennessee, em 1865, por veteranos das forças confederadas e inspirou movimentos similares em outros estados do Sul, mas a Reconstrução a suprimiu anos depois. Em 1915, surgiu a segunda Ku Klux Klan, com vastas ramificações geográficas, que perduraram até a Segunda Guerra Mundial.

contudo, não por escolherem identificar-se como negros, mas devido a evidências de que teriam agido de má-fé. Num artigo, publicado no curso da polêmica, emergiu uma proposta que tende a acompanhar as políticas de discriminação reversa. O autor defendeu a introdução, nas certidões de nascimento, de uma identificação racial baseada na "raça" dos pais, e escreveu: "Aqueles que alegam falsamente sua raça devem ser [...] objeto de penalidades criminais."[22]

A amplitude biológica das miscigenações no Brasil foi nitidamente intuída por sociólogos e historiadores, desde o início do século XX, mas apenas há poucas décadas as ferramentas da genética molecular e da genética de populações ofereceram um delineamento mais preciso do fenômeno, em termos demográficos. Uma pesquisa que logo se tornou célebre, conduzida pelo geneticista Sérgio D. J. Pena, da Universidade Federal de Minas Gerais, investigou uma amostra representativa da população classificada censitariamente como "branca". Como era de se esperar, encontrou-se uma larga maioria de linhagens paternas de origem europeia, mas uma distribuição de linhagens maternas bem mais uniforme: 33% ameríndias, 28% africanas e 39% europeias.

Nas palavras de Pena: "Os resultados obtidos demonstram que a imensa maioria (provavelmente mais de 90%) das patrilinhagens dos brancos brasileiros é de origem europeia, enquanto a maioria (aproximadamente 60%) das matrilinhagens é de origem ameríndia ou africana."[23] Na mesma direção, extrapolando a partir das informações censitárias, o geneticista estimou que, entre os 90,6 milhões de brasileiros classificados como "brancos" em 2000, existiam cerca de 30 milhões de descendentes de africanos e um número mais ou menos equivalente de descendentes de ameríndios, ao menos pelo lado materno.[24]

Não existe em português um equivalente do termo *passing*. O Brasil não conheceu leis antimiscigenação nem a regra da gota de sangue única, complemento indispensável daquelas leis. A realidade da miscigenação refletiu-se na incorporação do mestiço ao imaginário nacional, um processo que tem como marco o período de transição política e intelectual compreendido entre a Semana de Arte Moderna de 1922 e a publicação de *Casa-grande e senzala*.

Nina Rodrigues já protestava contra a repressão aos candomblés, mas foi com o modernismo que os intelectuais voltaram-se para a religião de raízes africanas reelaborada pelos escravos no Brasil. Iniciava-se ali uma trajetória que culminaria com a transformação do culto dos orixás em um fenômeno multinacional da cultura de massas. Entretanto, a novidade dos anos 1920 consistiu na irrupção da umbanda, a partir de um pequeno grupo de espíritas de classe média no Rio de Janeiro. A nova religião sincrética, que associou santos católicos e orixás na moldura do kardecismo francês, descartava a "magia negra" do candomblé e os rituais de sacrifício de animais.

Uma interpretação purista, adotada pelos racialistas, enxergou na umbanda unicamente a desfiguração e o "branqueamento" dos cultos africanos. Contudo, essa visão é cega para o horizonte maior de mudança no panorama religioso brasileiro, que desgastava o catolicismo tradicional e introduzia um *continuum* mediúnico" entre os polos extremos do kardecismo e do candomblé. Como explica o sociólogo Antonio Risério, é mais apropriado reconhecer a umbanda como uma fusão modernista do espiritismo "no fogo dos terreiros de macumba".[25]

Nos amplos domínios da cultura, a conversão da mestiçagem em traço definidor da nacionalidade teve variadas repercussões. O samba articulou-se como gênero musical no início do século XX no Rio de Janeiro, e a Deixa Falar, escola de samba pioneira, foi fundada no morro do Estácio por Ismael Silva, em 1928. Anos depois, o jornal *Mundo Sportivo* patrocinou o desfile inaugural de escolas de samba. O futebol converteu-se em esporte nacional de massas nos anos 1920 e, em 1923, o Vasco da Gama tornou-se o primeiro clube brasileiro a admitir negros em sua equipe. Em 1929, Nossa Senhora da Conceição Aparecida, uma santa "mestiça como os brasileiros", foi elevada à padroeira do Brasil.[26]

A mudança expressou-se sob as mais diversas formas. A feijoada, tida erroneamente como uma invenção original dos escravos, transformou-se em prato nacional. A capoeira, esta sim nascida entre os escravos, incessantemente reprimida desde o final do século XVIII e inscrita como crime no Código Penal republicano de 1890, ganhou um Código Desportivo em 1928, uma academia oficial quatro anos depois e foi oficializada como modalidade esportiva nacional em 1937. No quadro do Estado Novo, os terreiros de candomblé e umbanda foram colocados a salvo de incursões policiais. Três décadas mais tarde, as divindades do candomblé incorporaram-se à música popular e à mídia eletrônica nacional.

O presidente Getúlio Vargas, mais nitidamente durante a ditadura estadonovista, esforçou-se para traduzir a mestiçagem na linguagem da ideologia oficial. Escolas de samba e desfiles de carnaval começaram a ser subvencionados com verbas públicas em 1935, quando o samba passava a ser exaltado como canção nacional. Em 1939, criou-se o Dia da Raça, em 30 de maio, uma data cívica destinada à celebração da harmonia social brasileira. A crítica a *Casa-grande e senzala*, formulada no pós-guerra, apresentou a reconstrução da identidade nacional ao redor da ideia de mestiçagem como um fruto do nacionalismo de Estado, ocultando que esse processo não só antecede tanto a chegada de Vargas ao poder quanto a publicação da obra de Freyre como assinala uma ruptura de fundo com os dogmas raciais da época.

De acordo com o dicionário, "pardo" significa, entre outras possibilidades, "branco sujo, duvidoso". No curso de um estudo sobre identidades raciais e a imposição de categorias censitárias na América Latina, pesquisadores americanos experimentaram substituir "pardo" pela opção "moreno". Num questionário, aplicado entre residentes de Rio das Contas, na Chapada Diamantina, a alternativa foi escolhida não só pelos autodeclarados "pardos" como por quase metade dos que se identificavam "brancos" e por metade dos que se definiam "pretos".[27] Poucos anos depois da publicação da pesquisa, organizações do movimento negro no Brasil engajaram-se na promoção das ideias de que "pardos" e "pretos" devem ser classificados como "negros" e de que os "negros" devem se enxergar como "afrodescendentes".

Freyre no Pelourinho

Florestan Fernandes acreditava que o intelectual tem um papel a desempenhar na transformação social e sempre se considerou mais um militante político marxista que um acadêmico. Contudo, na sua sociologia, foi eclético e procurou o rigor, explicando que o intelectual não produz a realidade em que vive e, quando muito, ajuda a compreendê-la. A avaliação tem sentido, é claro, mas também embaça um pouco o olhar, pois o intelectual efetivamente cria realidades.

A tese de cátedra em Sociologia de Florestan, defendida em 1964, foi publicada sob o título *A integração do negro na sociedade de classes*. O "negro" emergia como um grupo social objetivo e a missão sociológica consistia em explicar as formas pelas quais a moenda do capitalismo o "integrava" à "sociedade de classes". O trabalho iniciara-se no começo da década anterior, a partir de um projeto de pesquisa financiado pela Unesco. Desde a declaração antirracista de 1950, a agência da ONU pretendia usar o Brasil como ilustração de uma sociedade na qual as tensões raciais haviam sido bastante amenizadas. Além de Florestan, cientistas sociais como Roger Bastide, Thales de Azevedo, Luís Costa Pinto e Oracy Nogueira envolveram-se no projeto.

Na perspetiva da sociologia histórica de Florestan, uma chave de explicação do Brasil encontrava-se na ideia de modernização incompleta, ou seja, de permanência de traços estruturais da antiga ordem na nova ordem. Esta linha de abordagem o conduziu a enxergar o "negro" como o antigo escravo, um olhar que ressalta a exclusão econômica e o preconceito social, mas não atenta para a construção política de uma identidade racial. Tudo se passa, na sua obra, como se o "negro" fosse uma entidade prévia, um dado incontestável da realidade – ao contrário do mestiço que, este sim, seria unicamente uma construção ideológica.

A obra de Florestan procurava incorporar o "negro" numa análise marxista da sociedade de classes brasileira. A desigualdade social era seu foco e ele evidenciou que a abolição da escravidão, tal como se deu no país, relegou largamente a massa de antigos escravos ao ostracismo. Ao mesmo tempo, numa linha de raciocínio descolada do argumento principal, postulou que o Brasil distingue-se por uma forma particular de racismo, que se oculta e se nega, mas continua a discriminar. A ideia se converteria, no discurso paradoxal de diversas organizações do movimento negro, num expediente para sustentar a afirmação de que o racismo à brasileira é equivante – ou, na verdade, pior – que o racismo à americana, com todo o seu cortejo de leis de segregação.

Casa-grande e senzala e *A integração do negro na sociedade de classes* ocupam dois pontos distintos na trajetória das tentativas de interpretação da formação da sociedade brasileira – e parece razoável examinar tanto Freyre quanto Florestan como intérpretes que refletem as encruzilhadas de seus próprios tempos. Mas, no contexto da emergência das políticas racialistas, o primeiro tornou-se um alvo e o segundo, o arqueiro infalível. Os arautos das novas políticas, oriundas dos EUA, pintaram o sociólogo pernambucano como porta-voz de uma reação conservadora e se apropriaram das obras do paulista para sustentar iniciativas radicalmente divergentes de seu credo revolucionário.

A publicação da obra de Florestan inaugurou uma etapa de revisão ideológica implacável de *Casa-grande e senzala*, na qual se perdeu de vista a diferença entre a mestiçagem e a ideologia da harmonia social. A confusão teórica repercutiu até na escritura de uma analista sofisticada como Lilia Schwarcz, que, embora reconhecendo a dupla realidade da mestiçagem e de "um racismo invisível", viu em Freyre o intelectual "que construiu o mito" e em Fernandes aquele "que o desconstruiu".[28] Assim, por meio de um expediente puramente retórico, o projeto identitário da mestiçagem convertia-se em "mito", enquanto um outro projeto identitário – o da raça – alcançava o estatuto de realidade.

Na declaração de 1950 da Unesco, estava escrito que o Brasil "sofre menos do que outras nações os efeitos" do preconceito de raça, e, por isso, era preciso compreender as razões da "harmonia que existe no Brasil". Mesmo reconhecendo a presença da discriminação racial no Brasil, os brasilianistas de meados do século XX, como Donald Pierson e Charles Wagley, contrastavam o panorama americano, caracterizado por notável mobilidade de classes e "barreiras impenetráveis no sistema de raças", com o brasileiro, marcado por "óbvias distâncias entre as classes sociais", mas com difusas fronteiras raciais.[29] Entretanto, no Brasil, começava a tomar corpo um diagnóstico sociológico fundamentalmente diferente.

O contraste entre os dois países era óbvio demais para ser ignorado, mas os sociólogos do pós-guerra estavam propensos a bombardear Freyre e a mestiçagem, que lhes pareciam representações de uma ordem social injusta. A ofensiva se deu por meio da importação das categorias raciais bipolares americanas. O pulo do gato foi realizado por Oracy Nogueira, um ex-aluno de Pierson filiado ao Partido Comunista, num ensaio apresentado ao Congresso Internacional dos Americanistas, em 1954, em São Paulo.

Oracy distinguiu os preconceitos raciais "de origem", no panorama americano, e "de marca", no brasileiro. O primeiro teria por referência a ancestralidade e materializava-se na regra da gota de sangue única. A referência do segundo, oculta e dissimulada, seria a aparência. Nos termos vigentes nos EUA, os mecanismos da segregação operavam abertamente, estabelecendo linhas rígidas de separação nos domínios da lei, das uniões e do espaço urbano. O racismo implícito brasileiro não gerava uma nítida segregação, mas estava sempre presente e se manifestava em situações-limite. Uma consequência crucial da distinção é que os negros americanos adquiriam consciência da opressão a que estavam submetidos, sendo levados a reagir e a reivindicar direitos; no Brasil, pelo contrário, o racismo sedimentava-se no âmago das relações sociais e era incorporado passivamente pelos negros.

Toda a verossímil construção de Oracy erguia-se sobre uma negação silenciosa da mestiçagem. O sociólogo só enxergava brancos e negros, nos EUA e no Brasil. A sua mensagem política é a de que o racismo brasileiro era mais pernicioso, pois tendia a adormecer os negros. No fundo, ele renunciava ao ideal de uma sociedade não racializada em nome de uma hipotética contribuição dos negros para a luta dos explorados contra a ordem capitalista. Para chegar à conclusão desejada, como notou Ali Kamel em *Não somos racistas*, Oracy circundava o fato de que nos EUA, como em qualquer lugar, a faísca deflagradora do preconceito racial só podia ser a aparência (a "marca") – de resto, algo evidenciado pela negativa através do fenômeno do *passing*.

Depois de Oracy, foi a vez de Fernando Henrique Cardoso utilizar-se das categorias importadas dos EUA para escrever *Cor e mobilidade social em Florianópolis* (1960) e *Capitalismo e escravidão no Brasil meridional* (1962). Como Florestan, Fernando Henrique movia-se em torno do binômio modernização/atraso e acentuava as repercussões excludentes da escravidão. Nos seus trabalhos de campo no sul do Brasil, ele não viu um gradiente de cores, mas negros e brancos. O olhar do intelectual é um sentido derivado da teoria: enxerga-se aquilo que os óculos conceituais propiciam ver.

A teoria dizia que a modernização capitalista tendia a gerar uma sociedade de classes, mas os arcaísmos sobreviviam como empecilhos e conservavam um padrão de desigualdades típico das sociedades de estamentos. Equivocadamente, o jovem sociólogo imaginava que o preconceito racial era uma herança da escravidão, não uma construção política e intelectual singular. Nessa linha, pensava que a abolição da escravidão havia reforçado o preconceito racial anterior, convertendo-o em instrumento de manutenção de uma superioridade dos brancos em relação aos negros. O preconceito, por sua vez, reiterava a exclusão social dos negros, impedindo ou retardando a plena incorporação desse grupo à sociedade de classes.

Kamel chamou a atenção para uma oscilação interna no pensamento de Fernando Henrique. Na estagnada economia de Florianópolis, na qual brancos e negros pobres experimentavam uma inserção similar no mundo do trabalho, o racismo funcionaria como "elemento compensatório" para assinalar a superioridade dos primeiros. Nas cidades mais dinâmicas, por outro lado, o racismo decorreria da superioridade econômica dos brancos e serviria para reforçar essa desigualdade real. "Ou seja, é como se não houvesse saída, já que situações opostas provocavam o mesmo resultado."[30]

Sem argumentos convincentes, Fernando Henrique descartou explicitamente a hipótese de que no Brasil predomina o preconceito de classe, não o de raça. Mas tanto ele quanto Florestan permaneciam fiéis à ideia de que a exclusão social dos negros derivava essencialmente de fatores histórico-econômicos: a escravidão e a forma com que se processou a abolição. Escrevendo bem mais tarde, o sociólogo Carlos Hasenbalg promoveu a ruptura com essa ideia.

Discriminação e desigualdades raciais no Brasil, originalmente uma tese defendida dos EUA, foi publicada em 1979. O trabalho de Hasenbalg, que nasceu no contexto da emergência do multiculturalismo americano, figura como primeiro estudo estatístico sofisticado das relações entre raça e pobreza. Basicamente, o empreendimento procurou mostrar que as desigualdades de renda e educacionais no Brasil relacionam-se mais com a cor da pele do que com as classes sociais. "Pobreza tem cor e raça" – o adágio de tantas organizações do movimento negro brasileiro originou-se daquela peça de uma Sociologia que se queria empírica.

Pouco havia de genuinamente empírico na obra de Hasenbalg. O espírito que o animava era a contrariedade com o "mito da mestiçagem", cujos efeitos serviriam para explicar a letargia política dos negros. Antes e depois, o sociólogo referiu-se a Freyre como o responsável pela criação "da mais formidável arma ideológica contra os ativistas antirracistas", que seria o conceito de democracia racial.[31] Entretanto, ao concluir que as desigualdades observadas entre "brancos" e "negros" não eram heranças da escravidão, mas frutos do preconceito e da discriminação, ele é quem esculpia uma formidável arma ideológica para as lideranças dispostas a aclimatar ao Brasil as políticas americanas de discriminação reversa.

De Florestan e Fernando Henrique a Carlos Hasenbalg processou-se uma transição de fundo. Para os primeiros, capitalismo e classes sociais eram as categorias decisivas, enquanto para o último o que existe, antes de tudo, são raças e discriminação. Ao longo dessa transição, consolidou-se uma taxonomia polar, de inspiração americana, como descrição sociológica do Brasil. A opção por essa taxonomia não deve ser entendida simplesmente como mimetismo, nem como pura aplicação de um método sociológico: Yvonne Maggie observou que, no *A integração do negro na sociedade de classes*, Florestan "utilizou os termos 'negro' e 'branco' segundo o desejo dos ativistas negros seus informantes".[32]

A ofensiva acadêmica de três décadas contra Freyre soterrou aquilo que ele efetivamente escreveu sob espessas camadas de interpretações utilitárias. A principal acusação, repetida como um mantra, adquiriu os contornos de uma verdade indiscutível: o pernambucano seria o criador ou, pelo menos, o principal divulgador do mito da "democracia racial". Não apenas os adversários ideológicos de Freyre, mas também analistas que reconhecem as qualidades singulares de sua sociologia acreditam sinceramente nisso. A expressão, contudo, não aparece nenhuma vez em *Casa-grande e senzala* e não ocupa lugar conceitual relevante no pensamento freyreano.

A fórmula "democracia social e étnica" encontra-se num texto de 1945 e a "democracia étnica" ressurge num prefácio de 1954, no qual Freyre defendia-se da alegação de que ocultava o racismo no Brasil e assinalava que seu diagnóstico emanava de uma comparação com as formas virulentas de preconceito vigentes em outros países. O primeiro ensaio em que aparece uma referência literal a "democracia racial" foi publicado num anuário britânico de 1949. Contudo, ali ele não afirmava a existência de uma "democracia racial", mas apenas a apontava como um ideal.

A "democracia racial" como meta desejável pontilha intervenções variadas de Freyre, mas não aparece – nem dessa forma – como conceito significativo em nenhuma de suas obras principais. Numa entrevista concedida em 1980, provocado pela entrevistadora, o sociólogo estendeu-se sobre o tema, caracterizando o Brasil como o país "onde há uma maior aproximação à democracia racial", para em seguida enfatizar a prevalência da pobreza entre os negros e relacioná-la à forma pela qual "o Brasil fez o seu festivo e retórico 13 de Maio". A conclusão: "Não há pura democracia no Brasil, nem racial, nem social, nem política [...]."[33]

A entrevista não teve nenhum efeito. Estava decidido que Freyre era o porta-bandeira de uma idílica democracia racial no país. E que era imperativo destruir esse "mito", a fim de erguer sobre as suas ruínas uma consciência de raça entre os negros brasileiros. Pouco antes da tradução da tese de Hasenbalg, apareceu *Preto no branco*, de Thomas Skidmore. Os brasilianistas de meados do século XX inspiravam-se no Brasil para criticar a segregação racial nos EUA. Skidmore inspirou-se nos EUA para atacar, com uma mistura de virulência e desinformação, a identidade nacional brasileira. A sociologia de Florestan e Fernando Henrique iluminava aspectos significativos das engrenagens sociais do Brasil. A historiografia de Skidmore iluminava apenas a força política emergente do multiculturalismo americano. Como

Uma gota de sangue

já se observou, nela transparecia, sobranceira, "a ideia de que seria intolerável que um país qualquer [...] pudesse se orgulhar de alguma forma de identidade que o tornasse superior aos EUA".[34]

Skidmore voltou suas baterias contra a mestiçagem, apresentando-a como a realização do fracassado projeto anterior de "branqueamento", e formulou uma curiosa comparação entre a situação dos negros do Brasil e dos EUA, concluindo que os primeiros encontravam-se em pior posição. As duas alegações do livro converteram-se, pouco tempo depois, em chaves discursivas de intelectuais e organizações do movimento negro brasileiro.

O fio de Durban

As intervenções de Skidmore e Hasenbalg situam-se no ponto de origem da importação acadêmica brasileira das categorias bipolares do multiculturalismo americano. Nas universidades do Rio de Janeiro e de São Paulo formavam-se centros de estudos de cultura afro-brasileira e introduziam-se os estudos de "relações raciais". Sob o influxo de financiamentos internacionais, canalizados em geral pelo escritório brasileiro da Fundação Ford, replicava-se o modelo de militância racialista dos EUA. As portas do Estado começaram a se abrir a esses grupos em 1984, quando o governador de São Paulo, Franco Montoro, criou um Conselho de Participação e Desenvolvimento da Comunidade Negra, iniciativa logo imitada por outros estados e diversos municípios.

Universidade, ONGs, poder público. A tríade da nova militância adquiriu um formato mais completo em 1988, com a instituição, pelo presidente José Sarney, de uma Assessoria para Assuntos Afro-Brasileiros no âmbito do Ministério da Cultura. No discurso de inauguração de seu primeiro governo, em 1995, Fernando Henrique Cardoso (FHC) mencionou a relevância da questão racial e, em 20 de novembro daquele ano tricentenário da morte de Zumbi dos Palmares, criou um Grupo de Trabalho Interministerial (GTI) de Valorização da População Negra. O Grupo de Trabalho abrangia oito "representantes da sociedade civil", que eram representantes de organizações do movimento negro.

As políticas federais de ação afirmativa com conteúdo racial iniciaram-se com o Programa Nacional de Direitos Humanos (PNDH I) lançado por FHC em 13 de maio de 1996. Ao lado de ações de combate ao racismo, o PNDH I propunha-se a incentivar a criação de conselhos da comunidade negra nos estados e municípios, apoiar ações de "discriminação positiva" de empresas privadas e desenvolver ações afirmativas para acesso de negros a cursos profissionalizantes e universitários. Nos seus pronunciamentos presidenciais, FHC oscilou sempre entre o reconhecimento do valor da mestiçagem e a sugestão de que a cor da pele divide a nação em dois conjuntos polares. Em virtude dessa oscilação, as iniciativas de discriminação reversa não prosperaram naquele momento. Mas elas apontavam um caminho, que seria seguido.

No PNDH I, encontrava-se um item de amplas repercussões, cuja relevância tardou um pouco a ser percebida. Era a seguinte ordem, vestida em linguagem burocrática corriqueira: "Determinar ao IBGE a adoção do critério de se considerar os mulatos, os pardos e os pretos como integrantes do contingente da população negra."[35] Por meio dela, sem mais nem menos, cancelava-se para efeitos oficiais a mensagem identitária enviada pelos cidadãos na hora dos censos.

O sociólogo feito presidente, usando algo menos que um decreto, assinava o termo de execução simbólica de Gilberto Freyre. Daquele momento em diante, se a vontade do governo tivesse livre curso, o Brasil estatal deixaria de reconhecer a realidade social da mestiçagem. Este elemento crucial do PNDH I não foi aplicado em virtude de resistências internas do IBGE. No Instituto encarregado das estatísticas públicas, uniram-se aqueles que queriam preservar um componente central da identidade brasileira com os que simplesmente reagiam a uma ameaça de ruptura de longas séries históricas.

No discurso de instalação do GTI de 1996, FHC dissera que o Estado não toleraria nenhuma forma de racismo, "nem mesmo o racismo para valorizar a raça que está sendo discriminada, porque isso resulta também numa coisa negativa".[36] Havia uma tensão entre as diretrizes presidenciais e a linha política das organizações do movimento negro incorporadas às iniciativas do PNDH I. A tensão atingiu seu ponto mais alto na Conferência de Durban. No encontro da ONU, as posições do governo brasileiro não coincidiam com as propostas inscritas no relatório oficial da delegação brasileira, que se concentravam em políticas de discriminação reversa. O PNDH II e o Programa Nacional de Ações Afirmativas, lançados em 13 de maio de 2002, representaram uma rendição do governo à pressão das organizações do movimento negro.

As novas políticas alinhavam-se, teórica e praticamente, à Declaração e ao Programa de Ação de Durban. Se o PNDH I utilizava o termo "negros", o programa sucessor adotou o "afrodescendentes", um ponto de largo alcance conceitual. Entre as metas do PNDH II mencionava-se a criação de "fundos de reparação social" destinados a financiar políticas de ação afirmativa, a implantação do quesito raça/cor nos sistemas públicos de informações demográficas e a revisão dos livros didáticos "de modo a resgatar a história e a contribuição dos afrodescendentes para a construção da identidade nacional". Finalmente, por meio do verbo "propor", no lugar do anterior "determinar", o IBGE era chamado a unificar os "pretos" e "pardos" no "contingente da população afrodescendente".[37]

Uma gota de sangue

O Programa Nacional de Ações Afirmativas, instituído por decreto, previa a adoção de metas percentuais de "afrodescendentes" no preenchimento de cargos em comissão do Grupo-Direção e Assessoramento Superiores, bem como a inclusão de dispositivo estabelecendo metas percentuais de "afrodescendentes" nas contratações de empresas prestadoras de serviços e de técnicos e consultores pelo governo federal.[38] O Brasil mimetizava, três décadas depois, as diretivas de Richard Nixon concebidas sob o conceito de *black capitalism* – e adicionava a elas, caracteristicamente, uma pitada de privilégios no âmbito do alto funcionalismo de Estado.

O governo FHC resistiu aos apelos das organizações racialistas, que já haviam se disseminado e incrustado nos diversos níveis da administração pública, pela adoção de cotas raciais nas universidades. Mas existia a autonomia universitária e um rumo tinha sido traçado. No final de 2001, a Universidade Estadual do Rio de Janeiro adotou um sistema de cotas raciais para ingresso, criando um precedente que repercutiria nos anos seguintes em outras instituições públicas.

Entre os governos FHC e Luiz Inácio Lula da Silva, há continuidade e ruptura no tema das políticas raciais. A continuidade expressou-se no campo dos conceitos multiculturalistas de fundo, que não foram criados no Brasil, mas nos EUA. A ruptura expressou-se no campo da operação política. O governo Lula conferiu autonomia muito maior à ação das organizações racialistas no interior do aparelho de Estado. Na inauguração de seu primeiro mandato, Lula criou a Secretaria Especial de Políticas de Promoção da Igualdade Racial (Seppir), vinculada diretamente à presidência. Por meio desse órgão, as organizações racialistas negociariam consensos e imprimiriam orientações com impacto sobre diversos ministérios.

Nas democracia representativas, o aparelho de Estado é visto como uma máquina administrativa impessoal e apartidária, destinada a assegurar a execução das políticas de governo e o cumprimento da lei. A regra de ouro é a separação entre a esfera pública e a esfera dos interesses privados, da qual também fazem parte os grupos de pressão, os movimentos sociais e as ONGs. A Seppir, concebida como um enclave de organizações do movimento negro e uma usina de ideologias, desafiava aquela regra.

O segredo da eficiência da Seppir encontrava-se no lugar político que ocupava, funcionando como polo estatal de articulação dos acadêmicos multiculturalistas e dos ativistas racialistas de ONGs e movimentos sociais. Essa articulação apoiou-se sobre conexões internacionais extensas e diversificadas, com respaldo nos financiamentos da Fundação Ford e de instituições multilaterais. Naquele contexto, era irrelevante a circunstância de contar com um orçamento oficial modesto.

Sob o influxo da Seppir, as políticas racialistas adquiriram uma nova abrangência. No âmbito do Ministério da Educação e Cultura, ordenou-se a classificação racial compulsória dos estudantes em todos os níveis, incentivou-se a adoção de sistemas de discriminação reversa para o ingresso de estudantes nas universidades federais e o Programa Universidade para Todos (ProUni) foi concebido com nítido recorte racial. No Ministério da Saúde, implementou-se a iniciativa de "Saúde da População Negra", que tem vastas repercussões identitárias. No Ministério do Desenvolvimento Agrário, o programa de identificação e delimitação de terras quilombolas expandiu-se muito além das áreas efetivamente ocupadas por remanescentes de quilombos.

O programa conduzido pela Seppir foi sintetizado no chamado Estatuto da Igualdade Racial, um projeto de lei proposto originalmente em 2003 pelo senador Paulo Paim (PT-RS) e aprovado no Senado Federal, sem debates, como Projeto de Lei n° 6.264, de 2005.[39] O artigo 5° da Constituição brasileira proclama: "Todos são iguais perante a lei, sem distinção de qualquer natureza." Sem o dizer, o Estatuto representava um novo edifício constitucional, pois virtualmente revogava este artigo, que é o pilar central do contrato republicano.

O Estatuto cancelava o princípio da cidadania, pelo qual os cidadãos não se distinguem segundo critérios de raça, crença religiosa ou opinião política. Ele determinava a classificação racial compulsória de cada indivíduo, por meio da identificação da "raça" em todos os documentos gerados nos sistemas de saúde, ensino, trabalho e previdência. A classificação racial prevista não se basearia nas categorias censitárias, mas consagraria como figura jurídica os "afro-brasileiros", um estamento que abrange os autodeclarados "negros", "pretos" e "pardos". Como na Ruanda dos belgas ou na África do Sul do apartheid, os brasileiros passariam a portar um rótulo oficial de raça.

O estamento racial dos "afro-brasileiros" gerado pelo Estatuto figurava como detentor de direitos coletivos específicos, que se expressariam por meio de políticas de discriminação reversa no serviço público, nas universidades públicas e no mercado de trabalho em geral. Uma ênfase particular era posta na introdução de cotas raciais, especialmente nos sistemas de ingresso nas universidades federais e nos contratos do Fundo de Financiamento ao Estudante do Ensino Superior. As preferências raciais na economia privada seriam impostas por meio de expedientes como contratações de fornecedores e compras governamentais dirigidas. Nos termos do Estatuto, seria criada uma nova estrutura política e burocrática, os Conselhos de Promoção da Igualdade Racial, nas esferas federal, estadual e municipal. Tais Conselhos, financiados pelo Estado e compostos por número paritário de representantes do poder público e de "organizações da sociedade civil representativas da população afro-brasileira", concentrariam poderes governamentais próprios e uma larga autonomia de ação. Eles teriam "caráter permanente e deliberativo"

Uma gota de sangue

e prerrogativas para "formular, coordenar, supervisionar e avaliar as políticas de combate à desigualdade e à discriminação racial".

Uma nova Constituição – isso é o que almejava ser o Estatuto. Pelas suas disposições, a nação não mais seria o fruto do contrato político entre cidadãos iguais, para se converter em uma confederação de raças. Articulada como uma estrutura bipolar, a confederação abrigaria no seu interior uma "nação afro-brasileira", definida na lei, e uma implícita "nação branca". O conceito de reparação histórica, extraído diretamente da Declaração de Durban, nortearia as relações entre os dois componentes nacionais do Brasil.

A marcha legislativa triunfal do Estatuto foi contida, ao menos provisoriamente, pelas críticas que passou a sofrer de intelectuais, acadêmicos e ativistas após a sua aprovação no Senado. Contudo, o projeto transformou-se em bandeira central das organizações racialistas do movimento negro e das ONGs multiculturalistas. A difusão dos sistemas de cotas para acesso às universidades públicas respaldava e estimulava a estratégia de estender o alcance desse tipo de política de discriminação reversa para o funcionalismo público e o mercado de trabalho em geral.

Refletindo sobre a introdução de cotas raciais nas universidades, a socióloga Isabel Lustosa mencionou o dilema de uma jovem sobrinha que se preparava para o exame vestibular da Universidade de Brasília:

> Ela me explicou que a política de cotas reduzira de maneira tão significativa o número de vagas para os que não se incluíam em nenhuma das categorias cotadas que ela tinha muito poucas chances de passar. Minha sobrinha é do time dos mais morenos da família e tem cabelos encaracolados – poderia assumir facilmente sua origem africana ou indígena. No entanto, ela não tem vontade de se candidatar a uma vaga entre os cotistas. Ela nunca pensou em si como negra ou parda, mas apenas como uma menina brasileira comum de classe média que quer fazer uma faculdade pública, não só porque o custo de uma faculdade privada pesaria no orçamento familiar, mas também porque sabe que as faculdades públicas são melhores.[40]

A nação, na expressão certeira de Benedict Anderson, é uma "comunidade imaginada". A comunidade de cidadãos não é equivalente a uma comunidade de raças. A primeira propicia a todos experiências identitárias variadas, fluidas ou rígidas, no espaço privado. A segunda marca oficialmente cada indivíduo com um rótulo de raça, encarcerando a sua privacidade num presídio identitário. No Brasil da reação contra a mestiçagem, a sobrinha de Isabel Lustosa só pode renunciar ao rótulo de "negra" se assumir o rótulo de "branca". Ela não tem o direito de ser "uma menina brasileira comum".

Notas

1. SCHWARCZ, Lilia Moritz. "Nem preto nem branco, muito pelo contrário: cor e raça na intimidade". In: SCHWARCZ, Lilia Moritz (Org.). *História da vida privada no Brasil: contrastes da intimidade contemporânea*. São Paulo, Companhia das Letras, 1998, p. 226-227, v. 4.

2. CARVALHO, José Murilo de. "Genocídio racial estatístico". In: FRY, Peter et al. (Org.). *Divisões perigosas: políticas raciais no Brasil contemporâneo*. Rio de Janeiro, Civilização Brasileira, 2007. p. 113.

3. SCHWARCZ, Lilia Moritz. Op. cit, p. 176-177.

4. CARVALHO, José Murilo de. Op. cit., p. 114.

5. IBGE. "Censos demográficos". Disponível em: <http://www.ibge.gov.br/home/estatistica/populacao/default_censo_2000.shtm>. Acesso em: 9 jun. 2009.

6. GAHYVA, Helga. "Brasil, o país do futuro: uma aposta de Arthur de Gobineau?". *Alceu*, Departamento de Comunicação Social da PUC-Rio, v. 7, n. 14, jan.-jun. 2007, p. 155.

7. CUNHA, Euclides da. *Os sertões*. In: SANTIAGO, Silviano (Coord.). *Intérpretes do Brasil*. Rio de Janeiro, Nova Aguilar, 2000, p. 267, v. 1.

8. PRADO, Paulo. *Retrato do Brasil*. In: SANTIAGO, Silviano (Coord.). *Intérpretes do Brasil*. Rio de Janeiro, Nova Aguilar, 2000, p. 29-44, v. 2.

9. SANTOS, Ricardo Ventura. "Cotas e raciologia contemporânea". In: FRY, Peter et al. (Org.). Op. cit., p. 185-186.

10. VENANCIO, Ana Teresa A. "O diálogo entre Nina Rodrigues e Juliano Moreira: do racismo ao antirracismo". In: FRY, Peter et al. (Org.). Op. cit., p. 71-72.

11. LIMA, Nísia Trindade & SÁ, Dominichi Miranda de. "Roquette-Pinto e o antirracismo no Brasil". In: FRY, Peter et al. (Org.). Op. cit., p. 78.

12. RISÉRIO, Antonio. *A utopia brasileira e os movimentos negros*. São Paulo, Editora 34, 2007, p. 355-356.

13. TORRES, Alberto. "O problema nacional brasileiro". Disponível em: <http://www.ebooksbrasil.org/eLibris/torresb.html>. Acesso em: 9 jun. 2009.

14. FREYRE, Gilberto. *Casa-grande e senzala*. In: SANTIAGO, Silviano (Coord.). *Intérpretes do Brasil*. Rio de Janeiro, Nova Aguilar, 2000, p. 209, v. 2.

15. LARRETA, Enrique. "Itinerário da formação", *Folha de S.Paulo*, caderno Mais!, 12 mar. 2000.

16. FLORENTINO, Manolo. "Da atualidade de Gilberto Freyre". In: FRY, Peter et al. (Org.). Op. cit., p. 93.

17. FREYRE, Gilberto. Op. cit., p. 478.

18. HOLLINGER, David A. "Amalgamation and hypodescent: the question of ethnoracial mixture in the history of the United States". *The American Historical Review*, v. 108, n. 5, dez. 2003, parágrafo 10.

19. HOLLINGER, David A. Op. cit, parágrafo 36.

20. KENNEDY, Randall. "Racial passing". *Ohio State Law Journal*, v. 62, n. 1.145, 2001, p. 1. Disponível em: <http://moritzlaw.osu.edu/lawjournal/issues/volume62/number3/kennedy.pdf>. Acesso em: 22 jun. 2000.

21. KENNEDY, Randall. Op. cit., p. 2-3.

22. KENNEDY, Randall. Op. cit., p. 18.

23. PENA, Sérgio D. J. et al. "Retrato molecular do Brasil". *Ciência Hoje*, v. 27, n. 159, abr. 2000, p. 23.

24. PENA, Sérgio D. J. "Razões para banir o conceito de raça da medicina brasileira". *História, Ciências, Saúde*, Manguinhos, v. 12, n. 2, maio-ago. 2005, p. 331-332.

25. RISÉRIO, Antonio. Op. cit., p. 59.

26. SCHWARCZ, Lilia Moritz. Op. cit., p. 197.

27. HARRIS, Marvin et al. "Who are the whites? Imposed census categories and the racial demography of Brasil". *Social Forces*, University of North Carolina Press, v. 72, n. 2, dez. 1993.

28. SCHWARCZ, Lilia Moritz. Op. cit, p. 241.

29. ZARUR, George de Cerqueira Leite. "Brazilianismo, raça e nação". Disponível em: <http://www.georgezarur.com.br/pagina.php/149>. Acesso em: 9 jun. 2009.

30. KAMEL, Ali. *Não somos racistas*. Rio de Janeiro, Nova Fronteira, 2006, p. 29.

Uma gota de sangue

[31] Cruz, Levy. "Democracia racial, uma hipótese". *Trabalhos para Discussão*, n. 128, Fundação Joaquim Nabuco, ago. 2002. Disponível em: <http://www.fundaj.gov.br/tpd/128.html>. Acesso em: 9 jun. 2009.

[32] Fry, Peter. *A persistência da raça*. Rio de Janeiro, Civilização Brasileira, 2005, p. 223.

[33] Cruz, Levy. Op. cit.

[34] Zarur, George de Cerqueira Leite. *A utopia brasileira: povo e elite*. Brasília, Abaré/Flacso, 2003, p. 52.

[35] XI Conferência Nacional dos Direitos Humanos. "Programa Nacional de Direitos Humanos – PNDH I", p. 14. Disponível em: <http://www.11conferenciadh.com.br/pndh/pndh1.pdf>. Acesso em: 9 jun. 2009.

[36] Presidência da República Federativa do Brasil. "Construindo a democracia racial". Disponível em: <http://www.planalto.gov.br/publi_04/COLECAO/RACIAL1A.HTM>. Acesso em: 9 jun. 2009.

[37] Ministério da Justiça. "Programa Nacional de Direitos Humanos – PNDH II", p. 17-18. Disponível em: <http://www.mj.gov.br/sedh/pndh/pndhII/Texto%20Integral%20PNDH%20II.pdf>. Acesso em: 9 jun. 2009.

[38] Presidência da República Federativa do Brasil. "Decreto nº 4.228, de 13 de maio de 2002". Disponível em: <http://www.planalto.gov.br/ccivil_03/decreto/2002/D4228.htm>. Acesso em: 9 jun. 2009.

[39] Câmara dos Deputados. "Projeto de Lei nº 6.264, de 2005". Disponível em: <http://www.camara.gov.br/sileg/integras/359794.pdf>. Acesso em: 9 jun. 2009.

[40] Lustosa, Isabel. "Excesso de cor". In: Fry, Peter et al. (Org.). Op. cit., p. 141.

Índio morto, índio posto

"*Vale un potosí*", em espanhol, significa que algo vale uma fortuna. Potosí, fundada em 1546 na altitude de 4.090 metros, no Altiplano do Alto Peru (hoje, Bolívia) como uma cidade de mineração, chegou a ter mais de 160 mil habitantes na época colonial, destacando-se como uma das maiores cidades das Américas. Entre os séculos XVI e XVIII, por meio do trabalho forçado de ameríndios e escravos africanos, 45 mil toneladas de prata foram extraídas do seu Cerro Rico, uma riqueza que sustentou as aventuras dos Habsburgo espanhóis e filtrou-se até os banqueiros holandeses, fertilizando o chão sobre o qual se ergueu o capitalismo original.

A fortuna de Potosí estava exaurida no século XIX, quando a mineração boliviana fragmentava-se em diversos centros e transitava da prata para o estanho. Um desses centros foi Pulacayo, cerca de 130 quilômetros a sudoeste, na cota de 3.710 metros de altitude. No local, batido pelos ventos que atravessam o Salar de Uyuni, um veio de prata havia sido explorado até 1780, quando combatentes indígenas da rebelião de Tupac Amaru II, mataram os espanhóis e fecharam a mina.* Conta

---

* Tupac Amaru II, nascido José Gabriel Condorcanqui, em Cuzco, adotou o nome do último soberano inca e governou as regiões de Tungasuca e Pampamarca, no Peru, em nome do governador-geral espanhol. Em 1780, liderou uma rebelião indígena que se estendeu pelo Alto Peru e foi suprimida com a sua captura e esquartejamento, no ano seguinte.

Uma lenda que o veio esquecido foi redescoberto em 1833 por um espanhol que se beneficiou das indicações de uma mulher indígena e fundou a cidade de Pulacayo. A mina de prata de Huanchaca, nas proximidades, aberta meio século depois, tornou-se o núcleo do capitalismo minerador boliviano e o alicerce do Estado liberal anunciado na Constituição de 1880.

Huanchaca foi propriedade do caudilho e presidente boliviano Aniceto Arce e, em seguida, de Moritz Hochschild, um dos três barões da mineração boliviana, ao lado de Simón Patiño e Carlos Victor Aramayo. Em torno da mina, surgiram as primeiras máquinas a vapor em operação no país e a sua prata financiou a construção da ferrovia pioneira, que ligou Pulacayo ao porto de Antofagasta, anexado pelo Chile em 1879, na hora da eclosão da Guerra do Pacífico.

Hochschild comprou a mina em 1927, drenou-a da água quente e dos gases que a haviam inundado e modernizou-a, elevando a sua produção. Quase duas décadas depois, em 1946, realizou-se em Pulacayo um Congresso Extraordinário da Federação Sindical de Trabalhadores Mineiros da Bolívia (FSTMB), fundada apenas dois anos antes, para decidir sobre suas relações com os seguidores do deposto e assassinado presidente Gualberto Villarroel López. Os dirigentes ligados ao Movimento Nacionalista Revolucionário (MNR), o maior partido boliviano, insistiam para que se emprestasse apoio aos herdeiros exilados do presidente responsável pelo reconhecimento dos sindicatos operários. Mas o secretário-executivo Juan Lechín Oquendo, que mantinha uma estreita cooperação com os trotskistas do Partido Operário Revolucionário (POR), convenceu a maioria a adotar o programa da revolução proletária, expresso nas chamadas Teses de Pulacayo. Seis anos mais tarde, os mineiros tomaram as ruas das cidades do Altiplano e, armados com bananas de dinamite, deflagraram a Revolução Nacional Boliviana.

As Teses de Pulacayo são uma aplicação da doutrina da revolução permanente ao caso particular boliviano. A Bolívia era definida como "um país capitalista atrasado", mas no qual "predomina qualitativamente a exploração capitalista, e as outras formações econômico-sociais constituem heranças de nosso passado histórico". Aquele país "atrasado", com uma economia exportadora controlada pelo cartel dos magnatas do estanho, representava "apenas um elo da cadeia capitalista mundial". Tais "particularidades" explicavam tanto a ausência de uma verdadeira burguesia, "capaz de liquidar o latifúndio e as outras formas econômicas pré-capitalistas", quanto "o predomínio do proletariado na política nacional".[1]

O caminho da Revolução decorreria daquelas características distintivas bolivianas. O pequeno proletariado, com um núcleo formado pelos operários mineiros, era chamado a liderar as massas exploradas numa "revolução democrático-burguesa" que se transformaria, ao longo de um processo ininterrupto, em uma "revolução proletária". A sombra do bolchevique dissidente Leon Trotski, assassinado apenas alguns anos antes, pairava sobre o congresso sindical reunido no coração do capitalismo minerador boliviano.

O censo boliviano de 1950 registrou uma população "indígena" de 1,7 milhão, 63% do total. A categoria "indígena" baseava-se na língua materna e abrangia quechuas, aimarás, chiquitanos e guaranis. Mas as Teses de Pulacayo passavam ao largo da noção de etnicidade. Na sua linguagem, o país repartia-se numa diminuta classe dominante definida como uma "feudal-burguesia", no proletariado demograficamente minoritário e numa extensa e heterogênea "pequena burguesia" constituída por "pequenos comerciantes e proprietários", "técnicos", "burocratas", "artesãos" e "camponeses". A população rural somava quase dois milhões de habitantes, cerca de 74% do total, com amplo predomínio de indígenas. Entretanto, não existia nenhuma "questão indígena" nas Teses de Pulacayo. Os mineiros eram, para efeitos censitários, majoritariamente *mestizos* e indígenas, mas enxergavam a si mesmos como operários e como bolivianos, não como aimarás ou quechuas – e muito menos como ameríndios.

No programa revolucionário da FSTMB, a massa da população indígena figurava sob os rótulos de "camponeses" e "artesãos". Na marcha da Revolução, a vanguarda de classe – isto é, os operários mineiros – deveriam liderar aquela "pequena burguesia". O termo "indígenas" aparece apenas duas vezes no longo documento. A primeira, para dizer que "os operários devem organizar sindicatos camponeses e trabalhar de forma conjunta com as comunidades indígenas" na luta contra o latifúndio. A segunda, para dizer que, por serem analfabetos, os indígenas estavam excluídos de "eleições que não têm nada de democráticas". Sob esse aspecto, as Teses de Pulacayo usavam a linguagem corrente no país, que se converteria em linguagem oficial com a Revolução Nacional. Numa Bolívia de maioria "indígena", os indígenas não eram vistos – e não se viam – como atores políticos.

Ao longo da segunda metade do século XX, a Bolívia conheceu profundas mudanças sociais e demográficas. A população urbana multiplicou-se por sete e ultrapassou 62% do total. Os "indígenas" ou *collas*, assim definidos por uma combinação de autoidentificação com língua materna, representavam quase 60% da população no censo de 2001, mas metade deles habitava as cidades. O espanhol, antes idioma quase exclusivo dos brancos e mestiços, converteu-se na língua principal de quatro quintos dos bolivianos e, entre os índios, é tão falado quanto o quechua e o aimará. O total de falantes das línguas indígenas retrocedeu para 60% dos falantes do espanhol e, na faixa etária de 13 a 18 anos, para menos de 43%. Entre 1976 e 2001, o analfabetismo entre os indígenas recuou de 44% para 20%.

As tradições indígenas apagam-se mais rapidamente no meio urbano e entre os jovens. El Alto, a "cidade indígena" na periferia de La Paz, que tinha três mil habitantes em 1950, ultrapassou a marca de 650 mil habitantes, não muito distante da população da própria capital. A cidade periférica, centro pulsante dos movimentos sociais bolivianos, funciona como nexo político e cultural do triângulo constituído por La Paz, as comunidades aimarás do Altiplano e os fluxos globais de informações.

Contudo, ironicamente, enquanto as vivências indígenas se dissolvem nos caldos transculturais da globalização, a figura do índio emerge no centro do palco da política boliviana. Evo Morales, apresentado como o primeiro "presidente ameríndio" do país, traja-se em vestimentas indígenas tradicionais e no seu discurso de posse, em janeiro de 2006, agradeceu à divindade Pachamama, a Mãe-Universo da mitologia incaica, e ao "movimento indígena da Bolívia e da América" pela oportunidade de conduzir o país. No mesmo discurso, ele qualificou os "povos indígenas" como "donos absolutos desta nobre terra, de seus recursos naturais", denunciou as humilhações sofridas pelos índios ao longo da história, comparou a Bolívia com a África do Sul e interpretou a sua chegada ao poder como um produto da "campanha de quinhentos anos de resistência indígena-negro-popular".[2]

Morales, no discurso de posse, saudou figuras míticas como o soberano Manco Inca e personagens históricos das lutas indígenas como Tupac Katari e sua esposa Bartolina Sisa.* O presidente não se esqueceu do revolucionário argentino Che Guevara, morto na Bolívia em 1967, mas não mencionou nenhum vulto da Revolução Nacional de 1952 e só uma vez fez uma referência oblíqua a ela, para dizer que a conquista do voto universal "custou sangue". Em compensação, desfiou um programa de "refundação" da Bolívia a partir do "movimento indígena originário", confiando um elemento central – a concessão de autonomia para os "povos indígenas – à Assembleia Constituinte, que convocou a se reunir em Sucre, a capital histórica do país. Na hora da inauguração da Assembleia Constituinte, os deputados do bloco governista majoritário apresentaram-se vestidos em trajes "indígenas". Aquela imagem assinalou a força política do programa de restauração de um índio imaginário, ancestral e originário, que se coagulou no projeto constitucional emanado da Constituinte.

Os índios bolivianos não mais utilizam trajes "indígenas". Quando o faziam, no tempo em que o quechua e o aimará predominavam sobre o espanhol, não existiam índios, mas apenas operários, camponeses e artesãos na tela política boliviana. Hoje, à medida que desaparece na vida social, a figura do índio assoma gigantesca na imaginação política da Bolívia. O paradoxo clama por uma explicação.

---

* Manco Inca, um dos derradeiros soberanos incas, organizou duzentos mil guerreiros e sitiou Cuzco por dez meses, em 1536, antes de estabelecer a última capital do Império em Vilcabamba. Tupac Katari, um aimará nascido Julián Apasa, liderou a rebelião de Tupac Amaru II no Alto Peru e, à frente de um exército de quarenta mil índios, sitiou La Paz em 1780. Bartolina Sisa comandou o cerco após a captura de Katari.

A revolução interrompida

Fundado como partido nacionalista por Victor Paz Estenssoro e Hernán Siles Zuazo em 1941, o MNR participou do governo de Gualberto Villarroel e foi vítima do fracasso de seu tímido reformismo. Assediado pelas mobilizações sindicais dos mineiros, Villarroel respondeu por meio da repressão, afastando-se de sua principal base de apoio popular e tornando-se um alvo fácil para os conservadores, que exprimiam os interesses dos "barões do estanho". Em meio à crise política, os órgãos repressivos assassinaram intelectuais de oposição e os partidos conservadores reagiram chamando uma mobilização popular. Em julho de 1946, a praça Murillo, no centro de La Paz, foi tomada por uma multidão que invadiu a sede do governo, apropriadamente alcunhada de Palácio Quemado, capturou e enforcou o presidente.

Os conservadores governaram o país nos anos seguintes, enquanto os dirigentes do MNR conspiravam no exílio. Uma tentativa de retomar o poder pela força, em outubro de 1949, dissolveu-se num banho de sangue. Na segunda tentativa, os nacionalistas experimentaram o caminho das urnas e Paz Estenssoro venceu as eleições de 1951, mas o presidente recusou-se a transmitir o poder e constituiu uma junta militar de governo. Seguindo seus instintos políticos, os nacionalistas urdiram um golpe de estado, aliciando comandantes da força policial de La Paz e tomando a capital em abril de 1952. Contudo, os golpistas encontraram vazio o arsenal estatal e viram-se à mercê de um exército de oito mil homens que rumava para a capital.

Quando tudo parecia perdido, irromperam na cidade milícias de mineiros armados, sob a direção de Juan Lechín e de Siles Zuazo. Durante alguns dias, as ruas transformaram-se em campos de batalha, mas logo os jovens recrutas começaram a mudar de lado, juntando-se aos operários. Os comandantes militares se renderam e a capital caiu nas mãos dos revolucionários. O poder oferecia-se a Lechín, que contava com o apoio entusiasmado dos mineiros, mas ele optou por um pacto legalista com o MNR e entregou o governo a Paz Estenssoro.

Meses após a revolução, o primeiro governo do MNR instituiu o voto universal e, nas eleições seguintes, vencidas pelo candidato governista Siles Zuazo, o eleitorado saltou de duzentos mil para quase um milhão. Em outubro de 1952, as minas de estanho das três empresas da *rosca* foram estatizadas e reunidas sob a *holding* Corporação Mineira da Bolívia (Comibol). A nova Central Operária Boliviana (COB), presidida por Lechín e sob a influência dominante da FSTMB, obteve direito de representação na Comibol e de veto de qualquer decisão da empresa estatal. No início de 1953, uma Lei de Reforma Agrária aboliu o trabalho forçado e determinou a distribuição das terras de latifúndios e fazendas de baixa produtividade para os camponeses. A partir do impulso da COB, constituíram-se sindicatos de camponeses, além de milícias camponesas que, como as milícias dos mineiros, foram armadas pelo governo.

Uma gota de sangue

O Estado que nasceu da revolução alicerçava-se sobre o suporte das organizações sindicais e operava no quadro de um sistema político clientelístico. A sociedade boliviana, tal como definida pelo novo regime, compunha-se de classes sociais, não de grupos étnicos. Do ponto de vista da linguagem, fazia-se tábula rasa das noções raciais largamente utilizadas pelo falido Estado liberal. O relatório do censo de 1900 profetizara o declínio demográfico da "raça indígena" e o concomitante crescimento da "raça branca" e da "raça mestiça", esta última oriunda "da união do branco com o indígena" e "conhecida na Bolívia com o nome de *cholos*".[3] Mas o decreto de reforma agrária não usava expressões como "raça indígena" ou "povos indígenas", nem termos como aimarás ou quechuas. A sintaxe da Bolívia nacionalista ordenava-se sob os conceitos de cidadania e classes sociais.

As divisões no interior do MNR, que refletiam o impasse entre os projetos conflitantes das facções nacionalista e esquerdista, contribuíram para o esgotamento do impulso revolucionário. Os nacionalistas, liderados por Siles Zuazo, conservaram uma hegemonia precária, sempre contestada pela esquerda, que se organizou em torno de Lechín. Na presidência, Zuazo enfrentou o chefe da COB e, em nome da estabilidade econômica, eliminou os privilégios sindicais na Comibol, reduziu os salários dos mineiros e começou a desarmar as milícias operárias e camponesas. Eleito em 1960 para um novo mandato, Estenssoro prosseguiu a política de restauração da ordem e entrou em choque direto com Lechín, seu vice-presidente durante os dois primeiros anos. No fim, às vésperas do golpe militar de 1964, o líder esquerdista foi expelido do MNR.

Nas duas décadas seguintes, a Bolívia conheceu um primeiro ciclo de ditaduras militares, sustentado inicialmente por um pacto entre as Forças Armadas e os sindicatos camponeses e pontuado pelo efêmero governo esquerdista do general Juan José Torres. O golpe militar liderado pelo general Hugo Banzer, que irrompeu na cidade de Santa Cruz de La Sierra, em 1971, derrubou Torres e instalou uma ditadura que duraria sete anos. Naquela ditadura, rompeu-se o pacto político entre os militares e os sindicatos camponeses, após sangrentos confrontos na região de Cochabamba, em 1974. O evento abriu caminho para uma irrupção pioneira da moderna política étnica, sob a forma do movimento katarista.

O intelectual Fausto Reinaga, o "pai" do katarismo, flertou com o marxismo e o nacionalismo, antes de abandonar os dois, em 1964. A noção de luta de classes servia para a Europa, não para seu país, dividido em "duas Bolívias", uma branca e opressora, outra índia e oprimida. Na Bolívia, o que existia era uma luta de raças, que terminaria pela assimilação dos índios como *cholos* ou pela refundação do país como uma nação indígena. No discurso da Revolução Nacional, "índios" significava "camponeses". No discurso de Reinaga, sintetizado no Manifesto de Tiahuanaco,

174

lançado em 1973 por organizações indígenas, "camponeses" significava "índios" – nomeadamente, quechuas e aimarás.

> O desenvolvimento verdadeiro é baseado na cultura. [...] A sistemática tentativa de destruir as culturas quechua e aimará é a fonte das frustrações nacionais. [...] Não queremos renunciar à nossa nobre integridade herdada em nome de um pseudodesenvolvimento. [...] Somos estrangeiros em nosso próprio país.[4]

O manifesto criticava o "Estado paternalista", o MNR, os partidos de esquerda e a cúpula dos sindicatos camponeses. Propunha a constituição de um partido camponês, que deveria ser um Partido Índio. O discurso de posse de Morales inspirou-se parcialmente nas ideias de Reinaga.

O Partido Índio fracassou, corroído desde a origem pelo faccionalismo e pela falta de apoio entre os próprios indígenas. Contudo, as ideias de Reinaga frutificaram no katarismo, um movimento étnico aimará cujo nome evoca Tupac Katari. Os kataristas logo se dividiram em duas correntes. Victor Hugo Cárdenas fundou, ao lado do dirigente sindical camponês Genaro Flores, o Movimento Revolucionário Tupac Katari (MRTK), que viria a cooperar com a COB, os partidos de esquerda e o MNR. Nascido num pequeno povoado aimará às margens do lago Titicaca, de sobrenome original Choquehuanca, mudado na infância por seu pai para ocultar a origem indígena e circundar o preconceito, Cárdenas fixou-se na ideia de conquistar um lugar para os aimarás no quadro de uma Bolívia única. Em outra direção, perseguindo uma etnicidade radical e sem compromissos, Luciano Tapia e Constantino Lima, líderes dos "indianistas", fundaram o Movimento Índio Tupac Katari (MITK), que excluiu de seu horizonte as alianças com os partidos não índios e rejeitou desde o início a noção da existência de uma nação boliviana.

A cisão tem relevância. O MRTK participou da coalizão organizada em torno do MNR nas eleições de 1993 e Cárdenas tornou-se vice-presidente de Gonzalo Sánchez de Lozada, cujo governo prosseguiu as políticas econômicas liberalizantes deflagradas na década anterior. Em 1994, o governo de Sánchez de Lozada promoveu uma reforma constitucional baseada no programa multiculturalista de "unidade na diversidade" do MRTK. O artigo 1° da Constituição, reescrito, definiu a Bolívia como um país "multiétnico e pluricultural" e concedeu-se às organizações étnicas o direito de participação nos governos locais.[5] A reforma de inspiração katarista seria retomada e aprofundada no projeto constitucional de Evo Morales.

O MITK, por seu lado, fragmentou-se e originou o Exército Guerrilheiro Tupac Katari, que misturava as ideias de Reinaga às de Che Guevara. A guerrilha realizou alguns ataques contra instalações elétricas em 1991 e foi desbaratada no ano seguinte. Seu principal dirigente, o aimará Felipe Quispe, passou cinco anos na prisão junto com o jovem guerrilheiro Álvaro García Linera, intelectual oriundo de uma família de alta classe média de Cochabamba. Quando foram libertados, os caminhos desses dois homens divergiram.

Quispe assumiu a liderança da Confederação Sindical dos Camponeses e reorganizou a corrente "indianista" no Movimento Indígena Pachakuti (MIP), cuja bandeira é o estabelecimento de uma República aimará em Qullasuyo, antiga província incaica que se estendia além da atual Bolívia, pelo norte da Argentina e do Chile, pelo sul do Peru e até o Acre. Nascido num povoado do interior, quase uma década antes da Revolução Nacional, o líder do MIP ostenta o nome de guerra El Mallku ("o príncipe", título de autoridade suprema na língua aimará) e é saudado como "Don Felipe" por seus partidários espalhados em El Alto e numa rede de pequenos núcleos indígenas do Altiplano. "Bolívia é uma ficção abstrata", fulminou o ex-guerrilheiro em entrevista concedida durante a sua campanha à presidência de 2005, na qual denunciou Evo Morales como traidor e conseguiu apenas 2,2% dos votos.[6]

Linera, por seu lado, optou pelo reformismo katarista, que enxerga um futuro para a Bolívia, se não como nação ao menos como uma confederação de nações étnicas. O intelectual que não fala quechua ou aimará ingressou no Movimento ao Socialismo (MAS), o partido de Evo Morales e, em 2006, tornou-se o vice-presidente boliviano, a figura mais destacada nas relações exteriores do país e o principal ideólogo do novo governo.

O katarismo não emanou de estruturas sociais indígenas tradicionais, mas de aimarás urbanos atuantes nas universidades, escolas de formação de professores e organizações culturais. A etnicidade proclamada pelos kataristas mantém pouca relação com imaginadas raízes pré-colombianas e o seu movimento, bastante ativo em El Alto, tem escassa influência nos povoados do interior. Mas a emergência de uma política de restauração de supostas identidades ancestrais assinalou a falência dos ideais e da linguagem da Revolução Nacional de 1952.

O Altiplano e o Oriente

Nos tempos coloniais, não existia nada parecido com a atual Bolívia. A parte norte do seu território pertencia ao Vice-Reinado do Peru. A parte sul estava subordinada ao Vice-Reinado do Rio da Prata e organizava-se em torno das minas de prata de Potosí. As duas capitais da Bolívia atual expressam essa herança: La Paz, nas proximidades da fronteira peruana, é a sede dos poderes Executivo e Legislativo; Sucre, próxima a Potosí, é a capital constitucional e a sede do Poder Judiciário.

A Bolívia é uma síntese da geografia sul-americana, abrangendo regiões andina, amazônica e platina. O Altiplano, no Ocidente, estende-se desde o Lago Titicaca

Índio morto, índio posto

até a fronteira argentina, descortinando oitocentos quilômetros de platôs secos encaixados entre duas cordilheiras paralelas, pontilhados de salares e recortados por vales verdejantes. O Oriente divide-se numa porção setentrional, atravessada pelos rios Mamoré, Guaporé e Beni, que fazem parte da bacia amazônica, e numa porção meridional, cortada pelo rio Pilcomayo, que pertence à bacia platina.

O foco demográfico e histórico boliviano é o Altiplano, onde estão as duas capitais e também cidades como Oruro, um antigo centro de mineração de prata e estanho, e Cochabamba, fundada num fértil vale com a finalidade de fornecer alimentos para as minas coloniais de Potosí. Mas a maior cidade do país é, atualmente, Santa Cruz, o polo sem rival das terras baixas orientais e o principal elo entre Bolívia e Brasil. A crise da Revolução Nacional desenvolveu-se paralelamente à decadência das minas do Altiplano e à emergência econômica do Oriente.

A história econômica boliviana pode ser contada como uma sucessão de ciclos de exploração dos recursos minerais. Nos tempos coloniais, as exportações concentravam-se na prata, extraída das minas de Potosí e, em menor escala, de Oruro, por indígenas que trabalhavam compulsoriamente sob o regime da mita e por operários temporários livres, denominados *mingas*. A mineração de prata entrou em longa decadência na segunda metade do século XIX, quando começou a extração de estanho.

No final da Primeira Guerra Mundial, a Bolívia tornou-se o segundo maior produtor de estanho, explorando minas que pareciam inesgotáveis nos arredores de Oruro e La Paz e fornecendo matéria-prima para a indústria automobilística em rápida expansão. Patiño, Aramayo e Hochschild, empreendedores locais, ingressaram na galeria dos homens mais ricos do mundo e estabeleceram a chamada *rosca*, um sistema tentacular de influência sobre a política boliviana baseado na corrupção de políticos e na ação agressiva de advogados e lobistas. Os mineiros do estanho, que já somavam cerca de quarenta mil às vésperas da Revolução Nacional, morriam cedo, muitas vezes antes dos 50 anos, devastados pelas doenças pulmonares provocadas pelos gases das minas profundas.

A modernização técnica das minas praticamente interrompeu-se com a estatização do setor. Nas duas décadas seguintes à Revolução Nacional, os mineiros não corriam risco nenhum de perder os empregos e um grande complexo de minas como Catavi-Siglo XX continuava a empregar mais de cinco mil operários, apesar da produtividade cadente. Nos anos 1970, enquanto começava a declinar a produção de estanho, anunciaram-se as descobertas de significativas reservas de gás natural e petróleo no Oriente. No mesmo período, com o desenvolvimento da agricultura empresarial de soja e algodão nas terras baixas, Santa Cruz converteu-se em um próspero centro comercial e financeiro.

O colapso do sistema de mineração estatal anunciou-se na primeira metade da década seguinte, durante o segundo governo de Zuazo, quando a inflação descon-

Uma gota de sangue

trolada, a redução da renda familiar e intermitentes greves e protestos dos mineiros conduziram o país ao caos. O Congresso antecipou as eleições presidenciais e, em 1985, em meio a uma dramática queda dos preços internacionais do estanho, Estenssoro ganhou um quarto mandato. Aos 77 anos, o fundador do MNR deflagrou um plano de reformas liberalizantes batizado de Nova Política Econômica (NPE). A meta principal da NPE era reestruturar o setor de mineração, com o fechamento de inúmeras minas, a privatização de outras, a diminuição drástica da mão de obra empregada pela Comibol e a formação de cooperativas autônomas de mineiros.

A lendária mina de Catavi, quase exaurida, praticamente deixou de produzir naquele ano e, em 1987, a Siglo XX passou ao controle das cooperativas. Quase simultaneamente, Juan Lechín, aos 73 anos, deixou a liderança de uma COB que vivia das memórias de uma idade de ouro encerrada. Entre 1986 e 1991, 21.310 operários das minas estatizadas foram despedidos, o que deixou na Comibol apenas 7 mil mineiros. Das 35 minas estatais em operação no início da NPE, sobraram 22, muitas das quais com produção quase insignificante. Os cortes continuaram até que, em 1993, restavam 4.720 operários nas minas estatais, além de 4 mil nas privadas, 2 mil subcontratados e 18 mil mineiros trabalhando por conta própria. Uma tradição sindical inteira desabou junto com a virtual dissolução do núcleo do operariado boliviano. No Congresso Extraordinário da FSTMB na Siglo XX, em 1986, credenciaram-se 725 delegados. Dois anos depois, em Chojlla, eram 237 e, em 1991, em Tupiza, não mais de 196. Nos seis anos decorridos até 1991, mais de 36 mil habitantes dos povoados da mineração migraram para as cidades, especialmente El Alto.

As coisas não terminaram aí. No governo Sánchez de Lozada novas minas foram fechadas e, em 1997, o número de operários das minas estatais atingiu o mínimo histórico, em torno de 1,5 mil. Uma mina como a Unificada ficou com apenas um funcionário: o secretário-geral da FSTMB, que tinha estabilidade no emprego. O triste Congresso Nacional de Mineiros de 1998, realizado numa mina de ouro privada de Oruro, aprovou uma resolução que clamava por nada menos que "a liquidação do modelo neoliberal e, dali, do sistema capitalista".[7] Ninguém mais prestava atenção nas declarações dos mineiros e a política boliviana organizava-se sob uma nova linguagem, extirpada da noção de classes sociais e contaminada pelas ideias de cultura, etnia e ancestralidade. Quando Juan Lechín morreu, em 2001, renderam-se homenagens nostálgicas ao símbolo de um país que não mais existia.

A decadência da mineração de estanho foi acompanhada pela descoberta de reservas de hidrocarbonetos nas terras baixas do Oriente. No início da década de 1970, a produção de petróleo atingiu um pico de 47 mil barris/dia, mas declinou em seguida devido à falta de investimentos e à ineficiência da YPFB, a estatal dos hidrocarbonetos. Apenas no final dos anos 1980, quando o setor foi aberto às empresas estrangeiras, descobriram-se grandes campos de gás natural nos departamentos orientais. Pouco depois, assinaram-se acordos de exportação de gás para a Argentina e o Brasil e, no governo de Sánchez de Lozada, a YPFB foi desmembrada e privatizada, o que atraiu novos investimentos. Desde 1999, com a inauguração do gasoduto Bolívia-Brasil, o gás firmou-se como principal produto de exportação boliviano.

A transição de um ciclo para outro repercutiu violentamente nos equilíbrios demográficos e econômicos internos. As migrações do Altiplano para o Oriente aceleraram-se, acompanhando a decadência do setor da mineração. No decênio decorrido entre os censos de 1992 e 2001, a população dos quatro departamentos do Oriente (Santa Cruz, Tarija, Beni e Pando) cresceu 44%, para um crescimento médio de 22% nos cinco departamentos do Altiplano (La Paz, Cochabamba, Oruro, Potosí e Chuquisaca). Mas a riqueza migrou ainda mais velozmente. Em 1988, o Altiplano representava 64% do PIB boliviano, contra 36% do Oriente. Menos de duas décadas depois, em 2006, o Oriente, com apenas pouco mais de um terço da população boliviana, já produzia mais de 45% do PIB total.

Sob o impacto da longa depressão econômica, dissolveu-se de vez a teia de relações sindicais e políticas que sustentava o Estado oriundo da Revolução Nacional. A política étnica de restauração das "nações originárias ameríndias" evoluiu no vácuo de um poder legítimo assentado sobre as elites sindicais e militares do Altiplano. Simultaneamente, consolidava-se a influência regional da elite empresarial de Santa Cruz, que formulava a sua própria política étnica.

O "Estado Plurinacional Comunitário"

Juan Evo Morales Ayma nasceu num povoado aimará nas proximidades de Oruro, em 1959, e passou a infância numa pequena casa de adobe. Bem cedo, começou a ajudar seu pai, um católico criador de lhamas que, como tantos aimarás, fazia oferendas de álcool e folhas de coca a Pachamama. Aos 20 anos, transferiu-se com a família para a região de Cochabamba, após uma seca que devastou os cultivos e os rebanhos no altiplano de Oruro.

Cochabamba, na cota de 2,7 mil metros de altitude, situa-se no alto vale do rio Chapare, um afluente do Mamoré, em área de transição entre os platôs andinos de Oruro e a Amazônia boliviana. Morales engajou-se no cultivo de frutas tropicais e coca, num tempo de colonização acelerada do Chapare, mas também de investidas de erradicação dos plantios de coca que se inseriam na moldura da "guerra às drogas" conduzida pelos EUA. Em 1985, elegeu-se secretário-geral do sindicato local dos cocaleros e, três anos depois, quando o governo radicalizava as ações contra a coca, da federação regional camponesa. Nessa posição, liderou marchas de protesto a La Paz e visitou a Europa explicando a diferença entre o consumo tradicional de folha de coca e a fabricação de cocaína. Em 1997, elegeu-se deputado por uma coalizão de partidos de esquerda e, pouco mais tarde, fundou o Movimento ao Socialismo (MAS).

A trajetória de Morales e do MAS rumo ao poder fez escalas em duas ondas de mobilizações populares: a "guerra da água", de 2000, e a "guerra do gás", de 2003. A primeira foi um vitorioso levante popular iniciado em Cochabamba contra um aumento de 200% na taxa de água, imposto pelo consórcio Aguas del Tunari, formado por empresas estrangeiras e nacionais no ano anterior. Uma marcha de cocaleros cercou a cidade, em apoio à revolta, os protestos se difundiram para Oruro e La Paz e bloqueios de estradas pipocaram pelo país, até a revogação da concessão de abastecimento de água.

A segunda, mais ampla, começou com uma greve de fome de Felipe Quispe e mil dirigentes camponeses contra um acordo de exportação de gás natural lique-feito para os EUA e o México através do porto chileno de Mejillones, no antigo departamento boliviano de Atacama, perdido na Guerra do Pacífico. Os protestos espalharam-se por La Paz, Cochabamba e os povoados aimarás, desafiando uma violenta repressão do governo de Sánchez de Lozada. A COB renasceu das cinzas e chamou uma greve geral que parou o país, enquanto manifestantes de El Alto bloquearam os acessos à capital. Em outubro de 2003, após um ataque governa-mental em El Alto que deixou oitenta mortos, a coalizão de Sánchez de Lozada se desfez e o presidente renunciou.

As duas crises selaram a sorte dos kataristas moderados que participavam da coalizão governamental. Felipe Quispe denunciou uma vez mais o conceito de "uni-dade na diversidade" e investiu na sua interpretação da história boliviana como um conflito multissecular entre "duas Bolívias, uma indígena, uma k'ara (branca)".[8] Mas, sobretudo, Morales converteu-se em liderança nacional. Entre uma crise e outra, nas eleições presidenciais de 2002, o seu MAS obteve quase 21% dos votos, contra 22,5% da coalizão encabeçada pelo MNR e por Sánchez de Lozada. Nas eleições seguintes, em 2005, o líder cocalero venceu com o apoio consagrador de 54% do eleitorado.

O MAS nasceu a partir do movimento sindical dos cocaleros e, no início, sua plataforma concentrava-se na ideia de nacionalização dos recursos naturais, em particular dos hidrocarbonetos. Morales imaginava-se, até então, como camponês boliviano, não como indígena "originário". Entretanto, quando Morales chegou ao poder, o programa do partido já proclamava uma meta principal de "refundação" do país como um Estado plurinacional assentado sobre as "nações originárias". A infusão ideológica originava-se do katarismo, um movimento que carecia da força social do MAS.

Para os kataristas, "camponeses" significava "indígenas". A equivalência, mais que uma operação de linguagem, representava um passaporte político para os camponeses romperem os limites do sindicalismo e se apresentarem, na arena nacional, como candidatos ao poder. Afinal, na condição de indígenas, eles podiam reivindicar o estatuto de maioria nacional e de herdeiros de um país ancestral, não maculado pela conquista espanhola. Mas os kataristas eram intelectuais urbanos, com escassa influência sobre a massa camponesa. Morales, pelo contrário, tinha atrás de si os cocaleros, o que lhe deu acesso ao vasto campesinato boliviano.

A Assembleia Constituinte reunida em agosto de 2006 seria a ferramenta do novo começo da história boliviana. O projeto constitucional, votado pela maioria alinhada com o presidente em dezembro do ano seguinte e aprovado em referendo nacional no início de 2009, representa uma conciliação entre o katarismo moderado, de raízes nacionais, e o multiculturalismo em voga na cena internacional.

O Estado liberal boliviano inscrevera nas leis a igualdade política dos cidadãos, mas, como nos tempos coloniais, os índios permaneceram excluídos dos direitos de cidadania. Sob um apartheid implícito, eles viajavam amontoados em vagões ferroviários de terceira classe, eram expulsos a pontapés das calçadas das praças e, até 1952, a vasta maioria de analfabetos não podia votar. A nova Constituição, no seu preâmbulo, anuncia uma ruptura radical: "Deixamos no passado o Estado colonial, republicano e neoliberal. Assumimos o desafio histórico de construir coletivamente o Estado Unitário Social de Direito Plurinacional Comunitário."[9] Ao longo do texto, os constituintes comprometem-se com a "unidade e integridade" do país, mas substituem o princípio dos direitos universais pelo conceito de direitos coletivos singulares para as "nações indígenas" nos campos da representação política e da administração da justiça.

O caráter plurinacional do Estado ganha expressão no artigo 2º, que proclama a "livre determinação" das "nações e povos indígenas", conferindo-lhe os sentidos de autonomia e autogoverno e garantindo o reconhecimento de suas "instituições" e "entidades territoriais".* O caráter comunitário exprime-se no artigo 11º, que descreve três formas de exercício da democracia: participativa, representativa e comunitária, esta última definida como "a eleição, designação ou nomeação de autoridades e representantes por normas e procedimentos próprios das nações e povos indígenas".

---

* A lógica da oficialização das etnias indígenas não impediu o projeto de oficializar também, segundo o cânone definido na Conferência de Durban, o "povo afro-boliviano" que, de acordo com o artigo 32º, goza dos mesmos "direitos econômicos, sociais, políticos e culturais" atribuídos às "nações e povos indígenas originários camponeses".

Na Europa do século XIX, a universalização da educação funcionou como ferramenta dos nacionalismos triunfantes. As escolas serviriam à finalidade de promover a coesão nacional, desenhando na mente das crianças os contornos de uma comunidade imaginada: a bandeira e o hino, o território, um passado compartilhado, uma língua e um patrimônio literário comuns. A nova Constituição boliviana referencia-se na tradição identitária do nacionalismo para promover não a coesão nacional, mas o plurinacionalismo. O artigo 80° atribui à educação a missão de contribuir "para o fortalecimento da unidade e da identidade de todas e todos como parte do Estado Plurinacional, assim como para a identidade e desenvolvimento cultural dos membros de cada nação ou povo indígena originário camponês". Nas escolas, os bolivianos aprenderão que não existe uma nação boliviana, mas uma coleção de nações distintas, cada uma delas orgulhosa de sua própria identidade.

A língua nacional desempenhou funções cruciais na produção das nações. O empreendimento plurinacional na Bolívia enfrenta a dificuldade representada pela difusão do espanhol como língua nacional e pelo enfraquecimento progressivo das línguas indígenas, especialmente entre os jovens. O artigo 96° confere às universidades a missão de recuperar, preservar e divulgar as línguas indígenas. O Estado refundado ergue-se contra um passado que ele julga ser a história do envenenamento das nações verdadeiras, "originárias", pelo colonialismo interno.

Cultura é o conceito crucial no plurinacionalismo boliviano, como foi também no nacionalismo romântico europeu. A Constituição oficializa as "culturas indígenas originárias camponesas" ao proclamar, no artigo 99°, que "o Estado assumirá como fortaleza" a existência dessas culturas e as preservará e difundirá. Os artigos seguintes descrevem os elementos das culturas "originárias" – "as cosmovisões, os mitos, a história oral, as danças, as práticas culturais, os conhecimentos e as tecnologias tradicionais" – e os classificam como "parte da expressão e da identidade do Estado".

A cultura, entendida como feição essencial das "nações originárias", funciona como uma fonte de direitos coletivos na esfera política. O artigo 149° determina uma "participação proporcional" destas nações na Assembleia Legislativa Plurinacional e prevê a delimitação de circunscrições especiais indígenas que não obedecerão aos critérios demográficos e de continuidade territorial das demais circunscrições. Mais adiante, no artigo 212°, o projeto concede às "nações e povos indígenas originários camponeses" o direito de eleger representantes "de acordo com suas formas próprias de eleição".

Entretanto, o principal direito coletivo atribuído às "nações indígenas" é o de estabelecer um sistema de "justiça originária" exercido por autoridades tradicionais. Na jurisdição das entidades autônomas indígenas, de acordo com o artigo 192°, as decisões adotadas pelo sistema de "justiça originária" não podem sofrer revisão dos tribunais regulares de justiça. A duplicação do sistema judiciário repercute, no topo, pela previsão constante do artigo 198° de um Tribunal Constitucional composto paritariamente por magistrados oriundos da justiça comum e da "justiça originária".

No início de março de 2009, a casa do ex-vice-presidente Cárdenas, no lago Titicaca, foi saqueada por militantes indígenas. A esposa e dois filhos do katarista histórico foram golpeados com paus e chicotadas. O ataque brutal derivou de uma decisão de "justiça comunitária" tomada por caciques alinhados com o MAS e justificada pela alegação de que a família de Cárdenas não cumpriria obrigações tradicionais como a participação em festas e na colheita comunitária.

A nova Constituição já estava em vigor e Cárdenas classificou o ato de violência como uma represália por seu engajamento na campanha pela rejeição do projeto constitucional. Evo Morales rejeitou as críticas de entidades internacionais de direitos humanos, antes de pronunciar uma pouca incisiva condenação do ataque. O vice-presidente Linera preferiu temperar uma condenação ainda mais branda com a sugestão de que a comunidade indígena tinha contas legítimas a acertar com Cárdenas.

O Estado Unitário da nova Constituição concederá autonomias aos diversos entes territoriais previstos: departamentos, províncias, municípios e entidades indígenas originárias. Estas últimas, segundo o artigo 295°, emergem de um ato de vontade da "nação" ou "povo" originário, "de acordo com procedimentos de consulta direta própria", e passam não só a se autogovernar como a dispor do direito de constituir um sistema de "justiça originária". O artigo 297° esclarece que os governos autônomos de tais entidades "se exercerão através de suas próprias normas e formas de organização".

A expressão crucial de todo o texto é "nação originária". A proclamação de uma comunidade desse tipo, por autoridades tradicionais ou organizações políticas de perfil étnico, terá o poder de instalar um estatuto autonômico que isenta uma porção do território das obrigações impostas pelas leis gerais de representação política e administração da justiça. No fim das contas, o conceito de cidadania esvazia-se de universalidade e é subordinado ao conceito de etnia.

Inventando a "nação camba"

"Evo Morales quer ficar com todo o poder, todo o dinheiro e toda a indiada".[10] Essas palavras doces, de um racismo indisfarçado, foram pronunciadas pelo prefeito da cidade de Santa Cruz, Percy Fernández, em dezembro de 2007, durante um ato de entrega, por comitês cívicos, do projeto de Estatuto Autonômico do departamento de Santa Cruz. O mesmo alcaide sugerira, meses antes, a criação de "outra pátria", pela cisão dos departamentos do Oriente, que formam a chamada Meia-Lua, com o Altiplano. O governador departamental, Rubén Costas, bem como o poderoso líder do Comitê Cívico local, Branko Marinkovic, dissociaram-se prudentemente da sugestão separatista, jurando fidelidade ao princípio da unidade da Bolívia. Mas aquelas juras, não as declarações de Fernández, devem ser atribuídas a um cálculo político tático.

A Meia-Lua, na concepção compartilhada pelos três, não é uma coleção de quatro departamentos bolivianos, mas a expressão territorial de uma nação étnica: a "nação camba". A pátria geográfica dos cambas corresponde às terras baixas bolivianas, drenadas por rios amazônicos e platinos e semicircundada por "regiões afins": o Centro-Oeste brasileiro, o Acre e Rondônia, o Paraguai e os departamentos intermediários de Chuquisaca e Cochabamba.* A pátria histórica dos cambas é um mito de origem fabricado como reação à Revolução Nacional.

Até a tomada revolucionária do poder pelo MNR, "camba" era um termo pejorativo utilizado para designar os índios, majoritariamente guaranis, das terras baixas bolivianas. Mas antes disso a elite de Santa Cruz já alimentava ambições autonomistas, que se tingiram com as cores do separatismo durante a Guerra do Chaco (1932-1935). A guerra, travada entre Bolívia e Paraguai, foi precipitada pela descoberta de pequenas jazidas de petróleo na raiz da cordilheira andina, no Chaco Boreal. Os paraguaios venceram amplamente, mesmo dispondo de um exército menor, em virtude do fervor nacionalista redespertado no país. A Bolívia combateu com um exército de recrutas indígenas alistados pela violência, perdeu quase toda a região e conheceu uma desmoralização nacional que figura entre as causas da ruptura revolucionária de 1952.

Durante a guerra, intelectuais de Santa Cruz explicaram, a uma elite autodenominada *cruceña* e orgulhosa do "sangue espanhol" que corria nas veias dos seus, que a geografia e a história traçaram uma fronteira entre o Oriente e o Altiplano. A cidade de Santa Cruz, fundada no século XVI pelo capitão Ñuflo de Chávez, que interiorizava a colonização espanhola numa jornada desde Buenos Aires e com escala em Assunção, conectava-se "naturalmente" ao Chaco e ao Pampa, não aos Andes. O melhor resultado da guerra, sob aquele ponto de vista, era a derrota boliviana e a secessão da região *cruceña*.

Camba ganhou novos sentidos logo após a Revolução Nacional, num tempo em que os proprietários de terras de Santa Cruz temiam a hipótese de expansão

---

* O mapa da "nação camba" é divulgado pelo Movimento Nação Camba. Disponível em: <http://www.nacioncamba.net>. Acesso em: 12 jun. 2009.

da reforma agrária para as terras baixas. Desse temor nasceu uma narrativa de mestiçagem entre duas "raças" nobres: os colonizadores espanhóis e os índios guaranis do Oriente boliviano. A palavra camba, de termo derrisório, converteu-se em designação genérica – e honrosa – dos habitantes das regiões orientais. Nesse passo, os guaranis começaram a ser descritos como valentes guerreiros que, séculos antes, interpuseram-se diante das ambições imperiais dos incas.

A nova figuração dos guaranis apoiou-se num antigo ensaio do etnólogo sueco Nils Erland Nordenskiöld, publicado em 1917, mas extraído da obscuridade apenas na década de 1950. O acadêmico, filho de um célebre explorador ártico, narrava um embate de combatentes guaranis com as forças incas no início do século XVI. A historiografia atual aponta lacunas na narrativa do etnólogo e levanta dúvidas sobre o sentido daquele remoto confronto, mas os historiadores *cruceños* de meados do século XX não vacilaram em transformá-la num épico da resistência triunfante dos guaranis – e numa prova suplementar da multissecular oposição cultural entre o Oriente e o Altiplano.

A revisão historiográfica tinha uma nítida direção ideológica. No lugar de uma brutal subordinação dos guaranis ao poder colonial espanhol, como ocorrera com os incas no Altiplano, tratava-se de narrar um embate de fortes, com glórias distribuídas entre vencedores e derrotados, finalmente resolvido por uma mestiçagem que simbolizaria a conciliação. Os cambas, produto dessa mestiçagem, não deveriam ser postos no mesmo escaninho dos desprezados *cholos* e *collas* das terras altas.

Duas décadas mais tarde, a historiografia camba adicionou um novo elemento à sua narrativa: a última grande revolta chiriguana, como são chamados os guaranis da Bolívia, no final do século XIX. O levante, de tipo milenarista, produziu uma série de choques com os colonos das terras baixas, mas só terminou após a intervenção das tropas do governo central de La Paz, que massacraram os insurgentes em janeiro de 1892, na planície de Kuruyuki. Em 1972, o historiador *cruceño* Hernando Sanabria Fernández publicou *Apiaguaiqui-Tumpa: biografia del pueblo chiriguano y de su ultimo caudillo*, um relato da revolta que, como observou a antropóloga Kathleen Lowrey, desempenha funções ideológicas essenciais para a mitologia camba. Fernández traçou sugestivos paralelos entre os revoltosos guaranis e os combatentes sioux de Touro Sentado nos EUA da mesma época, a fim de enfatizar o heroísmo trágico presente na luta desesperada do fraco contra o forte. Ele também descreveu os confrontos dos índios com os colonos como intercâmbios violentos mas honrosos, que envolveram forças similares. Mas, sobretudo, descreveu a intervenção de La Paz como um ato de inominável selvageria, cometido por forças estranhas ao universo das terras baixas.

Fernández, o mais célebre escritor de Santa Cruz, combateu na Guerra do Chaco e, meses antes de morrer, em 1986, foi condecorado com o Condor dos

185

Andes, no grau de Grande Comendador, pelo último governo de Estenssoro. Ele não usava máquina de escrever, mas apenas uma clássica caneta tinteiro. Sua obra mais relevante, sobre a revolta guarani, tinha como alvo o público *cruceño*, quando apenas se iniciava a grande onda migratória de indígenas e *cholos* do Altiplano rumo ao Oriente. O relato destinava-se a sustentar o mito camba do encontro, trágico mas finalmente frutífero, entre os colonos brancos e os guaranis nas terras baixas. Os guaranis deveriam ser interpretados à luz do conceito de resistência ao invasor – isto é, como precursores da própria resistência camba ao poder andino de La Paz. Nas palavras de Lowrey, o episódio da revolta chiriguana é uma "exortação codificada da resistência aos invasores até o amargo fim".[11]

O livro de Fernández apareceu no início da ditadura do general Banzer, um homem do Oriente cercado por associados oriundos das terras baixas. Durante o seu regime, enquanto se avolumavam as migrações destinadas ao Oriente, Santa Cruz convertia-se num pólo cada vez mais importante de oposição política ao predomínio do Altiplano. A mitologia camba completou-se nesse período, que tem como ponto de chegada a reforma constitucional multiculturalista de Sánchez de Lozada de 1994. No novo país "multiétnico e pluricultural" então proclamado, os cambas podiam legitimamente afirmar seu caráter distinto, sua singularidade étnica e suas ambições autonomistas. Mais ainda: o racismo anti*colla* que acompanhou toda a construção do polo de poder de Santa Cruz passava a figurar como um texto convenientemente disfarçado pela reivindicação camba de continuidade da resistência guarani.

A revolta de Kuruyuki foi conduzida pelos avas, o grupo mais numeroso entre os quase oitenta mil guaranis da Bolívia atual. Os avas foram dispersados e largamente assimilados ao longo do século XX. Os *isoseños*, um grupo guarani minoritário, lideraram a fundação, em 1982, da Confederação de Povos Indígenas da Bolívia (Cidob), que reúne diversas entidades étnicas e se apresenta como entidade representativa dos chiquitanos, guaranis ayoreos e guarayos das terras baixas. A Cidob é palco de uma disputa de poder entre os *isoseños*, organizados na Capitania do Alto e Baixo Isoso (Cabi), e os avas, que controlam a Assembleia dos Povos Guaranis (APG), uma entidade patrocinada pela Igreja. A obra de Fernández, praticamente desconhecida entre os indígenas do Oriente durante duas décadas, transformou-se no início da década de 1990 no polo de articulação de um projeto de unidade guarani conduzido pela Cabi. No centenário do massacre de Kuruyuki, o relato do historiador *cruceño* proporcionou uma narrativa mítica de sangue e honra que funciona como ferramenta política no novo cenário do multiculturalismo boliviano.

A Cabi aproximou-se da elite *cruceña* por meio do movimento Nación Camba em 2001 e, três anos depois, a organização dos *isoseños* decidiu participar do Comitê Cívico de Santa Cruz, que logo concedeu a medalha do Mérito Cruceño a Bonifacio Barrientos Cuellar, o líder da Cabi. Em seguida, o Comitê Cívico formou, no seu interior, um diretório de povos étnicos composto por representantes das quatro etnias indígenas das terras baixas. Santa Cruz já contava com um Museu Etnofolclórico, com coleções de artefatos dos povos indígenas das terras baixas, mas a liderança dos *isoseños*, apoiada pela elite autonomista da cidade, estabeleceu um Museu Guarani, que se dedica a difundir uma narrativa histórica étnica e a exibir as contribuições guaranis à cultura do Oriente boliviano.

Tudo no Museu Guarani está relatado e disposto de modo a realçar não só a singularidade de uma etnia, mas, principalmente, a distinção entre os guaranis e os indígenas do Altiplano. Desafiando os modelos prevalecentes sobre os paleoíndios americanos, o site original do museu apresentava os povos do Chaco e da Amazônia como descendentes de migrações oceânicas relativamente recentes pelas quais, há cerca de 5,4 mil anos, grupos oriundos da Indonésia chegaram à América. De acordo com essa tese, os guaranis e os demais grupos das terras baixas bolivianas não compartilhariam um passado comum com os indígenas do Altiplano, cuja história inicia-se com os fluxos mais antigos, de migrantes que atravessaram o Estreito de Bering no final da última glaciação.

A tese expressa no site não se limitava a postular origens remotas distintas para os indígenas do Oriente e do Altiplano, mas seguia adiante e assegurava que os migrantes oceânicos trouxeram com eles técnicas e cultura "mais avançadas" que as dos ancestrais dos *collas*.[12] A proposição é o avesso da noção, difundida em meados do século XX e adotada pela historiografia marxista que informou as concepções predominantes na Bolívia da Revolução Nacional, de que a civilização inca, com seu complexo sistema sociopolítico, figuraria como uma "alta cultura", superior às sociedades "primitivas" das terras baixas. Na década de 1970, a Antropologia começou a derrubar essas hierarquias culturais clássicas, evidenciando seu anacronismo e suas falácias, mas não se havia sugerido uma inversão dos sinais valorativos. Como assinalou Lowrey:

> Agora, no início do novo milênio, registra-se outra reiteração de estratificações perniciosas, reanimadas sob novas formas e com novas finalidades. Quem suporia que alguma comunidade indígena boliviana saudaria o século XXI com uma nova teoria de origem racial distinta, separando-se a si mesma dos seus *"hermanos* indígenas" dos Andes? Mas, no fim das contas, quem suporia que os multiculturais anos 1990 criariam condições sob as quais o separatismo branco poderia florescer numa nação indígena?[13]

Butim de guerra

Na nova Constituição, a Bolívia é definida como Estado Unitário Social de Direito Plurinacional Comunitário. Autonomias e comunitarismo pontilham todo o texto, mas o caráter unitário do Estado encontra-se estabelecido num monopólio absoluto sobre os recursos naturais. Segundo o artigo 310°, compete à "forma econômica estatal" a "administração dos direitos proprietários dos recursos naturais" e o "controle estratégico das cadeias produtivas e dos processos de industrialização de tais recursos".[14] O artigo 351° determina que "o Estado, através de entidades públicas, sociais ou comunitárias, assumirá o controle e a direção sobre a exploração, extração, industrialização, transporte e comercialização dos recursos naturais".

O poder verdadeiro do governo central está na prerrogativa de distribuir quase como quiser as rendas geradas pelo gás e pelo petróleo, que são as maiores riquezas do país. O artigo 353° garante ao "povo boliviano" um "acesso equitativo aos benefícios provenientes do aproveitamento de todos os recursos naturais" e, em seguida, afirma que uma "participação prioritária" será concedida "aos territórios onde se encontrem esses recursos" e "às nações e povos indígenas originários camponeses". Finalmente, o artigo 368° assegura que "os departamentos produtores de hidrocarbonetos" receberão 11% da arrecadação fiscal sobre a produção e prevê que os demais departamentos receberão participações a serem fixadas em lei específica. A resistência do Oriente à nova ordem constitucional decorre, essencialmente, do controle central sobre as rendas derivadas dos hidrocarbonetos.

A Assembleia Constituinte sofreu com boicotes da maior parte dos representantes oposicionistas e transferiu-se de Sucre para Oruro, em dezembro de 2007, após uma série de manifestações estudantis, estimuladas pela oposição, contra o texto proposto pela maioria governista. O texto final do projeto constitucional foi aprovado numa sessão que varou a noite e só terminou na manhã de 9 de dezembro. A maratona de votação final praticamente não teve a participação de oposicionistas, em virtude do cerco do edifício por manifestantes governistas. Nos meses seguintes, deflagrou-se a batalha política sobre o referendo popular do projeto constitucional e os departamentos da Meia-Lua aprovaram estatutos autonômicos que foram declarados inconstitucionais por La Paz. Em janeiro de 2009, uma maioria de cerca de 60% aprovou o projeto constitucional, mas a nova carta foi rejeitada pelos eleitores dos quatro departamentos orientais e, ainda, pelos de Chuquisaca.

O princípio da plurinacionalidade não é um tema de atrito entre o governo de Evo Morales e as elites do Oriente. Seis anos antes da votação do projeto constitucional, o movimento Nação Camba lançou a sua "proposta autonomista", intitulada "O novo pacto com o Estado boliviano".[15] Ponto por ponto, extensamente, o documento contém uma série de conceitos fundamentais que ressurgiram no projeto constitucional. Segundo ele, a Bolívia "pluricultural e multiétnica" deveria se reconstituir como "república multinacional". A proposta camba imagina a Bolívia como uma confederação de "nações e nações indígenas". As nações emanariam de plebiscitos ou referendos departamentais e seriam automaticamente reconhecidas pelo Estado. Os governos dos "departamentos autônomos", na qualidade de representantes de nações, deveriam gozar de "soberania".

O pacto proposto pelo movimento Nação Camba converteria a Bolívia num Estado confederal. A sua diferença de fundo em relação à nova Constituição é que nele não há lugar para a complexa combinação entre os conceitos de Estado unitário e autonomia étnica. Do ponto de vista da liderança camba, a Bolívia seria, no máximo, uma moldura territorial para a coexistência de nações soberanas. Sob essa lógica, as nações exerceriam controle soberano sobre os "seus" territórios e os recursos naturais neles contidos.

Um item do documento camba confere aos governos departamentais o direito de vetar iniciativas de colonização e reforma agrária oriundas de La Paz. Outro item, de importância estratégica, atribui aos departamentos, regiões e nações o "domínio originário" de "todos os recursos naturais que contenham o solo e o subsolo". As entidades territoriais autônomas teriam assegurada uma participação nas rendas derivadas da exploração dos seus recursos naturais equivalente à metade da participação do "Estado central". As elites do Oriente adotaram o programa multiculturalista no governo Sánchez de Lozada, bem antes da ascensão de Evo Morales à presidência. Mas elas o fizeram para seus próprios fins, em especial a captura das rendas dos hidrocarbonetos, que são extraídos basicamente nos departamentos da Meia-Lua.

O colapso da Bolívia emanada da Revolução Nacional não poderia ser mais completo. No lugar de uma nação dividida em classes sociais, todos os atores relevantes falam agora de uma coleção de nações étnicas separadas por culturas essenciais. Nas palavras de Wolfgang Gabbert, "tanto as comunidades étnicas quanto as nações são tipicamente 'comunidades imaginadas', como as denominou acuradamente Benedict Anderson".[16] As mudanças estruturais na economia e na sociedade bolivianas provocaram uma revolução no imaginário político. Dessa revolução, emergiram não apenas etnias, mas comunidades étnicas que se declaram nações e exigem direitos nacionais.

Na América hispânica, como em qualquer parte, a definição de categorias étnicas não é um ato científico objetivo, mas um ato político que depende de contextos históricos em mutação. Na Guatemala dos anos 1930, os mestiços (ladinos) de classe alta que falavam espanhol corriqueiramente definiam os ladinos pobres como índios. Numa pesquisa conduzida nos anos 1970 na pequena cidade de San Jerónimo, nos arredores de Huancayo (Peru), verificou-se um padrão conflitante de classificação da população urbana. Enquanto um alto funcionário da prefeitura, baseando-se em critérios linguísticos e socioeconômicos, classificava a enorme maioria como indígenas, um habitante escolarizado, que falava espanhol, mas era filho de um camponês quechua, descrevia essa mesma população como mestiça, por habitar o meio urbano e adotar um estilo de vida diferente daquele dos camponeses.

É preciso ter em conta os contextos para entender a fabricação do atual imaginário étnico boliviano. No Altiplano, há meio século, a categoria "indígena" era aplicada quase exclusivamente aos camponeses que não falavam o espanhol – e, na linguagem política, a palavra camponês tinha precedência sobre a palavra índio. Hoje, a categoria abrange uma vasta população urbana que fala espanhol, inclusive muitos que não utilizam nenhuma língua indígena, e tem precedência sobre os termos referenciados no conceito de classes sociais, como operários, trabalhadores ou camponeses. Simetricamente, nas terras baixas, a categoria "camba" funciona como uma totalidade englobante, que unifica elites e povo, estendendo-se sedutoramente na direção dos guaranis e excluindo apenas os migrantes *cholos* e *collas*.

A nova Bolívia das nações étnicas que se oficializam, acalentam narrativas de sangue e honra, cultuam heróis ancestrais e reclamam direitos de autogoverno parece-se cada vez menos com uma nação. A Constituição de Evo Morales, tanto quanto a proposta autonomista de Santa Cruz, não se apresenta como um contrato entre cidadãos, mas como um tratado provisório de paz entre comunidades separadas por abismos culturais intransponíveis. Contudo, mesmo se firmada, essa paz entre inimigos será precária e instável, pois não existe acordo sobre a distribuição da riqueza oferecida pela exploração dos recursos naturais, que é interpretada como butim de guerra.

Notas

[1] PARTIDO DE LOS TRABAJADORES. "Las tesis de Pulacayo". Disponível em: <http://www.pt.org.uy/textos/temas/pulacayo.htm>. Acesso em: 9 jun. 2009.

[2] PRESIDENCIA DE LA REPÚBLICA DE BOLIVIA. "Discurso de posesión del presidente constitucional de la República, Evo Morales Aima". Disponível em: <http://www.presidencia.gov.bo/prensa/Noticias_prd.asp?id=200601227&p=4>. Acesso em: 9 jun. 2004.

[3] MOLINA, George Gray. "Ethnic politics in Bolivia: 'harmony of inequalities', 1900-2000". Center for Inequality, Human Security and Ethnicity (Crise), Queen Elizabeth House, University of Oxford, 2005, p. 13. Disponível em: <http://www.crise.ox.ac.uk/pubs/workingpaper15.pdf>. Acesso em: 9 jun. 2009.

[4] NATIVE WEB. "Manifesto of Tiawanku". Disponível em: <http://www.nativeweb.org/papers/statements/indigenous/bolivia.php>. Acesso em: 9 jun. 2009.

[5] POLITICAL DATABASE OF THE AMÉRICAS. "Constitución Política de la República de Bolivia". Disponível em: <http://pdba.georgetown.edu/Constitutions/Bolivia/consboliv2002.html#dispgrales>. Acesso em: 9 jun. 2009.

[6] MURPHY, Annie., "Felipe Quispe: the other". Disponível em: <http://www.newsocialist.org/index.php?id=623>. Acesso em: 9 jun. 2009.

[7] OSTRIA, Gustavo Rodríguez. "Los mineros de Bolivia en una perspectiva histórica". *Convergencia*, n. 4, jan.-abr. 2001, p. 291.

[8] MOLINA, George Gray. Op. cit., p. 11.

[9] AGENCIA BOLIVIANA DE INFORMACION. "Asamblea Constituyente de Bolivia: Nueva Constitución Política del Estado". Disponível em: <http://abi.bo/coyuntura/asamblea/nueva_cpe.pdf>. Acesso em: 9 jun. 2009.

[10] CHAVES, Daniel Santiago. "Panorama do oriente boliviano: choque de incompatibilidades". Relatório n. 14, Laboratório de Estudos do Tempo Presente, UFRJ, 2008, p. 7. Disponível em: <http://www.tempopresente. org/images/stories/conjunturasul/relorieboliviamar2008014.pdf>. Acesso em: 9 jun. 2009.

[11] LOWREY, Kathleen. "Bolivia multiétnico y pluricultural, ten years later: white separatism in the lowlands". *Latin American and Caribbean Ethnic Studies*, v. 1, n. 1, abr. 2006, p. 70.

[12] LOWREY, Kathleen. Op. cit., p. 80.

[13] LOWREY, Kathleen. Op. cit., p. 81.

[14] AGENCIA BOLIVIANA DE INFORMACION. Op. cit.

[15] NACIÓN CAMBA. "El nuevo pacto con el Estado boliviano". Disponível em: <http://www.nacioncamba.net/documentos/nuevopacto.htm>. Acesso em: 9 jun. 2009.

[16] GABBERT, Wolfgang. "Concepts of ethnicity". *Latin American and Caribbean Ethnic Studies*, v. 1, n. 1, abr. 2006, p. 89.

PARTE III

BACK TO AFRICA

O Império contra o tráfico

O Castelo de Cape Coast, uma sólida fortaleza murada com canhões apontados na direção de um mar azul-esverdeado, ergue-se imponente diante de uma baía em meia-lua, avançando sobre a areia da praia e desafiando a maré alta. A cidade de Cape Coast (Cabo Corso), 165 quilômetros a oeste de Acra, a capital de Gana, cresceu ao redor da fortaleza, erguida no século XVI em madeira e depois reconstruída em pedra. O enclave trocou várias vezes de mãos, transitando entre portugueses, suecos e holandeses, antes de ser conquistado pelos ingleses em 1664, que novamente reconstruíram o castelo. Originalmente, a construção funcionou como entreposto de comércio de madeira e ouro. Sob os ingleses, ganhou o nome oficial de castelo e masmorra, tornando-se um centro de administração mercantil e, sobretudo, o maior entre mais de três dezenas de empórios de escravos implantados na então Costa do Ouro e operados por todas as principais potências europeias.

Os empórios da Costa do Ouro situavam-se no centro nevrálgico de um sistema comercial que interligava Europa, África e América, impulsionando o primeiro episódio de globalização econômica da história. No então chamado "comércio

Uma gota de sangue

triangular", navios negreiros levantavam ferros dos portos europeus com tecidos, armas e rum que eram trocados por escravos nos entrepostos africanos. Seguia-se a pavorosa travessia do Atlântico, uma viagem marcada pelo som das correntes e dos gemidos nos porões, até o desembarque da carga humana nas colônias do Novo Mundo, onde os escravos eram intercambiados por açúcar, café e tabaco.

No auge do comércio de gente, em meados do século XVIII, cerca de 85 mil escravos faziam anualmente o trajeto transatlântico. Ao longo de quase quatro séculos, mais de 11,5 milhões de africanos foram embarcados como escravos nas rotas do Atlântico e outros 3,4 milhões seguiram para a Europa ou os países árabes. A Costa do Ouro contribuiu com nada menos que 6,5 milhões de cativos destinados à América. Em virtude principalmente do tráfico, a população da África experimentou uma estagnação quase completa, passando de algo como 100 milhões para cerca de 120 milhões de seres humanos, entre 1650 e 1900. Não há como minimizar os impactos políticos, sociais e culturais do comércio escravista. Ainda hoje, nos povoados de Gana, persiste um padrão arquitetônico tradicional, oriundo dos tempos da caça de gente: habitações assemelhadas a castelos em miniatura se dispõem em um círculo rodeado por paliçadas, configurando um escudo de proteção à vida comunitária, que se realiza no espaço interno.

Existe apenas um registro escrito da terrível experiência dos milhares de cativos que encheram a masmorra do Castelo de Cape Coast. Num livro publicado em Londres, o antigo escravo Quobna Ottobah Cugoano relatou do seguinte modo o momento da sua transferência para um navio que zarparia rumo à América: "A nossa condução ao navio foi a cena mais horrível. Nada se ouvia a não ser a matraca de correntes, o estalo de chicotes e os gemidos e gritos de nossos companheiros. Alguns nem se moviam do chão, quando eram chicoteados e batidos do modo mais horrível."[1] Relatos dos escravos nas masmorras da África e nos navios negreiros começaram a ser difundidos desde o final do século XVIII. Mas o tormento daqueles infelizes começava antes, na hora da caçada de gente, que poucas vezes envolvia diretamente os traficantes europeus ou árabes. A produção do escravo, isto é, a captura e escravização de africanos, realizava-se previamente, no quadro das próprias sociedades africanas.

A escravidão existiu na África, como em tantos outros lugares do mundo, muito antes do advento do tráfico internacional de escravos. Inimigos derrotados eram convertidos em escravos, bem como pessoas endividadas ou condenados por uma série de crimes. No mais das vezes, os escravos trabalhavam como empregados domésticos e a condição de cativos era temporária. Mas o princípio da escravidão inscrevia-se na tradição, de modo que a captura de escravos para a venda aos traficantes estrangeiros não precisava arrostar algum tipo de resistência moral. Cugoano des-

196

creveu a sua captura, por um comerciante de escravos africano, quando brincava nos arredores de sua casa: "Devo admitir que, para a vergonha dos homens de meu próprio país, em primeiro lugar, fui raptado e traído por alguém de minha própria cor."[2]

Em Gana, quando comerciantes portugueses apareceram em cena, no final do século XV, eles trocavam escravos e outros bens trazidos do Senegal por ouro fornecido pela chefia do reino Ashanti. O novo intercâmbio deu impulso às expedições ashantis de caça de gente, pelas quais se conseguiam cativos para o trabalho nas minas de ouro. O passo seguinte foi a entrada do reino no circuito do comércio negreiro transatlântico.

A venda de escravos propiciava aos chefes africanos o acesso a armas e a cavalos, que eram instrumentos militares decisivos. O advento do tráfico transatlântico estimulou uma intensa diferenciação política na África, com a formação de Estados, a consolidação de elites que drenavam para si as rendas do comércio e a configuração de etnias que se engajavam em guerras para a obtenção de cativos. Os grandes reinos negreiros controlavam amplas redes escravistas que se ramificavam pelo interior, abrangendo parceiros comerciais estatais e mercadores independentes.

Se a escravidão tradicional africana funcionou como alicerce para a venda de escravos aos traficantes europeus e árabes, também é verdade que o tráfico negreiro ampliou o escravismo na África. A população cativa do Congo chegou a representar 50% do total. No reino vassalo do Ndongo, estabelecido na atual Angola no século XVI, a classe dos escravos era a fonte do poder do rei e da aristocracia.[3]

O reino Ashanti dominou a Costa do Ouro por três séculos e a venda de escravos para os traficantes representou a mais importante fonte de suas rendas, que eram trocadas por bens comercializados pelos europeus. Os lugares onde foram erguidos os empórios de escravos não eram posses dos traficantes, mas da chefia ashanti, que os cedia mediante um aluguel mensal. Os ingleses pagavam pelo uso do Castelo de Cape Coast. No golfo da Guiné, antes do reino Ashanti, cujo apogeu se deu no século XVIII, o negócio do tráfico tinha como foco o estado de Oyo, na atual Nigéria, e depois transferiu-se para o Daomé, no atual Benin. Os chefes do Daomé mantinham estreitas relações com os traficantes luso-brasileiros do Rio de Janeiro e, quando o Brasil declarou sua independência, chegaram a explorar a hipótese de se juntar ao Império de D. Pedro I na condição de província ultramarina.

As guerras entre Estados africanos tornaram-se mais comuns nas áreas sob a influência dos empórios negreiros, pois a captura e escravização passaram a figurar como fontes essenciais de riqueza para as chefias. As guerras crônicas entre os ashantis e os acans forneceram, para as chefias de ambos os lados, muitos dos cativos que foram vendidos como escravos nos empórios da Costa do Ouro. Entre 1814 e 1816, os ashantis conduziram uma sangrenta guerra contra uma coalizão

Uma gota de sangue

dos akins e akwapis para recuperar acesso a portos marítimos e, desse modo, aos traficantes europeus. Pouco antes do fim do tráfico transatlântico, em 1840, o rei Gezo, do Daomé, declarou que "o tráfico de escravos tem sido o princípio norteador de meu povo" e, ainda, que "ele tem sido a fonte da nossa glória e riqueza".[4] Em 1872, bem depois da abolição do tráfico, o rei ashanti dirigiu uma carta ao monarca britânico solicitando a retomada do comércio de gente.

O nexo africano do sistema internacional de comércio de escravos pesa como uma rocha em certos países da África. "Não discutimos a escravidão", assegura Barima Kwame Nkye XII, um chefe supremo do povoado ganês de Assin Mauso, enquanto Yaw Bedwa, da Universidade de Gana, diagnostica uma "amnésia geral sobre a escravidão".[5] A "amnésia" concerne, especialmente, ao papel desempenhado pelos chefes ashantis, cujos descendentes continuam a ocupar lugares destacados na sociedade ganesa. Uma história oficial procura estabelecer uma distinção absoluta entre a escravidão tradicional, descrita como mais ou menos benevolente, e o tráfico internacional, que é atribuído exclusivamente aos europeus. Contudo, em algumas regiões africanas, descendentes de escravos não têm, até hoje, o direito de herança.

O jornalista polonês Ryszard Kapuscinski viveu longos períodos na África, nas décadas de 1960 e 1970. Ele escreveu:

> Se alguém olhar atentamente para o mapa da África, notará que a costa é pontilhada por ilhas. Algumas são tão pequenas que somente estão marcadas em cartas de navegação muito detalhadas, mas há outras suficientemente grandes para figurar em um atlas comum. [...] Esse fenômeno geológico teve consequências históricas, pois por muito tempo a África foi, simultaneamente, tentação e terror. [...] Aquele que partia em sua direção entrava num jogo extremamente perigoso, definitivo, de vida ou morte. Ainda na primeira metade do século XIX, a maior parte dos europeus que se aventuraram pela África morreu de malária; contudo, muitos sobreviventes retornaram depois de fazer rápidas e grandes fortunas com tráfico de ouro, de marfim e, acima de tudo, de escravos negros. Para isso, as dezenas de ilhas espalhadas ao longo da costa foram de muita ajuda a navegadores, negociantes e gatunos de todas as nacionalidades. Elas tornaram-se pontos de atracação, baluartes, embarcadouros, feitorias.[6]

As ilhas costeiras estavam separadas o suficiente para oferecerem proteção contra ataques oriundos do continente, mas próximas o suficiente para permitirem os contatos, os intercâmbios e os negócios. Bioco, a antiga Fernando Pó, que hoje pertence à Guiné Equatorial, figurou como empório central do tráfico negreiro da Companhia das Índias Ocidentais no golfo da Guiné, em meados do século XVII, logo substituído por um empório implantado na ilha vizinha de Corisco pelos portugueses. Pela mesma época, as ilhas portuguesas de São Tomé e Príncipe, atingidas pela concorrência do açúcar da América, especializaram-se na função de

198

entreposto negreiro. No lado oposto da África, o arquipélago de Zanzibar, na atual Tanzânia, passou ao controle do sultanato de Omã em 1698 e tornou-se o centro nevrálgico do comércio árabe de escravos.

Os empórios do tráfico também foram instalados nas proximidades da foz de rios que davam acesso a extensos vales interiores. Os franceses estabeleceram em 1659 a fortificação de Saint-Louis numa estreita ilha fluvial, 25 quilômetros antes da foz do rio Senegal, com a finalidade de centralizar o intercâmbio ao longo do rio. Escravos formavam a mais lucrativa mercadoria comercializada no entreposto e, no fim do século XVIII, a cidade que surgiu ao redor do forte tinha cinco mil habitantes, figurando como um dos principais centros urbanos da África Subsaariana. Os ingleses, por sua vez, ergueram em 1672 um castelo fortificado em Bance Island, pouco acima da foz do estuário do rio Serra Leoa. No seu ápice, desde meados do século XVIII, zarparam da masmorra da ilha muitos milhares de escravos destinados às Antilhas e às colônias britânicas na América do Norte.

Durante os trezentos anos do tráfico de escravos para a América, a presença física das potências europeias na África circunscreveu-se, com a exceção parcial de Angola, às fortalezas costeiras. No ocaso desse longo período histórico, a Grã-Bretanha, maior potência naval e comercial, engajou-se numa campanha internacional contra o tráfico negreiro e a escravidão. Navios britânicos haviam transportado 2,5 milhões de escravos no século XVIII, ou algo como dois quintos do total. Contudo, em 1807, pela Lei do Tráfico de Escravos, a Grã-Bretanha tornou ilegal o comércio escravista em navios de bandeira britânica e, no Ato Final do Congresso de Viena, de 1815, os representantes britânicos conseguiram incluir uma declaração genérica de condenação do tráfico. A proposta original era uma resolução de abolição compulsória e global do comércio de gente, mas isso não passou em virtude da resistência de franceses, espanhóis e portugueses.

Londres e Rio de Janeiro foram os palcos dos golpes decisivos na escravidão colonial e no tráfico de seres humanos. Em 1833, por meio da Lei de Abolição da Escravidão, o parlamento britânico libertou os escravos em todo o Império, com exceção dos territórios da Companhia das Índias Orientais, do Ceilão e da ilha de Santa Helena, estabelecendo que os proprietários deveriam receber uma "razoável compensação" pela perda dos serviços de seus cativos.[7] Em 1850, a Lei Eusébio de Queiroz, adotada depois de intensas pressões britânicas, proibiu a importação de escravos no Império do Brasil.

Apenas a partir de 1885, com a Conferência de Berlim, as potências europeias deflagraram a corrida imperial à África. Nos quinze anos finais do século XIX, por meio de uma série de tratados entre as próprias potências e delas com chefias africanas, a África foi repartida em territórios coloniais. A chamada "partilha da

Uma gota de sangue

África" na realidade unificou as milhares de entidades políticas autóctones em cerca de meia centena de colônias. A implantação de administrações europeias nos territórios africanos golpeou a instituição tradicional da escravidão, que resistia ao encerramento do tráfico negreiro internacional. Os poderes imperiais, que haviam conduzido o grande negócio do comércio de seres humanos, transformavam-se nos agentes de uma modernização que dissolvia o escravismo.

O princípio da liberdade

O tráfico transatlântico de escravos, nos seus três séculos, não era um negócio marginal, mas o núcleo de um comércio internacional que semeava o chão no qual nasceria a moderna economia industrial. A Grã-Bretanha firmou-se, após a Guerra da Sucessão Espanhola, em 1714, como a maior potência comercial do mundo e, nas décadas do apogeu do tráfico, navios britânicos transportaram anualmente mais de quarenta mil escravos para a América – o equivalente aos navios negreiros de todos os demais países somados.

O comércio de gente era o elo fundamental do negócio maior do açúcar e do café, os produtos mais desejados nos mercados europeus e as fontes de acumulação de imensas riquezas na América e na Europa. Nas Ilhas Britânicas, a construção naval e a manufatura de inúmeras mercadorias desenvolviam-se como componentes do sistema econômico baseado no comércio transatlântico e, portanto, no tráfico de escravos. Mas, paradoxalmente, a campanha de opinião pública que provocaria o colapso do tráfico eclodiu precisamente na Grã-Bretanha.

Thomas Clarkson, um anglicano formado em Cambridge, descobriu os horrores do tráfico de escravos na universidade, em 1785, em meio à pesquisa para a redação de um ensaio para um concurso de latim. A revelação cortou antes do início sua projetada carreira de diácono na Igreja Anglicana e acendeu uma chama que não se apagaria. Menos de dois anos depois, a aliança entre aquele homem alto e ruivo, obcecado por uma ideia, e os religiosos *quakers* deflagrou a campanha que mudaria o mundo. O Comitê pela Abolição do Tráfico contava com a participação do anglicano evangélico Granville Sharp, músico e mestre da banda real, e mantinha conexões com os *quakers* antiescravistas dos EUA. No parlamento britânico, suas posições foram representadas pela voz de William Wilberforce, um evangélico conservador e amigo do primeiro-ministro William Pitt, o Filho.

Na Grã-Bretanha da época, apenas anglicanos podiam participar da vida política institucional, como parlamentares ou membros dos gabinetes. Os *quakers*, em virtude dessa exclusão, tornaram-se homens de negócios e constituíram redes e grupos de pressão muito eficientes. A sua luta antiescravista tinha motivações

200

O Império contra o tráfico

humanitárias e a indignação contra a injustiça era a chama que movia os integrantes do comitê. Contudo, naquele intervalo entre as revoluções Americana e Francesa, vicejavam os conceitos de direitos naturais e igualdade entre os homens, que encontraram expressões nem sempre evidentes nas petições, conferências e publicações dos abolicionistas. Em 1788, o comitê difundiu em logotipos de lacres, livros, panfletos e abotoaduras a imagem de um africano ajoelhado e acorrentado, com as mãos erguidas e os dizeres: "Não sou um homem e um irmão?". O africano da imagem desempenha o papel de vítima inerte e o apelo é humanitário, mas a frase escolhida referencia-se na noção da igualdade natural dos seres humanos.

A campanha abolicionista, como observou Adam Hochschild, criou técnicas de persuasão da opinião pública que se consagraram e atualmente fazem parte do arsenal básico das organizações e movimentos sociais. Em 1789, Clarkson obteve um diagrama do navio negreiro Brookes, com os porões atulhados de escravos numa típica travessia do Atlântico. A imagem, refeita e ampliada, foi publicada em folhetos, jornais, revistas e livros, produzindo forte impacto.

O comitê tinha como meta última a eliminação da escravidão, mas, taticamente, para não investir contra o direito de propriedade, concentrou-se no objetivo explícito de abolir o tráfico. Acertadamente, seus integrantes calculavam que a escravidão não resistiria sem o influxo permanente de novos cativos. Entretanto, por convicção ou expediente, Wilberforce, argumentou perante o parlamento que a abolição do comércio negreiro conduziria os proprietários das Índias Ocidentais a tratarem com humanidade seus cativos, de modo a perpetuar a escravidão colonial pela reprodução normal da população escrava. A abordagem não surtiu efeito durante vários anos, pois muitos dos parlamentares eram proprietários de plantações nas Antilhas ou donos de navios engajados no negócio do tráfico.

A Londres da aurora da Revolução Industrial tinha alguns milhares de negros, muitos dos quais eram antigos escravos libertados pelos ingleses na América do Norte, durante a guerra de independência dos EUA. Num tempo anterior ao desenvolvimento do "racismo científico", os chamados "africanos" figuravam mais como alvos de curiosidade do que como vítimas de discriminação racial. Uma prova disso é que "durante mais de cinco décadas de defesa da escravidão no parlamento, o *lobby* das Índias Ocidentais quase nunca argumentou que os negros fossem inferiores por natureza; em vez disso, falavam sobre como as plantações do Caribe eram vitais para a economia imperial".[8]

Entre os negros de Londres, destacou-se Olaudah Equiano, um escravo que comprou com recursos próprios sua alforria, trabalhou como marujo em navios da Marinha Real, conseguiu estabelecer-se na Inglaterra e tornou-se não só um valioso aliado do comitê abolicionista como também um dos publicistas mais conhe-

201

cidos da época. Equiano publicou, em 1789, uma volumosa autobiografia, que fez grande sucesso editorial na Grã-Bretanha e nos EUA e foi logo traduzida para o alemão, o holandês e o russo. Com raras exceções, os abolicionistas britânicos e americanos não aprovavam a ideia de miscigenação, algo que permaneceu como tabu supremo durante quase dois séculos. Mas Equiano era especial. Numa carta aberta a um proprietário de escravos das Antilhas, referindo-se ao tema do casamento inter-racial, ele escreveu: "Um preconceito tolo como este nunca perverteu uma mente culta. [...] Por que não estabelecer casamentos inter-raciais em nosso próprio país e em nossas colônias? E estimular o amor aberto, livre e generoso, de natureza ampla e abrangente [...], sem distinção da cor da pele?".[9] Não foram só palavras: para espanto da opinião pública da época, ele casou-se com uma branca.

O projeto de lei de abolição do tráfico apresentado por Wilberforce ao parlamento não foi votado em 1789 e foi rejeitado por 163 a 88 votos em 1791. No ano seguinte, apoiado em petições firmadas por quase quatrocentos mil britânicos e defendido em plenário pelo próprio Pitt, o projeto de abolição imediata foi mais uma vez recusado. No seu lugar, a Câmara dos Comuns aprovou uma lei gradualista, pela qual o tráfico seria extinto em 1796, mas a Câmara dos Lordes a rejeitou. Em 1793, pouco antes de guilhotinar o rei Luís XVI, a França revolucionária conferiu cidadania honorária a Clarkson e a um Wilberforce que nunca escondeu sua hostilidade aos antimonarquistas franceses. A radicalização do outro lado do canal da Mancha fortaleceu os defensores do tráfico e provocou nova derrota do projeto abolicionista.

Wilberforce nunca desistiu da abolição, sofrendo derrotas sucessivas, ano após ano, até o fim do século. O comitê antiescravista, sentindo os efeitos da reação política generalizada, praticamente cessou suas atividades. O sistema parlamentar elitista da Grã-Bretanha seria capaz de resistir indefinidamente aos anseios da opinião pública, que aderira ao princípio abolicionista. O impasse foi rompido bem longe do parlamento, nas ilhas antilhanas, com a eclosão da maior de todas as revoltas dos escravos, na colônia francesa de São Domingos (Haiti).

François-Dominique Toussaint Louverture nasceu escravo na plantação de Bréda, nos arredores de Cap François, em São Domingos. Motorista de carruagem, ele pôde estudar, adotou o catolicismo, tornou-se ávido leitor dos iluministas franceses e, depois de libertado pelo proprietário da plantação, ingressou na maçonaria. Aos 48 anos, em 1791, participou da liderança de uma revolta de escravos no Norte da colônia. Pouco mais tarde, a França revolucionária concedeu direitos de cidadania aos mulatos e negros livres das colônias e, depois da execução de Luís XVI, o governo jacobino proclamou a abolição da escravidão. Enquanto em São Domingos crepitava o conflito entre os colonos e os escravos, a França entrava em guerra com a Grã-Bretanha e a Espanha.

Naquele ambiente tumultuado, Louverture revelou-se um chefe militar de gênio e, anos mais tarde, ganhou a alcunha de "Napoleão Negro". Liderando uma força guerrilheira de quatro mil homens, derrotou primeiro as tropas coloniais francesas que não reconheciam o governo jacobino, em seguida juntou-se aos franceses realinhados à Convenção Girondina e bateu os invasores espanhóis. A guerra continuou, contra os britânicos, e Louverture foi designado comandante das forças republicanas francesas em São Domingos. Em 1798, os britânicos abandonaram a colônia francesa. Na etapa seguinte, o lugar-tenente de Louverture, Jean-Jacques Dessalines, conduziu uma campanha feroz contra a elite de mulatos do Sul da colônia. Em seguida, os revolucionários haitianos irromperam no São Domingos espanhol (atual República Dominicana), que se recusava a libertar os escravos. Em 1801, com a capitulação espanhola, Louverture convocou uma Assembleia Constitucional que editou uma Constituição e nomeou-o governante perpétuo de toda a ilha.

A Constituição de Louverture, como ficou conhecida, proclamava a igualdade entre os homens e proibia distinções derivadas da cor da pele. "Nenhuma outra distinção existe senão aquelas de virtudes e talentos, nem qualquer outra superiodade senão a garantida pela lei no exercício de um cargo público", lia-se no artigo 5°, que concluía: "A lei é a mesma para todos, quer ela puna ou proteja."[10] Mas Louverture era hostil ao vodu e, por isso, o catolicismo foi declarado religião oficial, "a única publicamente professada", e baniu-se o divórcio. Além disso, os antigos escravos foram fixados nas propriedades – como integrantes de uma "ativa e permanente família, da qual o proprietário da terra ou seu representante é necessariamente o pai" – e proibiu-se o "vício funesto" da mudança de domicílio.

O governo de Louverture durou menos de um ano. Apesar da declarada lealdade do líder haitiano ao Império Francês, Napoleão Bonaparte decidiu restaurar o controle efetivo da França sobre a colônia e enviou uma grande força militar à ilha. Louverture, batido, assinou uma rendição condicional e retirou-se para sua fazenda, apenas para ser preso dias depois e deportado para a França junto com sua esposa e três filhos. Confinado e interrogado durante meses num castelo das montanhas do Jura, ele morreu de pneumonia em 1803, semanas antes da eclosão das Guerras Napoleônicas. Mesmo assim, a revolução haitiana não se deteve. Sob a liderança de Dessalines, os rebeldes derrotaram as tropas francesas e proclamaram a independência.

O Haiti tornou-se a segunda nação soberana nas Américas e a única no mundo emanada de uma revolução de escravos. Entretanto, ao contrário dos EUA, não adotou o sistema republicano, mas o monárquico. A Constituição do Império do Haiti, de 1805, promulgada por Dessalines, autointitulado Jacques I, previa a sucessão no trono por meio de designação imperial. Os colonos brancos haviam sido expulsos e, com a finalidade de reduzir as tensões políticas entre negros e

Uma gota de sangue

mulatos, o artigo 14° determinava que "os haitianos devem ser, de agora em diante, designados pelo nome genérico de negros".[11] A provisão não funcionou e, no ano seguinte, logo após o assassinato de Dessalines, o país dividiu-se num reino setentrional dirigido pelo ex-escravo Henri Christophe e numa República meridional dirigida pelo mulato Jean Pierre Boyer.*

Os haitianos livraram-se da escravidão, mas não conseguiram escapar de uma sucessão de tiranias. A sua revolução, porém, desemperrou o processo de abolição do tráfico negreiro. No Caribe, durante os anos da guerra europeia contra a França, soldados britânicos enfrentaram rebeliões de escravos e ex-escravos que pipocavam em diferentes ilhas. Os revoltosos, inspirados pela abolição proclamada em Paris, juntavam-se às forças francesas e ameaçavam os interesses coloniais em Guadalupe, Santa Lúcia e na Jamaica. Na prática, as forças britânicas viram-se na posição de defensores de um odioso sistema escravista e perderam incontáveis homens naqueles conflitos. O desenlace final da revolução haitiana evidenciou que chegava a hora de escolher entre a manutenção da escravidão e a das colônias.

A escolha tornou-se mais fácil pela incorporação de um conceito geopolítico de poder marítimo. No auge das Guerras Napoleônicas, em 1805, James Stephen, um advogado abolicionista e defensor da supremacia britânica nos mares, publicou um livro muito divulgado que expunha uma tese: a França só seria derrotada se a prosperidade de suas colônias nas Antilhas fosse implacavelmente golpeada. A Marinha Real estava limpando o Atlântico de navios franceses, mas o comércio da França com as "ilhas do açúcar" prosseguia através de navios de bandeira americana. Era preciso interromper aquele fluxo – e o combate ao tráfico negreiro seria o instrumento mais eficaz para isso.

Stephen sabia que grande parte dos navios neutros de bandeira americana eram, na verdade, embarcações pertencentes a britânicos, tripuladas por britânicos e equipadas em Liverpool. Nas suas rotas triangulares, elas transportavam escravos da África para as Antilhas Francesas e os EUA, seguindo então para a França carregadas de açúcar. Em 1806, o novo projeto abolicionista de Wilberforce foi redigido por Stephen, com um conteúdo diferente de todos os anteriores. O projeto de Lei do Tráfico Estrangeiro de Escravos proibia britânicos – indivíduos, armadores, fornecedores de equipamentos e seguradoras – de participarem no transporte de escravos para colônias e aliados da França. Nas defesas em plenário do projeto, Wilberforce calou-se e os

---

* De lá para cá, os conflitos políticos no Haiti se apresentaram, quase invariavelmente, como embates entre negros e mulatos. Entretanto, no panorama haitiano, a cor da pele funciona mais como metáfora para classes sociais do que como indicador de ancestralidades reais ou imaginárias. De acordo com um ditado popular muito difundido, "*Nèg rich sé mulat, mulat póv sé nèg*" ("negro rico é mulato, mulato pobre é negro").

abolicionistas, no lugar das costumeiras denúncias sobre o caráter desumano do tráfico negreiro, enfatizaram os custos insuportáveis da repressão às revoltas nas Índias Ocidentais e a oportunidade de isolar a França de suas fontes de renda de além-mar.

Um dos efeitos do projeto seria eliminar cerca de dois terços do próprio tráfico negreiro britânico, que era realizado por navios de bandeira americana. Os proprietários de embarcações mercantes posicionaram-se contra o projeto, mas os plantadores das colônias britânicas do Caribe interpretaram-no como um golpe contra seus concorrentes das colônias francesas. A divisão do campo escravista permitiu a aprovação da lei na Câmara dos Comuns. Uma batalha mais árdua, travada com novas petições de um comitê abolicionista renascido, concluiu-se com a sua sanção na Câmara dos Lordes.

A fase final da campanha coincidiu com a morte de Pitt e a ascensão à chefia do gabinete de William Grenville, cuja adesão à causa abolicionista era mais firme que a do antecessor. Nas eleições de 1806, o tema do tráfico negreiro concentrou os debates e, acompanhando as tendências da opinião pública, diversos candidatos passaram ao campo abolicionista. No parlamento, oficiais militares que tinham participado da repressão às revoltas antilhanas e da guerra no Haiti pronunciaram-se contra o sistema escravista. Finalmente, a 25 de março de 1807, para júbilo de Clarkson e Wilberforce, foi aprovada a Lei para a Abolição do Tráfico de Escravos. Os parlamentares aprovaram-na coagidos pelo medo e pelo cálculo geopolítico, tanto quanto pela vergonha. Pouco depois sancionada pelo rei George III, a lei "abolia, proibia e declarava ilegal" o comércio de escravos africanos no Império Britânico e determinava uma multa de cem libras por cada cativo apreendido com os infratores.[12]

Não há como narrar a história das leis antiescravistas na Grã-Bretanha sem visitar a história das rebeliões de escravos nas Antilhas. A Jamaica, uma colônia na qual os escravos eram vinte vezes mais numerosos que os proprietários, serviu de palco a diversas revoltas. A maior delas eclodiu no Natal de 1831, a partir de uma greve pacífica liderada pelo escravo e pregador batista Samuel Sharpe. A repressão dos proprietários provocou uma radicalização dos rebeldes, que atearam fogo às plantações de cana-de-açúcar. Seguiram-se duas semanas de violentos ataques da milícia de colonos, que culminou com o enforcamento de diversos líderes rebeldes, inclusive Sharpe. A chamada Guerra Batista rompeu as últimas resistências dos escravistas na Grã-Bretanha e, menos de dois anos após o início da revolta jamaicana, o parlamento votou a lei de abolição da escravatura.

Um lar cristão na África

O rio Serra Leoa é o estuário formado pelos rios Rokel e Port Loko Creek. Cerca de 28 quilômetros acima de sua foz encontra-se Bance Island, uma ilha com pouco mais de quinhentos metros de comprimento. Situada no limite da navegação das embarcações oceânicas do século XVII, com diversas fontes de água e protegida por-penhascos rochosos, a ilha fluvial foi convertida num dos principais empórios de escravos da África Ocidental.

A operação inicial fracassou, mas em 1750 a companhia londrina Grant, Sargent & Oswald assumiu o controle do enclave, reconstruiu a fortificação e reiniciou com sucesso o negócio do tráfico negreiro. Os plantadores de arroz de Charlestown, na colônia da Carolina do Sul, tornaram-se os maiores clientes do entreposto, importando escravos, marfim e madeira. Poucas décadas mais tarde, no auge do comércio de gente em Bance Island, os antiescravistas ingleses abraçaram a curiosa ideia de implantar uma colônia de ex-escravos na foz do Serra Leoa.

A Londres do final do século XVIII tinha uma comunidade de algo como cinco mil negros, a maioria dos quais ex-escravos libertados pelos britânicos durante a guerra de independência das Treze Colônias. Quase todos dependiam da filantropia de um Comitê de Assistência aos Pobres Negros animado pelos abolicionistas. Nesse comitê nasceu o plano de criação de um povoado de ex-escravos emancipados em Serra Leoa.

Granville Sharp revelou-se um entusiasta do plano, que lhe parecia uma chance de demonstrar a capacidade dos africanos de prosperarem. Destacados abolicionistas depositavam no projeto a esperança de difundir os princípios cristãos na África. Além disso, influentes filantropos viam na emigração dos ex-escravos uma solução para separar os brancos dos negros, evitando relações "contrárias às leis da natureza".[13] Contudo, diversos negros consultados tremeram face à assustadora perspectiva de viver tão perto de Bance Island e só aceitaram participar quando o próprio Sharp lhes deu a garantia de que não seriam capturados e, uma vez mais, vendidos como escravos.

A aventura da Serra Leoa levantou âncora em fevereiro de 1787, em quatro navios da Marinha Real que desceram o Tâmisa com 459 passageiros, inclusive um punhado de brancos. Equiano, nomeado supervisor de abastecimento, embarcou com o grupo, mas não chegou a deixar a Inglaterra, pois entrou em conflito com um superintendente branco e perdeu seu posto. Na África, os colonos batizaram como Granville Town, em homenagem a Sharp, o povoado que implantaram à margem do estuário e logo se deram conta do tamanho da enrascada. As chuvas destruíram as primeiras culturas, as doenças dizimaram parte significativa da pequena população pioneira e um ataque de nativos destruiu o povoado. Em pouco tempo, a sobrevivência dos colonos já dependia do entreposto negreiro de Bance Island, que os empregou como operários de estaleiros, carpinteiros e até clérigos.

Serra Leoa começou de novo pela intervenção de Thomas Peters, um africano capturado em 1760 com 22 anos e vendido como escravo na Carolina do Norte. Na guerra de independência das Treze Colônias, ele fugiu e combateu ao lado das forças britânicas, tornando-se depois um homem livre na Nova Escócia. Em 1790, viajou a Londres levando uma petição de ex-escravos para que o governo britânico cumprisse a promessa de lhes entregar terras e encontrou-se com um Granville Sharp indignado com o fracasso de sua colônia africana. Daquele encontro nasceu o plano de transferência dos ex-escravos da Nova Escócia para Serra Leoa. Os filantropos criaram a Companhia de Serra Leoa para financiar, por meio da venda de ações, a restauração da colônia. O oficial naval John Clarkson, irmão do maior líder abolicionista, foi encarregado de liderar o empreendimento.

À frente de 1,1 mil ex-escravos, Peters e Clarkson estabeleceram, em 1792, o povoado de Freetown. A confiança entre os dois não sobreviveu à travessia para a África. Na Serra Leoa, o britânico acusou o africano de pretender governar a colônia e eles debateram publicamente suas divergências. Peters logo contraiu malária e morreu antes do primeiro aniversário do povoado, convertendo-se num dos míticos pais-fundadores da nação e em figura celebrada pelos krios, o grupo etnolinguístico oriundo dos colonos afro-americanos.

Aos poucos, em meio a epidemias mortíferas e aceitando o constrangedor auxílio eventual dos comerciantes de escravos de Bance Island, Freetown ergueu um negócio de exportação de flores e pérolas. Em 1808, Serra Leoa passou a ser uma colônia da coroa britânica e um local de relocação de ex-escravos libertados no Caribe e na África Ocidental ou resgatados pela Marinha Real de navios negreiros luso-brasileiros. Durante a primeira metade do século XIX, foi conservada a visão original de Sharp de um experimento cristão, multirracial e mais ou menos igualitarista, conduzido por colonos que representariam na África as virtudes da civilização britânica.

Entretanto, as atitudes britânicas em relação a Serra Leoa mudaram no último terço do século, com o desenvolvimento do "racismo científico". A concepção timidamente assimilacionista deu lugar ao segregacionismo e desvaneceram-se as expectativas de que a colônia viesse a representar um modelo para o resto da África. Nas palavras de Leo Spitzer, autor da biografia de uma família de ex-escravos resgatada de um bergantim brasileiro e relocada em Serra Leoa, a elite negra da colônia "tornou-se alvo de insultos por 'macaquear o homem branco' e de ações discriminatórias e incidentes de exclusão com motivação racial".[14]

No fim do século XIX, os britânicos alargaram seu domínio para o interior de Serra Leoa e impuseram tributos sobre os nativos. A iniciativa de consolidação colonial provocou uma revolta liderada por Bai Bureh, chefe dos temnes, que contou com o apoio de outros grupos étnicos. Os rebeldes atacaram também a elite krio de Freetown, vista como parte das engrenagens de poder britânico, e utilizaram sagazes táticas de guerrilha que confundiram os britânicos durante meses. Bai Bureh acabou sendo capturado, mas ingressou no panteão dos heróis nacionais leoneses.

Depois da revolta, a administração colonial procurou incorporar os nativos na vida política de Serra Leoa, o que reduziu o poder dos krios.

Serra Leoa alcançou a independência em 1960, mas não escapou à pobreza, à violência étnica e aos senhores da guerra. A política do país revolve ao redor da disputa incessante entre os temnes do Norte e os mendes do Sul. Os krios de Freetown, menos de 5% da população, conservam uma identidade cultural distinta e funcionam como elite econômica, mas não desempenham papel político relevante. Entre 1991 e 2002, o país foi devastado por uma inclemente guerra civil iniciada pelos rebeldes da Frente Revolucionária Unida (RUF), de Foday Sankoh, um senhor da guerra temne. Mas esse capítulo trágico da história leonesa tem suas raízes na vizinha Libéria, um outro experimento filantrópico na África.

"As distinções reais que a natureza fez..."

Nas *Notas sobre o estado da Virgínia*, em 1787, Thomas Jefferson imaginou um plano de emancipação dos escravos nascidos a partir de então. Os emancipados deveriam ser educados nos EUA, às expensas públicas, até os 18 anos, no caso das mulheres, e 21 no do homens, e em seguida enviados como colonos para uma terra a ser escolhida, "com armas, instrumentos e utensílios, suprimentos e pares de animais domésticos úteis, e declará-los um povo livre e independente, estendendo-lhes nossa aliança e proteção até que tenham adquirido força".[15]

Em sentido inverso, Jefferson pretendia encorajar a transferência para os EUA, como imigrantes, de "um número igual de habitantes brancos". E por que não incorporar os negros libertos à sociedade americana? A sua resposta:

> Preconceitos profundamente enraizados entre os brancos; dez mil lembranças, entre os negros, das injúrias que suportaram; novas provocações; as distinções reais que a natureza fez e muitas outras circunstâncias nos dividirão em partidos e produzirão convulsões que provavelmente só terminarão pelo extermínio de uma ou outra raça.[16]

A abolição da escravidão nos estados do Norte e o aumento do número de negros livres contribuíram para a difusão da ideia de separação geográfica definitiva das raças. Em 1800, a área de Richmond, na Virgínia, foi sacudida por uma revolta de escravos que seguiam a liderança do ferreiro Gabriel, um escravo criado numa plantação de tabaco. Gabriel foi enforcado junto com 26 companheiros, mas o episódio fortaleceu a convicção de que os negros deviam ser excluídos dos EUA. Numa época em que se ouvia falar cada vez mais do empreendimento britânico de Serra Leoa, a solução jeffersoniana foi adotada por figuras políticas de primeira linha como o influente senador Henry Clay, o célebre advogado Daniel Webster

208

O Império contra o tráfico

e o o deputado John Randolph, da Virgínia. Em dezembro de 1816, num hotel de Washington, reuniram-se os fundadores da Sociedade Americana de Colonização (ACS). Começava a aventura da Libéria.

Randolph, um proprietário de escravos, acreditava que o plano da ACS fortaleceria o instituto da escravidão, pois eliminaria o perigoso excedente de negros nos EUA. Ele, contudo, não expressava o pensamento médio dos integrantes de uma Sociedade constituída por ricos filantropos e clérigos que se opunham moralmente à escravidão, mas não podiam conceber uma sociedade multirracial de homens livres. O plano de emigração ganhou o apoio do presidente James Monroe, que era um proprietário de escravos da Virgínia. Mesmo assim, em virtude da resistência dos plantadores do sul, Clay não conseguiu passar no Congresso um projeto de financiamento da emigração. Entre os negros livres do Norte, a ideia só teve o apoio de um punhado de líderes religiosos. De modo geral, a ACS foi acusada de conduzir uma operação racista de deportação e, em 1817, cerca de três mil negros protestaram na Filadélfia contra o plano.

A escolha do local para a instalação da colônia recaiu sobre a costa africana ao sul de Serra Leoa, onde o experimento britânico começava a vingar. Os primeiros colonos zarparam de Nova York, no navio Elizabeth, em janeiro de 1820. Eram menos de uma centena de ex-escravos cuja liberdade havia sido comprada pela ACS, em troca do compromisso de emigrarem. Eles não tiveram sorte e, em virtude da recusa dos chefes nativos de vender terras, foram deixados na ilha de Sherbro, hoje pertencente à Serra Leoa. Como solução, representantes da Sociedade, acompanhados por um navio militar, persuadiram um governante nativo a vender-lhes a área de Cabo Mesurado, na foz do rio Saint Paul, cerca de 360 quilômetros ao sul de Freetown. Durante a década seguinte, mais de 2,6 mil negros dos EUA instalaram-se como colonos.

A Libéria, terra dos livres, foi oficialmente estabelecida em 1824, quando a vila de Cabo Mesurado foi rebatizado como Monróvia, em homenagem ao presidente Monroe. A ACS nomeou como primeiro governador o religioso e reformador social Jehudi Ashmun, que concedeu aos negros participação na administração. O povoamento inicial deu-se pela criação de uma série de colônias separadas. Nos EUA, surgiram diversas companhias estaduais de colonização que promoveram transferências de negros livres ou ex-escravos. Além disso, embarcações militares americanas desembarcaram na Libéria escravos resgatados de navios negreiros, muitos dos quais brasileiros, que persistiam no negócio do tráfico transatlântico. Apesar das críticas crescentes dos abolicionistas americanos, o experimento liberiano ganhou um respaldo amplo em estados escravistas após a violenta rebelião de Nat Turner.

Turner nasceu escravo na Virgínia e, ainda jovem, alfabetizou-se e tornou-se um fervoroso pregador cristão, alcunhado "o Profeta" por seus companheiros. Em

Uma gota de sangue

1831, ele interpretou um eclipse solar como sinal divino de que chegara a hora da revolta. Então, arregimentou um pequeno bando e comandou furtivos ataques a proprietários brancos, matando-os com facas, machadinhas e pás e libertando os escravos. Em dois dias, 55 brancos morreram nos ataques, mas Turner acabou sendo capturado e enforcado, junto com 56 outros suspeitos. Nas semanas seguintes, bandos de brancos caçaram, torturaram e mataram duas centenas de negros que nada tinham a ver com a rebelião. Depois, ondas repressivas cercearam ainda mais os direitos dos negros livres na Virgínia e cresceu entre os brancos a popularidade do empreendimento da Libéria. Em 1850, o estado criou um fundo de financiamento para a emigração de negros.

Antes disso, a ACS desistira da Libéria. Vergada pelo peso financeiro de sustentar a colônia, a Sociedade empurrou-a para a declaração de independência, que se consumou em 1847. Aquela declaração iniciava-se pelas palavras: "Nós, o povo da República da Libéria, éramos originalmente habitantes dos Estados Unidos da América do Norte." A Constituição, aprovada por uma convenção, moldava-se sobre a Constituição americana, começava com uma Declaração de Direitos e concluía-se com um artigo 5°, que continha "provisões diversas". Na seção 13 do artigo 5°, estava escrito: "Sendo o grande objetivo de formação destas colônias oferecer um lar para os dispersos e oprimidos filhos da África, e regenerar e instruir esse incivilizado continente, apenas pessoas de cor devem ser admitidas como cidadãos nesta república." A seção 15, por sua vez, anunciava iniciativas para cumprir o "acalentado objetivo" de promover o progresso agrícola das "tribos nativas".[17]

Os americano-liberianos estavam imbuídos de uma missão civilizatória cristã e partilhavam dos conceitos dominantes nos EUA e na Europa sobre o atraso e a selvageria dos nativos africanos. Na Pensilvânia, em 1854, o presbiteriano John Miller Dickey fundou o Instituto Ashmun (depois, Universidade Lincoln), com a finalidade de formar lideranças negras para a Libéria. Na África, eles conservaram a língua inglesa e faziam questão de se distinguir dos nativos, definindo-se a si mesmos como americanos, transplantando os costumes aristocráticos dos plantadores do Sul e enviando seus filhos para estudar nos EUA. O primeiro presidente liberiano, Joseph Jenkins Roberts, um mestiço livre da Virgínia, habitou uma mansão com colunas gregas em Monróvia e expandiu o território do país por meio tanto de tratados com os chefes locais como de cirúrgicas ofensivas armadas.

A elite americano-liberiana, que constitui cerca de 5% da população da Libéria, organizou o mais antigo sistema de partido único da história, fundando em 1878 o Partido True Whig. A Constituição, que originalmente limitava o direito de voto a proprietários de terras do sexo masculino, ganhou emendas que ampliavam as restrições eleitorais. Os nativos, excluídos da vida política, rebelaram-se várias

O Império contra o tráfico

vezes, algumas delas contra a cobrança de impostos sobre o comércio com navios mercantes europeus. Aos poucos, embora a escravidão fosse proibida, os fazendeiros americano-liberianos passaram a utilizar o trabalho compulsório de nativos. Na década de 1920, a Libéria vendeu trabalhadores para fazendeiros brancos e negros da ilha de Fernando Pó, então sob controle espanhol. Uma comissão da Liga das Nações denunciou a prática e um boicote comercial de cinco anos dos EUA e da Grã-Bretanha impôs a adoção de leis contra o trabalho forçado.

Antes da Segunda Guerra Mundial, a Libéria foi transformada pela Firestone em grande exportadora de borracha, e ferrovias conectaram as áreas produtoras aos portos oceânicos. No pós-guerra, o país voltou-se para a exportação de minérios e a cessão de sua bandeira a embarcações mercantes de diversas origens. O regime, sob pressão crescente, estendeu o direito de voto aos nativos, mas conservou o monopólio político do partido único, que era a fonte de poder dos americano-liberianos. Entretanto, com a queda dos preços internacionais das matérias-primas, rompeu-se a estabilidade política. Em 1979, um aumento dos preços do arroz deflagrou revoltas, que foram reprimidas a bala e deixaram um saldo de setenta mortos. Meses depois, por meio de um golpe de estado, Samuel K. Doe derrubou o governo de William Tolbert, executou a maior parte dos ministros e encerrou a longa hegemonia dos americano-liberianos.

Doe, do grupo nativo dos krahns, um sargento treinado pelas Forças Especiais do Exército americano, estreitou as relações da Libéria com os EUA. Inicialmente, seu regime ensaiou promover uma abertura política, mas logo converteu-se numa ditadura repressiva e corrupta. Cada vez mais paranoico, temendo articulações reais e imaginárias de golpes de estado, o presidente fraudou eleições, ordenou o assassinato de opositores e acendeu o pavio dos conflitos étnicos. Em 1989, irrompeu a partir da Costa do Marfim a guerrilha da Frente Nacional Patriótica da Libéria (NPFL), de Charles Taylor, que logo tomou o controle de parte do país. No ano seguinte, em meio à guerra civil, Doe foi capturado pela milícia do chefe militar Prince Y. Johnson e barbaramente torturado até a morte. A guerra prosseguiu, opondo as facções de Taylor e Johnson, encerrando-se apenas em meados da década de 1990, com uma eleição realizada em clima de pavor que transferiu o poder para o líder da NPFL.

Taylor, o homem que completaria a destruição da Libéria, nasceu nas proximidades de Monróvia, numa família de ascendência mista, parcialmente americano-liberiana, e formou-se em Economia na prestigiosa Universidade de Massachusetts, nos EUA. Ele apoiou o golpe de Doe e integrou-se ao seu governo até ser acusado de corrupção e fugir para os EUA, onde foi preso. Pouco depois, com outros detentos, fugiu da prisão e conseguiu escapar para a Líbia, tornando-se

211

um protegido de Muammar Kaddafi e erguendo a guerrilha que o conduziria ao poder. Nas eleições de 1997, um *slogan* de sua campanha dizia: "Ele matou minha mãe, ele matou meu pai, mas eu votarei nele."[18]

A guerrilha de Taylor organizou-se ao redor do negócio do contrabando de diamantes extraídos de pontos diversos da África Ocidental. As rendas do contrabando permitiram-lhe financiar vastas aquisições de armas no mercado clandestino e sustentar milícias rebeldes na Guiné, Costa do Marfim e Serra Leoa. No cenário da guerra regional dos "diamantes de sangue", Taylor estabeleceu uma conexão privilegiada com Foday Sankoh e a sua RUF, na Serra Leoa. Sankoh recrutou crianças, decapitou chefes de povoados e promoveu campanhas de estupros e mutilações, devastando Serra Leoa, até ser capturado em 2000, entregue a um tribunal das Nações Unidas e sentenciado por crimes de guerra, crimes contra a humanidade e genocídio.

Na Libéria, o regime de Taylor representou o retorno ao poder dos americano-liberianos, mas numa nova etapa histórica, que já não comportava o monopólio político da velha elite. O senhor da guerra mobilizou apoios de clãs nativos e jogou a carta das rivalidades étnicas. Sobretudo, seu governo utilizou os serviços secretos para aterrorizar e assassinar oposicionistas. Em 1999, uma milícia liberiana armada pela vizinha Guiné irrompeu no Norte e, anos depois, um segundo grupo, apoiado pela Costa do Marfim, emergiu no Sul. Taylor renunciou e seguiu para o exílio na Nigéria em 2003. Três anos depois, por solicitação das Nações Unidas, ele foi capturado e colocado sob a jurisdição do Tribunal Especial para a Serra Leoa. Nos 14 anos da guerra civil liberiana morreram mais de duzentas mil pessoas, ou cerca de 6% da população do país, e oitocentos mil converteram-se em refugiados internos.

De Zanzibar ao Congo

A Lei para a Abolição do Tráfico de Escravos passada em 1807 na Grã-Bretanha assinalou o início de um longo declínio não só do tráfico negreiro como da própria escravidão. Após a guerra travada contra os EUA entre 1812 e 1815, a Marinha Real criou um Esquadrão da África Ocidental com a atribuição de suprimir o tráfico transatlântico. Os navios da frota operavam com base na interpretação de que embarcações de qualquer bandeira transportando escravos estavam engajadas em atos de pirataria. Do ponto de vista de Londres, a campanha contra o tráfico destinava-se a neutralizar as vantagens dos produtores de açúcar do Brasil e de Cuba, concorrentes dos produtores britânicos do Caribe.

Até 1860, o esquadrão capturou 1,6 mil navios negreiros e libertou 150 mil escravos, números que impressionam, mas provavelmente representam menos de um décimo do tráfico total no período.* Os comandantes cumpriram uma missão adicional, firmando mais de cinquenta tratados de extinção do comércio de cativos com chefes africanos. Muitos deles foram obtidos por uma expedição organizada com esse propósito que subiu o rio Níger em 1841, perdendo um terço de seus integrantes europeus em virtude de doenças contraídas no percurso. Mas a campanha não ficou circunscrita ao Atlântico e às motivações econômicas. Em meados do século XIX, quando o tráfico transatlântico chegava ao fim, as pungentes denúncias dos exploradores Richard Francis Burton e David Livingstone contra o tráfico árabe na África Oriental reacenderam a chama antiescravista na Grã-Bretanha.

Na Expedição Somáli de Burton, iniciada em 1854, o tenente G. E. Herne, topógrafo e fotógrafo, permaneceu em Berbera durante quase seis meses com diversas missões, inclusive investigar o tráfico de escravos e cartografar as rotas das caravanas. O próprio Burton, disfarçado de muçulmano do Sind, infiltrou-se na cidade etíope de Harar, um centro religioso islâmico e um entroncamento de caravanas de escravos cujas muralhas jamais haviam sido transpostas por um europeu. No relato da expedição, ele escreveu em termos benevolentes sobre a servidão doméstica muçulmana, mas enfatizou que "a prática da escravidão deve ser abominada por um povo filantrópico". E concluiu: "Eu poderia adornar meu relatório com muitos quadros de horror – crianças abandonadas para ser destruídas por animais selvagens, mulheres que ficam sujeitas a extremos de brutalidade contra seus corpos, homens cuja têmpera é domada por torturas diabólicas."[19]

Livingstone, já alçado à condição de herói nacional, retornou à África em 1858, conduzindo, por cinco anos, investigações para o governo britânico. Na volta, as suas conferências patrocinadas pela Real Sociedade Geográfica tiveram como foco o tráfico de escravos nas rotas que conduziam ao Índico. O imenso sucesso de público assegurou-lhe financiamentos privados para a última expedição, entre 1866 e o ano de sua morte, 1873, que se voltou para a investigação das nascentes do Nilo e para novos relatórios sobre a escravidão. Numa carta dirigida ao editor do *New York Herald*, ele explicou que considerava a abolição do tráfico na costa oriental um objetivo mais importante que a descoberta de todas as fontes do Nilo. Mesmo assim, nessa viagem derradeira, o célebre explorador foi obrigado a recorrer à ajuda e hospitalidade de traficantes árabes.

---

* Sob a pressão britânica, expressa nas apreensões marítimas e em iniciativas diplomáticas agressivas, traficantes e compradores convenceram-se de que o tráfico estava condenado. Uma consequência disso foi um expressivo aumento preventivo do comércio negreiro. Segundo estimativas do historiador Manolo Florentino, o Brasil recebeu mais de quarenta mil desembarques anuais de africanos em 1838 e 1839 e uma média de cinquenta mil por ano entre 1846 e 1850.

Uma gota de sangue

O tráfico no Índico sofreu um golpe praticamente letal quando, um ano antes da morte de Livingstone, a Grã-Bretanha enviou ao sultanato de Zanzibar Henry Bartle Frere, ex-governador em Bombaim. A Missão Frere destinava-se a persuadir o sultão Barghash bin Said a firmar um tratado de abolição do comércio de escravos naquele que era o principal entreposto remanescente. Os britânicos conseguiram manifestações de apoio de alemães, franceses, americanos e portugueses, mas, na última hora, uma manobra do cônsul da França levou o sultão a imaginar que poderia conservar o lucrativo negócio colocando-se sob a proteção francesa. Essa esperança desvaneceu-se na hora em que dois navios britânicos bloquearam o porto da ilha, impondo ao sultão a assinatura do tratado.

Burton e Livingstone funcionaram como agentes secretos britânicos na campanha antiescravista. Já o também britânico Henry Morton Stanley – o homem que, a serviço do *New York Herald*, encontrou um Livingstone desaparecido e doente às margens do lago Tanganica em 1871 – aceitou a missão de implantar a colônia do Congo, baseada no trabalho compulsório, confiada a ele pelo rei Leopoldo II, da Bélgica.

Stanley explorou o rio Congo numa aventura épica, aterrorizante, de mil dias, patrocinada pelo jornal de Nova York em associação com o londrino *Daily Telegraph*, a partir de 1874. Na volta, encontrou-se com o rei belga, que organizava uma Sociedade Internacional Africana, supostamente uma associação científica e humanitária voltada para a difusão da religião e o combate ao tráfico. Em 1879, o explorador retornou ao vale do Congo numa expedição anunciada como de interesse exclusivamente científico, mas com a finalidade verdadeira de firmar tratados com os chefes locais e instalar postos militares e comerciais.

Um posto fortificado estabelecido a montante das grandes corredeiras, primeiro porto navegável do rio, batizado como Leopoldville, viria a se tornar a atual Kinshasa. O rei, disfarçadamente, começava a criar uma colônia privada. Numa instrução a Stanley, Leopoldo II esclarecia o sentido da empreitada: "É indispensável que o senhor adquira [...] o máximo de terras que puder obter e que coloque sucessivamente sob [...] suserania [...] todos os chefes tribais, da embocadura do Congo até Stanley Falls."[20] Os tratados obtidos com chefes incapazes de ler uma linha daquelas folhas, mas prontos a aceitar presentes, não apenas transferiam a soberania sobre as terras como também asseguravam o uso de trabalho nativo pelo rei da Bélgica.

A Conferência de Berlim reconheceu os direitos da sociedade filantrópica de Leopoldo II a um Congo de 2,3 milhões de quilômetros quadrados. Anos depois, uma ferrovia circundou as corredeiras, completando a hidrovia servida por vapores no vale do Congo. Enquanto isso, implantava-se pela violência e o terror um vasto sistema de trabalho compulsório pelo qual os nativos forneciam marfim e borracha natural ao rei belga. A administração colonial mantinha mulheres e crianças das aldeias acorrentadas como reféns para obrigar os homens a se embrenharem na selva em busca de borracha. A resistência passiva era dobrada por açoitamentos ou matanças exemplares. Mãos decepadas e entregues aos oficiais atestavam o uso eficiente dos cartuchos empregados nas matanças.

Leopoldo II foi o anfitrião da Conferência Antiescravocrata organizada pelas potências e inaugurada em Bruxelas em 1889. Ao longo de meses pontilhados por festas e banquetes, ele usou o encontro para propagandear seus feitos humanitários no Congo e chegou a obter o direito de, contrariando as resolução de livre comércio aprovadas na Conferência de Berlim, cobrar impostos de importação em sua colônia privada. Um ano depois, o segredo dos horrores no Congo emergiu pela primeira vez, por intermédio do negro americano George Washington Williams, um veterano da Guerra Civil que se engajara na denúncia da supremacia branca no Sul e das violências da Ku Klux Klan.

Williams circulou na Conferência Antiescravocrata, ficou fascinado com o rei belga e apresentou-lhe um plano de transferir negros americanos para trabalhar na África. Contudo, antes de prosseguir, decidiu visitar o Congo e obteve o patrocínio de um investidor americano na ferrovia das corredeiras. Na viagem, ao contrário de tantos outros visitantes, ele entrevistou nativos e missionários, desvendando para si mesmo "a Sibéria do continente africano".[21] Indignado, escreveu uma carta aberta a Leopoldo II e um relatório ao presidente americano Benjamin Harrison, expondo em detalhes a escravidão na colônia privada. Stanley defendeu o rei, bem como os parlamentares belgas. Williams morreu em 1891, aos 41 anos, de tuberculose, e o escândalo caiu no esquecimento depois de gerar alguns artigos em jornais liberais da Bélgica.

Joseph Conrad, ainda com seu nome de batismo polonês Konrad Korzeniowski, navegou no Congo como aspirante de capitão de vapor no ano em que Williams colocou no papel suas terríveis descobertas. Seus seis meses no rio originaram *O coração das trevas*, publicado como seriado numa revista britânica em 1899. Nesta obra clássica da literatura, os registros testemunhais de Conrad transfiguram-se em poderosas imagens de uma opressão ilimitada e de um genocídio rotinizado, num mundo vazio de esperanças.

Segundo uma especulação do ensaísta Adam Hochschild, Conrad inspirou-se no oficial belga Léon Rom, chefe da Força Pública do Estado Livre do Congo, para criar seu célebre personagem Kurtz. O brutal Rom publicou *Le Nègre du Congo*, um livro que sintetiza vulgarmente os conceitos raciais difundidos na época. Caracterizando a "raça negra", ele escreveu: "A principal ocupação do homem preto, e aquela à qual dedica a maior parte da existência, consiste em estender uma esteira sob os raios quentes do sol, como um crocodilo na areia."[22]

215

Uma gota de sangue

A verdade sobre o Congo emergiu pela segunda vez pela pena de Edmund D. Morel, que acendeu a fagulha da última grande campanha antiescravista na Grã-Bretanha. Nascido em Paris e naturalizado britânico, Morel era um funcionário administrativo da companhia de navegação contratada por Leopoldo II para realizar, em regime de monopólio, o transporte de mercadorias entre a Bélgica e o Congo. No porto de Antuérpia, analisando o conteúdo dos embarques e desembarques, ele intuiu que o Congo era um Estado fundado sobre a escravidão. Os navios chegavam carregados de borracha e marfim e partiam transportando armas e munições. As cargas efetivas não coincidiam com os registros fantasiosos nos livros da companhia e mostravam que os habitantes do Congo basicamente nada recebiam em troca das riquezas que exportavam.

Da descoberta e da indignação à ação, passaram-se apenas alguns meses. Em 1900, Morel engajou-se no jornalismo de denúncia e, no ano seguinte, abandonou sua promissora carreira comercial. Com o auxílio de John Holt, um reto empresário de Liverpool, fundou seu próprio jornal, o *West African Mail*, que seria o instrumento de uma campanha incessante, vigorosa e precisa. Baseando-se em incontáveis documentos, em fontes ocultas na administração do Congo e em relatos de viajantes e missionários, ele expôs as entranhas do sistema de trabalho escravo imposto por um rei europeu a todo um povo africano. Nada – nem pouco sutis ameaças, nem ofertas de suborno – deteve a fúria fria e calculada do jornalista. A campanha desdobrou-se em livros, panfletos e artigos para outros jornais, alcançando parlamentares na Grã-Bretanha, na França e na própria Bélgica.

O Estado escravista de Leopoldo II começou a acabar em 1903, quando a Câmara dos Comuns britânica passou uma moção exigindo que os congoleses fossem tratados com humanidade. Em seguida, Roger Casement, o jovem cônsul no Congo, foi enviado ao interior do país com a missão de produzir um relatório oficial. O diplomata lançou-se com paixão à tarefa investigatória e logo, tomado de fúria, enviou a Londres torrentes de informações incontestáveis. O Ministério do Exterior, sob pressão belga, publicou uma versão revista e diluída do relatório, mas Casement não desistiu e juntou-se a Morel para fundar a Associação de Reforma do Congo. A organização criou seções no exterior, inclusive nos EUA, onde influenciou a opinião do presidente Theodore Roosevelt.

Arthur Conan Doyle, Joseph Conrad, Mark Twain e Anatole France, entre outros escritores, deram apoio literário ao movimento, que envolveu missionários, empresários e ativistas políticos. Nos EUA, Booker T. Washington associou-se à causa. Em 1908, o Estado Livre do Congo deu lugar ao Congo belga, que seria governado a partir do parlamento da Bélgica. O horror ficou para trás, mas implantou-se um novo sistema de imposição de trabalho compulsório, baseado na cobrança geral de pesados impostos.

O irlandês Casement renunciou ao serviço consular e uniu-se aos revolucionários republicanos que lutavam pela independência da Irlanda. Em 1916, aos 51 anos, foi preso, acusado de traição e enforcado. Morel não pôde visitá-lo antes da execução, pois suas atividades pacifistas durante a guerra europeia valeram-lhe a acusação de agente alemão e converteram-no em alvo de ataques. Um ano depois do enforcamento de Casement, Morel foi sentenciado sob vagas acusações a seis meses de prisão, cumprida no mesmo presídio londrino de Pentonville.

Em 1920, duas décadas após a publicação de O *fardo do homem branco*, de Kipling, Morel publicou O *fardo do homem negro*. A obra almejava reformar as políticas europeias para a África e continha um apelo anticolonialista à Liga das Nações, para a entrega das regiões africanas não povoadas por europeus ao controle dos próprios africanos. Diante de um dogma imperial largamente aceito que atribuía à superioridade da raça branca o poder das potências imperiais sobre as populações coloniais, o autor perguntava: "[...] não é mera hipocrisia ocultar de nós mesmos que estendemos nossa marcha de subjugação de um hemisfério ao outro devido ao nosso armamento superior?"[23]

Morel observava que os africanos sobreviveram a três séculos de tráfico de escravos e ao impacto letal das doenças levadas ao continente pelos europeus, mas temia pelos resultados da "moderna exploração capitalista, amparada pelas máquinas modernas de destruição":

> Pois dos males desta última, cientificamente aplicada e impingida, não há escapatória para os africanos. Seus efeitos destrutivos não são espasmódicos: eles são permanentes. Nessa permanência residem as suas consequências fatais. Ela não mata meramente o corpo, mas o espírito. Ela quebra o espírito. [...] Ela arruína seu sistema político, arranca-o da terra, invade a vida de sua família, destrói suas atividades e ocupações naturais, apossa-se de todo o seu tempo, escraviza-o em seu próprio lar.[24]

Esta avaliação derivava do que Morel conhecia sobre o Congo, mas também de outras colônias que nem de longe viveram horrores similares aos do domínio privado de Leopoldo II – como a Rodésia do Sul britânica, a África do Sudoeste alemã, o Congo francês e a Angola portuguesa. Ele tinha razão, é claro, sobre muitas coisas, mas não sobre tudo.

O poder imperial efetivo das potências na África durou apenas um pouco mais de meio século. Com exceções importantes, as administrações europeias não conseguiram moldar mais que a película exterior das sociedades africanas. As crenças, as estruturas familiares, muitos dos tradicionais sistemas de regras ficaram à margem das mudanças promovidas pelos colonizadores. A África sobreviveu, como uma pluralidade de experiências sociais e como uma persistente metáfora racial.

Notas

[1] THE ECONOMIST. "Breaking the chains". v. 382, n. 8.517, 24 fev. 2007, p. 71.

[2] HOCHSCHILD, Adam. *Enterrem as correntes.* Rio de Janeiro, Record, 2007, p. 175.

[3] FLORENTINO, Manolo. *Em costas negras.* São Paulo, Companhia das Letras, 1997, p. 99.

[4] WEISSER, Rebecca. "West is master of slave trade guilt". *The Australian,* 2 dez. 2006. Disponível em: <http://www.theaustralian.news.com.au/story/0,20867,20855855-28737,00.html>. Acesso em: 9 jun. 2009.

[5] THE ECONOMIST. Op. cit., p. 73.

[6] KAPUSCINSKI, Ryszard. *Ébano: minha vida na África.* São Paulo, Companhia das Letras, 2002, p. 93-94.

[7] LONEY, William. "An Act for the Abolition of slavery throughout the British Colonies...". Disponível em: <http://www.pdavis.nl/Legis_07.htm>. Acesso em: 9 jun. 2009.

[8] HOCHSCHILD, Adam (2007). Op. cit., p. 174.

[9] HOCHSCHILD, Adam (2007). Op. cit., p. 214.

[10] UNIVERSITÉ PIERRE-MENDÈS-FRANCE. "Constitution d'Haiti du 3 juillet 1801". Disponível em: <http://webu2.upmf-grenoble.fr/Haiti/Const1801.htm>. Acesso em: 9 jun. 2009.

[11] UNIVERSITÉ PIERRE-MENDÈS-FRANCE. "Constitution d'Haiti du 20 mai 1805". Disponível em: <http://webu2.upmf-grenoble.fr/Haiti/Const1805.htm>. Acesso em: 9 jun. 2009.

[12] RN-BACKGROUND. "An act for the abolition of the slave trade". Disponível em: <http://www.pdavis.nl/Legis_06.htm>. Acesso em: 9 jun. 2009.

[13] HOCHSCHILD, Adam (2007). Op. cit., p. 192.

[14] FRY, Peter. *A persistência da raça.* Rio de Janeiro, Civilização Brasileira, 2005, p. 56.

[15] JEFFERSON, Thomas. *Notes on the State of Virginia.* Chapel Hill, University of North Carolina, 2006, p. 147.

[16] JEFFERSON, Thomas. Op. cit., p. 264.

[17] "The Liberian Constitution of 1847 (original)". Disponível em: <http://onliberia.org/con_1847_orig.htm>. Acesso em: 9 jun. 2009.

[18] LEFT, Sarah. "War in Liberia". Disponível em: <http://www.guardian.co.uk/world/2003/aug/04/westafrica.qanda>. Acesso em: 9 jun. 2009.

[19] RICE, Edward. *Sir Richard Francis Burton.* São Paulo, Companhia das Letras, 1992, p. 267.

[20] HOCHSCHILD, Adam. *O fantasma do rei Leopoldo.* São Paulo, Companhia das Letras, 1999, p. 80.

[21] HOCHSCHILD, Adam (1999). Op. cit., p. 119.

[22] HOCHSCHILD, Adam (1999). Op. cit., p. 158.

[23] MOREL, E. D. *The black man's burden.* Manchester, The National Labour Press, 1920, p. 5.

[24] MOREL, E. D. Op. cit., p. 7-8.

O sonho pan-africano

Wilberforce, Ohio, quarta-feira, 1 de abril de 1896. Caro Sr. Washington: Tenho procurado, há algum tempo, uma hora livre na qual responder à sua gentil carta de 17 de janeiro – mas horas livres são escassas aqui. Sinto que eu gostaria de trabalhar em Tuskegee se puder ser útil ao senhor. Minha ideia é que seria possível, gradualmente, desenvolver aí uma escola de História do Negro e investigações sociais que poderiam ajudar a situar, cada vez mais, o problema do negro sobre uma séria base factual. Penso que, no devido tempo, várias universidades do Norte como Harvard, Chicago, Johns Hopkins e a Universidade da Pensilvânia se uniriam em apoio a tal movimento. O que pensa disso? [...]. W. E. B. du Bois.[1]

O "sr. Washington" era Booker T. Washington, o ex-escravo que se tornara o respeitado reitor do Instituto Normal e Industrial Tuskegee, uma instituição para negros com estatuto de universidade no Alabama. Ele estava prestes a completar 40 anos quando recebeu a resposta do jovem Du Bois, então com apenas 28 anos. Meses antes, o reitor proferira um de seus discursos conciliatórios a uma audiência de plantadores brancos e fora criticado precisamente por Du Bois, que o rotulou como "o Grande Apaziguador".

Tanto Booker Washington quanto Du Bois tinham ancestrais negros e brancos, mas o código racial americano classificava-os como negros. Du Bois, contudo, nascido em Massachusetts, provinha de uma família de origens holandesa, francesa e haitiana e seus pais não viveram a escravidão. O acerto acadêmico ensaiado na troca de cartas não se concretizou, pois Du Bois, então professor na Universidade Wilberforce, preferiu transferir-se para a Universidade da Pensilvânia. Os dois homens se respeitavam e cooperaram na organização de um "painel negro" na Exposição Universal de 1900, em Paris. Entretanto, estavam separados por um abismo ideológico.

Pouco antes da Exposição de Paris, Booker Washington publicou uma de suas principais obras, na qual defendia ardorosamente o conceito de emancipação pela educação. Ele conclamava os EUA a promoverem o ensino técnico entre os negros, o que proporcionaria uma elevação do nível de vida da população oriunda do sistema escravista e, com o tempo, abrandaria o racismo. "O Haiti, São Domingos e a Libéria, embora estejam entre os mais ricos países do mundo em recursos naturais, são exemplos desencorajadores do que ocorre com certeza a qualquer povo carente de qualificação industrial ou técnica", observava, para criticar a ênfase na educação clássica das *belles lettres*.[2]

Booker Washington criticava a crença de que o "problema negro" seria solucionado pela absorção dos negros pelos brancos, apontando um obstáculo intransponível: a regra da gota de sangue única. Na passagem de uma ironia lapidar:

> É um fato que, se é sabido que uma pessoa tem 1% de sangue africano nas suas veias, ela cessa de ser um homem branco. Os 99% de sangue caucasiano não tem peso na comparação com o 1% de sangue africano. [...] Então, será uma tarefa muito difícil para o homem branco absorver os negros.[3]

Por essa época, esvaíam-se as esperanças remanescentes no futuro tanto de Serra Leoa quanto da Libéria, e Booker Washington também contestava o projeto de um "retorno à África" (*Back to Africa*), que fascinava líderes intelectuais negros nos EUA.

> Eu recordo que, não muito tempo atrás, quando cerca de quinhentas pessoas de cor partiram do porto de Savannah rumo à Libéria, as novidades atravessaram o país como um raio: "Os negros decidiram retornar para sua própria terra" e "nisto está a solução do problema racial no Sul". Mas essas pessoas de visão curta esqueceram o fato de que, naquela manhã, antes do desjejum, só no Sul haviam nascido mais uns quinhentos negros.[4]

O reitor de Tuskegee, como quase todos os seus contemporâneos, acreditava na existência de raças. Mas, sobretudo, ele acreditava na existência de uma nação americana que deveria ser o lar comum de brancos e negros.

No ano da Exposição Universal, por iniciativa de Booker Washington, foi fundada em Boston a Liga Nacional de Negócios dos Negros, uma organização destinada à promoção de interesses comerciais e financeiros de empresários e profissionais liberais negros. Um ano depois, num gesto sem precedentes, o presidente Theodore Roosevelt convidou o líder negro a visitar a Casa Branca. Quando, no fim da década de 1960, Richard Nixon pronunciou o discurso sobre o *black capitalism*, anunciando políticas de preferências para empresários negros, ele prestava outra homenagem presidencial ao homem que tentou conciliar a ideia de uma nação única com a realidade da segregação racial.

Du Bois interpretava o passado e imaginava o futuro de um modo bem diferente. Até 1909, ele permaneceu mais ou menos à sombra do venerado reitor de Tuskegee, embora já fosse uma voz de destaque. Mas, em 12 de fevereiro daquele ano, o centenário de nascimento de Abraham Lincoln, a fundação da Associação Nacional para o Avanço das Pessoas de Cor (NAACP) começou a transferir o cetro para as mãos de Du Bois. Nos anos seguintes, ele escreveu sem parar, assinando colunas em diversos jornais e dirigindo a publicação da NAACP, cuja circulação superava os cem mil exemplares no início da década de 1920.

Durante duas décadas, Du Bois personificou a NAACP, mas, no início dos anos 1930, entrou em conflito com o novo secretário-executivo da organização, Walter White, e com o secretário-assistente, Roy Wilkins, que divergiam das concepções mais radicais do líder histórico. Ele, então, deixou a direção do jornal e visitou o Japão imperial e a Alemanha nazista, impressionando-se favoravelmente com o orgulho de raça que encontrou nos dois países, mas criticando as perseguições aos judeus alemães. Durante a guerra mundial, cooperou com o Partido Comunista dos EUA e, quando Joseph Stalin morreu, escreveu um artigo com rasgados elogios ao ditador soviético.

A África representou o objeto de um fascínio de toda a vida de Du Bois. Em 1961, transferiu-se para Gana, a convite do presidente Kwame Nkrumah, com a finalidade de organizar a *Enciclopédia africana*, uma obra oficial. Em 1963, os EUA recusaram-se a renovar seu passaporte e ele recebeu a cidadania ganesa. Morreu em Acra, a 27 de agosto de 1963, com 95 anos. No dia seguinte, Martin Luther King pronunciou o discurso "Eu tenho um sonho", que teria sido interpretado como uma abominável heresia pelo fundador do movimento negro americano.

A África como metáfora: Du Bois

Não foi Du Bois, mas o missionário Alexander Crummell, o pai do pan-africanismo. Crummell nasceu em Nova York em 1819 e, 35 anos depois, transferiu-se para a Libéria, onde viveu por duas décadas. Como tantos outros, ele viu a Libéria como um posto avançado da civilização cristã e da língua inglesa na África. Apesar da sua experiência pessoal com o tenso encontro entre americano-liberianos e nativos, não abandonou sua crença fundamental na África como pátria da "raça negra". Uma coletânea de seus textos, publicada em 1862, tem como título O *futuro da África*. O filósofo ganês Kwame Appiah observa, corretamente, que a pretensão de Crummell de "estar falando em nome de um continente" originava-se não de sua vivência africana, mas de uma imagem racial aprendida nos EUA e na Grã-Bretanha. Appiah também registra que o conceito de unidade racial da África estarreceria os nativos liberianos, mas tornou-se, no século XX, "uma propriedade comum de grande parte da humanidade".[5]

Se há um traço verdadeiramente africano, esse traço é a diversidade. Antes da mal denominada "divisão da África" pelas potências imperiais, o continente abrigava milhares de entidades políticas distintas, que acabariam reunidas pelos colonizadores em cerca de meia centena de Estados. Mas o pan-africanismo, um fruto dos conceitos raciais do século XIX, interpreta a África como uma unidade: a metáfora geográfica para a "raça negra".

Na Libéria, o caminho de Crummell cruzou com o de Edward Wilmot Blyden – nascido em Saint Thomas, nas Ilhas Virgens então sob domínio dinamarquês, de pais negros livres –, que chegou à nova pátria africana em 1850. Blyden serviu como embaixador em países europeus e como ministro de dois governos da Libéria. Em 1887, ao publicar *Cristianismo, Islã e a raça negra*, ingressou na galeria dos pais do pan-africanismo. Na sua obra, ele defendia a ideia de que o Islã tinha um potencial unificador maior que o do cristianismo para a "África negra". Ao classificar a religião cristã como uma importação europeia, ele se converteu no pioneiro de um projeto nunca completado de africanização da doutrina do pan-africanismo.

Entre a palavra e a ação, interpôs-se a figura de Henry Sylvester-Williams. O advogado e escritor, nascido na colônia britânica de Trinidad em 1869, conheceu os EUA no momento em que a amarga realidade das Leis Jim Crow substituía as esperanças da Reconstrução. Em 1896, ele emigrou para a Inglaterra e, no ano seguinte, formou a Associação Pan-Africana, que promoveria a Primeira Conferência Pan-Africana, em Londres, em julho de 1900. Du Bois estava entre os trinta delegados que participaram do evento, no qual coordenou o Comitê de Redação do apelo "Às nações do mundo". O texto pedia às potências que respeitassem os direitos dos descendentes de africanos e a soberania dos "Estados negros", como denominava a Libéria, o Haiti e a Abissínia.

Depois da conferência original, o movimento pan-africano passou a ser liderado por Du Bois, que organizou o Congresso Pan-Africano de Paris, em

1919. Realizado paralelamente à Conferência de Paz que negociou os tratados de encerramento da grande guerra, o encontro reuniu cerca de sessenta delegados, muito poucos dos quais eram africanos. Novos congressos realizaram-se em Londres e Bruxelas, em 1921, em Londres e Lisboa, em 1923, e em Nova York, em 1927. Neste último, entre os 208 delegados, havia apenas um punhado de africanos, provenientes da Libéria, de Serra Leoa, da Nigéria e da Costa do Ouro. As administrações coloniais britânica e francesa haviam imposto restrições de viagens para esvaziar a participação de africanos, mas, de fato, o pan-africanismo continuava a ser um movimento conduzido essencialmente por intelectuais anglófonos dos EUA, da Grã-Bretanha e do Caribe.

Não é possível entender o pan-africanismo sem compreender o lugar da raça na visão de mundo de Du Bois. Para o líder americano, raça era menos um conceito biológico e mais uma noção histórica. Ele admitia que "as grosseiras diferenças físicas de cor, cabelos e ossos" pouco explicam sobre o papel desempenhado pelos grupos humanos na história, mas invocava "forças sutis" que "dividiram os seres humanos em raças" nem sempre definíveis pela ciência, porém "claramente definidas aos olhos do historiador e do sociólogo". E completava:

> Se isso é verdade, então a história do mundo não é a história de indivíduos, mas de grupos, não a de nações, mas a de raças – e aquele que ignora ou tenta borrar a ideia de raça na história humana ignora e borra o conceito central de toda a história. O que, então, é uma raça? É uma vasta família de seres humanos, geralmente de sangue e linguagens comuns, sempre com história, tradição e impulsos comuns, que tanto voluntária quanto involuntariamente esforçam-se juntos para a realização de determinados [...] ideais de vida.[6]

Eis a melhor síntese do pensamento racialista. Du Bois não acreditava em noções de superioridade e inferioridade racial e, portanto, não era um racista. Ele acreditava, isso sim, que cada raça seria portadora de "sua mensagem singular, seu ideal particular" – e que a plena realização das capacidades da humanidade exigia a veiculação das mensagens de todas as raças. A Alemanha de Hitler o impressionou favoravelmente, pois preocupava-se em entregar a mensagem de uma raça, mas ele não admitia seus impulsos destrutivos em relação aos judeus, uma outra raça. A ideia de miscigenação não fazia sentido na lógica de sua concepção histórica, pois tendia a borrar os limites raciais, distorcendo as suas mensagens. A "preservação das raças", título de seu ensaio, era um imperativo histórico de primeira ordem.

Raças distintas podem conviver numa mesma nação? Sim, respondia Du Bois, com a condição de que entre elas se estabelecesse um acordo substancial a respeito das leis, das línguas e das religiões. As identidades racial e nacional podem ser conciliadas, mas a raça é a fonte de uma comunhão mais profunda e vital:

Nós somos americanos, não apenas por nascimento e cidadania, mas em virtude de nossos ideais políticos, nossa linguagem, nossa religião. Nosso americanismo não vai além disso. A partir desse ponto, somos negros, membros de uma vasta raça histórica que se encontra adormecida desde a aurora da criação, mas começa a acordar nas florestas escuras de sua pátria africana.[7]

África, em Du Bois, não é uma realidade geológica, mas a pátria de uma raça que tem uma mensagem para a humanidade. Nesse sentido crucial, África seria uma cultura, um modo de entender o mundo, a solda espiritual de uma ampla comunidade, a insígnia de um destino. Em O *negro*, de 1915, o condutor da tocha do pan-africanismo distanciou-se ainda mais das noções do "racismo científico", negando a existência de raças puras e descrevendo a variedade de tipos físicos africanos, para concluir que a raça negra deveria ser vista como um ator histórico. Ao mesmo tempo, formulou a tese de que a ruína da África, provocada pelo tráfico de escravos e pela divisão colonial, dissolveu os reinos africanos, brecando o desenvolvimento de Estados negros modernos. As consequências da ruína africana – isto é, a fragmentação da raça pelo mundo e a subordinação colonial na África – só seriam superadas por meio da unidade dos negros em todo o globo.

O *negro* foi escrito num período de crescimento do movimento sindical nos EUA e pouco depois da formação do Congresso Nacional Africano, na África do Sul. Além disso, a China acabava de fundar a República, um evento que Du Bois interpretou como o início de uma afirmação dos direitos da raça asiática. Tais eventos refletem-se numa passagem do capítulo de conclusão do livro que esboça um horizonte de alianças políticas. Naquela passagem, ele enfatizava que "enquanto os trabalhadores negros forem escravos, os trabalhadores brancos não poderão ser livres" e preconizava "uma unidade das classes trabalhadoras em todos os lugares, uma unidade das raças de cor, uma nova unidade dos homens".[8] Contudo, o movimento de mudança seria conduzido pela raça negra:

> Aos poucos, não apenas ergue-se uma singularmente forte irmandade de sangue negro por todo o mundo, mas já ganha expressão a causa comum das raças escuras contra as intoleráveis pretensões e os insultos dos europeus. A maioria dos homens neste mundo é de cor. A crença na humanidade significa uma crença nos homens de cor. O mundo futuro será, muito provavelmente, o que fizerem dele os homens de cor. Para que esse mundo de cor se estabeleça, deve a terra ser novamente empapada no sangue do combate, num rosnar de bestas humanas, ou prevalecerão a razão e a boa vontade? A melhor e maior esperança de que prevaleçam reside no caráter da raça negra, pois [...] ela representa, a um só tempo, a mais forte e a mais amável das raças humanas [...].[9]

Como observa Appiah, na sua abordagem do tema da raça, "Du Bois queria confiar em algo mais elevado do que a rude continuidade dos genes humanos".[10] O seu conceito de raça não podia ser decalcado da Biologia, mas apenas da História – isto é, em primeiro lugar, de um passado compartilhado. Mas, se o próprio Du Bois tinha ancestrais africanos e holandeses, como definir a sua pertinência racial? A resposta que ele oferecia era simples e arbitrária: a cor da pele. Por ser negro, ele elegia uma tradição representada pelos ancestrais africanos, em detrimento dos holandeses. Raça negra e África constituíam, pois, os dois termos inseparáveis de uma equação histórica.

A última frase do livro é uma evocação, em latim, emprestada de um provérbio grego do século IV antes da era cristã: *“Semper novi quid ex Africa!”* (“Todas as novidades sempre emanam da África”). Para Du Bois, a África ocupa o lugar de um lar mítico. Ele era americano e compartilhava não só a cultura popular americana como também a alta cultura intelectual de seu país. Mas, em virtude de sua ideologia, não podia se sentir em casa nos EUA. A África – não as Áfricas das múltiplas experiências dos africanos, mas uma África imaginada – era a casa de Du Bois.

O pan-africanismo de Du Bois era, no fundo, um desenvolvimento de seu pan-negrismo. A raça negra, na sua concepção, era uma raça diaspórica. Mas ele não defendia um “retorno para a África” e, pelo contrário, procurava ativamente os meios para promover o progresso material, social e intelectual dos negros nas sociedades das Américas. A África desempenhava dois papéis na sua visão racialista: no presente, era a fonte de uma tradição, de algo como uma “memória histórica”, que soldava os negros de todo o mundo; no futuro, deveria ser um polo de poder político e cultural capaz de inspirar os negros na mãe-pátria e na diáspora.

Aos poucos, Du Bois convenceu-se firmemente de que a segregação racial nos EUA não era de todo ruim, pois indicava um rumo. Num artigo de 1935, sustentou a tese de que os negros americanos já constituíam, ao menos parcialmente, uma “nação dentro da nação”, em virtude da “organização da igreja negra, da escola negra e do comércio varejista negro”. Era imperativo prosseguir nessa via, atraindo “os melhores, mais vigorosos e mais bem educados negros” para, “através de voluntária e crescente segregação”, erguer uma grande unidade racial e conquistar a igualdade política.[11] Igualdade, aqui, não significava direitos iguais entre cidadãos, mas um pacto nacional de igualdade entre raças.

A África como destino: Garvey

A liderança de Du Bois teve um contraponto no jamaicano Marcus Mosiah Garvey Jr., que formulou uma versão bem diferente do pan-africanismo e tornou-se o mais saliente inimigo do americano. Garvey nasceu em 1887, quase duas décadas depois de Du Bois. Sob a influência de seu pai, um maçom de vasta cultura, leu sem parar.

Uma gota de sangue

Contudo, pelo menos de acordo com uma narrativa autobiográfica, escrita em 1923, não foi nos livros que ele encontrou a crença em torno da qual organizaria sua vida:

> Para mim, em casa, nos primeiros tempos, não havia diferença entre branco e preto. Uma das propriedades de meu pai, o lugar onde vivi a maior parte do tempo, era vizinha da casa de um homem branco. Ele tinha três meninas e um garoto [...]. Todos éramos companheiros de folguedos. A menina branca da qual eu mais gostava não pensava nada diferente de mim. Éramos dois tolos inocentes que nunca sonharam com um sentimento ou problema racial. [...] Aos catorze, minha pequena amiga e eu nos separamos. Os pais dela imaginaram que era chegada a hora de traçar a linha de cor. Mandaram-na e a uma irmã para Edimburgo, na Escócia, e disseram-lhe que nunca deveria tentar escrever ou fazer contato comigo, pois eu era um "*nigger*". [...] Depois da minha primeira lição de distinção de raça, nunca mais pensei em brincar com meninas brancas [...].[12]

Garvey teve uma breve passagem pelo sindicalismo, antes de trabalhar como jornalista e editor. Em Londres, nos anos que antecederam a grande guerra europeia, escreveu para o *African Times and Orient Review*, uma publicação dirigida pelo egípcio Dusé Mohamed Ali, um nacionalista africano e propagador do Islã. Cinco dias depois de retornar à Jamaica, em agosto de 1914, quando eclodia a guerra, fundou a Associação Universal para o Avanço dos Negros (Unia), que definiu como "um movimento contra negros que não querem ser negros". A finalidade declarada da organização era "unir todos os povos negros do mundo em uma grande entidade para estabelecer um país e um governo absolutamente seus".[13]

Nesse artigo autobiográfico, Garvey reclama dos mestiços jamaicanos, que não queriam ter um líder negro, e dos líderes negros americanos, pouco interessados nos pobres. Também oferece a sua versão sobre as lutas faccionais nas seções da Unia que criou nos EUA e gaba-se do ato de encerramento da Primeira Convenção Internacional dos Negros, de 1920, em Nova York, num Madison Square Garden lotado por 25 mil assistentes. Mas, principalmente, procura apresentar as acusações que recebeu em virtude do negócio da Black Star Line como um fruto da inveja de lideranças rivais.

De fato, nos seus giros pelos EUA, Garvey havia erguido uma organização de massas, baseada no Harlem e com centenas de milhares de filiados contribuintes, que rivalizava em influência com a NAACP. Editando o jornal *O mundo negro* e trabalhando sem descanso, o jamaicano convertera-se em uma figura conhecida internacionalmente. A Black Star Line, uma companhia de navegação, foi instituída pela Unia em 1919 com o ambicioso projeto de transportar passageiros e cargas numa economia negra globalizada. As poucas e velhas embarcações da companhia navegaram durante dois anos, principalmente em rotas entre os EUA e o Caribe, em meio a desordem administrativa, escândalos de corrupção e sabotagens perpetradas pelo FBI de Edgard Hoover.

O sonho pan-africano

Foi o FBI que assestou um sério golpe na Black Star Line, conduzindo um processo viciado contra Garvey, a partir de uma acusação de uso do serviço postal para propaganda enganosa. Por meio de coação e compra de testemunhas, os acusadores conseguiram obter, em 1923, uma condenação do líder da Unia a cinco anos de prisão. Os apelos foram rejeitados e ele acabou cumprindo a metade da pena, até ser libertado e deportado para a Jamaica por ato do presidente Calvin Coolidge.

Nos anos de glória de criação da companhia de navegação, a Unia lançou outros projetos, ainda mais ambiciosos, mas com resultados menos expressivos. A Corporação de Fábricas Negras foi uma tentativa de estabelecer uma ampla cadeia de indústrias nos EUA, no Caribe e na África para produzir todos os bens e serviços demandados pelo mercado mundial de africanos e seus descendentes. Em 1920, a organização decidiu iniciar um programa de desenvolvimento da Libéria e do Haiti, destinado a libertá-los de suas dívidas e implantar indústrias, universidades e estradas de ferro. A iniciativa não prosperou em virtude da oposição dos EUA e das potências europeias, que tinham seus próprios interesses nos dois países.

Raça tinha um significado essencialmente biológico para Garvey. Se Du Bois a traduzia em termos históricos e enfatizava a unidade racial de negros e mulatos da diáspora, o jamaicano não escondia sua repulsa à miscigenação. Ele caracterizava seus rivais, nos EUA e no Caribe, como negros *colored* – isto é, mestiços – e extraía desse fato consequências de largo alcance. A Convenção Internacional dos Negros adotara uma Declaração de Independência, um hino universal e uma bandeira vermelha, preta e verde, aclamando Garvey como "presidente provisório da África". Na visão do líder da Unia, a África não constituía uma pátria metafórica, mas uma pátria real, à qual era imperativo "retornar". Os negros verdadeiros entenderiam isso, apesar dos falsos líderes *colored*, como Du Bois, que insistiam na ideia de uma conciliação racial nos países da diáspora.

Na perspectiva de Garvey, os negros deveriam ter um país para si próprios. Esse país seria uma África descolonizada e sem fronteiras internas, para onde "voltariam" os negros de todo o mundo. O separatismo negro, com o qual um Du Bois preocupado com a igualdade de direitos flertava indecisivamente, constituía um princípio intocável para Garvey:

> Nós sentimos que não há absolutamente nenhuma razão pela qual deva existir qualquer diferença entre as raças negra e branca, se cada uma parar de se acomodar à outra e se ambas se estabilizarem. Nós acreditamos na pureza das duas raças. Não acreditamos que o homem negro deva ser encorajado a pensar que seu maior objetivo na vida é casar com uma mulher branca [...]. É uma depravada e perigosa doutrina de igualdade social clamar, como fazem certos líderes *colored*, pelo convívio entre negros e brancos, o que destruiria a pureza racial de ambas.[14]

227

O "retorno à África", imaginava Garvey, era uma meta para a qual ele poderia ter a cooperação dos líderes brancos, esclarecidos ou abertamente racistas. Afinal, pensava, "os homens brancos que lutaram para construir seus países e suas civilizações não estão dispostos a entregá-los para os negros ou qualquer outra raça". Não fazia sentido esperar que, um dia, negros chegassem a ocupar cargos de prefeito, governador ou presidente nos países dos brancos. Mas o empreendimento do "retorno" propiciaria a cada uma das raças uma "existência separada", eliminando as fontes das rivalidades raciais em cada país.

A discórdia entre Du Bois e Garvey passou do estágio da acrimônia para o do ódio mútuo. Num artigo em duas partes, publicado entre 1920 e 1921, o americano mesclou palavras de reconhecimento da liderança, honestidade e idealismo do jamaicano com críticas, obviamente corretas, sobre a sua personalidade autoritária, sua megalomania insuperável e seus métodos heterodoxos de negócios. Naquele texto, para sugerir que Garvey vivia "nas nuvens", ele reproduziu um trecho de um discurso em que o jamaicano traçava um paralelo entre sua missão de "redimir a África" e a tentativa napoleônica "de tomar o mundo".[15] Menos de dois anos depois, Garvey referiu-se a Du Bois como um mestiço e, portanto, uma monstruosidade. Na mesma época, reuniu-se em Atlanta com Edward Young Clarke, um dos chefes da restaurada Ku Klux Klan. Isso foi demais e, em 1924, enquanto Garvey apelava contra a sua condenação, Du Bois escreveu um artigo intitulado "Um lunático ou um traidor", que descrevia o jamaicano como "o mais perigoso inimigo da raça negra nos EUA e no mundo".[16]

No pan-africanismo de Du Bois, as nações podiam ser conciliadas com o princípio racial, e os negros deviam buscar um pacto de igualdade com os brancos no interior dos EUA. Em Garvey, pelo contrário, o princípio supremo da raça colidia inapelavelmente com o da nação. A sua África não era uma metáfora, mas um destino concreto. A salvação dos negros (e dos brancos) encontrava-se na separação geopolítica. Esta perspectiva abria um campo real de cooperação entre a Unia e os arautos da supremacia branca nos EUA – algo que, aos olhos de Du Bois, ultrapassava os limites do tolerável. No artigo de 1924, o líder da NAACP denunciou os panfletos e cartas difundidos por Garvey, que conclamavam políticos, educadores e filantropos a juntarem-se aos esforços da Unia em prol da separação geográfica das raças. Um texto reproduzido no material de propaganda era "um dos piores artigos recentemente escritos por um branco sulista advogando a deportação dos negros americanos para a Libéria".[17]

Na conclusão, Du Bois denunciava as intimidações conduzidas por Garvey e seus seguidores contra autoridades judiciais envolvidas no processo do jamaicano, bem como supostos escândalos de corrupção e até um assassinato ligados às lutas

O sonho pan-africano

faccionais na Unia. O próprio Du Bois teria sofrido ameaças físicas e de processos judiciais. As sentenças finais são as seguintes: "Qualquer homem que, de hoje em diante, elogie ou defenda Marcus Garvey rotula a si mesmo como imerecedor do apoio dos americanos decentes. Quanto ao próprio Garvey, esse aliado explícito da Ku Klux Klan deve ser aprisionado ou enviado para o seu país."[18]

A prisão e a animosidade de Du Bois e outros líderes negros americanos corroeram as bases políticas de Garvey nos EUA. Na Jamaica, em 1929, ele criou o Partido Político do Povo (PPP), um partido dedicado à reforma social e aos direitos dos trabalhadores. Seis anos depois, transferiu-se para Londres, onde conduziu campanhas de apoio à Etiópia, em guerra contra as forças coloniais italianas. O jamaicano admirava o Império cristão Etíope, que prefigurava, aos seus olhos, o futuro da África, e concedeu um apoio não isento de críticas a seu imperador, Hailé Selassie.

A família real etíope foi cristianizada no século IV por dois exploradores greco-sírios e o cristianismo tornou-se religião oficial no reino. No século XIII, sob a dinastia Salomônida, consolidou-se o Império Etíope, bastião do cristianismo na África. Na expansão imperial europeia sobre a África, a Etiópia cedeu aos italianos a colônia da Eritreia, mas conservou sua independência. Em 1930, o regente Tafari Makonnen assumiu o trono com o título de Hailé Selassie I. O seu Império duraria até a Revolução de 1974 e a abolição da dinastia Salomônida.

As desventuras de Selassie ligaram a sua figura, por um fio muito especial, à história e à cultura jamaicanas. Em 1936, derrotado militarmente pelos italianos na Segunda Guerra da Abissínia, o imperador apelou à Liga das Nações, que apenas impôs sanções inefetivas contra o agressor. Nos cinco anos de exílio, na Grã-Bretanha, ele converteu-se em ícone internacional antifascista. Antes disso, contudo, já se tornara a fonte de inspiração do Movimento Rastafari.*

Garvey não desempenhou um papel direto no surgimento do Movimento Rastafari, que emanou de pregadores populares influenciados pelas ideias do *Back to Africa* e de uma supremacia negra. O principal deles, Leonard Howell, "o primeiro rasta", começou a anunciar em 1933 que Selassie personificava o Messias retornado à Terra. Entre os propagadores da nova religião, muitos eram ativistas do garveysmo, o que conferiu ao Movimento Rastafari uma forte coloração política.

Para os rastas, tanto Jesus Cristo quanto Selassie são encarnações de Deus (Jah), a civilização ocidental representa apenas uma estrutura opressiva, o uso da *cannabis*

---

* O nome do movimento deriva da conjunção do termo *ras*, um título honorífico etíope que significa "chefe" ou "duque", com Tafari, o nome de batismo de Hailé Selassie.

Uma gota de sangue

(*ganja*) funciona como instrumento para a meditação grupal e o estudo da Bíblia. Garvey nunca foi um rasta e criticou Howell pela identificação do imperador etíope ao Messias, mas os rastas o alçaram à condição de profeta do "retorno à África" e incorporaram seu separatismo negro. Um discurso de Garvey, de 1927, no qual ele teria feito uma referência metafórica à coroação de um rei negro na África, foi tomado pelos rastas como profecia da entronização de Selassie. Na mitologia rasta, navios da Black Star Line os transportariam de volta à África.

Selassie não se fez de rogado com o culto rasta, recebendo e condecorando líderes religiosos jamaicanos na Etiópia em 1961 e realizando uma célebre visita à Jamaica em 1966. Mais de cem mil rastas o esperaram nos arredores do aeroporto de Kingston, fumando *cannabis* em clima festivo. Rita Marley, a esposa de Bob Marley, converteu-se à religião ao encontrar-se com o imperador. O Movimento Rastafari ganhou visibilidade mundial a partir da visita, e o reggae, incorporado à religião, alcançou sucesso comercial. Três anos antes, num discurso perante a Assembleia Geral da ONU, Selassie condenara o racismo e declarara que a cor da pele não tem mais importância do que a dos olhos, cortando a árvore do suprematismo negro entre os rastas.

Nos seus últimos anos de vida, Garvey incorreu outras vezes em estranhas alianças. Em 1937, seus seguidores nos EUA cooperaram com o senador pelo Mississipi Theodore G. Bilbo, um destacado arauto da supremacia branca, num projeto de repatriamento de negros americanos para uma "Grande Libéria", que seria formada pela união da Libéria com colônias britânicas e francesas da África Ocidental. Em 1940, dois derrames mataram Garvey, que foi enterrado em Londres. Quase um quarto de século depois, seus restos mortais foram exumados e transferidos para um santuário no Parque dos Heróis Nacionais em Kingston. Ao contrário de seu inimigo Du Bois, que não preconizava o "retorno", mas viveu seus últimos anos em Gana, o profeta do *Back to Africa* jamais colocou os pés em solo africano.

O pan-africanismo chega à África

Depois de um intervalo de quase duas décadas, marcadas pela Grande Depressão e pela guerra mundial, realizou-se em Manchester, na Inglaterra, em 1945, o V Congresso Pan-Africano. Du Bois estava presente, como sempre, mas aos 77 anos desempenhava um papel essencialmente simbólico e foi homenageado com a nomeação de presidente honorário do encontro. Na direção política, luziam as figuras do trinidadiano George Padmore e do ganês Kwame Nkrumah, líderes de esquerda que haviam estudado nos EUA e tentavam conciliar o marxismo com o pan-africanismo.

Ao contrário dos quatro congressos precedentes, o tema da descolonização africana começava a palpitar e jovens lideranças africanas dominaram os debates.

O sonho pan-africano

A resolução principal denunciava o imperialismo e conclamava à luta: "Hoje, há apenas um caminho para a ação efetiva – a organização das massas."[19] Dos cerca de cem delegados, um quarto provinha da África, especialmente de partidos políticos organizados nas colônias britânicas. Entre eles, estavam Jomo Kenyatta, que seria o primeiro presidente do Quênia; Hastings Kamuzu Banda, que seria o primeiro presidente de Malawi; e os nigerianos Benjamin Nnamdi Azikiwe, Jaja Wachuku e Obafemi Awolowo, que ocupariam, respectivamente, os cargos de presidente, ministro do Exterior e líder da oposição parlamentar logo após a independência. Muitos dos homens que se reuniram em Manchester voltariam a se encontrar após a grande onda inicial da descolonização para constituir a Organização de Unidade Africana (OUA).

O pan-africanismo do pós-guerra começou a ser moldado nos anos 1930, durante a ocupação italiana da Etiópia. Em Londres, estabeleceu-se um Escritório Internacional de Assistência à África, que centralizou a campanha pela restauração da independência etíope. O presidente da organização era Padmore, um comunista que trabalhara na URSS para o Comintern (Internacional Comunista) entre 1929 e 1934, mas rompera com Moscou e aproximara-se da oposição trotskista. Ao lado dele, estava o seu amigo de infância, também trinidadiano, Cyril L. R. James, na época participante do esforço de Leon Trotski para constituir uma Quarta Internacional.

Os dois trinidadianos encontravam-se na faixa dos 35 anos e ainda não conheciam o ganês Nkrumah, quase dez anos mais jovem, que estudava na Universidade Lincoln, na Pensilvânia. O encontro se deu durante a guerra, por intermédio de James, então dirigente de uma das incontáveis dissidências trotskistas. O grupo abrangia ainda Kenyatta, que estudara Economia em Moscou como convidado de Padmore, transferira-se com ele para Londres e atuara na campanha de apoio à Etiópia. Para os quatro, Du Bois representava uma referência histórica, mas não um líder político ou ideológico.

Paralelamente à articulação dos pan-africanistas anglófonos, desenvolvia-se o movimento literário e político da *Négritude*, nascido na mesma época entre caribenhos e africanos das colônias francesas. Sob a influência dos escritores da Renascença do Harlem, abraçando o conceito de nação diaspórica africana, os arautos do movimento reverenciavam a figura do haitiano L'Ouverture e preconizavam a restauração de uma "personalidade africana" ancestral.

O rótulo *négritude* era uma invenção do jovem Aimé Césaire, da Martinica, no poema *Cahier d'un retour au pays natal* (Caderno de um retorno ao país natal), publicado num jornal estudantil de Paris com a colaboração dos também poetas Léon Damas, da Guiana Francesa, e Léopold Sédar Senghor, futuro primeiro presidente do Senegal. Na base daquele rótulo encontra-se a ideia de um vínculo cultural profundo, que une os africanos e seus descendentes no mundo todo, e uma lógica racialista presa aos estereótipos construídos pelo "racismo científico":

231

Eles aceitaram o raciocínio fanfarrão da Europa e objetaram que "se os europeus são racionais, então os africanos tinham ritmo e emoção". Um conjunto de mitos substituiu outro, pois eles fetichizaram o conceito de raça e conferiram-lhe um papel histórico que reforçou o eurocentrismo.[20]

Os líderes das principais lutas anticoloniais na África formaram as suas concepções de mundo nas vertentes anglófona ou francófona do pan-africanismo. Uma exceção parcial era o congolês Patrice Lumumba, mais jovem, que não estudara no exterior exceto por um curto período e não participara das articulações dos anos da guerra mundial. Mas ele também aderiu ao credo pan-africanista e compareceu à Conferência dos Povos da África realizada em Acra, em 1958. Finalmente africanizada, a doutrina se tornaria a base de legitimação dos Estados independentes da África.

Nkrumah, o anfitrião da conferência ganesa, transformou-se no porta-bandeira incontesto do pan-africanismo pós-colonial, uma condição que decorreu, ao menos em parte, da circunstância de Gana ter sido a primeira colônia britânica na África a obter a independência. Na sua autobiografia, há uma passagem que faz referência a um discurso pronunciado cinco anos antes, na Libéria:

> Assinalei que a Providência é que havia preservado os negros durante seus anos de provação no exílio, nos EUA e nas Índias Ocidentais; que se tratava da mesma Providência que havia cuidado de Moisés e dos israelitas no Egito, séculos antes. [...] "A África para os africanos!", exclamei. [...] Um Estado livre e independente na África. Queremos poder governar-nos neste nosso país sem interferência externa.[21]

Fora da África, as crianças se referem à África como um país, não um continente constituído por meia centena de entidades políticas distintas. Nkrumah fazia o mesmo. Os negros formavam uma raça e uma nação: uma nação-raça submetida ao exílio que recobrava a sua terra prometida. É claro que esse modo de descrever o mundo não correspondia nem um pouco à experiência da esmagadora maioria dos africanos na África. Mas refletia o longo percurso ideológico cumprido – nos EUA, no Caribe e na Europa – por intelectuais como Crummell, Du Bois, Garvey, Padmore e o próprio Nkrumah.

A Costa do Ouro britânica foi renomeada como Gana na hora da independência, no primeiro minuto de 6 de março de 1957. Nas palavras iniciais do célebre discurso da meia-noite, Nkrumah não se referiu a Gana, mas à África: "Veremos que criamos nossa própria personalidade africana."[22] A avalanche das independências africanas foi em 1960. Em 23 de setembro, Nkrumah dirigiu-se à Assembleia Geral da ONU e falou contra o colonialismo, o neocolonialismo e a "balcanização" da África. Mais uma vez, "África" funcionava como o nome de uma entidade única, submetida à opressão externa: "[...] África não busca vingança. [...] Não pedimos

O sonho pan-africano

a morte de nossos opressores, não pronunciamos votos de má sorte para nossos senhores de escravos [...]."[23] Os "nossos senhores de escravos" não eram os chefes de reinos negreiros africanos, mas apenas os traficantes e proprietários de escravos não africanos. Através das lentes do pan-africanismo, a complexa história do tráfico coagulava-se numa narrativa simplificada de opressão racial.

No mesmo discurso, Nkrumah denunciou vigorosamente o golpe de estado do coronel Mobutu Sese Seko na antiga colônia belga do Congo, num momento em que o primeiro-ministro Lumumba ainda resistia no interior do país. A CIA dava suporte encoberto ao golpe e uma versão assevera que Mobutu tornara-se um informante do serviço secreto belga antes da independência, quando servia como assessor pessoal de Lumumba. Mas a crise iniciara-se antes do golpe de estado, como um conflito entre o presidente Joseph Kasa-Vubu e o primeiro-ministro, e o apoio dos EUA ao chefe golpista era uma reação à aproximação de Lumumba com Moscou. Mesmo assim, o presidente de Gana descreveu o drama congolês simplesmente como uma interferência das grandes potências nos assuntos da África. O pan-africanismo começava a desempenhar a função de ocultar as responsabilidades políticas dos dirigentes africanos, atribuindo a agentes externos cada um dos problemas que afligem as nações do continente.

Um discurso fora de lugar

A meta da unidade geopolítica da África parecia uma hipótese viável durante a vaga inicial das independências. Em 1958, Nkrumah juntou-se a Ahmed Sékou Touré, líder da Guiné que rompia com a França para formar a União Gana-Guiné. A nova entidade surgia por cima da linha de divisão entre as Áfricas anglófona e francófona com a ambição de constituir o núcleo de uma futura união pan-africana. Logo depois, realizou-se em Acra a conferência pan-africana, e Nkrumah conclamou a formação dos "Estados Unidos da África". Em 1961, o Mali aderiu ao bloco de Gana-Guiné, que foi rebatizada como União dos Estados Africanos.

O sonho do ganês teve vida curta e o pan-africanismo tomou um rumo diferente, expresso pela OUA. Nkrumah desempenhou um papel de protagonista na convocação da conferência dos 32 Estados africanos independentes que se reuniu em Adis Abeba, na Etiópia, em maio de 1963, mas as deliberações do encontro frustraram suas expectativas. A OUA seria uma organização de segurança regional, não os "Estados Unidos da África". Gana continuaria a ocupar um lugar simbólico na história da África pós-colonial, mas jamais voltaria a exercer a liderança dos primeiros anos.

Tendo como anfitrião o mítico Selassie e como sede a capital do Império nunca conquistado da Etiópia, a conferência fundadora da OUA foi um estranho

233

encontro. Ao lado dos representantes da África Subsaariana, a "África Negra", sentaram-se os líderes dos países da África do Norte, que não tinham nenhuma relação com a tradição do pan-africanismo. Os povos árabes do norte africano não se enquadravam no conceito de unidade racial da doutrina pan-africana. Mais ainda: não podiam ser descritos como vítimas do tráfico negreiro, pois representaram um polo importador de escravos. Eram contradições insolúveis, que agiam como substância corrosiva sobre uma doutrina cada vez menos estável.

A Carta da OUA, aprovada em Adis Abeba, mencionava uma "mais ampla unidade, transcendendo diferenças étnicas e nacionais", mas não usava nem uma vez os termos raça, negros ou diáspora. O documento condenava o "colonialismo" e o "neocolonialismo", mas não continha referências ao tráfico de escravos ou à escravidão. No artigo 3°, que expunha os princípios da organização, o primeiro item proclamava a "igualdade soberana" dos Estados africanos; o segundo, o compromissão de "não-interferência nos assuntos internos" dos parceiros; o terceiro, o "respeito pela soberania e integridade territorial de cada Estado e por seu direito à existência independente".[24] Desse modo, enterrava-se a ideia de um grande e único Estado federal africano.

A OUA existiu durante quase quatro décadas, até ser substituída pela União Africana (UA), na conferência de Lomé, no Togo, em 2000. O Ato Constitutivo da UA inicia-se pela declaração de que a organização sucessora surgia "inspirada pelos nobres ideais que guiaram os pais fundadores de nossa Organização Continental e gerações de pan-africanistas", mas é ainda mais explícito acerca do tema da integridade territorial dos Estados. No artigo 4°, uma listagem de princípios, figura um segundo item que promete o "respeito às fronteiras existentes no momento das independências" – isto é, as fronteiras derivadas da expansão imperial europeia.[25]

O pan-africanismo oficial da OUA manifestou-se especialmente no campo da política cultural. Em 1969, num festival cultural em Argel, o presidente argelino Houari Boumedienne lançou um Manifesto Cultural Pan-Africano. De acordo com o documento, a "africanidade" compõe-se de uma variedade de origens, mas expressa uma herança comum e uma unidade de destino. O colonialismo teria descaracterizado a cultura africana e alimentado uma "elite cultural" alienada, distante do povo. Tratava-se de restaurar e preservar uma cultura africana "a serviço das massas".[26] Boumedienne governava o seu país como um ditador com poderes quase absolutos. A linguagem do Manifesto não continha as senhas tradicionais do pan-africanismo, pois emanava de um líder árabe, mas suas entrelinhas estavam recheadas de ameaças bastante óbvias à livre expressão dos produtores culturais.

O Manifesto de 1969 não constituía um documento oficial. Mas, em 1976, a OUA aprovou uma Carta Cultural para a África que, explicitamente, se inspirava no texto de Boumedienne. A Carta reproduzia a noção de que a história e a cultura

O sonho pan-africano

configuravam uma identidade africana e, também, as invectivas contra "uma elite muito frequentemente alienada" da verdadeira cultura africana. Embora, como seu predecessor, o texto fosse incapaz de sugerir um significado para a noção de cultura africana, ele deixava claro que a cultura era uma questão de Estado. Entre os objetivos, constava o "desenvolvimento de todos os valores dinâmicos na herança cultural africana e rejeição de qualquer elemento que seja um obstáculo ao progresso".[27]

Apesar de reiteradas menções à comunhão cultural africana, o documento de 1976 curvava-se ao princípio do respeito às "identidades nacionais". No contexto, isso significava que cada regime cuidaria de policiar a cultura e os produtores culturais nos seus próprios territórios. Um compromisso de respeito à liberdade de expressão teve de esperar a Carta para a Renascença Cultural da África, aprovada pela UA três décadas mais tarde, em Cartum, no Sudão. Contudo, mesmo esse documento de reforma política presta uma homenagem ao Manifesto Cultural Pan-Africano e, ritualmente, repete o conceito de que a história é a fonte de uma unidade essencial da África.

Esse conceito, que é a base da doutrina pan-africana, não tem nenhum sentido fora da moldura do pensamento racial. Se a história da África é a história de uma raça, então torna-se possível fabricar a ideia de unidade africana, que abrange não apenas os povos da própria África como também os da diáspora. Mas a renúncia à noção de raça, forçada pela presença dos países árabes na OUA e na sua sucessora, implode toda a lógica da doutrina, erguida desde os tempos de Crummell, pois não há algo como uma "história africana".

Com o advento da OUA, o pan-africanismo converteu-se em doutrina de Estado, perdendo seu caráter de movimento independente. No início dos anos 1970, descontentes com essa ordem de coisas, ativistas dos EUA e do Caribe reivindicaram a organização de um novo congresso pan-africano. A luta contra os regimes de minoria branca se intensificava na África do Sul e na Rodésia (atual Zimbábue), e as colônias portuguesas de Angola e Moçambique viviam o auge de suas guerras de libertação. A Tanzânia de Julius Nyerere prontificou-se a patrocinar o evento, que se realizou em Dar-es-Salaam, em junho de 1974, quase trinta anos depois do histórico V Congresso.

Nyerere era um pan-africanista singular, que se embebera do gradualista socialismo fabiano nos anos de estudante universitário na Grã-Bretanha e acreditava numa fusão entre o comunitarismo tradicional africano e o socialismo moderno. Junto com Kenneth Kaunda, da Zâmbia, ele figurava na linha de frente do apoio ao Congresso Nacional Africano e às guerrilhas moçambicana e rodesiana. Do seu ponto de vista, o VI Congresso Pan-Africano serviria ao esforço diplomático de isolar o colonialismo português e os regimes de minoria branca, além de reforçar a sua própria posição no concerto dos Estados africanos.

Os ativistas americanos e caribenhos concordavam com a meta de apoiar as guerras anticoloniais e antiapartheid, mas não esperavam um evento controlado por

235

chefes de Estado, ao estilo das reuniões da OUA. O Congresso recebeu representantes do ditador da Guiana, Linden Forbes Burnham, alinhado com Cuba e a URSS, e do corrupto e mentalmente instável Eric Gairy, de Granada. Em compensação, diversos ativistas caribenhos não foram credenciados, o que provocou um boicote solidário de Cyril James, então com 73 anos. Do Brasil, participou Abdias do Nascimento, que se encontrava num exílio voluntário nos EUA. Entre os participantes do encontro de Dar-es-Salaam, o único remanescente do Congresso de 1945 era o ganês Joe Emmanuel Appiah, pai do filósofo Kwame Appiah. Seu amigo e depois rival Nkrumah, a principal face africana do pan-africanismo, morrera dois anos antes.

Na época do congresso de Dar-es-Salaam, Nyerere, o "*Baba wa Taifa*" ("Pai da Nação"), líder da independência e primeiro presidente tanzaniano, completava seu décimo ano no poder, onde permaneceria por mais 11 anos. A Tanzânia conheceu um regime de partido único durante suas três primeiras décadas de existência. Em Gana, Nkrumah governou como um ditador, manipulando eleições farsescas, até 1960, quando proclamou-se presidente vitalício, instituiu um regime unipartidário e começou a prender os opositores. Joe Appiah foi preso por duas vezes, antes do golpe militar de 1966 que apeou o ditador do poder.

Como Nkrumah, os principais líderes do V Congresso Pan-Africano implantaram ditaduras de partido único. Kenyatta presidiu o Quênia até morrer, em 1978, quando a chefia de Estado foi transmitida a seu aliado, Daniel Arap Moi. No Malauí, Hastings Banda foi declarado presidente vitalício pouco depois da independência, montou um Estado policial, roubou sem parar os cofres públicos e meticulosamente estabeleceu um sistema devotado ao culto de sua própria personalidade.

Banda e Kenyatta alinharam seu países às potências ocidentais, mas seus colegas pan-africanistas preferiram cooperar com Moscou e pregaram a implantação daquilo que se denominou "socialismo africano". O sistema, nas versões levemente diferentes de Nyerere e Kaunda, era um projeto ideológico de contornos pouco definidos que interpretava o socialismo segundo o suposto cânone africano de distribuição comunal de riquezas. Nkrumah, por seu lado, rejeitou o adjetivo "africano", criticando a noção de uma "Idade de Ouro africana" pré-colonial e ressaltou, provocativamente, que "antes da colonização, difundida na África apenas no século XIX, os africanos estavam prontos a vender, em geral por não mais de trinta peças de prata, os companheiros de tribo e até membros da mesma família estendida e clã".[28] Contudo, por cima das divergências, todos enxergaram no termo socialismo uma justificativa para a imposição de regimes unipartidários. E, como cada um precisava conferir legitimidade a seu poder pessoal, os socialismos africanos ganharam rótulos nacionais diversos: o "consciencismo" de Gana, a "*ujamaa*" da Tanzânia, o "humanismo" da Zâmbia.

Há, sobretudo, a *Négritude* de Senghor. A introdução de uma antologia de poesia negra e malgache organizada pelo futuro presidente do Senegal e publicada em 1948 é um texto de Jean-Paul Sartre intitulado "Orfeu negro". Naquele texto, o filósofo definiu o movimento como um "racismo antirracista" que funcionaria como instrumento "para a abolição das diferenças raciais".[29] No plano intelectual, o conceito essencialista de *négritude* decorre, em linha direta, da noção de raça, e conecta-se ao pensamento romântico: não é casual que Senghor mencionasse algo como "a emoção negra". No plano político, a ideologia da *négritude* serviu não apenas à legitimação do regime semiautoritário senegalês, mas também, longe da África, ao desígnio da brutal ditadura haitiana de François Duvalier, o *"Papa Doc"*, de usar os feiticeiros do vodu e os pobres do campo na sua campanha contra a "elite mulata".

Na África pós-colonial, os Estados experimentam um paradoxo político dilacerante. De um lado, no plano do discurso, os regimes reafirmam sem cessar um compromisso supranacional pan-africanista, expresso na constelação de mitos sobre a unidade histórica africana e uma essência cultural supostamente compartilhada pelos povos do continente. De outro, na prática, as elites políticas articulam-se a partir de lealdades infranacionais, cujas referências repousam na etnia e no clã. Um resultado dessa oscilação entre universalismo e particularismo é a notória fraqueza do Estado-nação, que carece de uma legitimidade mais profunda, o que é frequentemente compensado pelo recurso à violência.

Os governos africanos fizeram do pan-africanismo uma eficiente narrativa oficial. Por meio dela, erigiu-se um modo de contar a história que é uma adaptação do procedimento dos colonizadores. Nas palavras do moçambicano Mia Couto: "O que se fez foi colocar um sinal positivo onde o sinal era negativo. Persiste a ideia de que a África pré-colonial era um universo intemporal, sem conflitos nem disputas, um paraíso feito só de harmonias." Esta imagem idealizada dos tempos pré-coloniais converte o colonialismo na fonte de todos os males, presentes e futuros, o que tem uma óbvia função política: "Os únicos culpados de nossos problemas devem ser procurados fora. E nunca dentro. Os poucos de dentro que são maus é porque são agentes dos de fora."[30]

Mas, desde o surgimento da OUA, o pan-africanismo sofreu uma cisão irreparável. Na África, sua natureza de utopia unificadora dissolveu-se no ácido da descaracterização do mito da raça, da adesão geral às soberanias e fronteiras existentes e das conveniências políticas dos governantes. Na diáspora, contudo, conservou seus velhos conteúdos, embalados agora nas novas formas das ações afirmativas de preferências raciais.

Uma gota de sangue

Notas

[1] HARLAN, Louis R. (Ed.). *The Booker T. Washington Papers*. Illinois, University of Illinois Press, v. 4, 1895-1898, p. 152-153. Disponível em: <http://www.historycooperative.org/btw/Vol.4/html/152.html>. Acesso em: 9 jun. 2009.

[2] WASHINGTON, Booker T. *The future of the american negro*. Boston, Small, Maynard & Company, 1900, p. 70-71.

[3] WASHINGTON, Booker T. Op. cit., p. 158.

[4] WASHINGTON, Booker T. Op. cit., p. 157.

[5] APPIAH, Kwame Anthony. *Na casa de meu pai*. Rio de Janeiro, Contraponto, 1997, p. 22.

[6] DU BOIS, W. E. B. *The conservation of races*. The American Negro Academy Occasional Papers, n. 2, Pennsilvanya State University, 1897. Disponível em: <http://www2.hn.psu.edu/faculty/jmanis/webdubois/DuBoisConservationRaces.pdf>. Acesso em: 9 jun. 2009.

[7] DU BOIS, W. E. B. (1897). Op. cit.

[8] DU BOIS, W. E. B. *The negro*. Nova York, Holt, 1915.

[9] DU BOIS, W. E. B. (1915). Op. cit.

[10] APPIAH, Kwame Anthony. Op. cit., p. 58.

[11] DU BOIS, W. E. B. "A negro nation within the nation". In: WINTZ, Cary D. (Ed.). *African American political thought, 1890-1930*. Armonk/Londres, M. E. Sharpe, 1996, p. 165.

[12] GARVEY, Marcus. "The negro's greatest enemy". *American Series Sample Documents*. African Studies Center – Ucla. Disponível em: < http://www.international.ucla.edu/africa/mgpp/sample01.asp>. Acesso em 9 jun. 2009.

[13] GARVEY, Marcus. Op. cit.

[14] GARVEY, Marcus. Op. cit.

[15] DU BOIS, W. E. B. "Marcus Garvey". In: WINTZ, Cary D. (Ed.). Op. cit., p. 128.

[16] DU BOIS, W. E. B. "A lunatic or a traitor". In: WINTZ, Cary D. (Ed.). Op. cit., p. 129.

[17] DU BOIS, W. E. B. "A lunatic or a traitor". Op. cit., p. 130.

[18] DU BOIS, W. E. B. "A lunatic or a traitor". Op. cit., p. 131.

[19] WATKINS, William H. et al. "Appendix A – The Seventh Pan-African Congress: notes from North American delegates". In: LEMELLE, Sidney & KELLEY, Robin D. G. (Org.). *Imagining home: class, culture and nationalism in the African diaspora*. Londres, Verso, 1994, p. 353.

[20] CAMPBELL, Horace. "Pan-africanism and African liberation". In: LEMELLE, Sidney & KELLEY, Robin D. G. (Org.). Op. cit., p. 294.

[21] APPIAH, Kwame Anthony. Op. cit., p. 42.

[22] BBC WORLD SERVICE. "Kwame Nkrumah's vision of Africa". Disponível em: <http://www.bbc.co.uk/worldservice/people/highlights/000914_nkrumah.shtml>. Acesso em: 9 jun. 2009.

[23] KWAME NKRUMAH INFORMATION & RESOURCE SITE. "Osagyefo at the United Nations", p. 1. Disponível em: <http://www.nkrumah.net/un-1960/kn-at-un-1960-cvrfrn.htm>. Acesso em: 9 jun. 2009.

[24] AFRICAN UNION. "OAU charter". Disponível em: <http://www.africa-union.org/root/au/Documents/Treaties/text/OAU_Charter_1963.pdf>. Acesso em: 9 jun. 2009.

[25] AFRICAN UNION. "The Constitutive Act". Disponível em: <http://www.africa-union.org/root/au/AboutAU/Constitutive_Act_en.htm>. Acesso em: 9 jun. 2009.

[26] OBSERVATORY OF CULTURAL POLICIES IN AFRICA. "Pan-African Cultural Manifesto". Disponível em: <http://ocpa.irmo.hr/resources/docs/Pan_African_Cultural_Manifesto-en.pdf>. Acesso em: 9 jun. 2009.

[27] AFRICAN UNION. "Cultural Charter for Africa". Disponível em: <http://www.africa-union.org/root/au/Documents/Treaties/Text/Cultural_Charter_for_Africa.pdf>. Acesso em: Acesso em: 9 jun. 2009.

[28] NKRUMAH, Kwame. "African socialism revisited". *Africa Seminar*, Cairo, 1967. Disponível em: <http://www.marx.org/subject/africa/nkrumah/1967/african-socialism-revisited.htm>. Acesso em: 9 jun. 2009.

[29] APPIAH, Kwame Anthony. Op. cit., p. 56 e 272.

[30] COUTO, Mia. *Pensatempos*. Lisboa, Caminho, 2005, p. 11.

Africanas

Numa manhã do final de 1963 ou início de 1964, um trem que se dirigia a Salisbury (hoje, Harare) parou na subida do planalto da Rodésia do Sul (atual Zimbábue), aguardando a passagem de outro trem, que fazia o percurso contrário e também parou. Da janela do vagão-restaurante, o jovem inglês, ocupado com um desjejum de ovos, bacon, torradas e geleia de laranja, mirou o carro de quarta classe do outro trem, onde uma multidão de homens, mulheres e crianças negros que comiam fatias de pão de fôrma também o fitavam. O europeu, que fazia um primeiro e marcante contato com a África da segregação racial, era o antropólogo Peter Fry, formado meses antes em Cambridge. Ele viajava para assumir um emprego na universidade britânica da Rodésia do Sul e embarcara no seu trem em Beira, cidade portuária da então colônia portuguesa de Moçambique.

Estabelecida em 1890 pelos portugueses, na costa central moçambicana, nos mangues e lodaçais da margem esquerda do estuário do rio Pungué, Beira já nasceu como ponto de passagem, elo entre mundos diferentes. O porto ligava a colônia africana à Europa e à Ásia. A ferrovia, implantada pouco depois, conectava Moçambique à Rodésia do Sul, um território sem saídas marítimas. Oito anos antes da passagem de Fry pela estação de trem, nasceu no então acanhado centro portuário o escritor Mia Couto, um filho de colonos brancos. Ele descreveria a Beira de sua infância como uma cidade "governada pelas marés" que enchiam os pântanos, com "casas coloniais, marginadas por varandas a toda a volta, oferecendo pouca defesa contra o continente em redor". Um lugar de separação inviável: "África estava ali, impossível de afastar ou adiar, mulatizando-nos a alma."[1]

Moçambique alcançou a independência em 1975, depois de uma longa guerra anticolonial. Conheceu o regime pró-soviético da Frente de Libertação de Moçambique (Frelimo) e uma guerra civil de 15 anos, encerrada em 1992 por um acordo entre o governo e a Resistência Nacional Moçambicana (Renamo), que perdera a sustentação dos EUA, da África do Sul e da Rodésia. Nas eleições municipais de 2008, em Beira, o candidato da Frelimo, Lourenço Bulha, sofreu uma campanha de descrédito na qual seus adversários apelavam para que não se votasse em um mestiço. Num comício na cidade, o governador da província de Sofala, Alberto Vaquina, argumentou que "o fato de que seja um mestiço não deve ser um obstáculo à sua eleição". Vaquina mencionou seu próprio casamento com uma branca para lembrar que teve filhos mestiços. "Há algum tempo, as pessoas disseram-me que devia reduzir o número de brancos que vinham visitar-me", concluiu, ironicamente.[2]

Mia Couto, como outros estudantes universitários de Moçambique filhos de colonos portugueses, militou em grupos clandestinos de apoio à Frelimo durante a guerra anticolonial. Mais de três décadas depois, celebrando a vitória de Barack Obama nas eleições presidenciais americanas, escreveu um artigo intitulado "E se Obama fosse africano?". No artigo, publicado enquanto crepitava a controvérsia racial nas eleições de Beira, encontra-se a seguinte passagem:

> Sejamos claros: Obama é negro nos EUA. Em África ele é mulato. Se Obama fosse africano, veria a sua raça atirada contra o seu próprio rosto. Não que a cor da pele fosse importante para os povos que esperam ver nos seus líderes competência e trabalho sério. Mas as elites predadoras fariam campanha contra alguém que designariam como um "não autêntico africano". O mesmo irmão negro que hoje é saudado como novo presidente americano seria vilipendiado em casa como sendo representante dos "outros", dos de outra raça [...].[3]

Nos tempos pré-coloniais, os africanos não eram "negros", mas apenas integrantes de um determinado clã, uma comunidade, um reino. A raça foi importada da Europa e da América, como conceito diferenciador, e o panafricanismo desempenhou um papel decisivo no seu enraizamento na política africana. Hoje, ela funciona como instrumento de disputa e exercício de poder nos Estados pós-coloniais.

Moçambique viveu profundas mudanças identitárias em poucas décadas. Nos tempos da guerra anticolonial, a identidade moçambicana predominava de modo absoluto: eram moçambicanos todos os que se engajaram na luta de independência ou simpatizavam com ela. Nos anos 1980, a guerra civil acendeu o fogo das rivalidades étnicas e dos ressentimentos dos camponeses contra os habitantes das cidades. Os moçambicanos pensaram-se então como macuas, macondes, shonas, pretos, mulatos e brancos. Depois, com o advento da democracia, as identidades tornaram-se parte do jogo político baseado numa implícita hierarquia de "pureza" ou "autenticidade" africana, que é governada pelas tonalidades de cor da pele.

O tema da raça é muito menos exacerbado em Moçambique do que em Angola, a outra grande ex-colônia portuguesa na África. Na hora da independência, em 1975, cerca de 350 mil colonos brancos viviam em Angola e, como os franceses da Argélia, não imaginavam que um dia abandonariam a colônia africana. O Movimento Popular de Libertação de Angola (MPLA), uma das três correntes políticas que conduziram a guerra de libertação, tinha seus pilares sociais fincados entre os mulatos de Luanda, que dominavam a língua portuguesa e o conceito europeu de nação. Seu principal líder, Agostinho Neto, que presidiria o país, estudara em Coimbra e Lisboa. O MPLA formou o primeiro governo angolano independente, mas a União Nacional pela Independência Total de Angola (Unita), corrente rival de bases essencialmente rurais e étnicas, deflagrou uma guerra civil intermitente que só se encerraria em 2002.

Implantada no Sul, na região dos Ovimbundu, que constituem quase dois quintos da população do país, a Unita de Jonas Savimbi enrolou-se na bandeira do nativismo e conduziu campanhas xenófobas contra os mulatos de Luanda. Na campanha presidencial de 1993, organizada num interregno efêmero de paz, Savimbi concorreu sob o dístico "Angola para os angolanos", que tinha um sentido racial bastante óbvio. O líder histórico da Unita morreu nove anos mais tarde, em combate, poucas semanas antes do cessar-fogo que abriu as portas para a pacificação. Entretanto, em 2000, um parlamento dominado pelo MPLA aprovara a inscrição de um rótulo racial no Bilhete de Identidade dos angolanos. Pela lei, desde então, todos os cidadãos são classificados nas categorias "negro", "misto" ou "branco".

Uma classificação racial nominal existiu na Angola portuguesa, mas foi cancelada pelas autoridades coloniais na década de 1960. A sua reinvenção pelo regime do MPLA contrariava a tradição do partido, mas representava um instrumento para contrabalançar a pregação racial da Unita. Depois da pacificação, as posições tradicionais se inverteram: enquanto uma Unita reformada posicionava-se hesitantemente contra a lei racial, dirigentes regionais do MPLA ensaiaram campanhas contra os supostos privilégios dos mulatos e brancos.

Uma gota de sangue

O sociólogo angolano Paulo de Carvalho sugeriu um diagnóstico para a classificação de raça nos Bilhetes de Identidade: "Com isto, pretende-se levar as minorias a terem consciência de que são, de fato, minorias e devem permanecer no seu canto."[4] Talvez seja mais apropriado dizer que não se trata exatamente da identificação de minorias, mas da sua fabricação como realidade oficial, obedecendo a uma lógica de fragmentação política da sociedade. Na capital, Luanda, com base nos Bilhetes de Identidade, ergue-se aos poucos uma política informal de cotas raciais na contratação de funcionários para as principais empresas angolanas e estrangeiras. Nas cidades secundárias, quadros médios do MPLA pressionam o governo a agir na direção do estabelecimento de cotas compulsórias no mercado de trabalho.

O novo racismo angolano avança subterraneamente, sem declarar seu nome. Em 2006, a participação no concurso de Miss Universo de Stiviandra Oliveira, Miss Angola, parece ter sido vetada pela comissão de seu país sob o argumento de que a bela jovem seria clara demais para o gosto da maioria negra. Evidentemente, a comissão negou que o veto tivesse motivações raciais. De qualquer forma, a vaga foi transferida para Ismenia Júnior, Miss Cabinda e segunda colocada no concurso de Angola, de pele mais escura.

Black Economic Empowerment

Os censos na África do Sul não mudaram muito com o fim do regime do apartheid, em 1994. Eles continuam a empregar a classificação racial elaborada pela administração colonial britânica e sedimentada pelos africânderes. Contudo, criaram alguns novos rótulos raciais, adaptados à política do pós-apartheid. O censo de 2001 dividiu a população em "brancos" (9,6%) e "negros" (90,4%), subdividindo os "negros" nas categorias "indianos" (2,5%), "*coloured*" (8,9%) e "africanos" (79%).

Este último rótulo parece estranho, pois toda a população, independentemente da cor da pele, é obviamente africana. Mas ele faz sentido sob a perspectiva do pan-africanismo, que se baseia na noção de equivalência entre africanidade e raça negra. A categoria "negros" significa apenas não brancos, servindo para marcar uma polaridade entre a esmagadora maioria e a minoria que conduziu o país durante o apartheid. A subcategoria "africanos" tem conotação estritamente racial, evocando pureza e nativismo.

Depois da inauguração do primeiro governo do Congresso Nacional Africano (CNA), desenhou-se um ambicioso programa de ação afirmativa não em favor de uma minoria, como prescreve o modelo, mas da maioria de "negros". Inicialmente, estabeleceram-se metas de equilíbrio racial nas universidades, aplicadas a cada departamento, abrangendo os corpos docente, discente e de servidores. Mais tarde, o processo batizado de "transformação" mudou de foco, concentrando seus principais esforços no mercado de trabalho e na esfera empresarial. Sob o título de *Black Economic Empowerment* (BEE, "Capacitação Econômica dos Negros"), completou-se em 2007 uma vasta legislação destinada a constituir uma elite econômica "negra".

A Constituição de 1996, nas suas provisões fundamentais, consagrou o valor do "não racialismo". Entretanto, estabeleceu os conceitos de "discriminação justa" e "discriminação injusta". O artigo 9°, que faz parte do *Bill of Rights*, proíbe a "injusta" discriminação racial, mas deixa entreaberta a via para uma discriminação "justa".[5] É esse o alicerce jurídico evocado pelos governantes para conduzir o BEE. Os dados, porém, evidenciam que a noção de justiça, no caso sul-africano, apenas reveste uma política de favorecimento de uma nova elite econômica "negra" cujos interesses se entrelaçam aos da elite política do CNA.

O BEE tem seções voltadas para o emprego de "negros" no mercado de trabalho privado e na administração pública. Contudo, sua inspiração encontra-se no *black capitalism* de Richard Nixon e sua meta principal é promover uma mudança generalizada no controle acionário das empresas. Essencialmente, empresas de proprietários brancos foram encorajadas a vender ações preferenciais para homens de negócios não brancos. Em tese, tratava-se de um processo voluntário e os novos sócios pagariam valores de mercado pelas ações. Na prática, as grandes empresas nacionais que não se engajam no programa são excluídas de concorrências públicas e, em virtude do caráter efetivamente compulsório da mudança acionária, os novos sócios adquirem ações por uma fração de seu valor.

O governo definiu a meta de transferir um quarto do capital das grandes empresas para a propriedade de não brancos até 2014. Paralelamente, fixou o objetivo de que "negros" ocupem pelo menos 40% dos cargos gerenciais no conjunto das empresas. As transferências acionárias iniciaram-se antes da passagem do conjunto de códigos legais que as regularam, por iniciativa das próprias empresas. Em 2003, quando o programa alçou voo, atingiram 5,7 bilhões de dólares e saltaram para 8,6 bilhões em 2006, em cerca de 250 transações. Sob o influxo do BEE, começou a surgir uma elite negra de homens de negócios associados às grandes empresas e, abaixo dela, uma afluente classe média não branca. Os *buppies* (*black up and coming professionals*), uma expressão pouco lisonjeira que se difundiu no país, eram apenas 322 mil, menos de 1% da população "negra" sul-africana em 2006, segundo estimativa do sociólogo Lawrence Schlemmer.[6] No mesmo ano, 57% dos sul-africanos viviam abaixo da linha nacional de pobreza e mais de um quarto experimentava o desemprego aberto.

A emergência de novas faces não brancas em altos cargos executivos do mundo empresarial e na faixa mais elevada do funcionalismo público realizou-se concomitantemente com a manutenção do abismo social que marca a África do Sul. Entre

1995 e 2000, a renda média das famílias "africanas" recuou 19% e a desigualdade nacional de renda ampliou-se. Depois, ao longo de um ciclo de forte crescimento econômico puxado pelos altos preços dos minérios no mercado mundial, a renda média cresceu, mas os índices de desigualdade continuaram a aumentar e a taxa de pessoas abaixo da linha de pobreza não se modificou.

O regime do apartheid esculpiu algo como um capitalismo de estado. As grandes empresas sul-africanas foram rodeadas de proteções contra a concorrência e, como contrapartida, asseguravam um mercado de trabalho estável e preferencial para os africânderes. O *black capitalism* na África do Sul retém um traço crucial do modelo do apartheid: a rede de relações que conecta a elite econômica à elite política. O CNA, antes controlado por sindicalistas e dirigentes de movimentos sociais, hoje abriga poderosos investidores que se movem no quadro do BEE. A trajetória de Tokyo Sexwale, da resistência ao apartheid até o mundo dos negócios, serve como uma metáfora do *black capitalism*.

Sexwale nasceu em Soweto e ingressou no Movimento de Consciência Negra no final da década de 1960, ainda na adolescência. Poucos anos depois, trocou a organização de Steve Biko pelo braço armado do CNA e, em 1975, exilou-se na URSS para receber treinamento de oficial militar. No ano seguinte, de volta à África do Sul, foi preso e sentenciado a 18 anos na prisão de segurança máxima de Robben Island, onde Nelson Mandela cumpria sua pena. Com o fim do apartheid, elegeu-se primeiro-ministro da província de Gauteng, que inclui Johannesburgo e a capital, Pretória.

Mandela ocupou a presidência até 1999. Dois anos antes do fim de seu mandato, Sexwale constava de uma lista de apenas três figuras cotadas para suceder o líder histórico. Quando a cúpula do CNA pendeu na direção do vice-presidente Thabo Mbeki, tanto ele como o terceiro postulante, Cyril Ramaphosa, ex-presidente da Assembleia Constitucional, enveredaram para o universo empresarial. Sexwale fundou uma corporação com atividades nos setores da mineração, das finanças, da saúde e imobiliário. Suas empresas conseguiram concessões diamantíferas e petrolíferas em diversos países africanos e na Rússia. Na África do Sul, seu conglomerado de exploração de diamantes fica atrás apenas da De Beers e da JFPI. Além disso, ele ocupa posições na diretoria ou no conselho de outros grupos industriais e de mineração.

Sexwale, Ramaphosa e vários outros integrantes da liderança do CNA fizeram uso sistemático do BEE para subir com extraordinária rapidez os degraus da ladeira dos negócios. Em setembro de 2006, Sexwale viajou a Londres, acompanhado por quatro empresários brancos, para falar num evento organizado por advogados sul-africanos expatriados. Segundo seu depoimento, no aeroporto de Heathrow, ele foi selecionado por razões raciais para uma inspeção de segurança, algo que jamais ocorrera antes. Depois, na palestra, fez a defesa do BEE, argumentando que o programa não se destina apenas a criar "os Tokyo Sexwales do mundo", mas, sobretudo, a gerar empregos e qualificar os negros.[7]

A opinião de Sexwale não tem muitos seguidores fora dos círculos parcialmente superpostos das elites econômica e política. Zwelinzima Vavi, o secretário-geral do Congresso dos Sindicatos Sul-Africanos, que se alinha com o CNA, declarou que o BEE faz parte de uma orientação política cada vez mais distante dos interesses da classe trabalhadora e dos pobres. Já o arcebispo Desmond Tutu, uma figura quase mítica das lutas contra o apartheid, incorreu na ira do então presidente Mbeki ao classificar o programa como algo que beneficia unicamente "uma pequena elite".[8]

Ao ser empossado na presidência, a 10 de maio de 1994, Mandela pronunciou um discurso incomumente breve, mas pleno de significado político. Ele sabia que os olhos do mundo estavam postos no seu país e caracterizou o fim do apartheid como uma conquista de toda a humanidade, "uma vitória comum pela justiça, pela paz e pela dignidade humana". Afirmou os princípios da democracia e do "não-racialismo". Celebremente, definiu a África do Sul como "a nação do arco-íris".[9] A visão de Mandela não se perdeu de todo, mas sofre a contestação de uma elite dirigente que busca compensar por meio da carta racial seu fracasso em reduzir a pobreza e criar um país menos desigual.

A tensão entre as duas concepções sobre a nação manifesta-se em disputas acaloradas no terreno da política esportiva. As comemorações do triunfo sul-africano na Copa do Mundo de Rúgbi de 2007 foram empanadas por uma controvérsia sobre a composição racial da seleção do país, que só tinha dois jogadores "negros" – e mesmo eles eram *coloured*. Parlamentares do CNA criticaram a falta de iniciativas de "transformação" no grupo selecionado, o que motivou a saída do treinador Jake White. Butana Komphela, presidente do Comitê Esportivo Parlamentar, pronunciara-se antes do torneio por medidas urgentes para integrar mais "africanos" ao time, chegando a sugerir o cancelamento dos passaportes dos jogadores caso sua proposta não fosse adotada. O ministro dos Esportes também lamentou a pequena participação de "africanos", mas dissociou-se da ideia extremada e, após o triunfo, prometeu não impor cotas raciais à seleção.

Komphela prosseguiu sua campanha às vésperas dos jogos olímpicos de 2008. Uma declaração sua, acusando o Comitê Olímpico Sul-Africano de estar "repleto de brancos e indianos que não entendem a transformação e carecem de visão", detonou uma amarga confrontação com Moss Mashishi, o presidente do Comitê.[10] Mashishi classificou a acusação como racista e recebeu manifestações de solidariedade de quase todo o mundo esportivo do país. Komphela, entretanto, teve o suporte da bancada do CNA, que forma uma ampla maioria no parlamento.

A "negritude" tornou-se um valor comercial na "nação do arco-íris". Mas quem exatamente é "negro"? Em 2000, a Associação Chinesa da África do Sul, que representa cerca de duzentos mil cidadãos, apresentou à Corte Suprema de Pretória um pedido para que os sul-africanos de origem chinesa passassem a ser classificados oficialmente como negros. O argumento era que os integrantes da comunidade, classificados como *coloured* e discriminados durante o apartheid, passaram a sofrer discriminação nos processos de promoção nas empresas e em contratos de negócios com o BEE, agora por serem considerados brancos. Depois de oito anos de batalha judicial, o tribunal acatou a argumentação e decidiu que os chineses étnicos do país são "negros" para todos os efeitos legais.

Selos de autenticidade

Mia Couto escreveu o seguinte:

> Se Obama fosse africano, não seria sequer elegível em grande parte dos países porque as elites no poder inventaram leis restritivas que fecham as portas da presidência a filhos de estrangeiros e a descendentes de imigrantes. O nacionalista zambiano Kenneth Kaunda está sendo questionado, no seu próprio país, como filho de malauianos. Convenientemente, "descobriram" que o homem que conduziu a Zâmbia à independência e governou por mais de 25 anos era, afinal, filho de malauianos e durante todo esse tempo tinha governado "ilegalmente". Preso por alegadas intenções golpistas, o nosso Kenneth Kaunda (que dá nome a uma das mais nobres avenidas de Maputo) será interdito de fazer política e, assim, o regime vigente se verá livre de um opositor.[11]

Na verdade, David, o pai do primeiro presidente zambiano, não nasceu no Malawi, que então inexistia, mas na colônia britânica de Niassalândia, num tempo em que a Zâmbia também não existia, a não ser sob a forma de dois territórios britânicos que seriam unidos na Rodésia do Norte, onde nasceu Kenneth Kaunda.

Kaunda governou como um autocrata, mas voluntariamente organizou eleições multipartidárias em 1991 e, derrotado, entregou o poder ao líder sindical e oposicionista Frederick Chiluba. Sob Chiluba, a Constituição foi emendada, proibindo cidadãos filhos de estrangeiros de concorrer à presidência. A emenda tinha destino certo: impedir que Kaunda concorresse às eleições de 1996. O ex-presidente declarou que se retirava da vida política, mas, três anos depois, o tribunal de Ndola, a segunda maior cidade zambiana, declarou-o um apátrida. No fim, Kaunda apelou com sucesso à Corte Suprema e reteve a sua cidadania.

O caso zambiano expressa os dilemas identitários complexos que atormentam os Estados pós-coloniais na África. Desde as independências, o jogo político nos países africanos é presa da armadilha formada por três níveis distintos de "autenticidade": o pan-africano, o nacional e o étnico. Cada um desses níveis tem a sua utilidade, em circunstâncias diversas, mas o valor relativo deles experimentou mudanças ao longo do tempo.

O selo de autenticidade pan-africano serviu para conduzir as lutas de independência contra as potências coloniais. Ele exprimia a polaridade entre "nós" e "eles" como oposição entre a África e a Europa. O mito de uma pureza original africana e a narrativa racial da saga do tráfico de escravos funcionavam como fontes de uma solidariedade entre os diferentes movimentos anticoloniais. Em cada um dos territórios africanos, o "estrangeiro" era o colono europeu, que representava a opressão de uma potência distante. A unidade das lideranças e correntes políticas envolvidas nas lutas pela independência se organizava em torno da oposição comum ao europeu.

Depois das independências, a "africanidade" serviu a outros propósitos, especialmente o de oferecer uma base de legitimação a governos autoritários, muitas vezes corruptos ao extremo, que podiam justificar seus próprios fracassos invocando a herança colonial e, mais atrás, o tráfico de escravos. A referência ao europeu desligou-se de uma luta efetiva pela soberania, mas continuou a cumprir funções políticas relevantes. Entretanto, a consolidação dos novos Estados soberanos exigia a mobilização de um selo de autenticidade menos genérico: a identidade nacional.

As nações africanas emanadas da descolonização não tinham raízes numa tradição propriamente africana. Embora todas as nações sejam "comunidades imaginadas", não era nada fácil produzir histórias nacionais de países como a Nigéria, o Quênia, o Congo, a Zâmbia, a Tanzânia, o Malauí e tantos outros, que resultaram exclusivamente da geopolítica das potências europeias. Mas, desde que a OUA proclamou a intangibilidade das fronteiras herdadas da era colonial, era indispensável fabricar identidades nacionais que servissem de fundamento aos aparelhos de Estado e aos exércitos dos novos países independentes. Por esse motivo, os governantes da etapa inicial enfatizavam a lealdade à nação e denunciavam o "tribalismo" e o apego a autoridades tradicionais como anacronismos que retardavam a marcha do progresso.

O ciclo nacionalista entrou num declínio cuja melhor metáfora é a sorte do zambiano Kaunda. Nas últimas décadas, os países africanos conhecem uma reinvenção das identidades "étnicas" e do "tribalismo", que é promovida pelas elites políticas. Invoca-se o selo de autenticidade étnico com base em supostas tradições pré-coloniais, mas um exame dessas narrativas evidencia que as "etnias" e as "tribos" em nome das quais falam as lideranças políticas não passam, no mais das vezes, de referências estabelecidas justamente pelas administrações coloniais.

A carta étnica funciona num jogo político marcado pelo nativismo. Na era colonial, as administrações traçaram uma linha de distinção entre os "nativos", de um lado, e as "raças súditas", de outro, às quais foram concedidos alguns privilégios limitados. As "raças súditas", interpretadas como migrantes mais "evoluídos" que se estabeleceram antes dos europeus, abrangiam grupos como os indianos e *coloured* da África do Sul, os árabes de Zanzibar e os tutsis de Ruanda e Burundi. O nativismo atual retoma aquela distinção para articular uma oposição entre "nativos" e "forasteiros". Só que, agora, os primeiros seriam os africanos legítimos, com direitos derivados de uma ancestralidade da qual careceriam os segundos.

O nativismo não se circunscreve a movimentos que buscam definir direitos mais amplos para a maioria "africana", em detrimento das antigas "raças súditas". Ele se manifesta também sob a forma da reivindicação de privilégios para os grupos étnicos majoritários em cada região. Nessa modalidade, que é a mais difundida, os "forasteiros" são os integrantes de minorias étnicas regionais, mesmo se eles se estabeleceram há muito nos locais onde vivem. A operacionalização das distinções se realiza por meio dos censos, que retomam e consolidam classificações étnicas fabricadas pelas administrações coloniais. O Quênia ilustra essa tendência à oficialização da etnia e à etnicização da vida política.

O núcleo demográfico e político do Quênia corresponde aos platôs centrais das "terras brancas", que são férteis solos vulcânicos, habitados principalmente pelas etnias kikuyu, masai, luo, kalenjin e kamba. O norte e o leste são domínios semiáridos, explorados por pastores. Na estreita faixa costeira, predominam os swahilis islamizados. A colonização britânica concentrou-se nas densamente povoadas "terras brancas", a leste e a oeste do vale do Rift, dividindo-as em grandes fazendas de policultura e criação de gado e vastas plantações de café, chá e sisal. De modo geral, os africanos foram destituídos das terras que cultivavam e transferidos para reservas tribais com estatuto de territórios étnicos. Nesse processo de territorialização, emergiram divisões administrativas rígidas entre populações de línguas bantos que tinham uma longa história de convivência e intensos intercâmbios.

A Rebelião Mau Mau, primeiro passo rumo à independência, eclodiu em 1952, como fruto da modernização da agricultura comercial. Os colonos expandiram suas plantações sobre áreas cultivadas por camponeses kikuyus e luos, que trabalhavam em tempo parcial nas fazendas europeias, expulsando-os ou transformando-os em assalariados sem terra. Os rebeldes voltaram-se contra o governo colonial, mas, também, contra os chefes étnicos nativos inventados pelos britânicos. Os kikuyus, etnia mais numerosa que perfaz pouco mais de um quinto da população, formaram a base do movimento de quatro anos e sofreram as consequências da repressão britânica, que deixou dez mil mortos e aprisionou em campos de concentração cerca de oitenta mil suspeitos. O líder sindical Jomo Kenyatta foi preso e condenado sob a acusação de dirigir a rebelião, embora na realidade ele não fizesse parte da

248

Sociedade Mau Mau. Na conclusão do julgamento, o juiz britânico não evitou as seguintes palavras racistas: "Você extraiu a mais completa vantagem do poder e da influência que tem sobre o seu povo e também dos instintos primitivos que você sabe que jazem nas profundezas do caráter deles [...]"[12]

Sob os britânicos, o censo queniano consagrou um denso sistema de classificação étnica dos "nativos", que servia para determinar a pertinência de cada um às diferentes reservas tribais. Depois da independência, a etnia infiltrou-se no jogo político, convertendo-se em fonte de chantagens sem fim das elites tribais em busca de cargos na administração e sinecuras públicas. No governo do kikuyu Kenyatta, que se inscreve no ciclo nacionalista, a carta étnica desempenhou funções secundárias, mas emergiu com violência em 1969, quando foi assassinado o luo Tom Mboya, provável sucessor do presidente, e multidões luos promoveram distúrbios em Nairóbi. O kalenjin Daniel Arap Moi, aliado e sucessor de Kenyatta, apertou os parafusos do regime ditatorial e passou a usar as divisões étnicas em seu próprio proveito.

As crises étnicas amplificaram-se com as reformas promovidas após o fim da Guerra Fria. Nas primeiras eleições multipartidárias, em 1992, Arap Moi obteve o triunfo explorando o temor de um domínio político dos kikuyus. Nas áreas habitadas majoritariamente pelos kalenjins, no vale do Rift, o ditador incendiou as paixões étnicas jogando os "nativos" contra os "forasteiros", especialmente os kikuyus. Sete anos mais tarde, quando seu regime afundava, o censo aboliu as classificações étnicas e prometeu-se que não seriam feitas distinções entre os cidadãos quenianos. Desde aquela época, a iniciativa é contestada por organizações internacionais multiculturalistas. Entre elas, destaca-se o Minority Rights Group, que faz campanha pela retomada da classificação das etnias. Financiada, entre outros, pela Fundação Ford, a ONG britânica formulou um quadro étnico completo do país, visivelmente inspirado na "etnografia científica" dos colonizadores.

O Quênia não é apenas muito pobre, mas também extremamente desigual. A reforma agrária de Kenyatta converteu-o num dos maiores proprietários do país sem mudar a sorte da imensa maioria dos trabalhadores sem terra. Com Arap Moi, continuou a se delinear uma classe média próspera, mas pouco numerosa, que se beneficia de padrões de vida insondáveis para o comum dos quenianos. Um relatório da ONU, de 2004, registrou que mais de dois quintos da renda nacional encontravam-se nas mãos dos 10% mais ricos, enquanto os 10% mais pobres detinham menos de um centésimo da riqueza. No governo de coalizão constituído em 2002, após o fim da ditadura, a economia rompeu uma longa modorra, mas o crescimento beneficiou desproporcionalmente a classe média e a desigualdade social aumentou.

A coalizão se desfez dois anos antes das eleições de dezembro de 2007, deflagrando o confronto entre o presidente Mwai Kibaki, um kikuyu, e seu ex-ministro

Raila Odinga, um luo. Em visita à terra natal de seu pai, o então senador Obama proferiu um discurso na Universidade de Nairóbi no qual conclamou as pessoas a votarem em propostas, não em etnias, e fez um alerta: "É preciso terminar com as políticas tribais baseadas na etnia. Elas se sustentam sobre a ideia falida de que a meta da política ou dos negócios é desviar tanto quanto possível do bolo para um clã, uma tribo ou um grupo, à revelia do interesse público."[13] Mas, a essa altura, os antigos aliados já invocavam suas ancestralidades e identidades étnicas, reativando discursos políticos dormentes desde os tempos de Arap Moi.

Odinga utilizou estatísticas preparadas pelas ONGs multiculturalistas para bater na velha tecla do predomínio econômico dos kikuyus, acusando Kibaki de beneficiar a sua própria etnia por meio de um injusto sistema tributário. O presidente, por seu lado, evidenciou a fraqueza das críticas aos tributos cobrados das diferentes regiões e convocou os kikuyus a se defenderem dos luos. Barrack Muluka, colunista do jornal *Standard*, de Nairóbi, funcionou como destacado difusor da tese de que o governo promovia privilégios tributários. Contudo, ele mesmo identificou o nome do jogo que estava em curso: "É a etnicidade, estúpido."[14]

Nos dias de hoje, o envenenamento étnico da política não dispensa artefatos estatísticos enganosos. Por razões históricas e geográficas, os habitantes dos platôs centrais quenianos têm renda média maior que o restante da população. Os kikuyus formam a mais numerosa etnia nessa região mais rica, o que proporciona oportunidades para toda sorte de manipulações estatísticas. Essencialmente, o argumento do predomínio econômico dos kikuyus oculta as disparidades de renda entre as classes sociais do país, que se manifestam também no abismo que separa kikuyus ricos e pobres. Mas ele proporciona à elite política queniana a oportunidade de se perpetuar no poder e conservar um sistema de exclusão social cujas raízes remontam à era colonial.

O presidente venceu as eleições, utilizando-se de fraudes evidentes. Nos dois meses seguintes, milícias étnicas controladas pelos chefes políticos rivais assassinaram quase dois mil quenianos e a violência deixou trezentos mil refugiados internos. A crise foi contornada por um acordo: Kibaki permaneceu na presidência e Odinga ocupou o posto de primeiro-ministro num novo governo de coalizão.

"Nós tivemos de ensinar a odiar..."

O Colégio do Governo, em Umuhaia, estava entre as mais prestigiosas instituições de ensino da Nigéria colonial. Sua missão era educar a futura elite nigeriana e seu modelo eram as escolas públicas britânicas. Ao atravessar seus portões, os adolescentes deixavam do lado de fora suas múltiplas línguas natais e usavam apenas o inglês. No imediato pós-guerra, o aluno Chinua Achebe, que se tornaria o mais conhecido escritor africano, atreveu-se a usar a língua igbo para pedir a um colega que lhe passasse a terrina de sopa. O ato valeu-lhe sua primeira punição escolar no Colégio do Governo, mas não o impediu de se tornar um estudante excelente e um ávido leitor das obras clássicas da literatura ocidental. Achebe cresceu como um igbo, um súdito britânico e um cristão num país inventado pela potência colonial.

No final do século XIX, as potências europeias desenharam nos mapas a geografia política colonial da África. Algumas fronteiras foram traçadas com base em paralelos e meridianos, mas, de modo geral, deu-se preferência a acidentes naturais, especialmente os divisores de águas. Dessa forma, assegurava-se o controle integral da foz dos rios e de redes hidrográficas que serviriam como eixos de transporte rumo às terras interiores. A Nigéria surgiu de acordo com esse molde: os britânicos apossaram-se da faixa litorânea que compreende o largo delta do rio Níger e utilizaram-se da bacia do Níger-Benue, configurada como um Y, para implantar a administração colonial nos domínios de florestas e savanas do interior.

Os britânicos delimitaram uma Nigéria constituída por uma extensa coleção de povos. Eram cerca de 250 grupos etnolinguísticos, além de comunidades de saros (emigrados de Serra Leoa) e amaros (ex-escravos provenientes do Brasil). Contudo, a história política nigeriana giraria em torno das três etnias mais numerosas: os haussás-fulanis dos planaltos semiáridos do Norte, que são quase 30% da população, os iorubas da margem direita do Níger, no Oeste (21%), e os igbos, da margem esquerda e da porção interior do delta do Níger, no Sudeste (18%).

No período pré-colonial, ergueu-se na região costeira iorubana o poderoso Império de Oyo, que desenvolveu temíveis técnicas de guerra de cavalaria e forneceu escravos tanto para o tráfico transaariano quanto para o transatlântico. As fragmentadas comunidades igbos do interior, que nunca constituíram um estado centralizado, foram vítimas frequentes das ofensivas militares oyos. Olaudah Equiano, o negro abolicionista de Londres, esteve entre os incontáveis escravos igbos colhidos na malha do tráfico transatlântico.

No momento da extensão do poder britânico sobre toda a Nigéria, os muçulmanos fulanis completavam uma *jihad* de quatro séculos, impondo-se sobre os haussás e islamizando-os. Sob o impacto da ação de missionários protestantes e católicos, os igbos cristianizaram-se nas primeiras décadas da colonização. Os iorubas, por sua vez, dividiram-se entre a fé cristã e o Islã. Ao lado das duas grandes religiões provenientes de fora, continuaram a ser praticadas diferentes religiões tradicionais.

A lógica do sistema de governo indireto aplicado pelos britânicos exigia a formação de uma elite nativa capaz de suprir as demandas da administração colonial. As escolas britânicas se multiplicaram no Sul, mas não se difundiram no Norte, em virtude

251

do predomínio das escolas tradicionais corânicas. Em 1912, cerca de 35 mil estudantes cursavam o ensino primário britânico na Nigéria Meridional, contra menos de mil na região setentrional dos haussás-fulanis, onde vivia mais de metade da população.[15] Pouco depois, os britânicos unificaram formalmente os seus territórios nigerianos, um ato que viria a ser batizado, na Nigéria independente, como "o erro de 1914".

As disparidades tenderam a aumentar com o tempo, em todos os níveis de ensino. Como consequência, delineou-se uma elite de funcionários igbos e iorubas. Os funcionários nativos cristãos, educados segundo os valores britânicos, ocuparam postos administrativos em toda a colônia, inclusive no Norte, onde eram obrigados pelos chefes tradicionais muçulmanos a viver em comunidades segregadas. As fronteiras étnicas se diluíam na geografia, mas sedimentavam-se nas consciências.

A primeira universidade nigeriana foi inaugurada pelos britânicos em 1948. A instituição, que viria a ser a Universidade de Ibadan, recebeu na sua turma pioneira o estudante Achebe, aprovado com as mais altas notas. Nenhum colega dele era haussá ou fulani. Dez anos mais tarde, às vésperas da independência, estudantes oriundos do Norte representavam apenas 9% do corpo discente da Universidade de Ibadan. Previsivelmente, iorubas e igbos dominavam as profissões liberais, os empregos qualificados e a oficialidade militar.

Nunca se desenvolveu um genuíno nacionalismo nigeriano. No lugar disso, a política na Nigéria colonial oscilou entre os pólos do universalismo pan-africano e do particularismo étnico. O pan-africanismo influenciou intelectuais igbos, como Benjamin Azikiwe e Jaja Wachuku, e iorubas, como Obafemi Awolowo, mas não teve impacto no Norte. As organizações políticas do pós-guerra representavam interesses regionais e étnicos. Azikiwe e Wachuku lideraram o Conselho Nacional de Cidadãos Nigerianos (NCNC), um partido igbo. Awolowo e Samuel Akintola fundaram, como contraponto, o Grupo de Ação, um partido ioruba. Na região haussá-fulani, com o assentimento dos emires, surgiu o Congresso do Povo do Norte (NPC), dirigido pelo chefe militar Ahmadu Bello. O NPC erguia-se sobre uma plataforma defensiva, de proteção das instituições muçulmanas tradicionais e da integridade territorial da região.

A independência não decorreu de um confronto dos nigerianos contra a administração colonial, mas de negociações e conflitos que envolveram os grandes partidos e, também, organizações que falavam em nome de grupos étnicos minoritários em suas respectivas regiões. Os britânicos mediaram o demorado processo, promulgando três constituições entre 1946 e 1954. Aquelas constituições coloniais ampliaram a participação política dos nigerianos e esboçaram modelos de equilíbrio entre os princípios da unidade federal e da autonomia das regiões. Mas, para atender às demandas do Norte, foi preciso adiar a independência para 1960 e promover mais uma revisão constitucional. O processo resultou numa Constituição Federal e em três constituições regionais, para o Norte, o Ocidente e o Oriente.

Nas primeiras eleições gerais do novo Estado soberano, o NPC conquistou 142 lugares em uma Câmara de 312 cadeiras e formou uma coalizão de governo com o NCNC. A elite muçulmana setentrional sabia que, por razões demográficas, desempenharia um papel político predominante, mas também que, por razões históricas, os aparatos administrativos tendiam a ser preenchidos por iorubas e igbos. Então, para proteger seus interesses, impôs desde o início mecanismos de reservas étnicas no funcionalismo público. As divisões étnicas agudizaram-se com a partida dos britânicos. Um líder do Norte admitiu mais tarde o preço pago a fim de obter o apoio da população muçulmana para as políticas de preferências étnicas: "Nós tivemos de ensinar o povo a odiar os sulistas, a enxergá-los como pessoas que expropriavam os seus direitos."[16] As preferências difundiram-se em seguida para o emprego em empresas privadas estabelecidas no Norte do país.

O envenenamento étnico da política nigeriana culminou nos golpes e distúrbios sucessivos que atravessaram o ano de 1966, atingindo um clímax com um *pogrom* sangrento contra militares e mercadores igbos habitantes da região haussá-fulani. A fuga em massa de igbos para o Sul deflagrou um movimento secessionista. Em maio do ano seguinte, Emeka Ojukwo, o comandante militar da região oriental, declarou a independência de Biafra, habitada essencialmente por igbos e batizada com o nome da baía que se estende para o sul, desde o delta do Níger. A República separatista, que abrangia a área do delta onde foram encontradas pouco antes vastas reservas de petróleo, ganhou o reconhecimento de um punhado de nações e o apoio de organizações filantrópicas católicas, mas enfrentou uma guerra perdida de antemão.

Achebe envolveu-se de corpo e alma na causa de Biafra, servindo como embaixador da República separatista e viajando a vários países em busca de apoios que não se concretizaram. Nos anos da guerra civil, ele rompeu com o poeta e amigo de longa data, John Pepper Clark-Bekederemo, de uma etnia secundária do Oeste nigeriano que se alinhava com os iorubas. Quase ao mesmo tempo, seu contemporâneo Wole Soyinka, o mais destacado escritor de origem ioruba, foi preso e confinado numa cela solitária por ter se encontrado com autoridades de Biafra, numa tentativa de abrir negociações de paz.

Biafra existiu durante pouco menos de três anos. Um governo federal militar, baseado numa aliança entre os haussás-fulanis e os iorubas, beneficiando-se da ajuda ostensiva da Grã-Bretanha e da URSS, impôs um bloqueio asfixiante à República igbo. As operações militares romperam as defesas de Biafra e reduziram seu território a um pequeno enclave interior. Como fruto da guerra e de uma pavorosa crise de fome, morreram mais de um milhão de igbos. O golpe final foi assestado

Uma gota de sangue

pelas tropas do ioruba Olusegun Obasanjo, que se tornaria a figura principal do regime militar subsequente. A guerra civil encerrou-se no início de 1970, com o exílio de Ojukwo e a reincorporação da região.

Seguiu-se uma incompleta reconciliação nacional e a reconstrução da região igbo. Em 1979, uma nova Constituição, inspirada na Constituição Federal dos EUA, extinguiu o modelo parlamentar britânico e abriu caminho para eleições multipartidárias. O texto constitucional ampliou os poderes do governo central e redesenhou a federação, substituindo as três ou quatro regiões das constituições de 1960 e 1963 por 19 estados. Era uma tentativa de amenizar o fator étnico, diluindo os poderes das elites regionais. Entretanto, os partidos continuaram a operar com base nas antigas linhas étnicas e os padrões de voto evidenciaram as debilidades da federação reinventada.

A democracia durou apenas cinco anos, dando lugar a um ciclo marcado por golpes de estado e regimes militares cada vez mais violentos e corruptos. Este ciclo encerrou-se com o fim da ditadura do muçulmano nortista Sani Abacha, em 1998, e a eleição do ex-ditador Obasanjo, no ano seguinte. O general deixou o cargo que ocupava no Conselho de Curadores da Fundação Ford para assumir a presidência e convocou uma comissão oficial com a missão de escrever mais uma Constituição. A marca inconfundível do multiculturalismo está impressa no novo texto constitucional.

A Constituição de 1999 ampliou o número de estados para 36, prosseguindo o esforço iniciado duas décadas antes. Mas a senha que a singulariza encontra-se na expressão "caráter federal", repetida nada menos de 15 vezes. O artigo 14° esclarece que "a composição do governo da federação e de todas as suas agências e a condução de seus negócios deve ser manejada de forma a refletir o caráter federal da Nigéria e a necessidade de promover a unidade nacional, e também de estimular a lealdade nacional". Para uma clareza absoluta da finalidade dessa provisão, a sentença prossegue assegurando que não deve ser permitido o "predomínio de pessoas de uns poucos estados ou de uns poucos grupos étnicos ou de outro tipo no governo ou em qualquer de suas agências".[17]

O mesmo princípio é aplicado aos governos estaduais e locais, ao corpo de oficiais das Forças Armadas e às empresas públicas. No texto constitucional, estabelece-se uma Comissão do Caráter Federal que, no exercício de suas competências, "não deve estar sujeita à direção ou ao controle de nenhuma outra autoridade ou pessoa". A poderosa comissão constitui-se de um presidente e um representante de cada estado, todos apontados pelo presidente da República, mediante confirmação do Senado. São suas atribuições apresentar ao parlamento uma "fórmula equitativa" para a distribuição de cargos, em todos os níveis, e fiscalizar o funcionamento do vasto sistema de nomeações, promoções e contratações baseado no critério étnico.

Thomas Sowell observa que o princípio de "equilíbrio étnico" ordena o acesso às "coisas de interesse e preocupação dos membros mais afortunados dos vários grupos étnicos", isto é, precisamente as pessoas "que se afastaram dos modos de vida tradicionais e ingressaram nos setores modernos da economia e da sociedade".[18] A Comissão do Caráter Federal é o ponto focal de uma disputa permanente entre as elites étnicas pela captura de posições de influência. As suas funções nada têm a ver com a vida prática e os interesses prementes da imensa maioria dos nigerianos, que servem apenas como pretexto demográfico para as reivindicações de privilégios das elites.

Na Nigéria do "caráter federal", o mérito foi virtualmente abolido como critério distintivo, dando lugar ao que Achebe denominou como um "culto à mediocridade". De acordo com ele, no seu país "seria difícil identificar ao menos um cargo importante ocupado pela pessoa mais competente que temos".[19] Nos círculos que podem almejar postos de prestígio e empregos bem remunerados, tudo depende da etnia a que pertence cada um, para o bem ou para o mal.

Mas um traço particular do sistema nigeriano de ação afirmativa é que ele beneficia, essencialmente, as maiorias étnicas de cada região. Como o princípio do "equilíbrio étnico" está submetido à interpretação das autoridades estaduais, que dispõem de autonomia política e administrativa, as cotas e metas numéricas são alocadas de modo a privilegiar o grupo étnico dominante. Os mecanismos de favorecimento geram reclamações incessantes de todos os lados, que se anulam umas às outras quando chegam à Comissão do Caráter Federal.

Censos são, em todos os lugares, um tema carregado de sentidos políticos. Mas o nativismo étnico nigeriano levou essa norma às mais radicais consequências. O primeiro censo pós-colonial, em meados de 1962, foi cancelado em virtude de alegações de fraudes de contagem em diversas áreas. No ano seguinte, os recenseadores contaram uma população total de 55,6 milhões, algo patentemente exagerado, pois exigiria um crescimento anual de 5,8% na década decorrida desde o último censo colonial. Para efeitos práticos, contar nigerianos é estabelecer um registro do peso demográfico de cada etnia, com todos os incentivos à fraude que isso implica.

Nunca houve um recenseamento não contestado no meio século de existência da Nigéria como Estado independente. O censo de 1973, que se seguiu à Guerra de Biafra, também foi anulado. Só se conduziu um novo censo em 1991 e o seguinte, em 2006. Contestações acompanharam a divulgação dos resultados de ambos, provenientes de grupos étnicos do Sul. No último, por pressão de líderes muçulmanos, cancelaram-se as perguntas sobre etnia e religião. Por meio desse expediente, a elite haussá-fulani, provavelmente beneficiada por fraudes em censos anteriores, conseguiu evitar uma temida redução de seus privilégios.

O "erro de 1914", se é que deve ser considerado de fato um erro, definiu as fronteiras de uma entidade política chamada Nigéria e impôs uma nacionalidade comum a haussás, fulanis, iorubas, igbos e mais 250 etnias. Contudo, ao longo dos períodos colonial e pós-colonial, ao invés de um nacionalismo nigeriano, o que tomou forma foi uma oficialização e uma burocratização de identidades étnicas. Os chefes políticos dos grupos étnicos do país, bem como inúmeros intelectuais, invocam a auréola de culturas ancestrais para preservar as lealdades à etnia. A verdade, porém, é que as identidades étnicas atuais não são emanações de um passado pré-colonial, mas produtos de uma sucessão de atos políticos dos britânicos e, depois, dos governantes nigerianos.

Achebe escreveu o seguinte:

> Súbito, pode-se tomar ciência de uma identidade da qual se vem sofrendo por muito tempo sem saber. Por exemplo, tomemos o povo igbo. Em minha região, historicamente, eles não se viam como igbos. Viam-se como pessoas desta ou daquela aldeia. Na verdade, em alguns locais, "igbo" era um termo ofensivo [...]. No entanto, depois da experiência da Guerra de Biafra, durante um período de dois anos, essa se tornou uma consciência poderosíssima. Entretanto, isso fora real o tempo todo. Todos eles falavam a mesma língua, chamada "igbo", ainda que não usassem de modo algum essa identidade.[20]

"Isso fora real o tempo todo". A afirmação pode fazer sentido para um nacionalista igbo, mas não passa de uma evocação arbitrária. Na história, os igbos só se tornaram igbos quando essa identidade étnica converteu-se em uma insígnia de diferença e um sinal nativista distintivo. Similarmente, embora o povo ioruba tenha pertencido a um Império centralizado e os haussás-fulanis compartilhassem a fé muçulmana, a etnia só se tornou um fator identitário crucial quando suas elites passaram a disputar o controle de um aparato estatal colonial.

Ilusões nativistas: Achebe parece imaginar que a tragédia de Biafra representou, apesar de tudo, uma experiência necessária de autoconhecimento. Mas as identidades étnicas não são algo "real o tempo todo". São, de fato, ferramentas num jogo de poder estranho aos interesses da imensa maioria da população. Eis o motivo de sua força e permanência.

Notas

[1] COUTO, Mia. *Pensatempos*. Lisboa, Caminho, 2005, p. 147.

[2] PANAPRESS. "Frelimo insta eleitores a abster-se de comportamento racista", 17 nov. 2008. Disponível em: <http://www.panapress.com/freenewspor.asp?code=por001034&dte=17/11/2008>. Acesso em: 9 jun. 2009.

[3] COUTO, Mia. "E se Obama fosse africano?". *Savana*, 14 nov. 2008.

[4] BORDALO, Ricardo. "Sociedade discute discriminação racial no Bilhete de Identidade". *Agência Lusa*, 5 fev. 2008.

[5] SOUTH AFRICA GOVERNMENT INFORMATION. "Constitution of the Republic of South África". Disponível em: <http://www.info.gov.za/documents/constitution/1996/a108-96.pdf>. Acesso em: 9 jun. 2009.

[6] THE ECONOMIST. "The rise of the buppies", 3 nov. 2007, p. 54.

[7] CAPE TIMES. "Sexwale racially profiled at Heathrow on way to speak to expats about BEE", 29 set. 2006. Disponível em: <http://www.capetimes.co.za/index.php?fArticleId=3462313>. Acesso em: 9 jun. 2009.

[8] GUEST, Robert. "The world's most extreme affirmative action program". *Wall Street Journal*, 26 dez. 2004. Disponível em: <http://www.opinionjournal.com/extra/?id=110006066>. Acesso em: 9 jun. 2009.

[9] UNIVERSITY OF PENNSYLVANIA – AFRICAN STUDIES CENTER. "Inaugural Speech, Pretoria [Mandela]". Disponível em: <http://www.africa.upenn.edu/Articles_Gen/Inaugural_Speech_17984.html>. Acesso em: 9 jun. 2009.

[10] MAIL & GUARDIAN ONLINE. "Komphela, Mashishi make up", 31 jul. 2008. Disponível em: <http://www.mg.co.za/article/2008-07-31-komphela-mashishi-make-up>. Acesso em: 22 jun. 2009.

[11] COUTO, Mia. Op. cit.

[12] JUDD, Denis. *Empire: the British imperial experience from 1765 to the present*. Londres, HarperCollins, 1996, p. 346.

[13] OBAMA, Barack. "An honest government, a hopeful future". Disponível em: <http://obamaspeeches.com/088-An-Honest-Government-A-Hopeful-Future-Obama-Speech.htm>. Acesso em: 9 jun. 2009.

[14] CHEGE, Michael. "Weighed down by old ethnic baggage, Kenya races to another historic election". *Center for Strategic & International Studies*, Africa Policy Forum, jul. 2007. Disponível em: <http://forums.csis.org/africa/?p=40>. Acesso em: 9 jun. 2009.

[15] SOWELL, Thomas. *Affirmative action around the world: an empirical study*. New Haven/Londres, Yale University Press, 2004, p. 99-100.

[16] SOWELL, Thomas. Op. cit., p. 101-102.

[17] INTERNATIONAL CENTRE FOR NIGERIAN LAW. "Constitution of the Federal Republic of Nigeria". Disponível em: <http://www.nigeria-law.org/ConstitutionOfTheFederalRepublicOfNigeria.htm>. Acesso em: 14 jun. 2009.

[18] SOWELL, Thomas. Op. cit., p. 107.

[19] GUEST, Robert "Here's hoping". *The Economist*, 15 jan. 2000, Survey, p. 15.

[20] APPIAH, Kwame Anthony. *Na casa de meu pai*. Rio de Janeiro, Contraponto, 1997, p. 246-247.

Os três filhos de Gihanga

Numa tradição oral de Ruanda, Gihanga figura como pai dos três ancestrais de todos os ruandeses: Gatwa, dos tuás, Gahutu, dos hutus, e Gatutsi, dos tutsis. Para determinar qual dos três filhos era merecedor de sua herança, Gihanga confiou uma cabaça de leite a cada um, durante uma noite. Na manhã seguinte, Gihanga voltou e verificou como agiram seus filhos na noite original. Gatwa foi desqualificado e desterrado, pois, num sono agitado, derrubara a cabaça e perdera o leite. Gahutu foi deserdado e condenado a trabalhar para Gatutsi, pois, sedento, bebera o leite. Gatutsi, que permanecera acordado e vigilante, conservando seu leite, foi designado sucessor de Gihanga, recebeu como herança todos os rebanhos de vacas do país e ficou isento da obrigação de realizar trabalhos manuais.

Mitos de origem são narrativas históricas que, por meio da seleção de eventos e da atribuição de relevância a situações e personagens, tornam o passado inteligível e pleno de significados, encorajando a coesão social. O mito de origem de Ruanda é um caso à parte, pois desempenhava a função de legitimar a supremacia tutsi e, no lugar de inspirar solidariedades, inflamava paixões étnicas.[1] O clã era a unidade social

Uma gota de sangue

básica da Ruanda pré-colonial. Quase todos os clãs abrangiam integrantes tuás, hutus e tutsis – uma evidência de que esses grupos sociais não constituem tribos, muito menos etnias. Há diversas tradições orais sobre as origens dos clãs ruandeses, mas tais narrativas foram soterradas pelo mito de origem que legitimou a supremacia tutsi.

Há oito milhões de anos, iniciou-se o último grande episódio tectônico na África, resultando no aparecimento de três extensos sistemas de falhas no lado oriental do continente. Um deles praticamente separou a península arábica, originando o mar Vermelho e o golfo de Áden. Os dois outros produziram grandes vales alongados longitudinalmente, denominados *rift valleys*. O *rift* oriental estende-se do golfo de Áden até o leste do lago Vitória. O *rift* ocidental estende-se do baixo Zambeze até o oeste do lago Vitória e abrange os lagos Malauí, Tanganica e Kivu. Emoldurado por majestosas cordilheiras, o Kivu alimenta o rio Ruzizi e separa Ruanda da República Democrática do Congo (o antigo Zaire).

Ruanda, o "país das mil colinas", é um país montanhoso da região dos Grandes Lagos, com férteis solos vulcânicos, paisagens de beleza deslumbrante e um relevo que o conservou em relativo isolamento. Na Conferência de Berlim de 1884-1885, quando as potências europeias deflagraram a corrida à África, Ruanda foi concedida à Alemanha. O primeiro europeu a pisar nas terras ruandesas parece ter sido um oficial e explorador alemão, conde Gustav Adolf von Götzen, em 1894. Mas já existia um Estado centralizado no leste do lago Kivu – o reino dos banyaruandas – pelo menos desde o século xv.

O reino dos banyaruandas organizava-se em torno de um *mwami*, rei de caráter sagrado, cuja autoridade baseava-se numa aristocracia de proprietários de rebanhos (os tutsis) que subordinava a massa de camponeses (os hutus) e uma pequena minoria de empregados domésticos (os tuás). Estrangeiros eram proibidos de entrar nos domínios banyaruandas. Toda a sociedade ligava-se por laços clânicos e de dependência pessoal, que asseguravam uma certa coesão e isolavam a região das redes de caça ao homem e tráfico de escravos. Tutsis, hutus e tuás ocupavam o lugar de castas numa sociedade tradicional cuja medida de prestígio e riqueza era a propriedade de rebanhos. Um paralelo possível é com o sistema de castas na Índia.[2]

As semelhanças efetivamente existem, mas ocultam o essencial. Entre os banyaruandas, os três estamentos estão diretamente vinculados ao patrimônio: tutsis tinham rebanhos, hutus tinham terras de cultivo, tuás nada tinham. Mais: as vacas zebus representavam a riqueza verdadeira, eram sagradas e intocáveis. A aristocracia tutsi bebia o leite e o sangue das vacas. O monarca, descendente do mítico Kigwe, que desceu do céu para fundar o clã real, tinha o maior rebanho e as grandes festividades culminavam com o imenso desfile de suas vacas.

Todos os banyaruandas utilizavam a mesma língua. Existia mobilidade social, em alguma medida, em sua sociedade estamental. Há registros de que, em épocas de epidemias e desastres naturais, tutsis que perdiam seus rebanhos passavam a ser considerados hutus. Inversamente, hutus ascendiam a ladeira social e se transfiguravam como tutsis quando tinham a oportunidade de adquirir rebanhos. O mito de origem sustentava uma regra de desigualdade, mas não colocava em questão a origem comum de todos os banyaruandas.

A aristocracia tutsi entrelaçava-se inteira por uma rede de laços clânicos e estes mantinham com os hutus relações de subordinação direta. O camponês hutu entregava parte de sua colheita ao senhor tutsi, em troca de proteção e do *ubuhake*, a cessão de uma vaca para seu uso. A estabilidade social assegurada por essas redes de dependência e pela estrutura hierárquica dos estamentos refletiu-se na prolongada paz vigente no reino.

Quando finalmente os europeus chegaram a Ruanda, encontraram uma zona de elevadas densidades demográficas, com focos na faixa de altitudes entre 1,5 mil e 1,8 mil metros, onde as temperaturas amenas impedem o desenvolvimento da mosca tsé-tsé, transmissora da versão bovina da doença do sono, mas o frio não é intenso a ponto de prejudicar os cultivos. Atualmente, como reflexo de sua história social singular, a pequena Ruanda é o país mais povoado da África, com densidade média em torno de 390 habitantes por quilômetro quadrado.

Von Götzen conseguiu firmar tratados com os chefes de Tanganica, Ruanda e Urundi, e os alemães passaram a exercer uma influência indireta nos assuntos locais. Contudo, a potência europeia não revelou maior interesse pela região e enfrentou com tropas insuficientes revoltas tribais em diferentes áreas do que viria a ser a África Oriental alemã. Em 1911, os alemães ajudaram os tutsis a esmagar uma revolta hutu, mas, na Primeira Guerra Mundial, forças belgas avançaram a partir do Congo sobre a colônia alemã e, com o auxílio de uma ofensiva britânica a partir de Uganda, derrotaram os alemães e seus aliados banyaruandas.

Após a grande guerra, por decisão da Liga das Nações, a África Oriental alemã foi repartida em mandatos belgas e britânicos. O território de Ruanda-Urundi ficou sob administração belga, na qualidade de mandato de classe B.* Depois da Segunda Guerra Mundial, por decisão da Conferência de Yalta, Ruanda-Urundi e quase todos os demais mandatos converteram-se em territórios sob administração da ONU. Isso significava que a potência administradora – no caso, a Bélgica – agia

---

* O sistema de mandatos da Liga das Nações destinava-se a remover a soberania das potências derrotadas na grande guerra sobre suas colônias, colocando-as sob mando dos Poderes Aliados. Os mandatos de classe A, em antigos domínios otomanos, previam uma futura concessão de independência. Não se previa isso para os mandatos de classe B, em antigas colônias alemãs da África, mas a potência mandatária contraía a obrigação de assegurar a liberdade de consciência e religião para os povos sob sua administração.

em nome das Nações Unidas e comprometia-se a preparar o território para a independência. No fim, sob um ou outro rótulo, Ruanda permaneceu subordinada à Bélgica entre 1916 e 1962.

De um mito de origem a outro

Os belgas administraram seu mandato com mão de ferro, mas, como os alemães, estabeleceram uma aliança com os tutsis e conservaram os traços estruturantes da ordem social prévia. Ruanda deveria gerar lucros por meio do cultivo de café, um produto que se encontrava em expansão no mercado internacional. Os agricultores hutus foram então submetidos a uma nova modalidade de trabalho compulsório, em terras que deviam reservar para a cultura cafeeira. A violência empregada rotineiramente pelos capatazes provocou tensões e revoltas, além de deflagrar um fluxo migratório de grandes proporções na direção do protetorado britânico de Uganda.

Sob o poder colonial, o estamento tutsi converteu-se numa elite subordinada. Uma baixa oficialidade tutsi formou a espinha dorsal das forças armadas do mandato, os empregos públicos não ocupados por europeus foram entregues a funcionários tutsis e estes ganharam acesso privilegiado ao ensino superior. A Igreja Católica belga entregou-se com afinco à evangelização da elite colonial. O *mwami* Yuhi Musinga, que colaborara com os alemães desde 1896, alinhou-se com os belgas, mas não a ponto de aceitar a conversão ao catolicismo. Por esse motivo, a administração o apeou de seu posto, enviando-o para o exílio e substituindo-o por seu filho, Mutara Rudahigwa.

O novo *mwami* converteu-se em 1931, adotando um primeiro nome cristão e reinando como Carlos Rudahigwa Mutara III. No seu rastro, parcela significativa dos tutsis aderiu ao catolicismo. Antes ainda da conversão do rei, em 1926, a administração colonial passou a distribuir carteiras de identidade étnicas, separando legalmente as três castas nativas ruandesas. A propriedade de dez ou mais vacas, um critério puramente patrimonial, definia um indivíduo como tutsi. Em 1933, os documentos étnicos passaram a ser uma exigência censitária. Mas, por essa época, o mito de origem de Ruanda já experimentara uma crucial transformação.

A Antropologia Física foi a ponta de lança da transformação. Sob o signo das teorias racistas clássicas, os antropólogos belgas descobriram notáveis diferenças anatômicas entre tutsis e hutus. Depois de meticulosas mensurações, eles concluíram que os primeiros eram significativamente mais altos que os segundos: em média, a desigualdade atingiria pelo menos dez centímetros. O rei Mutara III, com seus 2,06 metros de altura, parecia um representante excepcionalmente apropriado do grupo.

Além de mais altos, os tutsis seriam mais esbeltos, apresentariam traços faciais mais harmoniosos e seus narizes aquilinos os distinguiriam dos hutus e aproximariam dos brancos. Efetivamente, a maior parte dos tutsis e hutus são anatômica e fisionomicamente indistinguíveis. Mas não havia dificuldades em constatar diferenças de altura quando se comparavam aristocratas tutsis e camponeses hutus, ainda mais considerando-se que apenas os primeiros alimentavam-se de laticínios. Amplificada e enfeitada pela imaginação racista, a constatação inspirou a formulação da "hipótese hamítica" sobre a difusão dos tutsis.

No século XVIII, quando surgiram as primeiras teorias "científicas" sobre as raças humanas, convencionou-se dividir o continente africano numa "África europeia" (a "terra do Nilo"), habitada por grupos aparentados dos europeus, e numa "África verdadeira", separada da primeira pela barreira do Saara e por um abismo racial intransponível. A tese não resistiu às evidências de que o deserto funcionou, ao longo de toda a história, como um corredor de incessantes intercâmbios. No final do século seguinte, o saber convencional estava mudando e imaginava-se que povos evoluídos do norte da África haviam se estabelecido em certas áreas da "África verdadeira", nas quais funcionavam como fatores de progresso.

Uma descrição etnográfica exaustiva desses povos evoluídos – os hamitas – foi oferecida pelo médico e antropólogo britânico Charles Gabriel Seligman, que percorreu o Sudão em 1909-1912 e 1921-1922 e consolidou seus trabalhos sobre o tema em *Races of Africa*, publicado em 1930. Seligman pintou-os como "europeus pastoralistas", mais inteligentes e melhores combatentes que os "escuros cultivadores negros" do sul do Saara, sobre os quais se impuseram a partir de diversas ondas migratórias.[3]

Inspirados por essa narrativa, os sábios belgas em Ruanda decidiram que os tutsis só podiam ser um dos frutos das migrações hamíticas. Na versão principal da tese, os tutsis seriam originários de algum ponto do Chifre da África, possivelmente a Etiópia. Numa versão alternativa, teriam se deslocado a partir do vale do Nilo. Contudo, a origem etíope afigurava-se como a mais sedutora para os estudiosos europeus, pois significava que os tutsis tinham ancestrais cristãos.

A historiografia ruandesa adotou a "hipótese hamítica", sem abandonar o mito tradicional da separação dos banyaruandas na noite ancestral. A narrativa dos sábios colonizadores aparecia, aos olhos dessa historiografia, como uma confirmação "científica" da diferença insuperável entre os tutsis e os demais ruandeses. Ela também oferecia oportunidades para o empreendimento mais ousado de uma "europeização" essencial de Ruanda. Esse empreendimento foi conduzido pelo tutsi Alexis Kagame, uma figura-chave na cultura política ruandesa.

Nascido em 1912, numa família da corte ruandesa, Kagame recebeu o batismo em 1928, quando o *mwami* Yuhi Musinga resistia à conversão, ingressou num semi-

Uma gota de sangue

nário e foi ordenado padre em 1941. Ainda no seminário, aproximou-se de Carlos Mutara III e iniciou uma carreira intelectual variada, de poeta, jornalista, filósofo e historiador. Pouco depois da ordenação, escreveu uma obra em vários volumes sobre o mito da criação e a história do mundo nas narrativas orais ruandesas, que estabelece múltiplos paralelos entre a tradição tutsi e as concepções cristãs.

Mas seu livro seminal, *Le Code des institutions politiques du Rwanda*, publicado em 1952, é uma investigação das instituições políticas da Ruanda pré-colonial na qual desenvolve-se a tese de que o reino banyaruanda tinha como alicerce um código sofisticado de leis consuetudinárias, tal como a França pré-revolucionária. Aquelas leis, que limitavam o poder do soberano, conferiam um caráter moderno à sociedade ruandesa e iluminavam os caminhos para uma evolução política gradual, livre de traumas ou rupturas violentas.

Os belgas não apreciaram a erudita exposição, na qual ocultava-se a sugestão de que os tutsis podiam governar Ruanda sem auxílio externo, e enviaram Kagame ao Vaticano para seguir seus estudos. O maior dos intelectuais ruandeses tornou-se um renomado teólogo, integrou o grupo dos "padres negros", publicou obras filosóficas relevantes e, de volta a Ruanda, foi poupado das atrocidades cometidas contra os tutsis pelo novo regime hutu estabelecido em 1959. No fim da sua vida, figurou como uma das vozes mais influentes no movimento de "africanização do catolicismo" que se iniciou com o Concílio Vaticano II.

Kagame plantou no solo ruandês a árvore importada da origem hamítica dos tutsis. A internalização dessa narrativa provocou um deslocamento do mito de origem de Ruanda, que adquiriu as tonalidades típicas do "racismo científico". No mito pré-colonial, os banyaruandas estavam separados pelos eventos da noite ancestral, mas tinham uma origem comum. No mito erguido pelos sábios coloniais, os tutsis estavam separados dos demais ruandeses por algo mais profundo e essencial, que é a raça.

A ideia de que os tutsis são provenientes da África Setentrional persistiu durante a maior parte do século XX e foi aceita até mesmo por historiadores consagrados, como o africanista britânico Basil Davidson, que a reproduziu no *The Lost Cities of Africa*, de 1959. Nesta obra aclamada, ele cita o emérito antropólogo Jacques Maquet, cuja descrição do estamento dominante em Ruanda é a seguinte: "não fazem trabalhos manuais e dispõem de tempo ocioso para cultivar a eloquência, a poesia, os modos refinados e a arte sutil da mordacidade, e para beber mel diluído em água com os amigos". Como conclusão, Davidson indaga se o paralelo adequado não seria com a posição ocupada pelos cavaleiros e trovadores da França medieval.[4]

Conceitos científicos têm impressionante força inercial. Há menos de quatro décadas, o antropólogo físico Jean Hiernaux, uma das maiores autoridades acadêmicas em África, produziu tabelas de diferenças de altura entre tutsis e hutus e, com base em estudos arqueológicos e sanguíneos, esboçou uma alternativa à já desacreditada "hipótese hamítica". Hiernaux propôs que os tutsis originaram-se de prolongadas migrações oriundas do Quênia e da Tanzânia. Assim, embora distanciando-se explicitamente da visão racista formulada pelos belgas, ele insistiu em interpretar os dois estamentos principais de Ruanda à luz de um contraste étnico.

Os estudos recentes evidenciam certas diferenças entre tutsis e hutus, mas tendem a refutar a ideia de que os tutsis chegaram a Ruanda no século XV, implantado-se como uma elite de conquistadores entre os agricultores autóctones. No plano das diferenças, investigações genéticas sugerem que a prevalência da anemia falciforme entre os hutus é similar à que ocorre entre os povos de regiões vizinhas, mas muito baixa entre os tutsis.*

Isso oferece certo suporte à ideia de uma correlação entre os tutsis e antigos fluxos migratórios oriundos de regiões livres de malária. Ao mesmo tempo, comprovou-se que cerca de 75% dos tutsis apresentam alta capacidade de digerir a lactose, uma característica genética de populações que se alimentaram de laticínios durante séculos, como notadamente os pastores nômades. A tolerância à lactose verifica-se em cerca de um terço dos hutus, uma proporção bem menor que a dos tutsis, mas muito superior à encontrada entre alguns povos vizinhos. Uma possível explicação para o fenômeno é a miscigenação relativamente ampla e bastante prolongada entre tutsis e hutus, algo consistente com os padrões sociais da Ruanda pré-colonial.[5]

De qualquer modo, a ciência parece afastar claramente tanto a "hipótese hamítica" quanto a tese das migrações de Hiernaux, pois os tutsis estão geneticamente mais próximos dos hutus que das populações do Chifre da África, do vale do Nilo, do Quênia ou da Tanzânia. Paralelamente, a investigação histórica não encontrou evidências de um influxo brusco de pastores no século XV, como sustenta a narrativa belga da conquista tutsi. Os indícios sugerem que a criação de animais disseminou-se num período mais longo na região povoada pelos banyaruandas, talvez sob a influência de fluxos pequenos e continuados de imigrantes – ou seja, num quadro de difusão de inovações, não de expansão militar de um grupo de conquistadores.

A crítica histórica da narrativa colonial só se iniciou com a publicação, em 1962, de uma obra do historiador e antropólogo belga Jan Vansina sobre os

---

* A anemia falciforme é uma doença genética oriunda de mutações adaptativas em regiões endêmicas de malária causada pelo *Plasmodium falciparum*. Nas populações que viveram durante muitos séculos em tais regiões, a ocorrência do traço falciforme é estatisticamente significativa.

banyaruandas. Vansina mostrou que as concepções, normas, costumes e rituais do reino controlado pelos tutsis foram, em grande parte, absorvidos dos estados hutus prévios, alguns dos quais sobreviveram autonomamente até a organização da administração belga. Na sua obra, emerge um traçado da complexa rede de influências culturais estabelecida entre tutsis e hutus. Além disso, mais tarde, apoiado por uma ainda mais vasta documentação de fontes orais, ele evidenciou que os termos "tutsi" e "hutu" só se generalizaram e passaram a refletir uma polaridade social abrangente no período final do reino dos banyaruandas:

> Hutu e tutsi são palavras antigas com significados cambiantes. Primeiro em Ruanda e em seguida em Burundi, "hutu" se contrapôs a "tutsi". Cada um dos termos começou a excluir o outro: se você fosse um hutu, não poderia ser um tutsi. Mas cuidado: essa evolução ocorre apenas após 1800. Descobrimos traços disso. Sabemos sobre pessoas que não se referiam a si próprias como hutus e que usavam um nome de lugar para indicar a sua identidade étnica. Então, gradualmente, o termo "hutu" alastrou-se entre a ampla população camponesa para denotar a sua condição social comum.[6]

Mas a intervenção de Vansina é posterior à consolidação do mito de origem fabricado pelos belgas e adotado como uma verdade oficial na historiografia e nas escolas da Ruanda colonial. Esse mito substituto, impresso nos manuais escolares, desenhou os contornos da nação imaginada por gerações de ruandeses, tutsis e hutus. Ele serviu à perfeição para conferir legitimidade ao experimento radical de governo indireto conduzido pela metrópole europeia, que reservou aos tutsis o lugar de uma elite colonial derivada. Entretanto, era uma faca de dois gumes. Segundo a sua lógica, os tutsis representavam uma raça superior – mas também figuravam como forasteiros, isto é, estrangeiros e invasores. Isso teria as mais trágicas consequências.

Os hutus no poder

No pós-guerra, uma série de fatores minou a estabilidade de Ruanda. Sob o influxo das novas ideias democráticas em voga no mundo, os belgas introduziram reformas políticas que conferiam mais direitos aos hutus. As reformas não foram bem recebidas pelos tutsis, que articulavam um nacionalismo elitista ruandês. Ao mesmo tempo, o crescimento da população e dos rebanhos ativou conflitos pelo controle sobre as terras escassas, que sofriam processos acelerados de erosão. Em 1949, Mutara III aboliu o *ubuhake* e cinco anos depois promoveu uma redistribuição de terras e rebanhos, amenizando a pobreza dos camponeses hutus de suas terras. Tais iniciativas, que contavam com o apoio dos belgas, provocaram mais ressentimentos entre os tutsis.

A opinião pública belga começava a influir na política colonial e a rivalidade entre valões e flamengos infiltrava-se nas concepções sobre o futuro de Ruanda. Os valões, francófonos, controlavam a política belga e eram vistos pela maioria flamenga, de língua holandesa, como uma classe dominante.* Mas a economia industrial da Valônia declinava, enquanto se fortalecia a região setentrional de Flandres. Os flamengos interpretavam o cenário ruandês a partir de sua própria experiência e favoreciam os hutus, majoritários, porém subordinados à aristocracia tutsi.

O ano da virada foi 1959. Em julho, retornando de consultas com o governo metropolitano, Mutara III foi vacinado por um médico belga em Bujumbura, capital do vizinho Burundi, e morreu em seguida, na idade de 48 anos. O evento foi lido na aristocracia tutsi como um assassinato. Seu irmão Jean-Baptiste Ndahindurwa assumiu o trono como Kigeri V. Em setembro, a elite tutsi fundou a União Nacional Ruandesa, um partido que reivindicava a independência. Em novembro, eclodiu a revolução hutu e o novo *mwami* fugiu para Uganda.

A insurreição assumiu a forma de um sangrento levante camponês contra os senhores tutsis e foi descrita pelos intelectuais hutus como uma revolução francesa na África. Os camponeses incendiaram as propriedades dos senhores e apossaram-se dos rebanhos. Dezenas de milhares de tutsis foram mortos. De um total de quase 300 mil tutsis, a elite do país de 2,8 milhões de habitantes, algo entre 100 e 150 mil fugiram para os países vizinhos. Em Uganda, tomou forma um Exército tutsi na diáspora, que recrutava seus soldados nos campos de refugiados espalhados no leste do Zaire, no Burundi, na Tanzânia e na própria Uganda.

Em 1960, por intervenção da ONU, realizou-se um referendo em que os ruandeses votaram pela República, encerrando a Monarquia. Meses depois, Grégoire Kayibanda, um nacionalista moderado e fundador do Partido de Emancipação Hutu (Parmehutu), formou o governo que conduziu o país à independência. Após a retirada dos belgas, nas eleições de 1963, o Parmehutu ganhou todos os assentos do parlamento. Começava uma nova etapa na história de Ruanda, marcada por uma ruptura radical e oficial com o passado. O regime hutu declarou que a história anterior do país, desde a consolidação do poder tutsi no reino dos banyaruandas, constituíra uma longa idade das trevas. A ruptura, porém, não excluía continuidades: o mito de origem fabricado pelos belgas não foi abandonado, mas reinterpretado; a aliança com a Igreja Católica foi conservada e continuaram a ser emitidas carteiras de identidade étnicas, que passaram a servir a novos propósitos.

O antigo sistema estamental, com sua hierarquia, suas instituições e suas regras, serviu como uma rocha sólida, ainda que inerentemente injusta, para o reino

---

* Atualmente, os valões constituem pouco menos de um terço da população belga, enquanto os flamengos formam quase 60% do total.

Uma gota de sangue

dos banyaruandas e para a Ruanda colonial. A introdução pelos belgas de novas regras, um pouco mais democráticas, no pós-guerra, causou fissuras no alicerce da sociedade. Após a independência, com o advento do voto universal, esse alicerce entrou em colapso. O princípio da igualdade política não podia conviver com o paradigma da divisão dos ruandeses em castas contrapostas, cujo fundamento é a desigualdade. As sementes do genocídio foram irrigadas por essa contradição insanável.

Kayibanda estava entre os nove líderes que assinaram o "Manifesto Hutu", de 24 de março de 1957, no qual se delineou o programa do Parmehutu para a Ruanda independente. Um trecho do documento dizia: "Nós nos opomos vigorosamente, ao menos nesse momento, à supressão nos documentos oficiais e privados de identidade das menções *muhutu, mututsi, mutwa*.* A sua supressão criaria o risco de impedir a lei estatística de estabelecer a realidade dos fatos".[7] Os líderes hutus preparavam-se para o advento do voto universal e não queriam que nada obscurecesse a existência de uma maioria hutu.

Tutsi e hutu só se tornaram designações étnicas abrangentes no decorrer do século XIX, no apogeu do poder pré-colonial tutsi. Antes disso, esses termos possuíam significados variáveis e às vezes situacionais. Os belgas introduziram a classificação étnica na lei, consolidando um sistema identitário fixo. O regime hutu recebeu dos colonizadores um sistema de identificação nominal da etnia de cada um dos ruandeses. As carteiras de identidade existiam há quase três décadas, de modo que não havia dificuldade em definir quem era tutsi e quem era hutu.

Sob Kayibanda, os tutsis foram excluídos totalmente da oficialidade militar e começaram a ser introduzidas cotas étnicas nas universidades e nas escolas médias. As cotas étnicas se transformariam em lei nacional e se estenderiam ao funcionalismo público em 1973, com o golpe de estado que levou ao poder o major Juvenal Habyarimana. A lei limitava a 9% as vagas que poderiam ser preenchidas por candidatos tutsis.** O argumento oficial enfatizava a ideia de compensação: era preciso assegurar aos hutus os caminhos de ascensão social que haviam sido negados por tanto tempo.

O fosso social ruandês não parou de se aprofundar. Em 1963, forças tutsis atacaram a fronteira setentrional a partir de Burundi, o país vizinho de governo tutsi. Dois anos depois, uma nova ofensiva foi contida e, como reação, o Exército hutu massacrou a golpes de machete mais de vinte mil tutsis. O conflito crônico formava um pano de fundo adequado para a crescente radicalização doutrinária do governo ruandês, que descrevia os tutsis como um povo estrangeiro e uma ameaça à sobrevivência da nação hutu. Nessa época, começou a se disseminar o uso do termo "baratas" para fazer referência aos tutsis.

---

* Os termos *muhutu, mututsi* e *mutuwa* indicam o singular: um hutu, um tutsi, um tua.

** Em tese, segundo os dados censitários disponíveis na hora da independência, essa era a proporção de tutsis na população ruandesa.

A história de Burundi só se separou da de Ruanda em 1959, com a revolução hutu. Depois disso, os países irmãos evoluíram politicamente de modo espelhado. Em Burundi, os tutsis retiveram o poder e reprimiram com violência as periódicas revoltas hutus, enquanto colaboravam com os esforços militares dos exilados tutsis ruandeses. Em 1972, eclodiu mais uma revolta em Burundi, esmagada pelo massacre de algo entre cem e duzentos mil hutus, o que provocou uma fuga em massa de refugiados para Ruanda. O influxo de algo próximo a um milhão de hutus agravou a crise social ruandesa, que adquiria contornos catastróficos. Foi naquele ambiente, no ano seguinte, que o ministro da Defesa Habyarimana liderou um golpe militar e derrubou Kayibanda.

Habyarimana era hutu, tal como Kayibanda, mas nada tinha de moderado. Após o golpe, ele mandou prender e assassinar, em geral por envenenamento, o círculo mais próximo do presidente deposto, seu antigo amigo. O próprio Kayibanda e sua esposa foram encarcerados e, três anos mais tarde, morreriam de fome na prisão. Enquanto isso, Habyarimana formava o Movimento Revolucionário Nacional pelo Desenvolvimento (MRND), partido único de sua ditadura, no qual eram compulsoriamente inscritos todos os ruandeses.

As engrenagens do genocídio

Nas duas décadas do regime de Habyarimana, a fábrica de invenção de memórias completou a produção de "comunidades de medo e ódio".[8] Esse processo não se circunscreveu a Ruanda, mas assumiu dimensões regionais, abrangendo Burundi, Uganda e o leste do Zaire. Em Uganda, em 1981, o guerrilheiro Yoweri Museveni deflagrou uma guerra contra o ditador Milton Obote, recrutando parte significativa de seus soldados nos campos de refugiados ruandeses. Quando Museveni tomou o poder, cinco anos depois, constituíra-se em terras ugandesas um Exército tutsi, comandado por experimentados oficiais. Esse Exército, a Frente Patriótica Ruandesa (FPR), iniciou a guerra civil de Ruanda em 1990, numa ofensiva pela fronteira norte que só foi contida em virtude do auxílio de tropas zairenses e de duas companhias de paraquedistas franceses ao governo de Habyarimana.*

A Interahamwe ("Juntos Atacaremos"), uma milícia civil hutu, treinada pelo Exército ruandês, surgiu em decorrência dessa ofensiva. Habyarimana, seu patrocinador, temia a "quinta-coluna" constituída pelos tutsis que permaneceram em Ruanda e pretendia enfrentá-la por meio do armamento de seus partidários fiéis. Adicio-

---

* A política africana pós-colonial da França organizou-se em torno da estratégia de conservar uma esfera de influência francesa no continente. No quadro dessa estratégia, o governo de François Miterrand decidiu prestar apoio à Ruanda hutu e francófona contra a FPR, aliada do governo anglófono de Museveni em Uganda.

Uma gota de sangue

nalmente, a Interahamwe destinava-se a amedrontar os muitos hutus que odiavam a ditadura clânica de Habyarimana, com sua violência e corrupção desmedidas. A milícia se converteria depois no instrumento de um dos maiores genocídios do século XX.

A FPR não tomou Kigali, a capital ruandesa, na ofensiva de 1990, mas ocupou o Nordeste do país. A ameaçadora proximidade do Exército tutsi e a viva memória do massacre de hutus em Burundi instilaram pavor não só no círculo de Habyarimana, mas em ampla parcela dos hutus de Ruanda. A ideologia do genocídio floresceu nesse ambiente, desenvolvendo velhos temas numa narrativa extremista e escatológica. Nisso, mais uma vez, os intelectuais desempenharam os papéis decisivos.

A ideologia genocida, na sua forma acabada, não nasceu entre os hutus ruandeses, mas entre exilados hutus de Burundi. Remi Gahutu, fundador do Partido pela Libertação do Povo Hutu (Palipehutu), um partido radical burundinense organizado após o massacre de 1972, formulou-a com base em temas recorrentes. Os tutsis originam-se da raça hamita, moralmente depravada, perversa e falsa. A sua hegemonia histórica derivou não só do emprego da violência, mas também da astúcia: os hutus foram enganados por oferendas maléficas como vacas e belas mulheres. O próprio termo "hutu" é uma maliciosa invenção tutsi para apagar a unidade dos bantos, fragmentando-os em tribos.

Gahutu fixou um tema crucial do discurso antitutsi: o papel maligno desempenhado pelas mulheres tutsis na sociedade dos banyaruandas. Mais tarde, o tema seria desenvolvido. A sensualidade das mulheres tutsis foi a perdição original dos hutus. As tutsis, qualquer que seja seu emprego, estão a soldo da etnia tutsi e agem como espiãs entre os hutus. As esposas hutus devem vigiar incessantemente seus maridos, evitando que eles sejam enredados pelos feitiços das diabólicas tutsis.

Um grupo de acadêmicos da Universidade de Ruanda em Butare, integrantes do mesmo clã akazu de Habyarimana, formou o núcleo da produção ideológica antitutsi nos anos que precederam o genocídio: Ferdinand Nahimana, doutor em História pela Universidade de Paris VII com uma tese sobre as origens do Estado ruandês; Leon Mugesira, também historiador; Casimir Bizimungo, médico com doutorado nos EUA, ministro do Exterior e depois ministro da Saúde; Hassan Ngeze, jornalista e editor do *Kangura*, de Kigali. Depois do genocídio, o novo reitor de Butare, Emmanuel Bugingo, reconheceu as impressões digitais da Universidade na tragédia: "todo o morticínio em Ruanda foi cuidadosamente planejado por intelectuais e esses intelectuais passaram por esta Universidade".[9]

Um eugenismo exterminista perpassa os discursos emanados do grupo. O *Kangura* publicou em 1990 os "Dez mandamentos hutus", que faziam a denúncia das uniões interétnicas, responsáveis pela contaminação da "pureza hutu", e determinavam o isolamento dos "demoníacos tutsis". Em 1992, num comício hutu, Mugesira deu um passo adiante e avaliou que o "erro fatal" cometido pela revolução de 1959 foi não exterminar os tutsis. Nahimana concluiu que a única solução para

270

o impasse histórico era transferir os tutsis de volta para sua terra natal, no vale do Nilo, "vivos ou mortos". Matanças isoladas de tutsis pipocaram naqueles anos. Em 1994, às vésperas do genocídio, *La Medaille*, outro jornal extremista, clamou pela "extinção" da "raça tutsi". O discurso antitutsi seguia uma trajetória similar à do discurso nazista antijudaico, evoluindo da ideia de deportação para a de extermínio.

Os "Dez mandamentos hutus" representam uma condensação do racismo antitutsi. Um de seus itens funde e reinterpreta os dois mitos de origem ruandeses da seguinte forma: "Você conhece o truque que eles empregaram quando chegaram a Ruanda: fingiam que haviam descido do Céu; de fato, vieram do norte da África." Um outro denuncia uma conspiração para instalar, por meio do genocídio dos hutus, um vasto Império Tutsi em toda a região dos Grandes Lagos. Diante do perigo iminente, o documento aponta como saída a "redescoberta" da "verdadeira identidade banto" dos hutus: "A nação é artificial, apenas a etnicidade é natural."[10]

A entrada da mídia eletrônica no jogo do ódio provocou uma mudança crucial no cenário. A propaganda antitutsi atingiu o país inteiro quando começou a operar, em julho de 1993, a Rádio e Televisão Livre das Mil Colinas (RTLM). Sob a direção ideológica de Nahimana e Bizimungu, e tendo o jornalista Nzege como sócio, a RTML oferecia incontáveis "lições históricas" das traições cometidas pelos tutsis e da opressão sofrida pelos hutus. A partir de 6 de abril de 1994, durante o genocídio, a emissora conclamava seus seguidores a "preencher os túmulos ainda vazios com mais tutsis". Isso tinha um significado lúgubre, mas, tanto quanto o genocídio dos judeus não foi uma consequência inevitável do *Mein Kampf*, o genocídio dos tutsis não estava inscrito inelutavelmente na ideologia antitutsi elaborada a partir do massacre em Burundi.*

A transição da intenção ao gesto demandou um novo trauma, que foi o atentado contra Habyarimana. Desde a ofensiva da FPR de 1990, o ditador oscilava entre a radicalização de seus asseclas supremacistas e uma estratégia de reconciliação nacional. Quando as forças inimigas ameaçaram Kigali, ele anunciou a intenção de abolir as carteiras de identidade étnicas, mas nunca levou a ideia adiante. Em 1992, no quadro das negociações conduzidas com a FPR sob os auspícios da ONU, aboliu o sistema de partido único, constituiu um governo transitório e chamou os tutsis a participarem de eleições gerais. Em agosto do ano seguinte, o governo e a FPR assinaram na Tanzânia os Acordos de Arusha, que deveriam encerrar a guerra civil. O evento desatou reações furiosas entre os extremistas hutus, que perderam

---

* A distinção entre o "antes" e o "depois" do início do genocídio adquiriu o estatuto de decisão judicial no julgamento de Nahimana pelo Tribunal Internacional para Ruanda. Em novembro de 2007, o réu foi absolvido da acusação principal de incitação ao genocídio pela Câmara de Apelações, que reverteu a sentença de primeira instância. Os juízes não interpretaram as emissões da RTML anteriores ao início das matanças como chamados ao genocídio. Mas Nahimana foi condenado a trinta anos de prisão por sua responsabilidade indireta pelas conclamações genocidas da emissora difundidas a partir do 6 de abril.

a confiança em Habyarimana e organizaram perseguições violentas contra tutsis. O governo ruandês entrara em dissolução.

Em 6 de abril de 1994, quando o ditador retornava de uma viagem internacional acompanhado do chefe de Estado burundinês Cyprien Ntaryamira, um hutu moderado que comandava a transição política no país vizinho, seu helicóptero foi atingido por dois mísseis, incendiou-se no ar e desabou no jardim do palácio presidencial, em Kigali. Além dos presidentes, outras dez pessoas morreram. Horas depois, os extremistas hutus e a FPR trocavam acusações, cada lado responsabilizando o outro por um atentado que jamais seria esclarecido. Enquanto isso, a partir das conclamações da RTML, iniciava-se o genocídio.

A "solução final", almejada há anos por alguns e conduzida ao longo de cerca de cem dias, decorreu do colapso do Estado hutu. O fogo que envolveu o helicóptero presidencial também consumiu as alternativas políticas à guerra civil. Diante da batalha decisiva com a FPR, os supremacistas hutus deflagraram a operação de extermínio. Se vencessem, uma hipótese improvável, a pátria hutu estaria livre para sempre da presença de tutsis. Se perdessem, imaginavam que seriam massacrados de qualquer forma. O genocídio foi uma operação organizada pelo aparelho de Estado – e os órgãos administrativos civis e militares asseguraram a logística do extermínio.

Os milicianos da Interahamwe começaram a matança, com a ajuda do Exército. Eles já eram centenas de milhares, recrutados nas cidades e nos pequenos povoados. Mas o genocídio foi uma ação de massa, perpetrada por parcela significativa da população hutu. Muitos mataram para se vingar de injúrias históricas ou simplesmente dando vazão a ressentimentos banais contra vizinhos. Muitos outros mataram para não serem mortos pela milícia ou pelos soldados: os exterministas queriam envolver toda a "nação hutu" na operação genocida, selando uma comunhão de culpa e destino. A arma preferida foi o machete, mas utilizaram-se foices, facões, lanças e armas de fogo.

As carteiras de identidade étnicas cumpriram uma última função durante o genocídio. O rótulo "tutsi", naqueles documentos, quase equivalia a uma sentença de morte. Soldados e milicianos tinham ordens de retirar as carteiras de identidade dos cadáveres e entregá-las a seus superiores. Testemunhas registraram que soldados entregavam todos os dias aqueles documentos na casa do capitão Idelphonse Nizeyimana, um dos coordenadores da operação. Mas as chacinas não se circunscreveram aos tutsis, atingindo também hutus e twás que se opunham abertamente ao regime. Estimou-se um total de mortos superior a setecentos mil, entre os quais mais de quinhentos mil tutsis, cerca de três quartos de toda a população tutsi então existente em Ruanda.[11]

Simbolismos macabros acompanharam o genocídio. Na área de Butare, o sinal para o início das matanças foi o fuzilamento, pelo tenente Pierre Bizimana, sob ordens de Nizeyimana, da rainha Rosalie Gicanda, a viúva de Mutara III, então com cerca de 80 anos, que permanecera em Ruanda. Num fluxo incessante, cadáveres eram lançados no rio Kagera, que delimita a fronteira de Ruanda com a Tanzânia e alimenta o lago Vitória, uma das fontes do Nilo. Por essa via, cumpria-se o desígnio de Nahimana, de transferir os tutsis de volta para as suas terras, "vivos ou mortos".

A comunidade internacional tem uma culpa indireta, mas muito nítida, no genocídio ruandês. O contingente de 2,5 mil soldados das forças de paz da ONU em Ruanda recebeu ordens de não intervir, pois seu mandato consistia em "monitorar" a situação. Em 21 de abril, dez soldados belgas foram mortos e o contingente reduziu-se para 250 homens, perdendo qualquer capacidade efetiva de interferência. Nove dias depois, o Conselho de Segurança recusou-se a definir os eventos como genocídio, o que acarretou no adiamento do envio de forças de interposição.

A inação prosseguiu, vergonhosamente, até o final. A 22 de junho, com relutância, a ONU classificou as matanças como genocídio, mas despachou apenas tropas francesas para o Sudoeste ruandês, com a missão de estabelecer um "refúgio seguro", que não foi efetivamente implantado. Em 17 de julho, finalmente, as forças da FPR tomaram Kigali, derrubaram o governo e o morticínio terminou sem que a comunidade internacional tivesse qualquer participação efetiva no desfecho.

Os nomes malditos

Paul Kagame tinha 3 anos de idade em 1960, quando sua família tutsi exilou-se em Uganda, fugindo da revolução hutu. Ele cresceu num campo de refugiados, juntou-se ao exército rebelde de Museveni, de quem se tornou um firme aliado, fundou a FPR e recebeu treinamento militar nos EUA. Foi esse homem que entrou vitorioso em Kigali e interrompeu o genocídio tutsi. O governo provisório que implantou, e do qual era o verdadeiro líder, tinha como presidente um hutu, Pasteur Bizimungu, que participou do regime Habyarimana, mas rompeu com o ditador em 1990.

O novo regime proscreveu o MRND e, sobretudo, aboliu legalmente a política étnica. Os rótulos de etnia foram eliminados de todos os documentos e passaram-se leis proibindo, sob severas penas, o uso de identificações étnicas nos debates políticos. Essas proibições foram solenemente inscritas na Constituição aprovada por referendo em 2003. No seu artigo 54°, o texto constitucional determina que as "organizações políticas são proibidas de se basear em raça, grupo étnico, tribo, clã, região, sexo, religião ou qualquer outra divisão que possa originar discriminação".[12] Ruanda deveria começar a sua história outra vez, traçando o futuro sobre uma pedra limpa dos nomes malditos que fizeram correr tanto sangue.

A história tem um lugar particularmente sensível no projeto de reinvenção de Ruanda. O governo provisório suspendeu o ensino de História Nacional em todo o sistema escolar, até a produção de novos manuais, isentos de supremacismos étnicos. A disciplina só retornou em 2008, depois de concluído um longo trabalho de reformulação curricular, que foi conduzido com auxílio de um grupo de consultores do Centro de Direitos Humanos da Universidade da Califórnia em Berkeley. A finalidade proclamada da nova orientação curricular é desenvolver o pensamento crítico dos estudantes sobre visões concorrentes de história e etnicidade. O *slogan* do programa de História não poderia ser mais explícito: "educação para a reconciliação". A reconciliação constitui, obviamente, uma meta vital, mas há o risco de que, sob esse pretexto, Ruanda volte a ter uma historiografia instrumental, subordinada às oscilações da política e às conveniências das autoridades.

O passado recente pode se revelar ainda mais intratável que o distante. O genocídio tutsi de 1994 é um marco de memória de proporções incomensuráveis. Ele está gravado na Constituição e assinala o novo "ano zero" da história ruandesa. Mas os tutsis, tanto em Burundi como em Ruanda, continuam a negar ritualmente a ocorrência do genocídio hutu burundinês de 1972. Na mesma linha, nega-se veemente que tenham acontecido massacres de hutus durante o genocídio tutsi e dois anos depois dele. Contudo, há fortes evidências disso que alguns denominam, talvez com certo exagero, o "segundo genocídio" de Ruanda.

Uma trilha de sangue de civis acompanhou a ofensiva final da FPR, em 1994, de acordo com testemunhos oculares recolhidos por organizações independentes de direitos humanos. Inexiste uma estimativa confiável do total de mortos nesses massacres, que não foram um genocídio sistemático, mas também não podem ser ocultados, como quer o novo regime ruandês, sob a "neblina da guerra".

Logo após a vitória da FPR, dois milhões de hutus fugiram de Ruanda, temendo a retaliação. A maioria deles formou colunas intermináveis, de figuras exaustas, sedentas e esfaimadas, nas florestas do leste do Zaire. Muitos morreram de cólera ou disenteria antes da implantação de campos de refugiados. Naqueles campos, os responsáveis diretos pelo genocídio tutsi misturaram-se às massas de desterrados e começaram a se organizar como um exército no exílio. Em 1996 e 1997, as Forças Armadas ruandesas atravessaram a fronteira, invadiram os campos e conduziram operações de busca e destruição de inimigos. Dezenas de milhares de hutus, muitos dos quais envolvidos no genocídio tutsi, morreram nas mãos dos soldados de Ruanda.

Previsivelmente, o regime de Kagame classifica como inimigos de Ruanda todos os que levantam a voz para denunciar o genocídio de 1972 no Burundi ou exigir a investigação dos crimes cometidos pelo Exército tutsi.* No dogma da Ruanda reinventada, genocídio é um termo reservado apenas aos massacres cometidos por hutus em 1959 e 1994. Atrás disso, esconde-se a mensagem de que, em Ruanda,

---

* Entre eles está Paul Rusesabagina, o gerente do Hotel Mil Colinas de Kigali, retratado no filme "Hotel Ruanda", que arriscou sua vida para dar abrigo a mais de 1,2 mil ruandenses, tutsis e hutus, durante o genocídio. Rusesabagina, que se exilou na Bélgica em 1996, tornou-se *persona non grata* em Ruanda por ter classificado Kagame como criminoso de guerra, pedindo o esclarecimento de todos os massacres.

o princípio democrático é inaplicável, pois o sistema de governo de maioria equivaleria à reinstalação de um poder hutu – o que, por sua vez, significa genocídio.

A reinvenção de Ruanda é uma aventura pontilhada de ambiguidades. O governo de Pasteur Bizimungu terminou abruptamente em 2000, com a renúncia forçada do presidente, que entrara em conflito com Kagame. O líder histórico tutsi, que ocupava a vice-presidência, tornou-se chefe de Estado e, três anos depois, foi eleito presidente por larga maioria, enfrentando apenas uma oposição consentida. O sistema político ruandês deve ser caracterizado como uma ditadura mitigada, que respeita os direitos humanos básicos e tolera razoavelmente a liberdade de expressão, com a exclusão dos temas-tabus da etnia e dos crimes de guerra da FPR.

O trauma do genocídio é o traço distintivo da nova Ruanda. A Constituição reserva um mínimo de um terço das cadeiras no parlamento às mulheres, pois acredita-se que uma forte presença feminina na política constitui um seguro contra o radicalismo étnico e o exterminismo. A partir de 1996, cerca de 1,5 milhão de refugiados hutus retornaram dos campos do Zaire e da Tanzânia para Ruanda. O Tribunal Penal Internacional, instalado em Arusha, encarregou-se de processar as altas autoridades acusadas do genocídio tutsi, mas os processos contra outros réus ficaram a cargo dos tribunais ruandeses. Em 2006, dez mil deles haviam sido julgados, porém várias dezenas de milhares aguardavam julgamento nas prisões do país.

A abolição da pena de morte, no ano seguinte, reduziu as tensões entre o governo ruandês e a comunidade internacional. Para acelerar os julgamentos, Ruanda implantou as Cortes *gacacas*, que são tribunais comunitários tradicionais e têm como meta reconstruir uma narrativa coerente dos fatos, fazer justiça e promover a reconciliação. Sob supervisão da Corte Suprema, esses tribunais devolvem os culpados dos crimes mais graves para o sistema formal de justiça e sentenciam os autores de crimes de segunda ou terceira categoria à prisão ou ao trabalho em terras de familiares das vítimas do genocídio.

A política étnica não tem mais lugar dentro de Ruanda, mas parece animar a política do regime de Kagame para a região do Kivu, no leste do Zaire. Nessa faixa de fronteira, em 1996, os milicianos hutus refugiados reorganizaram-se e atacaram tutsis que lá haviam se estabelecido após a revolução hutu de 1959. A intervenção do Exército ruandês destruiu as milícias hutus e deflagrou a guerra civil no Zaire, que se concluiria, numa primeira etapa, com a derrubada da ditadura de Mobutu Sese Seko e a proclamação da República Democrática do Congo. Logo depois, em 1998, o novo presidente congolês, Laurent-Désire Kabila, voltou-se contra Ruanda e Uganda, que o haviam apoiado na guerra civil, e tentou impor uma repatriação forçada dos tutsis do Kivu. Então, quase do nada, por uma proclamação do governo ruandês, nasceu a etnia dos banyamulenges.

Na versão oficial construída às pressas por Ruanda, o Kivu do Norte e o Kivu do Sul pertenceram, no passado pré-colonial, ao reino dos banyaruandas. Com a

Uma gota de sangue

colonização europeia, os banyaruandas do Kivu ficaram separados dos ruandeses e constituíram uma etnia singular no interior do Congo belga. A narrativa é toda falsa, exceto por um detalhe: em virtude de conflitos com a dinastia banyaruanda, um pequeno grupo de criadores de gado tutsi estabeleceu-se na localidade de Mulenge, no Kivu do Sul, no final do século XIX. Essa comunidade banyamulenge abrange atualmente apenas cerca de trinta mil pessoas, mas o governo ruandês estendeu o rótulo étnico para os mais de 250 mil tutsis do Kivu oriundos da diáspora de 1959. Nas palavras irônicas de René Lemarchand, "não há paralelos no continente de uma tão repentina e extensiva etnogênese".[13]

A fabricação dos banyamulenges cumpre duas funções. De um lado, ao caracterizá-los como uma etnia há muito estabelecida na atual República Democrática do Congo, dificulta o intento do governo congolês de transferi-los de volta para Ruanda. De outro, ao caracterizá-los como uma população que fazia parte do antigo reino dos banyaruandas, delineia o espectro de uma reivindicação territorial ruandesa no país vizinho. No fim, o artefato etnográfico nas cercanias ocidentais do lago Kivu é mais uma evidência de que nomear etnias constitui um gesto político, quando não um ato de guerra.

Notas

[1] LEMARCHAND, René. "Ethnicity as a myth: the view from the Central Africa". *Occasional Paper*, Centre of African Studies, University of Copenhagen, maio 1999, p. 6.

[2] KAPUSCINSKI, Ryszard. *Ébano: minha vida na África*. São Paulo, Companhia das Letras, 2002, p. 186.

[3] LEMARCHAND, René. Op. cit., p. 7.

[4] DAVIDSON, Basil. *The lost cities of Africa*, Boston/Nova York, Little, Brown and Company, 1987, p. 237.

[5] MAMDANI, Mahmood. *When victims become killers: colonialism, nativism, and the genocide in Rwanda*. Princeton, Princeton University Press, 2001, p. 45-46.

[6] ARNAUT, Karel & VANHEE, Hein. "History facing the present: an interview with Jan Vansina", *H-Africa*, nov. 2001.

[7] OVERDULVE, C. M. *Rwanda: un peuple avec une histoire*, Paris, L'Harmattan, 1997, p. 98.

[8] LEMARCHAND, René. Op. cit., p. 10.

[9] CHEGE, Michael. "Africa's murderous professors". *The National Interest*, inverno de 1996. Disponível em: <http://www.nationalinterest.org/General.aspx?id=92&id2=10668>. Acesso em: 9 jun. 2009.

[10] LEMARCHAND, René. Op. cit., p. 12.

[11] HUMAN RIGHTS WATCH. "Leave none to tell the story: genocide in Rwanda", 1999. Disponível em: <http://www.hrw.org/reports/1999/rwanda/>. Acesso em: 22 jun. 2009.

[12] COMISSION JURIDIQUE ET CONSTITUTIONNELLE. "The Constitution of the Republic of Rwanda". Disponível em: <http://www.cjcr.gov.rw/eng/constitution_eng.doc>. Acesso em: 9 jun. 2009.

[13] LEMARCHAND, René. Op. cit., p. 15.

PARTE IV

ORIENTE

A restauração das castas

"Nossa comunidade é tão atrasada quanto os antigos párias", explicou Mansingh Burja, um manifestante que, junto com outras centenas, sob o sol inclemente do verão indiano, bloqueava a estrada que leva ao Taj Mahal, em Agra. "Precisamos dos mesmos benefícios", concluiu, esgrimindo uma lógica curiosa, mas incontestável nos seus próprios termos.[1]

Burja é um gujar, grupo étnico que habita predominantemente o Norte da Índia. Os gujares hindus pertencem ao varna kshatriya, o estamento militar e governante no sistema social tradicional. O bloqueio da estrada durou um mês, no qual pipocaram atos de vandalismo e confrontos com a polícia, deixando quatro dezenas de mortos. No fim, os manifestantes conseguiram o que desejavam: o rebaixamento de seu grupo no sistema oficial de castas, a fim de obter cotas reservadas no serviço público e nas universidades. Um acordo com o governo do estado do Rajastão assegurou aos gujares 5% dos cargos no funcionalismo.

O protesto gujar foi taticamente organizado para coincidir com a aproximação das eleições estaduais. Ao recuar e conceder os privilégios demandados, o governo do Rajastão investiu na constituição de uma clientela política. Mas aquele não representou um episódio isolado. Os políticos da Índia, desde a independência, jogam com a oportunidade de intercambiar privilégios de grupo por lealdades eleitorais. O maior programa de ação afirmativa do mundo, estruturado sobre o sistema de castas, também é uma fonte de amargas disputas entre grupos e de perene violência política.

A ordem social do hinduísmo ergueu-se a partir das migrações pré-históricas dos povos indo-arianos para o vale do Ganges e outras partes do subcontinente indiano, entre 1700 e 1300 a.C. O seu duplo fundamento são os sistemas de classe (varna) e de casta (jati), que convivem e se entrelaçam sem se confundirem. "Varna" é um termo sânscrito que significa "fechar" e indica grupos sociais perfeitamente delimitados. Os quatro varnas são os brâmanes (sacerdotes), os chátrias (guerreiros), os vaisas (mercadores, homens de negócios) e os sudras (camponeses, servos e operários). De acordo com uma tese, originalmente existiam apenas os três primeiros varnas, correspondentes às funções sociais tradicionais dos indo-europeus e refletidos numa mitologia tripartida: deuses que regem a ordem cósmica, deuses guerreiros e deuses que conservam a atividade do universo. O varna dos trabalhadores manuais teria surgido como resultado do encontro entre os conquistadores indo-europeus e os povos nativos da Índia.

Apesar das aparências, não há correspondência entre os varnas e a hierarquia de classes sociais típica do Ocidente. Brâmanes e chátrias podem ser pobres, embora pertençam às categorias superiores. A próspera classe média das grandes cidades indianas não é constituída, de modo geral, por brâmanes ou chátrias, mas por vaisas. Também não existe relação entre a pertinência a determinado varna e a orientação política de cada indivíduo. Mahatma Gandhi, o líder das lutas de independência, era um vaisa. Jawaharlal Nehru, o primeiro chefe de governo da Índia, do mesmo Partido do Congresso, nasceu numa família de brâmanes. Diversos líderes de partidos esquerdistas eram brâmanes.

A hierarquia funcional dos varnas antecede a criação das castas. No início, dois séculos antes da era cristã, a atribuição de um lugar para cada indivíduo num sistema flexível de castas decorria de uma avaliação sobre as suas características intelectuais e espirituais e de um diagnóstico de suas potencialidades profissionais. Ninguém estava condenado a pertecencer à casta de seu pai ou a permanecer por toda a vida em determinada casta. Com o tempo, as castas converteram-se em algo similar às corporações de ofício e adquiriram feições hereditárias. A dissolução das corporações de ofício não suprimiu as castas, mas as transformou em fraternidades ligadas pelo sangue, por uma série de costumes e regras, inclusive de dieta, e por obrigações de proteção de seus integrantes.

"Casta" e "jati" não são sinônimos genuínos, embora tenham se tornado termos intercambiáveis. A palavra casta, de origem portuguesa, relaciona-se diretamente com a noção de raça. O termo "jati" significa comunidade e, também, espécie, com o sentido que a palavra tem na Biologia. Os jatis relacionam-se aos diferentes ofícios, embora também possam indicar uma seita religiosa ou um grupo linguístico. Eles figuram no interior dos varnas, como grupos endogâmicos: segundo a tradição, os casamentos se realizam no interior das castas. Os jatis têm base territorial e são governados por conselhos, que cuidam de seus assuntos internos. Entre os hindus da Índia, contam-se vários milhares de castas e subcastas. Centenas delas coexistem em cada região e não existe uma correspondência precisa entre as castas das diferentes regiões. Como regra, o sobrenome das pessoas evidencia uma pertinência de casta. Gandhi pertencia à casta bania e seu sobrenome significa "verdureiro".

As castas existem na vida terrena, mas seu fundamento verdadeiro encontra-se na vida cósmica. Elas são um elemento central no edifício do hinduísmo e se articulam em torno da noção de pureza. Não se trata, porém, da pureza de um indivíduo, no seu ciclo biológico de vida, mas de algo mais complexo, que é expresso na crença do carma. O corpo perece, mas a alma permanece e se transmite através das gerações. Cada um é responsável não só pela sua vida presente, mas por todas as vidas passadas do ciclo cósmico da existência. Os atos de cada indivíduo não repercutem apenas sobre ele mesmo e seu entorno, mas sobre os seus incontáveis elos situados no passado e no futuro. A ruptura das regras da religião espalha a impureza para trás e para frente, contaminando o mundo.

Octavio Paz faz duas observações cruciais sobre a casta indiana. A primeira é que ela "não é um conglomerado de indivíduos, mas sim um círculo de famílias".[2] Os indivíduos estão presos à casta de sua família desde o nascimento até a morte e só podem deixá-la por um gesto de renúncia à sociedade e ao mundo material, que consiste numa conversão à vida religiosa. Existem centenas de milhares de ermitãos na Índia, dedicados à reflexão e à contemplação, que vivem exclusivamente da mendicância. A segunda é que "a casta é a-histórica: sua função consiste em opor à história e às mudanças uma realidade imutável".[3] Por funcionar como uma negação do individualismo, o sistema de organização social dos hindus é um elemento de resistência à modernização. Além disso, por exigir uma lealdade especial à comunidade local, representa um fator de distúrbio no princípio da coesão nacional.

Todas as castas hindus estão inseridas num dos quatro varnas. Contudo, fora da esfera das castas, encontram-se os párias, grupos considerados ritualmente impuros em virtude de seus ofícios ou ocupações. Os trabalhadores de matadouros, os açougueiros e os coureiros são párias, pois manipulam partes de animais mortos. São também párias os que manipulam fezes humanas, limpando latrinas e esgotos. Tais grupos eram denominados "intocáveis" e deviam ser fisicamente evitados pelos hindus de casta. Não tinham o direito de usar a água de fontes e poços que serviam aos demais e nem sequer a sombra de um "intocável" podia se projetar sobre um hindu de casta. Ao chegar a um povoado, os "intocáveis" deviam anunciar sua presença tocando tambores de alerta.

Há um complexo debate sobre a pertinência ao hinduísmo desses grupos excluídos. Muitos párias, na Índia e no Paquistão, converteram-se ao Islã, ao cristianismo ou ao budismo para contornar o estigma social. Contudo, a maior parte deles permaneceu fiel à religião. Arya Samaj, um movimento de reforma hindu conduzido por Swami Dayananda a partir de 1875, preocupou-se em melhorar a condição social dos "intocáveis" e propôs que se mudasse a denominação dos grupos excluídos para "dalits". O termo hindi significa pária, deserdado ou oprimido. Gandhi, por sua vez, sugeriu denominá-los "harijans", que significa "filhos de Deus", mas o termo jamais se difundiu muito amplamente.

Em princípio, varnas e jatis não têm lugar no ordenamento constitucional da Índia, que é uma República democrática. Promulgada em 1949, a Constituição assegura a todos, no seu preâmbulo, a "igualdade de estatuto e oportunidade".[4] O artigo 14°, da Parte III, relativa aos Direitos Fundamentais, inspirado na 14ª Emenda da Constituição dos EUA, proíbe o Estado de negar a qualquer cidadão a "igual proteção da lei". O artigo 15°, também inscrito no conjunto de provisões de Direitos Fundamentais, proíbe a discriminação legal com base na religião, na casta, no sexo ou no lugar de nascimento. Explicitamente, ele veta qualquer condicionamento ou restrição ao acesso a lojas, restaurantes, hotéis, locais públicos de entretenimento, além do uso de poços, reservatórios de água, balneários, estradas e *resorts* mantidos com dinheiro público. O artigo 17° aboliu a "intocabilidade" e previu a punição legal de qualquer ato discriminatório oriundo dessa noção. A Constituição tinha o nítido propósito de cancelar a discriminação social tradicional.

Entretanto, a ordem constitucional inclui um conceito de coletividade de nascimento que representa a negação do proclamado princípio da igualdade dos cidadãos perante a lei. No artigo 16°, que afirma a igualdade de oportunidade de todos no acesso aos empregos públicos, um parágrafo confere ao Estado o direito de reservar cargos públicos para "qualquer classe retardatária de cidadãos" que não esteja adequadamente representada no funcionalismo. Além disso, crucialmente, diversos artigos constitucionais estabeleceram a reserva de assentos legislativos, nos planos federal, estadual e municipal, às "castas e tribos identificadas".*

Estava aberto o caminho para a introdução das emendas que formam o mais amplo e antigo programa da chamada discriminação positiva do mundo. A Corte Suprema logo foi provocada a se manifestar por uma contestação do sistema de cotas para admissão nas escolas de Medicina do estado de Madras – e invalidou-o, sob o argumento de que feria o princípio da igualdade. O parlamento reagiu ime-

---

* As expressões constitucionais, em inglês, são *scheduled castes* e *scheduled tribes*. Elas derivam da primeira lista (*schedule*) de castas consideradas retardatárias, produzida pelo governo colonial britânico, em 1935.

A restauração das castas

diatamente, votando uma primeira emenda, em 1951. Aquela emenda inseriu no artigo 15° um parágrafo que autoriza o Estado a "fazer qualquer provisão especial para o progresso de qualquer uma das classes social e educacionalmente retardatárias ou para as castas e tribos identificadas". A fórmula, com toda a sua amplitude e ambiguidade, seria reproduzida em outras provisões extraordinárias. Em 1995, pela 77ª Emenda, o artigo 16° ganhou um parágrafo que autoriza a discriminação positiva nas promoções no serviço público. Em 2005, pela 93ª Emenda, inseriu-se um parágrafo ao artigo 15° que autoriza a discriminação positiva na "admissão a instituições educacionais" públicas ou privadas.[5]

Na linguagem constitucional indiana, "castas e tribos identificadas" são os grupos regionais definidos como retardatários pelo presidente, num ato que exige consulta com o governador do estado e está sujeito à confirmação parlamentar. Originalmente, a fórmula funcionou como metáfora para os antigos "intocáveis". Mas, sob o guarda-chuva oferecido pela expressão "outras classes retardatárias", inúmeros grupos regionais passaram a ser beneficiados pelos programas de preferências. Os gujares do Rajastão sabiam, quando iniciaram seu protesto e o fizeram coincidir com as eleições estaduais, que o sistema de discriminação positiva só encontra limites nas conveniências das elites políticas regionais.

Fabricantes de castas

Antes dos britânicos, não havia uma Índia unificada. O Império Mogul, governado por soberanos islâmicos de origem persa, estabeleceu-se na Índia Setentrional, por todo o vale do Ganges, no início do século XVI. O Taj Mahal foi erguido por ordem do imperador Shah Jahan, entre 1630 e 1653. A expansão imperial alcançou seu ápice cerca de meio século mais tarde, quando o poder do imperador Aurangzeb estendia-se pela maior parte da Índia, mas não abrangia o Punjab, os estados do Nordeste e o território dos soberanos Maratas, no Oeste. No século XVIII, o declínio e retração Mogul, sob o impacto das revoltas dos estados hindus, abriu caminho para a colonização britânica.

Os imperadores islâmicos subordinaram os governantes hindus menos por meio da coerção que da colaboração. Depois de bater os reinos rajputs* na Batalha de Khanua, em 1527, o imperador Babur concedeu-lhes ampla autonomia, em troca do pagamento de tributos. Em seguida, os chefes hindus foram cooptados para o Exército e a administração imperiais. As primeiras codificações legais do sistema de

---

* Os rajputs são guerreiros de casta, de linhagem nobre. Durante grande parte da história indiana, governaram pequenos reinos autônomos, resistindo às tentativas de centralização imperial do poder.

283

castas originaram-se naquele período, nos reinos rajputs. Depois, no século XVII, o primeiro imperador marata, Shivaji Bhosale, introduziu os varnas e os jatis na lei. Os códigos bramânicos daqueles estados funcionavam como pilares de uma ordem social fundada no primado dos sacerdotes e dos guerreiros. Mas estavam longe de produzir uma classificação uniforme das castas, o que só se daria com os britânicos.

Como os imperadores moguls, os britânicos aproveitaram-se das rivalidades entre os estados indianos para implantar seu poder. A colonização iniciou-se como empreendimento da Companhia Britânica das Índias Orientais e esbarrou, por um longo tempo, na resistência dos maratas, que controlavam a Índia Central e só foram definitivamente derrotados após três guerras, em 1818. Em 1857, um motim de sepoys, os soldados indianos do Exército colonial, espalhou-se pelo vale do Ganges como um levante geral. A Rebelião Indiana, mesmo derrotada, colocou um ponto final no governo da Companhia. O parlamento estabeleceu o governo direto da Coroa sobre a Índia Britânica, e abriu-se um período de rápida modernização econômica da colônia. No final do século, ferrovias, portos, estradas, pontes, canais e linhas telegráficas propiciavam o intercâmbio de algodão indiano por manufaturas britânicas.

Na Índia, como no resto do Império, os britânicos optaram, no final do século XIX, pelo governo indireto. Por meio de duas reformas, os indianos ganharam o direito de eleger representantes para uma assembleia central e para corpos legislativos provinciais. O eleitorado definido pelas regras de governo indireto abrangia apenas as classes de alta renda, que eram constituídas majoritariamente pelas castas superiores. Bem antes, por recomendação do parlamentar Thomas Macaulay, havia sido introduzido um sistema de ensino inspirado nas escolas públicas britânicas e destinado a formar "uma classe de sangue e cor indianos, mas inglesa em seus gostos, moral, opiniões e intelecto".[6] Ao introduzir as bases do autogoverno, as reformas políticas almejavam difundir a civilização britânica entre os súditos da Coroa e assegurar a lealdade da elite nativa para com o Império.

O fluido sistema ancestral de castas da Índia estruturava-se em bases locais, apresentando marcantes diferenças regionais de nomenclatura e hierarquia. Os códigos bramânicos criados nos reinos rajputs e no estado Marata tinham maior uniformidade, mas alcance geográfico relativamente restrito. Os britânicos, contudo, interpretaram as castas como signos de *status* social e indicadores de potencialidades intelectuais. Na tentativa de obter o apoio das elites regionais, a Companhia Britânica das Índias Orientais distribuiu privilégios para as castas superiores. Mais tarde, os censos introduziram uma classificação uniforme de casta que funciona como fonte oculta do atual registro legal das "castas e tribos identificadas".

Benjamin Disraeli, duas vezes primeiro-ministro britânico, escreveu em *Tancred*, em 1847: "A raça é tudo; não existe outra verdade". Os britânicos não demoraram a aplicar as teorias raciais europeias ao sistema de castas. O primeiro censo geral da Índia foi conduzido em 1872 e já continha um modelo de classificação de castas. Herbert Risely, o supervisor do censo de 1901, explicou o sentimento de orgulho e distinção dos brâmanes como um fruto do fato cientificamente comprovado de que as castas superiores preservaram a pureza da raça ariana na Índia Setentrional.

Casta e raça tornaram-se quase termos intercambiáveis na imaginação britânica sobre a Índia. Em 1871, a administração colonial instituiu a Lei de Tribos Criminosas, pela qual "se o governo local tem razões para crer que qualquer tribo, gangue ou classe de pessoas devota-se a cometer sistematicamente transgressões não afiançáveis, ele deve relatar o caso ao governador-geral e requisitar sua permissão para declarar tal tribo, gangue ou classe como sendo uma tribo criminosa".[7] A ideia subjacente era a de que a criminalidade constituía uma ocupação coletiva e um traço hereditário de determinadas castas ou tribos. A notificação oficial de "tribo criminosa" impunha a todos os integrantes do grupo um registro junto ao magistrado local. No caso de grupos nômades, a notificação era um prelúdio para a compulsória sedentarização, em área definida pelo governo local.

No começo, às indagações censitárias sobre a pertinência de casta, os indianos forneciam uma infinitude de respostas incongruentes, indicando nomes de seitas religiosas, subcastas regionais, localidades de origem, ofícios e ocupações. Os recenseadores, naturalmente, trataram de fabricar modelos classificatórios logicamente consistentes, ainda que irrelevantes do ponto de vista das percepções identitárias dos próprios indianos. Os assessores nativos preferenciais dos censos eram brâmanes – e muitos deles enxergaram na classificação britânica um meio eficiente para assegurar privilégios econômicos a seus grupos de casta. Líderes políticos e religiosos também procuravam consolidar uma base de apoio por meio da classificação censitária. Os registros de castas gerados na Índia britânica refletiam muito mais a conjuntura política na qual foram produzidos do que qualquer tradição religiosa ancestral.

Uma incompreensão fundamental do significado das castas acompanhou toda a experiência colonial britânica. Às vésperas da Segunda Guerra Mundial, o renomado antropólogo T. C. Hodson, de Cambridge, um erudito e um estudioso da Índia, sugeria que classes e castas mantinham relação similar à de famílias e espécies. As castas não eram, originalmente, subdivisões das classes sociais. Entretanto, o Estado tem sempre o poder de transformar equívocos intelectuais em realidades políticas: os métodos classificatórios da administração britânica fizeram com que a hierarquia de castas se parecesse cada vez mais com uma hierarquia de classes.

Censos têm consequências. Após o rescenseamento de 1901, os mahtons do Punjab reivindicaram a sua reclassificação como integrantes da casta rajput, com base em argumentos históricos e de costumes. A reivindicação tinha um nítido sentido prático: a parcela mais influente entre os mahtons queria ter acesso a empregos num regimento do exército colonial que só admitia indivíduos das castas superiores. O evento assinala o início de um processo de demandas coletivas por mudanças no estatuto oficial de castas com o objetivo de obtenção de direitos ou privilégios. Os gujares do Rajastão comportam-se segundo um padrão velho de mais de um século: nos tempos coloniais, buscava-se subir a ladeira classificatória; desde a independência, a meta é retroceder nessa ladeira.

Há registros de resistência à ordem identitária implantada pelos britânicos. Às vésperas do censo de 1931, o movimento Arya Samaj difundiu em Lahore, hoje capital do Punjab paquistanês, um folheto que instruía as pessoas a declararem-se da raça ariana, de casta nenhuma e, previsivelmente, da seita religiosa Arya Samaj. O folheto era um desafio ao censo, pois, além da rejeição da identidade de casta, as denominações de raça e religião que propunha não se encaixavam nos modelos oficiais. Entretanto, a sublevação intelectual daqueles reformadores constituía uma exceção. Na esmagadora maioria dos casos, as contestações limitavam-se a demandas por mudanças nos rótulos de castas, subordinando-se à lógica geral do sistema classificatório.

Os britânicos enxergaram uma Índia estática, envelopada num sistema monolítico e imutável de castas que ordenava a vida cotidiana de todos. Era uma imagem falsa. Na sua complexidade e fluidez, as castas indianas não funcionavam como uma hierarquia geral. Além disso, há evidências de que, com a óbvia exceção dos párias, a casta representava apenas uma das múltiplas identidades nas quais se reconheciam os indianos. Mas o poder colonial conferiu ao sistema um peso e um estatuto novos.

Karl Marx, num artigo escrito em 1853, também interpretou a Índia como uma civilização congelada no tempo. Ele justificou a conquista britânica argumentando que, se o atraso e as divisões da Índia tornavam inevitável a sua subordinação a um poder externo, os britânicos constituíam a melhor alternativa, pois aniquilariam "a velha sociedade asiática" e estabeleceriam "as fundações materiais da sociedade ocidental na Ásia".[8] A missão regeneradora seria cumprida automaticamente, como um fruto dos próprios interesses econômicos da potência europeia: "A indústria moderna, que resulta do sistema de ferrovias, dissolverá as divisões hereditárias do trabalho, sobre as quais repousam as castas indianas, que são obstáculos decisivos para o progresso e o poder da Índia."

De fato, as ferrovias e a indústria encontraram seu caminho até a Índia. Contudo, a modernização impulsionada pela Grã-Bretanha não dissolveu as castas. Pelo contrário: a classificação social uniforme que emanou dos censos coloniais passaria a atormentar a Índia independente, adubando o solo da violência e ameaçando a sua coesão nacional.

As castas e a nação

As lutas de independência da Índia, como em tantas outras colônias, foram conduzidas precisamente pela classe dirigente nativa moldada pela potência europeia. A elite indiana – "inglesa em seus gostos, moral, opiniões e intelecto" – abraçou o nacionalismo, uma ideologia importada da Europa, e passou a exigir a partida dos britânicos. Em grande parte, essa elite era constituída por brâmanes e muitos deles concebiam o sistema de castas como a característica distintiva da sociedade indiana, algo que deveria ser preservado para marcar a separação entre a Índia e o Ocidente.

Gandhi, que não era brâmane, pensava exatamente assim. Em 1917, menos de dois anos depois de retornar da África do Sul, ele escreveu:

> A vasta organização de castas respondeu não apenas aos desejos religiosos da comunidade, mas a suas necessidades políticas. Os habitantes das aldeias administravam seus assuntos internos através do sistema de castas – e por meio dele lidavam com qualquer opressão emanada do poder ou dos poderes governantes. Não se pode negar a uma nação que foi capaz de produzir o sistema de castas seu maravilhoso poder de organização.[9]

Cinco anos mais tarde, no seu jornal *Young India*, voltou a defender o sistema de castas. "Eu estou entre os que não consideram ser a casta uma instituição prejudicial. Originalmente, a casta era um costume sadio e promoveu o bem-estar."[10] Na sequência, ele procurava conciliar a ideia de coesão nacional com as interdições de compartilhar a mesa de refeições e contrair matrimônio com pessoas de castas diferentes. Sobre a alimentação: "[...] Se a humanidade não tivesse, em seu próprio prejuízo, feito do ato de comer um fetiche e um vício, nós realizaríamos tal ato privadamente, assim como realizamos as demais funções fisiológicas vitais." E sobre o matrimônio: "Eu mantenho opiniões muito definidas a respeito de religião e casamento. Quanto maior a contenção que exercitarmos em relação a nossos apetites, seja sobre comer ou casar, melhor nos tornamos do ponto de vista religioso."

Evidentemente, uma noção religiosa de pureza corporal era o fundamento das opiniões de Gandhi. Mas isso não o impedia de considerar alternativas para o abrandamento da hierarquia das castas, uma reforma modernizante que teria o condão de preservar o núcleo do sistema. Ele se fixou na ideia de reduzir as categorias a apenas quatro, os varnas, que considerava expressões de uma ordem natural, amparada no princípio da hereditariedade. A "intocabilidade" lhe parecia uma excrescência aposta ao hinduísmo e devia ser abolida, mas não a ordem social expressa nos varnas. Essa ordem cumpria, do seu ponto de vista, a função útil de impedir a competição, a luta de classes.

Entretanto, as concepções de Gandhi experimentaram uma mudança progressiva desde 1931, quando entrou em contato com Bhimrao Ramji Ambedkar. Figura notável, Ambedkar nascera numa pobre família de "intocáveis" da casta mahar e superara incomensuráveis dificuldades para ingressar na universidade, em Bombaim (hoje, Mumbai), cursando Economia e Ciência Política. Mais tarde, doutorou-se em Direito na Universidade de Columbia e, em 1936, publicou a obra

Uma gota de sangue

A *aniquilação da casta* e fundou o Partido Trabalhista Independente. Na hora de seu encontro pioneiro com o líder hindu, Ambedkar já era um crítico do Congresso Nacional Indiano, que julgava representar unicamente os interesses de uma elite exclusivista, incapaz de defender o fim das distinções de castas.

O primeiro encontro ocorreu em Londres, no quadro de uma mesa de negociações com o poder colonial sobre reformas políticas – e resultou num confronto de princípios. Ambedkar reivindicou e obteve dos britânicos um compromisso de divisão do eleitorado, com a instituição de um corpo eleitoral separado para os "intocáveis". Gandhi não admitia o expediente, que julgava interessar apenas ao poder colonial, pois conduziria à divisão política dos indianos. No ano seguinte, numa prisão não muito longe de Bombaim, ele deflagrou uma "greve de fome até a morte" contra a separação do eleitorado. Temendo a hipótese da morte de Gandhi, o que poderia provocar matanças incontroláveis de párias por hindus de casta, Ambedkar aceitou trocar o compromisso original por uma regra de reserva de cadeiras parlamentares para os "intocáveis". Um documento, denominado Lei de Poona, consagrou o acordo entre os dois líderes e foi depois inscrito na Constituição. Esse acordo é considerado o marco inicial da discriminação positiva na Índia.

Gandhi aprendeu com o confronto e adotou parte das ideias de Ambedkar. Nos seus textos e discursos dos anos 1930, começou a expressar dúvidas sobre a classificação em varnas. De um lado, diagnosticou a perda do significado tradicional dos varnas numa sociedade em que as ocupações herdadas influíam cada vez menos nas carreiras seguidas pelas novas gerações. De outro, rejeitou nitidamente as noções de superioridade e inferioridade associadas à classificação religiosa.

Naqueles anos, a polêmica pública entre Ambedkar e Gandhi evidenciou posições ainda distintas, mas menos contrastantes. O primeiro queria promover uma ampla reforma do hinduísmo, definia as castas como uma abominação e queria a sua completa abolição por um ato político do Estado. O segundo exaltava as virtudes intrínsecas da religião, mas deplorava as injustiças cometidas em nome da casta e sugeria uma extinção gradual das distinções. Na sua visão, não se tratava de legislar a abolição das castas, mas de praticar a igualdade e estimular os jovens a investigarem suas próprias vocações. A "intocabilidade", porém, devia ser extinta pela lei, sem delongas.

Ambedkar dedicou um discurso proferido em 1936 a ironizar a ideia de uma mudança por meio do exemplo. Referindo-se ao que restava da crença do líder hindu na natureza sadia dos varnas, ele lançou-se à ofensiva. Primeiro, enfatizou que os próprios ancestrais de Gandhi, bem como ele mesmo, apesar de vaisas, haviam abandonado o comércio em favor da pregação religiosa e política. Depois, acusou o oponente de sustentar a iníqua ordem tradicional para conservar a sua liderança entre os hindus de casta: "A razão pela qual Mahatma está sempre defendendo a casta e o varna é porque ele teme que, se voltar-se contra eles, perderá o seu lugar

288

na política."[11] Finalmente, concluiu de um modo que excluía qualquer hipótese de conciliação: "[...] minha divergência com os hindus e o hinduísmo não é sobre a imperfeição de suas condutas sociais. É mais fundamental. É sobre os seus ideais".[12]

A evolução do pensamento de Gandhi prosseguiu, levando-o a ceder nas suas antigas convicções. O seu ponto fundamental não era conservar as tradições do hinduísmo, por mais que enxergasse nelas a fonte de uma identidade histórica singular e positiva da Índia. O que ele realmente buscava era um programa capaz de promover a unidade da nação que surgia, afastando o espectro da violência entre hindus e muçulmanos e entre as castas superiores e as inferiores. Aos poucos, Gandhi concluiu que, em nome da supressão da "intocabilidade", seria preciso aceitar o desaparecimento das castas e dos varnas. Mas ele temia a reação das castas superiores a medidas radicais de abolição do sistema como um todo.

Nos EUA, as Leis Jim Crow tinham o objetivo central de impedir uniões interraciais, pois a miscigenação destruiria as fronteiras sociais que conferiam sentido ao mito da raça. O conceito de pureza racial mantém um óbvio paralelismo com o de pureza de casta. Na Índia, a proibição dos casamentos intercastas funcionava como dogma nuclear do edifício de segregação social.

O processo de revisão doutrinária conduzido por Gandhi atingiu sua conclusão quando ele abriu mão daquele dogma. Ambedkar insistia sempre que só a derrubada da interdição desmantelaria de vez as separações sociais. Em 1936, Gandhi declarou que não se opunha às refeições compartilhadas e às uniões intercastas, mas ainda tendia a aceitar a fronteira dos varnas. Anos depois, ofereceu seu apoio a um hindu de casta superior que, afrontando pressões, casou-se com uma dalit. Por fim, pouco antes da independência da Índia, passou a pregar ativamente que hindus de casta se casassem com párias. A sua solução para o problema da casta era que, simbolicamente, todos os indianos se tornassem "intocáveis". Eis o sentido de seu chamado para que cada um limpasse a sua própria latrina. Evidentemente, muitos hindus de casta se escandalizaram com tais ideias.

A declaração de independência deu-se em agosto de 1947. Gandhi morreu em janeiro do ano seguinte, assassinado a tiros em Nova Délhi por um extremista hindu. Nesse meio-tempo, estava em pleno funcionamento a Assembleia Constituinte, instalada a partir de acordo com os britânicos, que daria origem à República da Índia. Gandhi não estava entre os constituintes. O Partido do Congresso foi liderado pelo primeiro-ministro Nehru, que governaria o país por quase duas décadas. Mas o arquiteto da Constituição foi Ambedkar, que ocupava o cargo de ministro da Justiça no governo de Nehru e, na Constituinte, representava a Federação das Castas Identificadas.

O eminente jurista presidiu o Comitê de Redação do esboço constitucional e deu à Índia um texto com 395 artigos, que é a mais extensa Constituição do mundo. A ausência de Gandhi facilitou o acordo entre Ambedkar e a maioria,

Uma gota de sangue

ligada ao Partido do Congresso, para a introdução das cláusulas de discriminação positiva. O modelo empregado pelos constituintes foi a Lei de Poona, que Gandhi aceitara muito a contragosto, como um mal menor.

O compromisso acertado durante a crise política de 1932 representara um triunfo de Ambedkar, pois introduzira a casta na lei. Como vimos, as posições de Gandhi sobre o sistema de castas experimentaram mudanças profundas, mas havia algo permanente em seu pensamento: as castas não deviam ter implicações na esfera política. Em sua perspectiva, a existência da nação dependia crucialmente de que todos os cidadãos compartilhassem uma mesma identidade política, por cima das distinções religiosas e sociais. Nehru, um modernizador pouco atraído pelas tradições hindus, imaginava que as castas eram relíquias do passado e deviam ser abolidas, em nome do princípio da igualdade.

Nas discussões constitucionais, Nehru e seus seguidores do Partido do Congresso não se opuseram à discriminação positiva. De um lado, a maioria desejava livrar-se do estigma de representantes dos interesses dos hindus de casta, uma acusação frequentemente utilizada tanto por Ambedkar quanto pela Liga Muçulmana. De outro, a expectativa dos constituintes era a de que a discriminação positiva funcionaria como expediente transitório e duraria pouco tempo, talvez apenas uma década, extinguindo-se paralelamente à eliminação dos preconceitos sociais contra os dalits. Há indícios convincentes de que o próprio Ambedkar nutria essa mesma expectativa.

Em vida, Ambedkar jamais tornou-se uma figura realmente popular, como foram Gandhi e Nehru. Depois da Constituinte, disputou sem sucesso um cargo parlamentar e acabou obtendo, por nomeação, uma cadeira na alta Câmara do parlamento. Em 1954, converteu-se ao budismo, concluindo seu longo processo de ruptura intelectual com o hinduísmo. Dois anos mais tarde, enquanto se dedicava a pregar a conversão dos dalits ao budismo, morreu vítima de uma diabetes crônica. A morte transformou o reformador social num ícone para os dalits e numa figura reverenciada por toda a Índia. O dia de seu aniversário é um feriado nacional e uma data na qual centenas de milhares de dalits prestam homenagens diante de um memorial em Mumbai.

A Índia celebra seus líderes dedicando-lhes estátuas. Há mais estátuas de Ambedkar no país que de Gandhi e Nehru juntos. Uma grande fotografia oficial de Ambedkar adorna o edifício do parlamento e, segundo se diz, em cada casa dalit há uma pequena foto dele, "uma figura humana gordota e de feições pouco marcadas, com óculos de estudante e vestido com a respeitabilidade semicolonial do paletó e da gravata".[13] Entretanto, o "intocável" que se tornou jurista continua a ser alvo de acesas polêmicas. Inúmeras obras e ensaios históricos o apresentam caricaturalmente como um joguete dos britânicos, na tentativa de desacreditar Gandhi, Nehru e o Partido do Congresso. No extremo oposto do espectro político,

290

Ambedkar é saudado como o "Pai dos Dalits" e sua imagem funciona como fonte de legitimação de incontáveis movimentos que reclamam o estatuto de representantes das castas desfavorecidas.

Um milhão de motins

Os constituintes indianos pensavam numa minoria, contituída pelos antigos "intocáveis" e por algumas tribos muito pobres, quando construíram o edifício da discriminação positiva. Contudo, a expressão "outras classes retardatárias", introduzida pela 1° Emenda, abriu as comportas para demandas incontroláveis, que transformaram a minoria em maioria. As "castas identificadas" representam cerca de 16% da população do país e as "tribos identificadas", algo como 8%. Entretanto, com as expansões dos programas de cotas e reservas, não menos de 52% dos indianos foram incorporados à categoria "outras classes retardatárias", um comboio sociológico no qual sempre pode ser acoplado mais algum grupo.

A Índia é muito grande e diversa. Na parte meridional do país, as elites são numericamente diminutas, expressam um passado de dominação brâmane e confrontam-se quase sem a intermediação de classes médias com uma ampla maioria de pobres, que pertencem geralmente às "castas e tribos identificadas". Na Índia Ocidental Setentrional, especialmente no superpovoado vale do Ganges, o cenário é diferente. Não só inexiste uma identificação histórica entre brâmanes e elites econômicas como as camadas sociais remediadas são numerosas. Essas camadas não podem ser rotuladas como "castas identificadas", mas se ressentem da distância que as separa das elites. A solução encontrada por lideranças que buscam estabelecer clientelas políticas é pressionar pela sua incorporação aos programas preferenciais. Como resultado, configurou-se um padrão de conflitos entre castas que concorrem entre si pelo acesso a cotas e reservas.

Sob Nehru, o governo federal resistiu com sucesso às pressões pela criação de reservas destinadas a "outras classes retardatárias" no Norte e Oeste da Índia, uma recomendação da Primeira Comissão sobre Classes Retardatárias (Comissão Kalelkar). No fim, percebendo que a produção de exceções fugiria a qualquer tipo de controle e geraria cenários conflitivos, o parlamento deu apoio ao primeiro-ministro. Quando Martin Luther King visitou a Índia, em 1961, e elogiou as políticas de preferência do país, apenas os antigos "intocáveis" e um pequeno conjunto de tribos muito pobres se beneficiavam delas. Mas a disputa entre facções no Partido do Congresso que acompanhou a ascensão ao poder de Indira Nehru Gandhi, a filha única do primeiro chefe de governo, detonou as comportas da prudência.

Nehru morreu em 1964 e Indira foi apontada para um posto ministerial. Mas ela não estava disposta a se tornar uma figura meramente simbólica na política

Uma gota de sangue

indiana. Ambiciosa, logo desafiou a liderança partidária e constituiu sua própria facção, que se apresentava como socialista. Como estratégia, introduziu na política interna do partido as dissensões de casta, apoiando-se em lideranças locais das castas inferiores. Em 1966, derrotou na disputa interna o conservador Morarji Desai para se converter na primeira mulher a ocupar a chefia de governo da Índia.

Indira governou durante três mandatos sucessivos, até 1977, e voltou à chefia de governo pela quarta vez, em 1980. Quatro anos depois, foi assassinada por dois de seus guarda-costas, fiéis da religião sikh e simpatizantes do movimento separatista do Punjab.* Na campanha eleitoral para o segundo mandato, em 1971, ela enrolou-se na bandeira do combate à pobreza, comprometeu-se com uma vasta expansão dos programas de preferência e pediu o voto das castas inferiores e dos dalits. Dali em diante, amparada na fórmula constitucional das "outras classes retardatárias", a discriminação positiva avançou celeremente nos estados do Norte e do Oeste. Contudo, a maioria parlamentar do Partido do Congresso continuou a resistir ao uso do expediente em programas federais. Havia, ainda, escrúpulos acerca da confecção de listas gerais, inevitavelmente muito extensas, complexas e controversas, de grupos retardatários.

Do culto a Ambedkar, emanou o mito de que a amplitude atual da discriminação positiva estava inscrita no seu pensamento. Mas, de fato, os agentes da ampliação foram os grandes partidos e as elites políticas indianas, que buscavam estender a sua própria influência social. O segundo mandato de Indira transcorreu em meio a crises institucionais sucessivas e acusações de corrupção. Contra a primeira-ministra, formou-se o Partido Janata, uma heterogênea coalizão que incluía a facção dissidente do Partido do Congresso. O Janata venceu as eleições de 1977, rompendo pela primeira vez a hegemonia do partido controlado pelas famílias Nehru-Gandhi. No poder, a coalizão engajou-se em ganhar o apoio das castas inferiores e prometeu ampliar os programas federais de preferências. Para fazer um diagnóstico e delinear um plano nessa direção, o governo estabeleceu a Segunda Comissão sobre Classes Retardatárias (Comissão Mandal).

O Relatório Mandal foi entregue em 1980, quando o Partido do Congresso já voltara ao poder. Ele criou uma série de critérios sociais, educacionais e econômicos para definir as "outras classes retardatárias" e recomendou a ampliação das cotas

---

* A religião sikh surgiu no Punjab, na transição entre os séculos XV e XVI, a partir dos ensinamentos do guru Nanak Dev. Nanak nasceu numa família hindu, mas a religião que criou expressava uma rejeição das práticas do hinduísmo e do Islã. Ela postula a igualdade entre os seres humanos, homens e mulheres, e denuncia qualquer distinção de casta. O igualitarismo forneceu o suporte para a unidade cultural do Punjab, que hoje está politicamente dividido entre Índia e Paquistão. Os sikhs tornaram-se um povo guerreiro, pronto a defender sua independência contra as ameaças de conquistadores externos.

A restauração das castas

reservadas no serviço público e nas universidades dos originais 22,5% para 49,5%. Na prática, aquilo significava instituir uma profusão de grupos retardatários no Norte e no Oeste indianos. Durante uma década, sob os governos de Indira e de seu filho Rajiv Gandhi, o relatório dormiu numa gaveta. O Partido do Congresso prometia aplicá-lo para conservar sua influência entre as castas inferiores, mas não o implantava de fato a fim de não antagonizar as classes médias que também participavam de suas bases eleitorais.

Vishwanath Pratap Singh entrou na cena política indiana pelo portal do partido da família Nehru-Gandhi e tornou-se ministro das Finanças no gabinete de Rajiv. Mas, pouco depois, rompeu com o governo e organizou a Frente Nacional, uma coalizão oposicionista reminiscente do então arruinado Janata. Singh venceu as eleições de 1989 e, entre suas promessas de campanha, estava a implementação do Relatório Mandal. O primeiro ensaio de aplicação das novas regras desmoronou contra uma onda de manifestações de protestos nas universidades, que alcançaram o ápice quando Rajiv Goswami, um estudante da Universidade de Délhi, tentou uma autoimolação. Mas Singh não desistiu e, em 1993, as "outras classes retardatárias" ganharam seus privilégios na moldura de uma política de discriminação positiva em plena expansão. A nova iniciativa federal representou um estímulo para os governos estaduais, que aumentaram as suas próprias reservas.

Desde o início, em nome do princípio constitucional da igualdade, a Corte Suprema tentou limitar o alcance da política de discriminação positiva. Confrontados com sucessivos atos parlamentares de alterações na Constituição com a finalidade de consolidar e ampliar os programas preferenciais, os juízes impuseram um limite de 50% para as cotas. A Comissão Mandal operou no interior desse largo limite, mas os governos estaduais e municipais acostumaram-se a violá-lo, o que provoca frequentes contestações judiciais. O estado meridional de Tamil Nadu, que é um exemplo extremo, mantém programas de cotas que reservam nada menos de 69% do total de vagas para o conjunto das "castas e tribos identificadas" e das "outras classes retardatárias".

Os mentores da discriminação positiva indiana pensaram-na como um remédio temporário e criaram uma regra de revisão em intervalos de cinco anos. Mas a política de preferências adquiriu dinâmica própria, convertendo-se em um instrumento eleitoral manipulado por grandes e pequenos partidos nas esferas federal, estadual e local. As revisões quinquenais nunca foram feitas e, ritualmente, o parlamento e o governo estenderam a vigência dos programas por novos períodos.

Ninguém se entende na Índia sobre a demografia das "classes retardatárias". A Comissão Mandal, utilizando dados anacrônicos do censo colonial de 1930, estimou-as em 52% do total. No final da década de 1990, uma pesquisa nacional por amostragem gerou o valor de 32%. Os censos federais e as pesquisas conduzidas

293

Uma gota de sangue

por governos estaduais e locais sofrem um bombardeio de acusações de fabricação estatística de "classes retardatárias". Por outro lado, há abundantes evidências de uma dupla tendência, que é também um paradoxo: enquanto as castas perdem relevância na vida econômica e social, elas se tornam cada vez mais importantes na esfera política.

As distinções de casta seguem fortes no meio rural, mas são pouco visíveis no cotidiano das grandes cidades. Abaixo da superfície, elas persistem no campo minado dos matrimônios. Os jornais de Délhi trazem anúncios de procura por esposas que, quase sempre, incluem a observação "SNSC", bem conhecida como iniciais de "*sorry, no scheduled castes*". Mesmo assim, a endogamia de casta é uma prática em lento declínio, ao menos nas cidades. Uma pesquisa realizada em 2007 no oeste do estado gangético de Uttar Pradesh, o mais populoso da Índia, revelou uma tendência notável: a parcela de chefes de família dalits ocupados na extração e comercialização de peles de animais reduziu-se de cerca de três quartos do total, em 1990, para menos de 1%. O abandono do ofício tradicionalmente associado aos "intocáveis", derivado do aumento da renda das camadas mais pobres do meio rural, é um indício entre muitos outros de uma modernização que avança desigualmente em todo o país.

Logo que retornou dos EUA, onde obtivera seu doutorado, Ambedkar foi convidado a se retirar do hotel indiano no qual se hospedara assim que a administração informou-se sobre suas origens de casta. Coisas assim não mais ocorrem na Índia, em virtude inclusive da abolição constitucional da "intocabilidade". Mas a violência de casta está em alta. Nos pequenos povoados, romances entre hindus de casta e dalits muitas vezes deflagram reações violentas e terminam em tragédia. Além disso, escolas cristãs que recebem dalits são alvos de ataques, geralmente atribuídos ao Sangh Parivar (Família Unida). O grupo organizado em torno da hindutva, a doutrina do ultranacionalismo hindu, ocupa um lugar periférico na política da Índia, mas exerce influência sobre os setores mais militantes do Bharatiya Janata Party (BJP), que é o polo da oposição ao Partido do Congresso.

Os ataques não constituem um fenômeno geral, mas estão longe de representar meras exceções. Segundo dados oficiais, o número de atos violentos anuais contra os dalits ficou sempre acima de 13 mil na década de 1980 e saltou para mais de 20 mil na década seguinte. O Instituto para Controle de Conflitos, uma entidade de estudos de Délhi, registrou 27 mil "crimes de casta" contra dalits em 2007. Em muitos lugares, os antigos "intocáveis" são vítimas passivas das atrocidades e humilhações, em virtude de sua dependência dos empregos oferecidos pelos hindus de casta. Mas, cada vez mais, gangues de jovens dalits reagem aos ataques ou promovem atrocidades imotivadas, produzindo espirais de violências entre castas.

Há fortes indícios de que a discriminação positiva desempenha um papel nessas violências:

A restauração das castas

Embora tenha existido pouca crítica pública da ação afirmativa na Índia antes dos anos 1970, as críticas tornaram-se muito mais audíveis com o tempo, ao mesmo tempo em que ocorria uma escalada de violência. Um estudo de 1997 concluiu que "o sistema de cotas eliminou qualquer boa vontade que as castas superiores nutrissem pelas inferiores", em parte devido a "uma generalizada superestimação da quantidade e eficácia" das políticas de preferências.[14]

A discriminação positiva é um fracasso em seus próprios termos. Desde que ela foi criada, em nenhum ano as cotas reservadas para "castas e tribos identificadas" foram preenchidas nem no serviço público, nem nas universidades, como decorrência da pobreza que flagela a imensa maioria desses grupos. Os programas de preferências beneficiam apenas estimados 6% das famílias dalits, que compõem quase invariavelmente as classes médias. A constatação provocou intensos debates e propostas destinadas a excluir das reservas a "nata", na expressão corriqueira entre os indianos para fazer referência aos setores de classe média das castas inferiores. Algumas medidas recentes adotadas nessa direção geraram acirrada oposição política e manifestações de protesto nas ruas.

Seis décadas depois da deflagração da discriminação positiva, as antigas desigualdades sociais e econômicas entre castas não se modificaram estruturalmente. A Índia, de modo geral, tornou-se menos pobre e todas as classes sociais melhoraram seus padrões de vida, mas não se reduziu a distância entre as classes médias e a massa da população. O diagnóstico, que representa uma visão consensual entre as correntes políticas do país, não se desdobra em nenhum tipo de acordo sobre soluções. Os programas de preferências converteram-se, há tempos, em instrumento de conquista de clientelas eleitorais manipulado pelos partidos nacionais e regionais. Em virtude da rede de interesses constituída em torno deles, toma-se o fracasso da discriminação positiva como argumento para a sua extensão e ampliação.

Na elite política indiana, as divergências concentram-se nas estratégias de reprodução da discriminação positiva. O Partido do Congresso assenta-se sobre os herdeiros da família Nehru-Gandhi, por cima, e uma vasta coleção de alianças regionais, por baixo. Coerentemente com seus interesses, ele defende a ampliação das reservas para as "outras classes retardatárias". O BJP, por sua vez, ergue-se sobre os ombros das castas superiores da Índia Setentrional e encontra forte apoio nas classes médias emergentes de todo o país. As suas propostas apontam para a criação, entre as camadas pobres das castas superiores, de novos grupos de beneficiários das reservas.

Nada disso significa que a discriminação positiva expressa um consenso social. Em 2006, com a passagem da 93ª Emenda constitucional, o governo anunciou a aplicação do sistema de cotas para as "outras classes retardatárias" em instituições privadas de ensino superior e, mais tarde, nas empresas privadas em geral. O avanço dos programas preferenciais gerou manifestações de protesto entre estudantes de

Uma gota de sangue

Engenharia e Medicina e médicos residentes em todo o país. Os manifestantes constituíram a Jovens pela Igualdade, uma organização destinada a combater as políticas fundamentadas na casta. Entretanto, apesar da amplitude do descontentamento, os principais partidos declararam sua fidelidade ao dogma indiano da discriminação positiva.

Ao contrário do que imaginaram tanto Marx quanto os líderes da independência da Índia, o sistema de castas está mais vivo do que nunca. Conforme Shashi Tharoor, autor de uma biografia essencial de Nehru:

> No tempo de meus avôs, a casta governava suas vidas: eles comiam, socializavam, casavam, viviam de acordo com as regras de casta. No tempo de meus pais, durante o movimento nacionalista, eles foram encorajados por Gandhi e Nehru a rejeitar a casta; nós renunciamos a nossos sobrenomes de casta e declaramos a casta uma desgraça social. Como resultado, quando cresci, eu não prestava atenção na casta; era algo irrelevante na escola, no trabalho, em meus contatos sociais; a última coisa na qual eu pensava era a casta de alguém com quem me encontrava. Agora, na geração de meus filhos, a roda completou um círculo inteiro. Casta é tudo, novamente. A casta determina suas oportunidades, perspectivas e promoções. Você não pode ir para a frente a não ser que seja "retardatário".[15]

A Constituição da Independência, que aboliu formalmente a "intocabilidade", acabou tatuando a casta no corpo da nação indiana. Contrariando os sonhos de unidade acalentados por Gandhi e Nehru, os partidos nacionais falam para bases regionais definidas segundo fronteiras de casta e, nos estados, proliferam as correntes políticas que reivindicam uma representação de casta. Em Uttar Pradesh, um dos berços principais do nacionalismo indiano e das lutas anticoloniais, deitam raízes fortes partidos de casta. Em 2007, a maioria parlamentar liderada pelo Partido do Congresso, que sustentava o primeiro-ministro Manmohan Singh, foi salva pela adesão do Samajwadi Party (SP), cujo eleitorado concentra-se entre as chamadas "outras classes retardatárias" de Uttar Pradesh. No mesmo ano, o Bahujan Samaj Party (BSP), um partido dalit, venceu as eleições estaduais e começou a formar alianças em outros estados em torno do projeto de conduzir sua líder, a autocrática professora Kumari Mayawati, à chefia do governo federal.

Os gujares constituem cerca de 7% da população do Rajastão. Na sua luta por um rebaixamento na classificação de casta, os manifestantes gujares não se chocaram apenas com a polícia do estado, mas também com integrantes da casta meena, com a qual se identificam cerca de 12% dos habitantes do estado. Antes do acordo com os gujares, os meenas ocupavam sozinhos a almejada posição inferior na pirâmide de castas do Rajastão. Em junho de 2007, cerca de cinquenta mil meenas, armados com facas e espadas, concentraram-se na cidade de Peepal Khera

296

aos gritos de "nenhuma cota para os gujares". A polícia impediu a programada passeata, pois uma semana antes confrontos entre as duas comunidades haviam deixado 25 mortos. De fato, "casta é tudo novamente" numa Índia que não parece capaz de honrar o princípio da igualdade proclamado na hora da independência.

Notas

[1] CHU, Henry "In India, one ethnic group fights to be lower on the social ladder". *Los Angeles Times*, 8 jun. 2008. Disponível em: <http://articles.latimes.com/2008/jun/08/world/fg-caste8>. Acesso em: 10 jun. 2009.

[2] PAZ, Octavio. *Vislumbres da Índia*. São Paulo, Mandarim, 1996, p. 62.

[3] PAZ, Octavio. Op. cit., p. 63.

[4] MINISTRY OF LAW AND JUSTICE. "The Constitution of India". Disponível em: <http://lawmin.nic.in/coi/coia-son29july08.pdf>. Acesso em: 10 jun. 2009.

[5] Constitution of India. Disponível em: <http://indiacode.nic.in/coiweb/welcome.html>. Acesso em: 22 jun. 2009.

[6] PAZ, Octavio. Op. cit., p. 102.

[7] PICKERING AND CHATTO PUBLISHERS. "Criminal Tribes Act, 1871. Act XXVII". British Library, Oriental and India Office Collections, shelfmark V/8/42. Disponível em: <http://www.pickeringchatto.com/major_works/britain_in_india_1765_1905>. Acesso em: 10 jun. 2009.

[8] MARX, Karl. "The future results of British rule in India". *Marxist Internet Archive*. Disponível em: <http://www.marxists.org/archive/marx/works/1853/07/22.htm>. Acesso em: 10 jun. 2009.

[9] GANDHI, Mahatma. *Third class in Indian railways*. Gandhi Publications League, Bhadarkali/Lahore, 1917. Disponível em: <http://www.gutenberg.org/etext/24461>. Acesso em: 12 jun. 2009.

[10] GANDHI, Mahatma. *Freedom's battle*. IndyPublish.com, 1922. Disponível em: <http://www.gutenberg.org/etext/10366>. Acesso em: 12 jun. 2009.

[11] AMBEDKAR, B. R. *Dr. Babasaheb Ambedka, writings and speeches*. Bombaim, Education Dept., Govt. of Maharashtra, 1979, v. I, p. 91.

[12] AMBEDKAR, B. R. Op. cit., p. 92.

[13] NAIPAUL, V. S. *Índia: um milhão de motins agora*. São Paulo, Companhia das Letras, 1997, p. 9.

[14] SOWELL, Thomas. *Affirmative action around the world: an empirical study*. New Haven/Londres, Yale University Press, 2004, p. 26-27.

[15] THAROOR, Shashi. *Nehru: the invention of India*. Nova York, Arcade Publishing, 2003, p. 238.

Os "filhos do solo"

Treze de maio de 1969 é uma data inesquecível, e trágica, na história da Malásia. Naquele dia, em Kuala Lumpur, ativistas da Organização Nacional Unificada dos Malaios (UMNO), o maior partido da coalizão governista, agrupavam-se para uma parada comemorativa de seu alegado triunfo nas eleições gerais de 10 de maio quando circularam boatos de que companheiros a caminho da manifestação teriam sofrido agressões de chineses étnicos. Na véspera, milhares de ativistas do oposicionista Partido de Ação Democrática (DAP), cujas bases concentram-se principalmente na comunidade de chineses étnicos, haviam realizado uma parada de celebração de sua própria alegada vitória eleitoral – e, desviando-se da rota prevista, tinham circulado por bairros malaios e insultado seus habitantes. Numa atmosfera elétrica, contaminada pelo desejo de revanche, os boatos deflagraram um motim racial incontrolável. A violência tomou a capital e seus arredores. Lojas, residências e automóveis de chineses foram incendiados. No fim, mais de 150 pessoas morreram e cerca de 6 mil perderam suas casas. A Malásia nunca mais seria a mesma.

"Em 1969, um bumiputera podia queimar um carro ou uma loja com a certeza de que seu proprietário era um chinês. Hoje, há uma probabilidade razoável de que um grande carro ou loja pertençam a um bumiputera."[1] Na língua malaia,

Uma gota de sangue

bumiputera significa "filho do solo", uma categoria quase oficial que abrange malaios e outros nativos da península malaia e das ilhas de Java, Sulawesi, Sumatra e Borneo. A frase é de um alto assessor do governo da Malásia, em defesa da política oficial de preferências para os "filhos do solo".

O termo "malaio" tem diversos sentidos distintos. De um ponto de vista linguístico, designa a população que fala o bahasa melayu, fonte das línguas nacionais da Malásia e da Indonésia, mas também de dialetos falados nos portos e mares dos arquipélagos do sudeste asiático. De um ponto de vista político, os malaios foram fabricados pelos censos coloniais britânicos do final do século XIX. Aqueles censos cumpriam, entre outras, a função de consolidar a separação entre a Malásia britânica e a Indonésia holandesa. A existência dos malaios, como povo nitidamente delimitado, respondia a uma óbvia necessidade geopolítica da Grã-Bretanha. Mas o conceito de bumiputeras deriva de um terceiro sentido do termo "malaio", que tem raízes no pensamento racial.

O inefável Johann Blumenbach, pioneiro classificador "científico" de raças, encontrou em 1775 os quatro grandes grupos que ainda reverberam na imaginação racista: brancos, amarelos, negros e vermelhos. Duas décadas mais tarde, ele agregou a raça malaia (marrom), que incluiria não só os habitantes da península da Malásia, mas também dos arquipélagos da Indonésia, Filipinas, Sonda, Polinésia, Melanésia e Micronésia. Os malaios, pensava, ocupariam um lugar intermediário, transicional, entre a raça "primária", branca, e a "degenerada", negra. A tese de Blumenbach ganharia o estatuto de princípio da política colonial britânica no sudeste asiático.

Benjamin Raffles, um capitão de navio engajado no tráfico de escravos no Caribe, morreu em 1795. Quatorze anos antes, a bordo de um navio, ao largo da Jamaica, nasceu seu filho Thomas Stamford. O jovem logo conseguiu um emprego na Companhia Britânica das Índias Orientais e iniciou uma carreira de sucesso que o levaria a ocupar altos postos na administração colonial nos arquipélagos da Indonésia e da Malásia. Na conjuntura das Guerras Napoleônicas, supervisionou a captura da Indonésia holandesa e, antes do retorno da colônia à soberania da Holanda, proibiu o tráfico de escravos. Mais tarde, retornou à região como governador-geral das possessões britânicas e, em 1819, fundou nas ilhas do extremo sul da península malaia o posto que deu origem a Cingapura.

Thomas Raffles moldou o pensamento oficial britânico com base no conceito de raça malaia, um conjunto nucleado pelos falantes do bahasa melayu, mas que se estenderia genericamente pelas populações dos arquipélagos do sudeste asiático. O governador colonial tinha seus motivos práticos para sustentar essa tese. Ele sonhava perpetuar o domínio britânico sobre toda a região, mesmo depois da derrota francesa nas Guerras Napoleônicas e da restauração da independência da Holanda. A suposta unidade racial dos habitantes dos arquipélagos funcionava como argumento contrário à divisão daqueles territórios entre britânicos e holandeses.

Os "filhos do solo"

A identidade racial malaia foi construída, em larga medida, sobre um alicerce religioso. O Islã difundiu-se no sudeste asiático a partir do início do século XV, com a fundação do sultanato de Málaca, que desempenhou o papel estratégico de elo entre as Molucas, as célebres "ilhas das especiarias", e o mercado consumidor europeu. Os primeiros censos coloniais britânicos classificavam as pessoas sobretudo em categorias religiosas. Com o tempo, tais categorias desapareceram ou passaram a ser utilizadas como sinônimos de categorias raciais – e "muçulmano" tornou-se o equivalente de "malaio". Sob o sistema de governo indireto, o método contribuiu para consolidar o poder das autoridades locais islâmicas. "Aqueles que o regime enxergava como pertencentes à série *Malaios* eram empurrados para os tribunais dos 'seus' sultões castrados, que eram substancialmente administrados de acordo com a lei islâmica."[2]

A Constituição da Malásia independente, de 1957, proclama o Islã a religião oficial do Estado e, apesar de assegurar o direito à crença, prevê no artigo 11° que a lei deve restringir "a propagação de qualquer doutrina ou crença religiosa entre pessoas que professam a religião muçulmana".[3] Além disso, crucialmente, o artigo 160° estabelece a equivalência entre "malaio" e "muçulmano". No artigo, consagrado a definir uma série de termos, "malaio" é o cidadão da Malásia, descendente de uma família domiciliada na Malásia ou em Cingapura antes da independência, "que professa a religião muçulmana, fala habitualmente a língua malaia e age de acordo com os costumes malaios".

Trata-se de uma definição racial, composta por um elemento "natural" e um elemento cultural. O primeiro é a noção do "sangue malaio": só será malaio aquele que tiver ancestrais nascidos na Malásia. O segundo é a fé islâmica: apenas muçulmanos podem ser malaios. A definição tem repercussões decisivas. De acordo com ela, a renúncia ao Islã extirpa de um cidadão a identidade legal malaia. Inversamente, a conversão ao Islã propicia a um cidadão não malaio da Malásia adquirir a identidade legal malaia. Na linguagem malaia, o ato de conversão religiosa faz com que a pessoa "se torne um malaio" (*masuk melayu*).

O artigo 153° da Constituição atribui ao rei da Malásia a responsabilidade de "resguardar a posição especial dos malaios e nativos dos estados de Sabah e Sarawak e os interesses legítimos de outras comunidades". A palavra bumiputera não aparece explicitamente no texto constitucional, mas seu significado fica implícito nesse artigo, que é uma proclamação da desigualdade perante a lei. Na imaginação oficial do Estado malaio, os bumiputeras ocupam o lugar da "raça malaia". Nessa perspectiva, os malaios são figurados como um núcleo racial e os demais "nativos", como a orla da raça. A falta de uma precisa definição sobre os limites do conjunto dos "filhos do solo" provoca acesas polêmicas. A minoria indiana, majoritariamente de origem tamil, pode ou não ser incluída entre os bumiputeras. O mesmo ocorre com alguns grupos étnicos nativos da península malaia. De qualquer forma, chineses étnicos estão absolutamente excluídos desse conjunto emanado da imaginação racial.

O conceito de raça malaia, pensado originalmente por Blumenbach e consolidado pela política colonial britânica, converteu-se, primeiro, no pilar constitucional da Malásia independente e, depois, na fonte legal de um programa de ação afirmativa que abrange quase todos os aspectos da vida social no país. O Estado racial malaio separa os cidadãos em dois grupos: os nacionais legítimos, "filhos do solo", e os nacionais ilegítimos, no fundo considerados estrangeiros em virtude de sua língua e religião. O primeiro grupo constitui um pouco menos de 60% da população atual da Malásia e beneficia-se de inúmeros privilégios econômicos e educacionais. O segundo, composto basicamente pelas minorias étnicas chinesa (quase um terço do total) e indiana (em torno de 10%), forma um camada de cidadãos de segunda classe.

Supremacia malaia

Chineses começaram a se estabelecer nos territórios da futura Malásia no início do século XIX. Como em outros lugares do sudeste asiático, a colonização europeia impulsionou o fluxo imigratório de chineses, que supriam a demanda de trabalhadores nas plantações exportadoras de borracha. A imigração indiana, por sua vez, forneceu a mão de obra para as minas de estanho. Poucos nativos sujeitaram-se aos trabalhos pesados nesses setores econômicos conectados ao mercado europeu.

A demografia da Malásia foi moldada largamente pela imigração nos tempos coloniais. Sob o influxo da expansão das plantações de borracha, os chineses étnicos saltaram de cerca de cem mil, em 1881, para mais de um milhão na década de 1930. No início da Segunda Guerra Mundial, os chineses étnicos já eram mais numerosos que os malaios na Malásia britânica, embora o crescimento vegetativo dos nativos fosse muito superior ao dos imigrantes e seus descendentes. Em virtude das diferenças culturais e religiosas, bem como da distinta inserção na economia, as uniões interétnicas eram bastante incomuns. Isso contribuiu para perenizar as linhas de separação entre malaios muçulmanos, chineses e indianos. Quando a Malásia se tornou independente, a vida política organizou-se sobre a base das identidades étnicas.

A política britânica sempre favoreceu os nativos, que eram vistos como parceiros secundários no empreendimento colonial. A administração britânica oferecia educação gratuita para filhos de malaios, mas não para os imigrantes e seus descendentes. Os malaios tinham direito à propriedade da terra, algo que era bastante restringido para chineses e indianos étnicos. No recrutamento de funcionários públicos, os malaios tinham preferência sobre os demais. Mesmo assim, a comunidade chinesa progrediu muito mais rapidamente que os malaios.

Desde o final do século XIX, chineses étnicos criaram pequenos estabelecimentos comerciais e converteram-se em proprietários de minas de estanho. Entre 1911 e 1930, a parcela de chineses empregados no setor agrícola e na mineração

Os "filhos do solo"

reduziu-se de quase metade para apenas 11%. Em 1920, dois terços do estanho da Malásia eram extraídos em minas controladas por chineses.[4] Na comunidade chinesa, apesar da falta de acesso a escolas públicas, as taxas de alfabetização sempre superaram as dos malaios e uma parcela muito superior de jovens chineses prosseguiam os estudos até a universidade. Com o tempo, os cargos especializados do funcionalismo colonial passaram a ser ocupados por chineses étnicos, em virtude da carência de profissionais malaios qualificados. Partindo de uma posição inferior na escala social, os chineses formaram uma ampla e dinâmica classe média.

O compromisso que resultou na independência (*merdeka*, em malaio) representou, em grande medida, uma reação à ascensão econômica dos chineses. A supremacia malaia foi consagrada quando a Comissão Reid, uma comissão autônoma de especialistas criada pelos britânicos, produziu o esboço do texto constitucional. O princípio da supremacia malaia era o pilar central daquele compromisso entre a administração britânica e a elite política nativa. O argumento subjacente para sustentar a posição especial dos malaios era que a imigração chinesa estava associada ao colonialismo e, portanto, que a permanência dos chineses étnicos no país não resultava de um direito, mas de um privilégio concedido pelos "filhos do solo". O raciocínio erguia-se sobre uma narrativa histórica cuidadosamente montada para ocultar a presença de chineses étnicos na península malaia e nos arquipélagos do sudeste asiático bem antes do início da dominação britânica.

Os partidos políticos surgiram como expressão do moderado anticolonialismo das elites étnicas. A UMNO nasceu em 1946, pouco depois da retirada japonesa, ajudou os britânicos a derrotarem uma insurgência comunista e articulou pacificamente o processo de independência. A Associação dos Chineses da Malásia (MCA) foi criada em 1949 pelo Kuomintang chinês como contraponto ao Partido Comunista Malaio, que se inspirava no comunismo chinês. O Congresso Indiano da Malásia (MIC) surgiu junto com a UMNO, sob a inspiração do nacionalismo indiano de Gandhi e Nehru.

Os três partidos tradicionais formaram um condomínio político, apropriadamente denominado Partido da Aliança (hoje, Frente Nacional), que governa o país desde a independência e sempre assegura a eleição de malaios étnicos para a chefia de governo. Em troca da supremacia política malaia, cujo fiador é a UMNO, os partidos menores da coalizão obtiveram uma parcela do poder político e a garantia de liberdade econômica para as suas comunidades étnicas. Fora da aliança governista, encontram-se partidos menores, também cortados sobre linhas étnicas, que procuram conseguir vantagens para suas bases eleitorais, mas nunca abalaram os alicerces do "contrato social" da Malásia.

A história da Malásia entrelaça-se, pelo fio da supremacia malaia, à de Cingapura. A Grã-Bretanha reteve o domínio sobre Cingapura quando concedeu a independência à Malásia. Em 1959, a cidade-Estado adquiriu autonomia política e o governo ficou com o Partido de Ação Popular (PAP), que fala em nome da esmagadora maioria

303

de chineses étnicos. Em 1962, em referendo, os habitantes de Cingapura optaram pela fusão com a federação da Malásia e, em seguida, foi proclamada unilateralmente a independência. Na hora da fusão, a Constituição Federal recebeu uma emenda estendendo aos demais nativos a posição especial conferida aos malaios. A mudança constitucional, que incorporou à lei a noção de bumiputeras, tinha o sentido de reconstituir uma maioria demográfica perdida pelo ingresso dos chineses de Cingapura.

A fusão tinha tudo para dar errado. O primeiro-ministro de Cingapura, Lee Kuan Yew, que também era deputado no parlamento federal, juntou seu PAP a outros partidos e correntes políticas numa campanha por por direitos iguais para todos os cidadãos do Estado federal. "Malásia malasiana" era a expressão política do princípio do direito da terra, por oposição ao direito do sangue, consagrado na Constituição e na noção hegemônica de uma "Malásia malaia". Em 1963, numa sessão parlamentar, Lee contestou, diretamente, o intocável artigo 153º. Ele disse, acuradamente, que a presença dos malaios na Malásia não tinha mais de sete séculos e que cerca de um terço dos malaios era de imigrantes recentes. Não sem sarcasmo, registrou que o próprio secretário-geral da UMNO, um convicto porta-bandeira da supremacia malaia, transferira-se já adulto da Indonésia para a Malásia, às vésperas da Segunda Guerra Mundial.

Lee foi adiante, criticou a natureza étnica do sistema político da Malásia e ousou afirmar que os interesses dos trabalhadores malaios não se distinguiam daqueles dos trabalhadores chineses. A controvéria logo se transformou numa crise entre o PAP e a UMNO. Altos dirigentes da UMNO qualificaram Lee como um extremista ou um demagogo. Rompendo um acordo tácito firmado no momento da fusão, o partido malaio deu apoio à oposição nas eleições de Cingapura. No sentido inverso, o PAP criou uma seção na Malásia e apresentou candidatos nas eleições federais de 1964.

O conflito partidário logo degradou-se em sangrentos confrontos entre manifestantes chineses e malaios em Cingapura. Diante disso, o moderado primeiro-ministro da Malásia, Abdul Rahman, solicitou a Lee um acordo de reversão da fusão. No ano seguinte, para desgosto do líder de Cingapura, a união foi desfeita. Como fruto da união fracassada, deitou raízes na Malásia o DAP, partido formado a partir da antiga seção do PAP. O DAP é um elemento de distúrbio no sistema político da Malásia, pois conserva a bandeira da igualdade de direitos e, embora concorrendo com o MCA pelos votos da comunidade chinesa, rejeita a norma étnica que comanda a política oficial do país.

As eleições de 1969 representaram um sucesso maiúsculo para a oposição e o auge da campanha por uma "Malásia malasiana". A coalizão governista venceu por margem estreita e o DAP firmou-se como eixo de contestação do princípio da supremacia malaia. A reação da UMNO e dos partidos coligados foi implementar um amplo programa de privilégios para os bumiputeras. A Nova Política Econômica (NEP), como batizou-se tal programa, converteu o princípio constitucional num pretexto para a aplicação das mais variadas e abrangentes medidas racialistas.

Os "filhos do solo"

Um nacionalismo racial

Quando o parlamento da Malásia voltou a se reunir, após os distúrbios de 13 de maio de 1969, a coalizão governista revisou a Lei de Sedição de 1948, instituída pelos britânicos, e proibiu a crítica ao princípio da supremacia malaia. A lei original criminalizava atos e palavras de contestação ao regime colonial. Na versão emendada, ela incorporou à definição de sedição a contestação de "qualquer tema, direito, *status*, posição, privilégio soberania ou prerrogativa estabelecidos ou protegidos pelas provisões da parte III da Constituição Federal ou pelos artigos 152°, 153° ou 181° da Constituição Federal".[5] O dispositivo legal, que colide com as normas internacionais de respeito à liberdade de expressão, colocou sob ameaça permanente o DAP e outras correntes políticas oposicionistas.

Abdul Rahman, o Tunku, um título nobiliárquico malaio, governou a Malásia por 13 anos, desde a independência, à frente da ala moderada da UMNO. Os distúrbios de 1969 alteraram o equilíbrio interno no partido dirigente e uma ala nacionalista radical, liderada por Abdul Razak, assumiu o controle partidário. Rahman foi afastado da chefia de governo e Razak impôs o Estado de Emergência, governando por decreto durante mais de um ano, até assumir o cargo de primeiro-ministro. Em 1971, ele lançou a NEP e, dois anos depois, substituiu o Partido da Aliança pela Frente Nacional num esforço de ampliação das bases sociais da coalizão governista.

Razak liderava a ala renovadora da UMNO desde a separação de Cingapura. Na sua visão, a Malásia só alcançaria a estabilidade por meio da consolidação de uma elite dirigente comprometida com a meta da Ketahanan Nasional ("força nacional"). Essa elite devia se organizar em torno do princípio da supremacia malaia, mas não seria constituída apenas por "malaios puros". Ela precisava incluir jovens mestiços e bumiputeras em geral, refletindo uma maioria social não chinesa.

A Política Nacional de Cultura, estabelecida em 1971, buscava a assimilação cultural dos nativos não malaios pelos "malaios puros". As suas diretivas, expostas num programa oficial, definem a cultura da Malásia como um fruto do encontro das culturas nativas dos arquipélagos do sudeste asiático com o Islã e como um conjunto flexível, capaz de incorporar elementos de outras culturas. De acordo com tal definição, os chineses étnicos são encarados pelo Estado como "estrangeiros culturais" no país. A contrapartida econômica da Política Nacional de Cultura era a NEP, que se destinava a transferir riquezas para a nova classe dirigente.

Richard Nixon pronunciou em 1968 seu discurso sobre o *black capitalism* e, nos três anos seguintes, emitiu as ordens executivas que buscavam colocar a ideia em prática. A NEP da Malásia obedecia ao paradigma criado pelo presidente americano, com a diferença de que se destinava a fabricar uma elite da raça majoritária. O objetivo central era aumentar a participação dos bumiputeras na propriedade das empresas de 2,4% para 30%, ao longo de duas décadas. A tese subjacente dizia

305

que essa meta poderia ser atingida sem reduzir a riqueza dos chineses étnicos, por meio da aceleração do crescimento do PIB. O suprematismo malaio delineava o horizonte de uma revolução pacífica e valorizava a estabilidade social.

O principal instrumento redistributivo da NEP era a exigência de que, nas ofertas públicas de ações, as empresas reservassem 30% das ações para investidores bumiputeras. Uma provisão complementar estabelecia a obrigação de lançamento de novas ações com cláusula de reserva racial sempre que acionistas bumiputeras vendessem suas ações. Segundo a maior parte das estatísticas, os bumiputeras chegaram a controlar mais de 20% do mercado acionário na década de 1990, mas sua participação decresceu um pouco no decênio seguinte. Entretanto, a participação acionária dos chineses também ampliou-se durante a NEP, às expensas da posição dos investidores estrangeiros.

Junto com a criação de uma elite empresarial de "filhos do solo", a NEP traçou a meta de fabricar uma elite intelectual e profissional bumiputera, por meio da concessão de preferências raciais no acesso ao ensino superior. De um lado, a língua malaia foi transformada em idioma único no ensino básico e médio. Chineses e indianos étnicos, que utilizam suas línguas natais em casa, não puderam mais empregar o inglês nas escolas e passaram a enfrentar dificuldades adicionais nos exames de admissão às universidades. De outro lado, estabeleceu-se um sistema de cotas para ingresso nas universidades públicas que chega a reservar 70% das vagas para bumiputeras. Ao longo da primeira década da NEP, declinou o número absoluto de chineses matriculados na Universidade da Malásia, apesar do aumento do total de vagas disponíveis. Estudantes chineses e indianos passaram a matricular-se em universidades particulares e muitos deles transferiram-se para o exterior. Apenas para a Austrália, ao longo da década de 1980, emigraram mais de trinta mil cidadãos chineses da Malásia. Nada disso, contudo, alterou o predomínio de não bumiputeras nas profissões de maior qualificação.

O combate à pobreza estava entre as metas oficiais da NEP. Em nome dela, os privilégios de raça estenderam, com o tempo, seu raio de alcance. Empreendimentos habitacionais foram chamados a reservar casas para aquisição, com desconto, por bumiputeras. O Estado concede bolsas de estudo no exterior a universitários bumiputeras. Reservou-se para este grupo racial uma família de fundos financeiros administrados pelo governo que pagam taxas de juros superiores às de mercado. Empresas sob controle acionário de bumiputeras beneficiam-se de vantagens fiscais e burocráticas em negócios de importação. Na contratação de fornecedores de bens e serviços, o Estado concede preferência a empresas de propriedade majoritária dos "filhos do solo".*

---

* Esta exigência gerou a prática fraudulenta conhecida como *ali baba*, pela qual empresários chineses ou indianos se associam a empresários bumiputeras com a intenção de firmar contratos com o governo. O sócio bumiputera (*ali*) não opera de fato, apenas recebendo uma parcela do valor pago ao empresário que realmente fornece o bem ou serviço (*baba*).

Os "filhos do solo"

No primeiro esboço de texto constitucional preparado pela Comissão Reid, previa-se uma cláusula de limitação temporal da posição especial conferida aos malaios, que caducaria em 15 anos. A cláusula foi derrubada por pressões da UMNO, mas prevaleceu nos primeiros tempos um consenso de que os privilégios dos "filhos do solo" tinham caráter transitório. Na hora do lançamento da NEP, contudo, os moderados já haviam perdido o controle sobre a UMNO e a noção de que o princípio da supremacia malaia um dia se desvaneceria tornara-se objeto de acesas polêmicas, dividindo opiniões no partido dirigente.

Uma voz moderada, de Ismail Abdul Rahman, vice-primeiro-ministro no gabinete de Razak, ousou apontar o perigo de fundo: "Por que nós lutamos pela *merdeka*? Para dividir as diferentes raças? Este não pode ser o caminho, certo? Não pode ser por isso que lutaram todos esses grandes malaios e líderes da UMNO... Algo está errado."[6] Ele não só defendia as preferências raciais e a NEP como fora o autor da proposta original da meta de 30% de participação dos bumiputeras no mercado acionário. Contudo, antevia os riscos de perpetuação dos privilégios e acirramento da hostilidade entre as comunidades étnicas do país. Algo estava muito errado, realmente, pois um integrante do mesmo gabinete de governo afirmara, pouco antes, que a posição especial dos malaios perduraria por séculos.

Leis de privilégios raciais concebidas como ações afirmativas tendem a se perpetuar, independentemente das intenções originais de seus criadores. A NEP desdobrou-se em quatro planos econômicos quinquenais e terminou oficialmente em 1990, mas de fato prosseguiu sem mudanças de fundo por mais uma década, sob o rótulo de Política de Desenvolvimento Nacional (NDP). Depois disso, apesar da eliminação de algumas de suas cláusulas, quase todos os programas de privilégios raciais continuaram a ser implementados pelos ministérios e pelas agências de governo.

A expansão dos privilégios de raça e a continuidade das políticas preferenciais após o encerramento da NEP devem-se, sobretudo, ao quarto primeiro-ministro da Malásia, Mahathir bin Mohamad, que assumiu o cargo em 1981 e governou durante 22 anos. A mãe de Mahathir era uma malaia, mas seu pai era filho da união entre um imigrante muçulmano da Índia Meridional e uma malaia. Antes dos 30 anos, Mahathir ingressou na UMNO, tornando-se mais tarde um dos brilhantes jovens líderes da ala nacionalista de Razak.

O futuro político de Mahathir foi traçado pelos confrontos étnicos de 1969. Logo depois dos grandes distúrbios, ele distribuiu uma carta pública na qual acusava o primeiro-ministro Abdul Rahman de subordinar os interesses dos malaios aos da comunidade chinesa. O gesto custou-lhe o posto de dirigente do partido, mas a recompensa não tardou: em 1972, por iniciativa de Razak, o novo chefe de governo, foi recebido de volta na UMNO e nomeado senador. No intervalo entre a expulsão e o retorno, Mahathir escreveu e divulgou O *dilema malaio*, uma obra crucial na elaboração da ideologia do nacionalismo racial malaio.

307

Uma gota de sangue

A pequena obra, que foi publicada em Cingapura e inicialmente banida na Malásia, reconta a história do país a partir de uma perspectiva racial, delineando os mitos que sustentam a noção de uma presença contínua de malaios na península e no arquipélago. Da narrativa, o autor extrai a ideia de que a supremacia malaia possui uma legitimidade incontestável. Entretanto, paradoxalmente, ao longo do período colonial os malaios teriam sido subjugados pelos chineses, em virtude das políticas conduzidas pelos britânicos. O primeiro governo da Malásia independente não rompera com a orientação fundamental do colonizador. Tratava-se, portanto, de restaurar a primazia perdida dos "filhos do solo" em sua própria terra.

O dilema malaio, um texto com traços antissemitas evidentes, não tinha maiores pretensões históricas ou acadêmicas. Era uma plataforma de ação política que definia as metas de converter a língua malaia no idioma único do país e de transformar os bumiputeras na elite econômica predominante. O caminho pacífico para tais metas exigia um diversificado programa de preferências econômicas e educacionais destinadas a produzir uma elite bumiputera moderna. O conceito nuclear da NEP estava delineado no livro, que foi publicado cerca de um ano antes do lançamento da nova política governamental.

Mahathir ocupou diversos altos cargos nos gabinetes de governo dos anos 1970 e, quando o primeiro-ministro Hussein Onn renunciou por razões de saúde, tornou-se o primeiro chefe de governo não oriundo da elite nobiliárquica do país. A Malásia é uma Monarquia federal, composta por unidades que são reinos regionais. Sob Mahathir, os privilégios dos monarcas foram reduzidos e o poder concentrou-se no parlamento – ou seja, para todos os efeitos práticos, na coalizão liderada pela UMNO. Após uma disputa com a Corte Suprema, em 1988, o chefe de governo passou emendas constitucionais que extirparam o Judiciário e os tribunais de quase todo o poder, tornando-os algo próximos a um apêndice do parlamento.

Na "era de Mahathir", o regime político do país sedimentou-se como um autoritarismo brando, de nítida feição nacionalista e paternalista. A NEP expandiu-se, por meio da introdução de exames obrigatórios de língua malaia em todos os níveis de ensino e da acentuação do dirigismo estatal na economia. O crescimento econômico acelerado, que prosseguiu quase ininterruptamente até a crise financeira asiática de 1997, funcionou como um amortecedor eficiente das tensões interétnicas.

Naquele ano, num encontro da Asean, o bloco geopolítico e econômico do sudeste asiático, o primeiro-ministro malaio pronunciou um célebre discurso em defesa dos "valores asiáticos", condenando o individualismo ocidental e a própria Declaração Universal dos Direitos Humanos. Aparentemente, Mahathir se dirigia ao público externo e suas palavras foram recebidas com desagrado por Madeleine Albright, então secretária de Estado dos EUA. Mas a sua mensagem tinha um ende-

308

reço muito mais importante. Ele estava fazendo um alerta para os críticos internos, cada vez mais ousados, de seu nacionalismo racial.

O líder malaio nunca perdeu de vista o seu grande objetivo de promoção racial, mas, diferentemente da facção mais radical, sempre procurou evitar uma ruptura completa entre os grupos étnicos. Numa via assimilacionista, ele criou a política da *bangsa* Malásia, a "nação malasiana", que se propunha a erguer uma identidade única, não racial, para todos os habitantes do país. *Bangsa* Malásia significa que a nação assenta-se sobre a língua malaia e a Constituição Federal, mas não sobre a própria raça malaia.

Era uma abordagem distinta daquela utilizada pela Política Nacional de Cultura e, embora exigisse a lealdade de todos ao princípio da supremacia malaia, não transformava automaticamente os chineses étnicos em estranhos na terra em que viviam. A palavra malaia *bangsa* pode significar nação ou raça, e a política identitária de Mahathir notabilizava-se pela ambiguidade. Mesmo assim, sofreu ataques dos radicais, que a acusaram de flertar perigosamente com a bandeira oposicionista da "Malásia malasiana" e representar uma traição dos ideais sagrados do nacionalismo malaio.

Com lágrimas nos olhos, em junho de 2002, Mahathir anunciou perante a convenção anual da UMNO que decidira renunciar à chefia de governo e a seus cargos no partido. Deflagrou-se ali uma longa transição de 16 meses no comando do gabinete, combinada com a convocação de eleições antecipadas. No seu pronunciamento histórico, ele disse: "Sinto-me desapontado, pois alcancei muito pouco na minha principal missão, a de fazer de minha raça uma raça de sucesso, uma raça que é respeitada".[7]

O "contrato social" em crise

O fundador da UMNO, Onn Jaafar, nasceu em 1895 numa família da elite governante do sultanato de Johor, uma das antigas entidades políticas que os britânicos colocaram sob sua soberania na Malásia. Originalmente, o partido defendia os direitos tradicionais dos governantes muçulmanos, opondo-se a tentativas britânicas de reduzir suas prerrogativas. Sete anos antes da independência, Onn Jaafar propôs à UMNO que se abrisse para a filiação de todos os habitantes da Malásia. Quando a ideia foi rejeitada, ele abandonou a organização e fundou o Partido da Independência Malaia (IMP), aberto a todos, malaios, chineses ou indianos, sem distinções raciais ou religiosas.

O IMP não teve sucesso e logo desapareceu. O líder histórico morreu em 1962, praticamente esquecido. Seu filho, Hussein Onn, participou do empreendimento frustrado do IMP, deixou a vida pública por algum tempo, juntou-se novamente

Uma gota de sangue

à UMNO e, entre 1976 e 1981, serviu como terceiro primeiro-ministro da Malásia. Hishamuddin Hussein, filho de Hussein Onn, não herdou a moderação política do pai nem as hesitações do avô sobre o tema da supremacia malaia. Formado politicamente na atmosfera de radicalização gerada a partir dos choques raciais de 1969, Hishamuddin fez carreira no partido dirigente durante a "era Mahathir" e converteu-se num dos símbolos da persistência da ideologia racial na elite malaia.

A controvérsia a respeito do "contrato social" da Malásia voltou à tona no outono do regime de Mahathir. Em 1999, Lim Kit Siang, um combativo líder do DAP que suportou distintas temporadas na prisão por desafiar o dogma oficial da raça, tentou deflagrar uma nova campanha por uma "Malásia malasiana". Hishamuddin logo brecou o projeto, alertando o oposicionista de que aquilo significava brincar com fogo. Seis anos mais tarde, no encontro anual da UMNO, ele pronunciou um discurso repleto de ameaças aos que ousavam contestar o princípio da supremacia malaia. Durante o pronunciamento, o orador brandiu o *kris*, a adaga malaia tradicional, uma arma assimétrica rodeada de significados simbólicos nas mitologias do sudeste asiático, provocando protestos até mesmo no MCA, o partido étnico chinês da coalizão dirigente.

As denúncias de favorecimento pessoal, corrupção e ineficiência sempre cercaram os programas de preferências raciais na Malásia. Relatos jornalísticos evidenciam que, nas universidades, os professores são pressionados a conceder notas imerecidas para estudantes bumiputeras e que as redes de negócios subsidiados por motivos raciais são muitas vezes controladas pelos políticos bem situados na UMNO. Pouco antes da renúncia de Mahathir, Shahrir Abdul Samad, um antigo secretário político do ex-primeiro-ministro Razak, ofereceu um diagnóstico devastador da NEP:

> Foi a deliberada criação de uma oligarquia. Havia essa ideia de que o sucesso econômico do país dependia de gigantes empresariais. Supunha-se que os empreendedores administrariam a criação de riqueza malaia. De fato, subverteu-se o sentido da riqueza malaia.[8]

Sob o dirigismo econômico da NEP formou-se uma oligarquia de empresários bumiputeras que se sustentam numa ampla rede de relações com a elite dirigente e, no sentido inverso, financiam as carreiras políticas de seus protetores na UMNO. A crítica do sistema, apesar de oficialmente vetada, nunca cessou entre os partidos de oposição, mas o rochedo do consenso dominante só começou a ser rompido com a rumorosa dissidência de Anwar Ibrahim, o líder brilhante que Mahathir preparava para sucedê-lo na chefia de governo.

Ibrahim nasceu em 1947 e tornou-se um destacado líder estudantil de oposição no fim dos anos 1960. Uma década mais tarde, ajudou a criar uma organização fundamentalista islâmica que denunciava a "ocidentalização" da Malásia promovida pela coalizão de governo. A sua primeira ruptura foi com os companheiros da oposição fundamentalista, ao ingressar pelas mãos de Mahathir na UMNO, em 1982.

Os "filhos do solo"

O jovem e carismático aliado do poderoso primeiro-ministro subiu em desabalada carreira as escadarias do poder, ocupando diferentes pastas ministeriais antes de se tornar vice-presidente do partido e vice-primeiro-ministro, em 1993. Tudo indicava que seria ele, afinal, o sucessor ungido.

Um homem fiel, criativo e eficiente – assim era Ibrahim. No comando do Ministério da Educação, ele introduziu reformas curriculares destinadas a favorecer os malaios e rebatizou a *bahasa malaysia* (língua malasiana) como *bahasa melayu* (língua malaia). Contudo, a crise financeira asiática de 1997 escancarou o conflito subterrâneo entre o já ministro das Finanças e o chefe de governo. Ibrahim criticou a ineficiência, a corrupção e os favorecimentos que enfraqueciam a economia do país, advogando uma saída líberal para a crise na qual o Estado não resgataria os bancos insolventes. Mahathir desautorizou seu ministro e impôs uma solução baseada no controle cambial e na ajuda às instituições financeiras. Começava a segunda ruptura na vida de Ibrahim.

Sob a influência de Ibrahim, a Juventude da UMNO iniciou debates sobre a corrupção na Malásia, em aberto desafio ao governo. Mahathir reagiu denunciando supostos casos de corrupção que envolviam o ministro, seus associados e seus familiares. Em especial, deu publicidade à fortuna acumulada pela família do desafiante a partir da concessão governamental de participações acionárias destinadas aos bumiputeras. O confronto logo deslizou para a lama e Ibrahim foi afastado do gabinete e acusado de homossexualismo e sodomia. No fim de um rumoroso processo, salpicado por indícios de falsificação de provas e manipulação oficial das investigações, o réu sofreu condenações a seis e nove anos de prisão.

Depois de cumprir a pena por corrupção, Ibrahim apelou com sucesso da sentença por sodomia, organizou uma coalizão oposicionista e se converteu no mais conhecido crítico do regime autoritário e paternalista malaio. Em 2008, conquistou uma cadeira parlamentar, numa disputa contra um candidato de alto perfil da Frente Nacional. Numa entrevista concedida no ano anterior, ele ofereceu um duro veredicto sobre o projeto de engenharia social deflagrado pela NEP:

> Não sou contra ajudar os pobres, os marginalizados, os desfavorecidos. Mas o que devemos averiguar, 37 anos depois, é se a política está realmente ajudando os malaios ou bumiputeras ou tornou-se uma licença para roubar a maioria do povo em nome da ação afirmativa. Ao longo dos anos, a política se tornou um instrumento para malaios de elite beneficiarem-se às expensas de todos, aí incluídos malaios pobres e de classe média.[9]

Quando Ibrahim foi expelido da vice-chefia de governo, Abdullah Ahmad Badawi tomou seu lugar. Anos mais tarde, foi alçado à posição de sucessor de Mahathir, assumindo o cargo de primeiro-ministro. Badawi logo distinguiu-se das políticas do poderoso antecessor, renunciando a obras dispendiosas e deflagrando ações contra a corrupção na máquina pública. As demonstrações de independência custaram-lhe

311

Uma gota de sangue

o ódio da ala da UMNO fiel ao antigo líder, mas ele conservou as rédeas do poder e, em 2008, a cisão concluiu-se dramaticamente pela saída de Mahathir do partido.

A raça, a religião, a Constituição – os dogmas de sempre continuam a ocupar o lugar central nas concepções da UMNO, que não parece aberta a tentativas de reforma. Em 2003, face às incertezas surgidas com a partida de Mahathir, um porta-voz da Juventude do partido declarou: "Na Malásia, todos sabem que os malaios são os senhores desta terra. Nós governamos este país, tal como prescreve a Constituição Federal. Qualquer um que interfira nos assuntos dos malaios ou critique os malaios está ofendendo nossa sensibilidade."[10]

Um ano depois, Badawi conduziu a UMNO a uma retumbante vitória eleitoral, que o iludiu a respeito de sua influência política verdadeira e o levou a escolher o discurso inaugural na presidência do partido como ocasião para detonar uma inesperada bomba política. No pronunciamento, perante o encontro anual, ele sugeriu que as décadas de preferências raciais fracassaram no objetivo central de fortalecer a capacidade empreendedora dos malaios e chamou os bumiputeras a realizarem uma "revolução mental". Os "filhos do solo" precisavam "livrar-se de suas muletas", pois, do contrário, acabariam em "cadeiras de rodas". Os delegados no encontro não compartilhavam daquelas ideias heterodoxas, que foram submetidas a uma saraivada de ataques. Para que não pairassem dúvidas sobre a persistência da oficialmente encerrada NEP, o ministro da Educação Superior assegurou, referindo-se à Universidade Tecnológica Mara, uma instituição superior destinada unicamente a "filhos do solo": "Eu nunca permitirei que estudantes não bumiputeras ingressem na UiTM." Um dirigente do partido, por sua vez, explicitou a lógica geral das políticas de preferência: "Se a agenda malaia é fortalecida, não será o Islã fortalecido também? Este é um desígnio de Alá, pelo qual esforça-se a UMNO há muito."[11]

A modernização econômica da Malásia, a emergência de uma ampla classe média de bumiputeras e a fadiga do material político, após tantos anos do chauvinismo nacionalista de Mahathir, instilavam sentimentos reformistas no país. Contudo, paradoxalmente, o partido malaio fechava-se no casulo ideológico gerado mais de três décadas antes, nos choques étnicos de 1969. No encontro, o próprio vice-presidente do partido usou a tribuna para, sob uma tempestade de aplausos, enviar uma mensagem nítida, contrastante com a de Badawi: "Nenhuma outra raça tem o direito de questionar nossos privilégios, nossa religião e nossos líderes."[12]

Sob o influxo da Juventude, o encontro da UMNO orientou-se na direção de uma restauração completa da NEP. O argumento brandido pelos defensores da restauração era que apenas se alcançara 18,7% da propriedade empresarial para os bumiputeras, algo significativo mas ainda distante da meta de 30%. Num programa de debates na TV, um dirigente da Juventude explicou como imaginava a nova mobilização nacional:

Os "filhos do solo"

> Nós criamos a vontade política na assembleia geral da UMNO para fazer isso, mas precisamos nos unir a fim de assegurar que não apenas a UMNO, mas as empresas ligadas ao governo, os servidores governamentais, os profissionais malaios e as ONGs malaias se alinhem conosco. Se não for um esforço comum de todos os estratos da sociedade malaia, a meta não será atingida.[13]

O chamado para reviver o espírito da NEP foi recebido com apreensão pelo primeiro-ministro e pela liderança do partido chinês da coalizão de governo, que expressaram o temor do uso político da "carta racial".

Um país para todos?

Nos EUA, em meados de 2008, Barack Obama iniciava a etapa final da campanha que o conduziria à presidência. Ao mesmo tempo, na Malásia, o Merdeka Centre, um instituto independente, realizou uma pesquisa de opinião pública com resultados notáveis. Os pesquisadores solicitaram dos entrevistados uma posição diante da seguinte afirmação: "a política de ação afirmativa baseada na raça é obsoleta e deve ser substituída por uma política baseada no mérito". No conjunto da amostra, nada menos que 71% concordaram com a afirmação. A concordância atravessava as fronteiras étnicas, abrangendo 65% dos malaios, 83% dos chineses e 89% dos indianos, e manifestava-se tanto na população urbana (75%) quanto, em escala menor, na rural (61%). Os resultados não se modificavam fundamentalmente em nenhum recorte de renda ou gênero.

A pesquisa iluminou um cenário paradoxal. Na Malásia, um fosso ideológico divide não os malaios dos chineses, mas essencialmente a elite política que forma a coalizão governamental da maior parte dos cidadãos. A ideia de um país dividido entre nacionais, da raça malaia, e forasteiros, de outras raças, contamina uma parcela minoritária, ainda que significativa, da população malasiana. Entretanto, a antiga bandeira do DAP de uma "Malásia malasiana" expressa os sentimentos da maioria.

Nas eleições gerais de 2008, a Frente Nacional experimentou forte retrocesso, embora tenha conservado o controle parlamentar. A coalizão oposicionista organizou sua vitoriosa campanha em torno da proposta de encerrar, de uma vez por todas, as políticas talhadas pela NEP. Mahathir, que sairia da UMNO no ano seguinte, aproveitou o momento para bombardear o primeiro-ministro Badawi. Perguntado sobre a hipótese de a Malásia ter um chefe de governo não malaio, um tema que veio à tona junto com o triunfo eleitoral de Obama, o líder histórico ofereceu uma resposta ambígua. Ele observou que nada na Constituição definia a identidade racial dos chefes de governo, mas também chamou atenção para a obrigatória fidelidade dos primeiros-ministros ao princípio da supremacia malaia. De qualquer modo,

Uma gota de sangue

a UMNO naturalmente designou um malaio, o vice-primeiro-ministro Najib Razak, um dos filhos de Abdul Razak, para substituir Badawi.

O primeiro Razak, pai da Política Nacional de Cultura e da NEP, inaugurou o ciclo da radical racialização da Malásia. Seu filho mais velho, um político impopular e com fama de corrupto, não parecia talhado para renovar a história do país. Entretanto, para surpresa de muitos, foi o que declarou que deveria ser feito na hora da nomeação partidária para a chefia de governo. "Num futuro não muito distante assistiremos à substituição de todos os elementos da NEP. É um grande desafio. É preciso que exista essa vontade política e desejo de mudar no interior da UMNO."[14] A derrota eleitoral e a decisão de Badawi de encerrar prematuramente seu período de governo refletiam um recrudescimento das tensões sociais, derivado da insatisfação popular com a persistência das políticas de privilégios. "Se não mudarmos, o povo nos substituirá", concluiu Razak.

Notas

[1] FULLER, Thomas. "Criticism of 30-year-old affirmative-action policy grows in Malaysia". *The New York Times*, 5 jan. 2001. Disponível em: <http://www.iht.com/articles/2001/01/05/kuala.2.t.php>. Acesso em: 10 jun. 2009.

[2] ANDERSON, Benedict. *Imagined communities*. Nova York/Londres, Verso, 1991, p. 170.

[3] CONSTITUTION FINDER – UNIVERSITY OF RICHMOND. "Constitution of Malaysia". Disponível em: <http://confinder.richmond.edu/admin/docs/malaysia.pdf>. Acesso em: 10 jun. 2009.

[4] SOWELL, Thomas. *Affirmative action around the world: an empirical study*. New Haven/Londres, Yale University Press, 2004, p. 57.

[5] ATTORNEY GENERAL'S CHAMBERS. "Laws of Malaysia: Act 15: Sedition Act 1948". Disponível em: <http://www.agc.gov.my/agc/oth/Akta/Vol.%201/Act%2015.pdf>. Acesso em: 22 jun. 2009.

[6] PUAH, Pauline. "Discovering Tun Dr. Ismail". *Sun2Surf*, 18 jan. 2007. Disponível em: <http://www.sun2surf.com/article.cfm?id=16717>. Acesso em: 10 jun. 2009.

[7] BUSINESS WEEK ONLINE. "Mahathir's change of heart?", 29 jul. 2002. Disponível em: <http://www.businessweek.com/magazine/content/02_30/b3793090.htm>. Acesso em: 10 jun. 2009.

[8] FULLER, Thomas. Op. cit.

[9] BUSINESS WEEK. "A talk with Malaysia's Anwar Ibrahim", 10 abr. 2007. Disponível em: <http://www.businessweek.com/globalbiz/content/apr2007/gb20070410_024822.htm?chan=search>. Acesso em: 10 jun. 2009.

[10] GATSIOUNIS, Ioannis. "Abdullah stirs a hornets' nest". *Asia Times Online*, 2 out. 2004. Disponível em: <http://atimes.com/atimes/Southeast_Asia/FJ02Ae05.html>. Acesso em: 10 jun. 2009.

[11] ASIA TIMES ONLINE. Op. cit.

[12] HO, Andy. "Reviving NEP, UMNO's race card, again?". *The Strait Times Interactive*, 6 ago. 2005. Disponível em: <http://carboncopy.rubeus.org/info/RevivingNEP-STI_article.pdf>. Acesso em: 10 jun. 2009.

[13] BERNAMA. "ChuaChua proposes a national c'tee to discuss NEP", 29 jul. 2005.

[14] THE MALAYSIAN INSIDER. "Najib ready to end special privileges for malays", 24 out. 2008. Disponível em: <http://www.themalaysianinsider.com/index.php/malaysia/11093-najib-ready-to-end-special-privileges-for-malays>. Acesso em: 10 jun. 2009.

PARTE V

FÁBRICA DE IDEOLOGIAS

Abolição da abolição

A República tinha três anos e a abolição, quatro, quando surgiu o jornal *O Exemplo*, de Porto Alegre, o primeiro órgão de "imprensa negra" no Brasil. O editorial da edição inaugural, de 11 de dezembro de 1892, criticava quem "julga o homem pela cor da pele". Quase quatro décadas depois, surgia a primeira organização política negra no país. A Frente Negra Brasileira (FNB), fundada em 1931 por Arlindo Veiga dos Santos, um católico conservador praticante, de vida ascética, que cursara a Faculdade de Filosofia e Letras de São Paulo, almejava integrar os negros, como raça, à comunhão nacional do Estado Novo.

O fundador da FNB era, antes de tudo, um monarquista convicto. Três anos antes da organização negra, ele criara um Centro Monarquista, que se tornaria a Ação Imperial Patrianovista Brasileira. A família patriarcal, na base, e a Monarquia, no topo, configuravam os pilares da ordem nova que imaginava.

> A grande obra da ação negra no Brasil deve começar pela família, pois que é ela a célula-mãe de toda a sociedade civil. É a família a união do varão e a esposa com seus filhos, debaixo do governo do varão. É ela o protótipo da sociedade política ou Estado mais perfeito, isto é – Monarquia.[1]

Na visão de Veiga dos Santos, a República devia ser derrubada e dar lugar a um Terceiro Império e a um Dom Pedro III, que protegeriam a pátria do "imperialismo estrangeiro" e encontrariam sustentação numa "base municipal sindicalista" de natureza corporativa.

Veiga dos Santos definiu o seu movimento pela Pátria-Nova como a "extrema direita radical e violenta, afirmadores de Deus e sua Igreja", também como "inimigos irreconciliáveis e intolerantes do burguesismo, plutocratismo e capitalismo materialista, ateu, gozador, explorador, internacionalista, judaizante e maçonizante" e ainda como inimigos da "anarquia bolchevista" e da "tirania da burguesia liberal".[2] Não eram exatamente novidades, num mundo dilacerado pelo *crash* da Bolsa de Nova York e que conhecia a consolidação do fascismo de Mussolini na Itália, a fundação da Ação Integralista Brasileira e a ascensão de Hitler na Alemanha.

O patrianovismo e o integralismo de Plínio Salgado correram como rios paralelos, que intercambiavam águas, mas nunca se fundiram. O padre Helder Camara e o antropólogo Luís da Câmara Cascudo deixaram o primeiro para ingressar no segundo. A FNB foi um fruto daquela conjuntura histórica, filtrada pelo pensamento racial. Seus dirigentes eram figuras da diminuta elite intelectual e profissional negra, como o sociólogo Aristide Barbosa, o cirurgião-dentista Francisco Lucrécio e o jornalista José Correia Leite. Sua meta era a promoção do progresso político, educacional e social da "gente negra". Veiga dos Santos, primeiro chefe-geral da FNB, encarava-a essencialmente como um campo de difusão para sua ideologia patrianovista. Os artigos que escrevia e os discursos que proferia ajudaram a instilar na organização negra o nacionalismo exacerbado e a irredutível oposição à democracia e ao liberalismo.

A FNB estruturou-se de modo rigidamente centralizado, sob o comando de um chefe-geral e de um Grande Conselho. Ela tinha bandeira, hino e brasão. Contava com uma milícia de choque, cuja vanguarda compunha-se de capoeiristas. Seu jornal, *A Voz da Raça*, trazia o subtítulo "Deus, pátria, raça e família". Só a menção à raça o distinguia da consignação integralista. Mas a raça constituía o elemento vital para a FNB. Veiga dos Santos impressionou-se favoravelmente com o nazismo pelos mesmos motivos do americano W. E. B. du Bois, o líder da NAACP. Em 1933, ele escreveu em *A Voz da Raça*:

> Que nos importa que Hitler não queira, na sua terra, o sangue negro? Isso mostra unicamente que a Alemanha Nova se orgulha da sua raça. Nós também, nós, brasileiros, temos raça. Não queremos saber de ariano. Queremos o brasileiro negro e mestiço que nunca traiu nem trairá a nação. Nós somos contra a importação do sangue estrangeiro que vem somente atrapalhar a vida do Brasil, a unidade da nossa pátria [...]. Hitler afirma a raça alemã. Nós afirmamos a Raça Brasileira, sobretudo no seu elemento mais forte: o negro brasileiro.[3]

A curta história da FNB está pontuada por oscilações políticas e dissidências. Em 1932, uma parcela da organização apoiou a Revolução Constitucionalista e formou uma Legião Negra, que lutou ao lado dos rebeldes. No ano seguinte, uma ruptura interna originou a Frente Negra Socialista. José Correia Leite liderou outra dissidência de esquerda, reunida em torno do jornal *Clarim da Alvorada*, que fundou um Clube

Negro de Cultura Social. Mas o frentenegrismo oficial apoiava Getúlio Vargas e tinha a simpatia do presidente. A carteira de identificação expedida pela FNB funcionava como um salvo-conduto, pois a polícia não incomodava os filiados à organização. O interdito racista à entrada de negros na Força Pública paulista foi derrubado pela ação da FNB, que inscreveu mais de quatrocentos recrutas na corporação. A organização negra enxergava nos imigrantes europeus, dentre os quais se destacavam anarco-sindicalistas e socialistas, os tentáculos do polvo estrangeiro no Brasil. Por esse motivo, ela celebrou a decisão de Vargas de conter, pelo instrumento da Lei de Cotas, a onda da imigração de "alienígenas", que exerciam influências "judaizantes" e "anticatólicas".

A partir de São Paulo, o frentenegrismo difundiu-se para diversos outros estados. Contudo, ele continuou a expressar os sentimentos de uma classe média negra paulista que nutria projetos definidos de ascensão social:

> O que prevalece é a imitação da pequena burguesia branca. Basta lembrar que a Frente Negra oferece cursos de catecismo, não de candomblé. A vanguarda preta de São Paulo estava mais próxima do negro puritano classemedianizado dos EUA do que da mulataria dos morros cariocas, ou dos astuciosos macumbeiros baianos. Poderia pensar nas pirâmides do Egito. Na África negra, jamais.[4]

A Frente Negra pernambucana participou do Primeiro Congresso Afro-Brasileiro, organizado por Gilberto Freyre em Recife, em 1934. Sob os influxos do sociólogo e, principalmente, da ideologia oficial varguista, a organização admitia a miscigenação. Isso a distinguia da NAACP de Du Bois, que pendia na direção da ideia de pureza racial. Confusamente, os frentenegristas articulavam a noção de uma "raça brasileira" de núcleo negro, mas esparramada num amplo espectro de cores. A solução subordinava a raça à pátria, conservando a polaridade entre o nacional e o estrangeiro.

O golpe do Estado Novo representou o fim da liberdade partidária e da liberdade de imprensa. Junto com a Ação Integralista, foram dissolvidas a Ação Patrianovista e a FNB. A FNB rebatizou-se como União Negra Brasileira, mas perdeu influência e converteu-se no Clube Recreativo Palmares. Em 1944, perto do ocaso da ditadura varguista, surgiu o Teatro Experimental do Negro (TEN), fundado pelo jovem intelectual Abdias do Nascimento, um ex-integralista que militara na FNB. Anos depois, na moldura do pós-guerra, Abdias lideraria o grande giro ideológico do movimento negro brasileiro na direção do racialismo de Du Bois.

Uma pátria africana?

A miscigenação era admitida, mas com reservas, pelo frentenegrismo. Num artigo publicado em *A Voz da Raça*, a mestiçagem aparecia como uma fonte de preconceito e, ainda, como ameaça política concreta dirigida contra o "povo negro", que era definida do seguinte modo:

> Desfalcados de valores afirmativamente negros pelo branqueamento das epidermes dos antigos valores negros abastados, fugidos à grei da gente negra pela mestiçagem e pelo preconceito (pois, geralmente, o maior inimigo do negro é o branco neto de pretos!!!), o povo negro ficou sem chefes naturais [...].[5]

O colapso do Estado Novo abria um novo cenário, cheio de dificuldades teóricas e políticas para as lideranças do movimento negro. Como conciliar as reivindicações singulares de raça com a ideia mais ampla de combate à pobreza e à exclusão social? Entre lideranças negras de esquerda, como Luiz Lobato, não era possível dissociar os negros da "situação geral do povo brasileiro" e, por isso, era preciso "empunhar a bandeira de luta pela classe explorada".[6] O TEN de Abdias ensaiou suas respostas na Convenção Nacional do Negro Brasileiro, realizada em São Paulo e no Rio de Janeiro.

O Manifesto emanado do evento, dirigido aos "patrícios negros", reivindicava a inscrição na Constituição de que o povo brasileiro constitui-se das "três raças fundamentais: a indígena, a negra e a branca". Também pedia que o racismo se tornasse crime previsto no código penal e formulava reivindicações de caráter social. Os negros deveriam ser admitidos, "como pensionistas do Estado", nos estabelecimentos de ensino secundário e superior, "enquanto não for tornado gratuito o ensino em todos os graus". Além disso, pedia "a adoção de medidas governamentais visando a elevação do nível econômico, cultural e social dos brasileiros".[7]

A oscilação entre o princípio do universalismo e o da raça continuou a dilacerar o pensamento das lideranças negras. Abdias começou a editar em 1948, o ano da Declaração Universal dos Direitos Humanos, o jornal *Quilombo*. A publicação inspirava-se parcialmente na *Négritude* do senegalês Senghor, mas trazia uma seção intitulada "Democracia racial", que foi inaugurada com um artigo de Gilberto Freyre dedicado a explicar a "atitude brasileira" face ao flagelo do racismo. No segundo número, o antropólogo Arthur Ramos usou o espaço para abordar a "mestiçagem no Brasil". O número seis denunciou que o Hotel Glória, do Rio de Janeiro, impedira a entrada de Abdias e outros integrantes do TEN no Baile dos Artistas. No dia seguinte, diante da repercussão do episódio, a direção do hotel convidou Abdias a participar do evento.

A denúncia do racismo ressurgiu na edição derradeira, de número dez, do *Quilombo*. A dançarina e atriz americana Katherine Dunham fora barrada num hotel de São Paulo. O poeta Murilo Mendes escreveu sobre ela na seção "Democracia racial" e o então deputado Gilberto Freyre pronunciou um discurso de protesto na tribuna da Câmara. O caso provocou a indignação do jurista Afonso Arinos de Melo Franco, à época deputado federal. Em 1951, era aprovada a Lei Afonso Arinos, que incluiu entre as contravenções penais a prática de atos de racismo.

De acordo com a antropóloga Yvonne Maggie, o jornal "representou o esforço de um grupo de ativistas e intelectuais, de todas as cores, pela democracia e contra o racismo", pois, para aquela geração, a noção de "democracia racial" sintetizava "uma busca da união de todos contra o racismo".[8] Mas a utopia da "democracia racial" começava a sofrer um bombardeio cada vez mais virulento. A Conferência Nacional do Negro, realizada em 1949 no Rio de Janeiro, consagrou-se à revisão das "teorizações antropológico-sociológicas convencionais sobre o negro, representadas pelos congressos afro-brasileiros da década anterior", nas palavras de Abdias, o organizador do evento.[9] Era um passo inicial na trajetória de organização de um movimento negro que rejeita Freyre e abomina a mestiçagem.

No ano de 1950, quando a Unesco publicou a célebre declaração contra o "mito da raça", reuniu-se o I Congresso do Negro Brasileiro. O encontro trouxe à luz a diferença de abordagens no amplo grupo que colaborara no *Quilombo* e, ainda, a reorientação do pensamento de Abdias. O líder do TEN, ao lado de outros intelectuais negros como Guiomar Ferreira de Mattos, enfatizou as necessidades particulares dos negros, como um grupo racial. Mais tarde, ele rememorou do seguinte modo a posição adotada na época:

> [...] o negro não deseja a ajuda isolada e paternalista, como um favor especial. Ele deseja e reclama um *status* elevado na sociedade, na forma de oportunidade *coletiva*, para todos, a um povo com irrevogáveis direitos históricos [...], a abertura de oportunidades reais de ascensão econômica, política, cultural, social, para o negro, *respeitando-se sua origem africana*.[10]

Não era essa a visão dos antropólogos Darcy Ribeiro e Édison Carneiro e do sociólogo Luís Costa Pinto, o signatário brasileiro da declaração antirracista da Unesco. Sob a influência teórica do marxismo, eles enfatizavam as desigualdades entre as classes sociais no Brasil e enxergavam o racismo como um componente da exclusão econômica experimentada pela maioria da população negra brasileira. Nessa linha, temiam a importação do modelo de polaridade racial dos EUA, que destruiria a utopia nacional da mestiçagem.

A Declaração de Princípios, aprovada por unanimidade na plenária final, representou um compromisso entre os pontos de vista divergentes. Uma recomendação solicitava "o estudo das reminiscências africanas no país"; outra, "a inclusão de homens de cor nas listas de candidatos das agremiações partidárias" e uma terceira, o patrocínio pela Unesco de um "Congresso Internacional de Relações de Raças". Por outro lado, condenava-se "a exploração política da discriminação de cor", "o messianismo racial e a proclamação da raça como critério de ação" e "as associações de cidadãos brancos ou negros organizadas sob o critério do exclusivismo racial".[11]

O separatismo negro, mesmo no estilo amenizado de Du Bois, encontrava resistência no Brasil e o próprio Abdias hesitava em declarar a África como pátria dos negros brasileiros. Na sua incansável atividade do pós-guerra, ele sofria a influência da nova etapa do pan-africanismo aberta pelo Congresso Pan-Africano de Manchester, de 1945, e de figuras como Nkrumah e Padmore. O *Quilombo* apoiava e divulgava as candidaturas de negros, independentemente do partido político a que pertenciam e das próprias ideias que defendiam. A Semana do Negro de 1955, promovida pelo TEN, consagrou-se à crítica dos intelectuais antirracistas que rejeitavam o conceito de raça. Em 1964, um curso sobre "teatro e arte negra" enfocou o "significado do despertar da África no mundo moderno". Entretanto, o principal líder do movimento negro ainda não estava disposto a abraçar em definitivo a ideia de que os negros brasileiros não são exatamente brasileiros, mas parte de uma nação diaspórica africana.

Semanas antes da edição do AI-5, em 1968, Abdias deixou o Brasil, exilando-se nos EUA. Na volta, ele completaria o giro ideológico iniciado no pós-guerra.

Palmares, a metáfora

No auge da Ditadura Militar, em 1971, organizou-se em Porto Alegre o Grupo Palmares, liderado pelo professor Oliveira Ferreira da Silveira. Naquele ano, pela primeira vez, por iniciativa do grupo, celebrou-se o 20 de novembro, data da morte de Zumbi dos Palmares no longínquo 1695. O Dia da Consciência Negra, idealizado por Silveira, surgia em contraposição ao 13 de maio, dia da abolição da escravatura.

Sete anos depois, a ditadura vivia a sua longa crise terminal, em meio a protestos estudantis, ao renascimento do movimento sindical e à movimentação oposicionista de personalidades públicas e intelectuais. Naquele ambiente elétrico, um chamado da Convergência Socialista (CS), grupo trotskista com alguma influência entre estudantes universitários e secundaristas, deu origem ao Movimento Negro Unificado (MNU). Os trotskistas da CS enxergavam nos negros a parcela mais explorada do proletariado e uma potencial vanguarda das lutas revolucionárias. Na visão deles, a escravidão moderna e o racismo eram frutos do sistema capitalista. Consequentemente, a solução para a "questão negra" não podia ser outra senão a substituição do capitalismo pelo socialismo. O MNU e a luta contra o racismo desempenhariam o papel de elos do movimento revolucionário anticapitalista.

No 13 de maio de 1978, militantes ergueram faixas e cartazes contra a brutalidade policial no largo Paissandu, em São Paulo. Pouco depois, a CS articulou a criação do MNU, numa reunião com diferentes grupos e entidades negras. Abdias, ainda nos EUA, usou sua influência para ajudar a impulsionar a nova organização. Os trotskistas imaginavam-na como campo de recrutamento de militantes para a formação de um partido revolucionário. Os demais participantes tinham suas próprias agendas políticas, nem sempre consistentes com os ideais revolucionários. Sob a perspectiva dos trotskistas e seus aliados, o MNU integrava o movimento negro à luta de classes. Do ponto de vista de Abdias e outras lideranças negras, a organização completava o percurso, apenas esboçado pelo TEN, de ruptura com o assimilacionismo e de incorporação do conceito pan-africanista. Era uma coalizão precária, atravessada por divergências de fundo que foram sublimadas em nome de um desejo de unidade.

Com a presença de Abdias, um ato público nas escadarias do Teatro Municipal em São Paulo, em julho de 1978, assinalou o lançamento do MNU. África e EUA funcionavam como pontos luminosos no horizonte de referência dos militantes que se aglutinaram naquele ano. É reveladora a síntese de Hamilton Cardoso, um dos fundadores da nova organização:

> As lutas africanas abriram, para os negros do Brasil, outra perspectiva da sua existência no mundo branco. O surgimento de elites negras nos EUA completou o quadro. Se o nacionalismo negro ianque embutido e importado dos EUA resgatava, aos brasileiros, sua dignidade de raça, o universalismo da libertação africana exportava dignidade política, permitindo aos ativistas negros redescobrir as massas populares e a universalidade da luta antirracista.[12]

O jornal *Versus*, publicado entre 1977 e 1979 por uma aliança da CS com intelectuais e jornalistas de esquerda, trazia uma seção intitulada "Afro-latino América". O espaço, destinado ao núcleo socialista negro, elaborava a ideia da nação diaspórica africana na América Latina.

Embora aberto à filiação de brancos, o MNU incorporou desde o início o dogma da raça, importando dos EUA a noção de que uma gota de sangue "negra" define a identidade racial do indivíduo. Na sua origem, a organização associou a "africanidade" à meta histórica do socialismo. Numa revisão da história da América portuguesa, os quilombos de Palmares foram imaginados como um experimento de igualdade e uma inspiração de transformação social. Por esse motivo, o Dia da Consciência Negra passou a ser celebrado nacionalmente, em oposição ao Dia da Abolição.

A escravidão no Brasil não foi abolida pela vontade magnânima da princesa Isabel, em 13 de maio de 1888. O gesto da princesa representou a maior derrota do Estado imperial, que desabaria no ano seguinte. A assinatura da Lei Áurea marcou o triunfo da primeira luta social moderna, de âmbito nacional, na história do país. O movimento abolicionista, compartilhado por brasileiros de todos os tons de pele, alinhou entre suas lideranças figuras notáveis da elite liberal, como Joaquim Nabuco e o maçom Antônio Bento, ao lado de intelectuais de origem popular: José do Patrocínio, filho de um vigário e fazendeiro e uma escrava adolescente, Luís Gama, um ex-escravo, e Antônio da Silva Jardim, filho de um sitiante e professor de escola rural.

As sociedades abolicionistas, que se difundiram pelo país, publicavam jornais e articulavam-se a antigos escravos e a escravos em revolta, incitando fugas das fazendas e ajudando a esconder os fugitivos. Além de escritores e intelectuais, o abolicionismo mobilizou os trabalhadores de setores modernos e tradicionais. Tipógrafos do Rio de Janeiro imprimiam panfletos contra a escravidão, mas se recusavam a rodar os folhetos antiabolicionistas. Ferroviários paulistas escondiam os negros fugidos em vagões e estações de trem. Jangadeiros do Ceará recusaram-se a transportar até os navios os escravos vendidos para outras províncias.

Nabuco reclamou para os abolicionistas um "mandato da raça negra" para protestar contra o flagelo da escravidão, que atingiria a todos, escravos ou não, inclusive os proprietários de escravos. "Aceitamos esse mandato como homens políticos, por motivos políticos, e assim representamos os escravos [...] na qualidade de brasileiros que julgam o seu título de cidadão diminuído enquanto houver brasileiros escravos, isto é, no interesse de todo o país e no nosso próprio interesse."[13] Pode-se objetar contra isso que não se deu aos escravos a oportunidade de conferir o tal "mandato" aos "homens políticos", mas não ocultar o sentido de fundo da mensagem. Ele estava dizendo que o abolicionismo não era um movimento filantrópico, mas um projeto de nação capaz de estender a cidadania a todos.

Expoente da corrente abolicionista liberal, Nabuco não pretendia incluir os escravos na luta contra a escravidão. "A propaganda abolicionista [...] não se dirige aos escravos. Seria uma covardia, inepta e criminosa e, além disso, um suicídio político para o partido abolicionista, incitar à insurreição, ou ao crime, homens sem defesa, e que a Lei de Lynch, ou a justiça pública, imediatamente haveria de esmagar."[14] Mas havia uma outra corrente de abolicionistas que enxergavam o movimento como uma luta popular e podiam fazer sua a saudação de Raul Pompeia:

> [...] a humanidade só tem a felicitar-se, quando um pensamento de revolta passa pelo cérebro oprimido dos rebanhos operários das fazendas. A ideia da insurreição indica que a natureza humana ainda vive. Todas as violências em prol da liberdade – violentamente acabrunhada – devem ser saudadas como vinditas santas. A maior tristeza dos abolicionistas é que estas violências não sejam frequentes e a conflagração não seja geral.[15]

Entretanto, apesar de tudo, o gesto da princesa Isabel propiciou ao Império a oportunidade de mascarar a sua derrota. A elite negra dava vivas à princesa em 13 de maio e a massa de ex-escravos a homenageava nas escolas de samba, nas festas e nos terreiros de candomblé e umbanda. No Dia da Abolição de 1932, a Frente Negra organizou comemorações em São Paulo e no Rio de Janeiro, promovendo uma missa de ação de graças "pela ressurreição triunfal da raça" e homenagens a Luís Gama e José do Patrocínio. Mas a figura da princesa ainda não se desvanecera das consciências, e Vicente Ferreira, um dirigente da FNB, explicou que a "data de hoje [...] é uma recordação da liberdade, em parte outorgada ao negro".[16] Ferreira, por sinal, foi o primeiro a propor a substituição definitiva de "homem de cor" por "negro", na terminologia do movimento negro brasileiro.*

---

* As associações negras do início do século XX utilizavam, em seus nomes, "homens de cor" ou "pretos". Depois do ciclo da FNB, a expressão "de cor" ainda persistiu por várias décadas entre as correntes assimilacionistas do movimento negro. Em 1943, foi fundada a União dos Homens de Cor (UHC), que se expandiu rapidamente, serviu como plataforma para carreiras bem-sucedidas na vida pública e só arrefeceu após o golpe militar de 1964.

Veiga dos Santos, o líder máximo da FNB, também achava que a liberdade havia sido outorgada. Mas ele conduzia esse raciocínio a um extremo, atribuindo a abolição da escravatura ao Império e a opressão dos negros à República. Num artigo intitulado "Os negros e o III Império", apontava um dedo acusador para a República, responsabilizando-a pela "situação de penúria dos negros".[17] A partir dessa estranha lógica, interpretava o golpe de estado republicano de 1889 como uma retaliação dos escravocratas pelo ato libertador da princesa Isabel.

A crítica à abolição era voz corrente entre as principais lideranças negras dos anos 1930. Eles registravam que os antigos escravos e seus descendentes não receberam terras para plantar ou oportunidades para estudar, permanecendo nas fímbrias de uma nação que se modernizava no compasso da industrialização. O socialista Correia Leite, no seu *Clarim da Alvorada*, pedia uma "segunda abolição", no que era seguido por líderes moderados e assimilacionistas. Mas as grandes lutas do abolicionismo continuavam muito próximas, no tempo e na memória, para que alguém pensasse em descartá-las.

É de 1945 a primeira edição da *História econômica do Brasil*, de Caio Prado Júnior. Na obra de referência para a historiografia do pós-guerra, a narrativa da abolição evidenciava o caráter nacional e o conteúdo popular da grande luta antiescravista que atravessou quase toda a década de 1880. Num livro dedicado à história econômica, o autor não se deixava seduzir pela tentação de apresentar o colapso da escravidão como um fruto da lógica da economia capitalista. Seguindo um rumo muito diferente, explicava que o vulto que tomara o movimento abolicionista "punha o país na iminência da mais completa desordem". O Império sustentara a escravidão até a hora final, inclusive incorporando ao governo, em 1885, o "grupo político mais intransigentemente escravista". Contudo, apenas dois anos depois, a "debandada nos meios escravocratas" refletiu a consciência dos "seus setores mais previdentes" de que "a resistência tornara-se inútil, e insistir nela seria apenas levar a questão para o terreno da violência declarada e aberta".[18]

A difamação da abolição começou muito mais tarde, no início dos anos 1970, paralelamente à importação das ideias de que a "raça negra" tem sua pátria verdadeira na África e ocupa nas Américas o lugar de uma nação diaspórica. No intervalo entre a primeira comemoração do 20 de novembro e a fundação do MNU, a abolição deixou de ser interpretada como um gesto limitado ou incompleto, a exigir uma "segunda abolição". Em vez disso, ela converteu-se numa "falsa abolição" e até mesmo na fonte da exclusão social dos negros.

Abdias elegeu-se suplente de deputado federal em 1982, pelo PDT do Rio de Janeiro, assumindo uma cadeira parlamentar no ano seguinte. Logo depois, da tribuna da Câmara, apresentou um projeto de lei para erigir um Memorial do Escravo Desconhecido na praça dos Três Poderes e defendeu com as seguintes palavras a instituição do 20 de novembro como Dia Nacional da Consciência Negra:

"Não aceitamos as datas convencionais, que simbolizam nossa contínua exploração desde a época escravista, como exemplifica o 13 de maio, dia da falsa abolição."[19] Ironicamente, a principal liderança do movimento negro não só ocultava o sentido popular da luta abolicionista, como também retomava a versão fabricada pelo Império, que atribuía a abolição da escravatura à vontade magnânima da princesa Isabel.

A "falsa abolição" andava lado a lado com a "farsa da democracia racial", que devia ser revelada e denunciada. No Programa de Ação elaborado pelo MNU em 1982, entre as reivindicações "mínimas", constava a "desmistificação da democracia racial brasileira".[20] Os dirigentes negros explicavam, contra todas as evidências, que o racismo subterrâneo brasileiro representa um mal maior que o racismo escancarado americano. A desmistificação da "democracia racial", véu que serviria para esconder um preconceito virulento de raça, tiraria as vendas dos olhos dos negros e propiciaria a difusão de uma nova consciência política. Só assim os negros enxergariam a si mesmos como integrantes de uma raça espoliada num país controlado pelos brancos.

O abolicionismo reuniu brasileiros de todas as cores e classes sociais, homens livres e escravos, numa luta pela igualdade dos indivíduos perante a lei. O 13 de maio passou a ser estigmatizado, pois é uma metáfora antirracial. Em seu lugar, as lideranças negras erguiam uma data alternativa, que remete a Palmares e sustenta uma metáfora racial. No discurso parlamentar em que bradou contra a "falsa abolição", Abdias definiu Zumbi como "herói da luta de libertação no Brasil" e os quilombos de Palmares como "a primeira e única experiência de verdadeira liberdade, harmonia racial e igualitarismo na história do Brasil". A operação simbólica de substituição de uma metáfora pela outra era a senha da adesão das lideranças negras à ideia do separatismo negro: o Brasil deixava de ser visto como uma nação única para se tornar apenas o nome de uma entidade política na qual coabitam as raças branca e negra.

A metáfora de Palmares desdobrou-se numa narrativa mítica. Deise Benedito, da Fala Preta!, uma ONG racialista, escreveu o seguinte:

> O sistema escravagista [...] provocou inúmeras fugas de africanos(as) escravizados(as) para as matas, de onde foram resgatados(as) e recepcionados(as) por bravos(as) guerreiros(as) indígenas que não se subordinaram às investidas de desbravamento e à ocupação de suas terras. [...] Protegidos(as) pelos espíritos das matas, de companheiros(as) de infortúnio, mesmo não dominando a mesma língua, estabeleceram um pacto a favor da sobrevivência, a favor da luta e resistência contra a opressão do colonizador cruel e desumano. [...] Surgiu, em Alagoas, o primeiro e mais complexo campo de resistência, o Quilombo dos Macacos, sede do Quilombo dos Palmares, estrategicamente posicionado. [...] Alicerçados(as) com o conhecimento da agricultura, da agropecuária, da metalurgia, bagagens trazidas do continente africano, aplicando novas formas de escoamento da produção, Palmares tornou-se o primeiro Estado afro-indígena das Américas. Os povos indígenas absorveram a nova forma de governo e foram estabelecidas, em parceria, estratégias de organização contra as invasões.[21]

O Palmares edênico, descrito pela narrativa mítica, era uma sociedade isolada, em luta contra a opressão exterior. O Palmares histórico era um enclave rebelde que mantinha relações de comércio com colonos portugueses e holandeses e núcleos indígenas circundantes. O Palmares edênico era uma sociedade igualitária. O Palmares histórico apresentava estratificação social interna e uma elite dirigente nitidamente definida. O Palmares edênico era o lugar da liberdade, cercado pelo oceano da escravidão. O Palmares histórico era um elemento dissonante, mas integrado ao sistema mercantil-escravista: nos quilombos da serra da Barriga, negros e índios capturados pelos rebeldes trabalhavam em regime de escravidão.

Zumbi, um Espártaco do final do século XVII, não viveu no Brasil, mas num enclave colonial-mercantilista da América portuguesa. Na luta gloriosa e desesperada que liderou, não existia a alternativa de mudar o mundo, mas apenas a de segregar os seus num outro mundo, que foi Palmares. Entretanto, a história da maior contestação de escravos à ordem colonial portuguesa tinha que ser diluída no mito para servir à nova orientação ideológica das lideranças negras de fins do século XX. Celebrar Zumbi tornou-se, então, um modo de apagá-lo como personagem histórico.

Guerra e paz entre as raças

No pensamento jurídico, reparação é a noção segundo a qual uma sentença justa deve compensar adequadamente a vítima de um crime. A reparação típica consiste numa restituição monetária. No direito de guerra, a imposição de reparações pecuniárias, a serem pagas pelas potências derrotadas, tem uma longa história, desde as indenizações pagas por Cartago a Roma, após as Guerras Púnicas, até o Tratado de Versalhes, que impôs à Alemanha a transferência de 132 bilhões de marcos para as potências da Entente. De modo geral, na guerra, as reparações tomaram o lugar da pilhagem, na qual os vencedores saqueavam riquezas dos vencidos, uma prática proibida pelas convenções de Haia, de 1907, e de Genebra, de 1949.

A noção de reparação acompanha toda a trajetória do MNU. No início do movimento, ela sintetizava um programa revolucionário, que continuou a inspirar os núcleos de militantes negros radicais. Os "africanos", da África e da diáspora nas Américas, constituiriam uma única nação em luta contra o "capitalismo branco". A vitória seria possível apenas pela transformação das sociedades e pela superação do capitalismo. A redenção da África e a implantação do socialismo em escala internacional representariam a verdadeira reparação pelos crimes do tráfico de escravos e da escravidão.

Essa versão original da reparação era algo como um eufemismo político. Por meio dele, a luta de classes praticamente se identificava com uma guerra entre raças, travada na arena mundial. Com o tempo, porém, a hegemonia no movimento negro transferiu-se dos núcleos de militantes de esquerda para os ativistas das ONGS racialistas. Financiadas por instituições internacionais e pelo escritório brasileiro da Fundação Ford (FF), as ONGs ocupavam espaços em agências criadas pelo poder público e articulavam-se com acadêmicos engajados no novo campo de estudo das relações raciais. Nesse passo, a noção de reparação conheceu uma reinterpretação de fundo, acomodando-se à ordem política vigente.

O processo de preparação da Conferência Mundial contra o Racismo realizada em Durban, em 2001, praticamente desagregou o MNU. Os seminários e conferências prévios, no Brasil, ficaram sob a coordenação da Secretaria Especial de Direitos Humanos, subordinada à presidência da República. Os dirigentes das ONGs assumiram a linha de frente da articulação, elaborando as propostas que seriam apresentadas no foro internacional. No MNU, apesar da resistência de algumas lideranças, a linha radical das origens foi abandonada pela maior parte da direção. A militância de base debandou largamente, em direção aos partidos de esquerda ou às próprias ONGs.

No Dia da Consciência Negra do ano da Conferência de Durban, o MNU distribuiu um "manifesto" no cortejo organizado no Pelourinho, em Salvador. O panfleto, que assinala o encerramento de um ciclo, combinava precariamente um diagnóstico radical com a nova e moderada versão da reparação. O primeiro parágrafo estava consagrado ao radicalismo superlativo:

> A chegada do invasor português ao território hoje brasileiro significou um verdadeiro assalto à natureza e à humanidade que aqui já se encontravam. Cruéis, violentos, traiçoeiros, estupradores e assassinos, deixavam atrás de si uma devastação sem precedentes na história dos povos. Essa prática genocida deixou um legado histórico de violência e extermínio com saldo de 4,7 milhões de indígenas mortos e 110 milhões de africanos sequestrados e assassinados para garantir a "conquista" das Américas.[22]

Depois da oferenda ritual à narrativa histórica elaborada nas origens do MNU, vinha a novidade. A reparação, de sinônimo da redenção socialista da raça, passava a transitar na esfera mundana dos programas de preferência racial: "o Estado brasileiro tem uma dívida social e histórica para com as populações negras e indígenas e é nesse contexto que se insere o debate sobre as políticas públicas de ação afirmativa".

Na sequência, Abdias escreveu uma mensagem ao Fórum Social Mundial 2002, realizado em Porto Alegre. O texto era quase uma ode ao pan-africanismo oficial, isto é, aos regimes ditatoriais implantados nos países da África independente, e continha dois curiosos equívocos factuais. No primeiro, sem maior significado, Abdias reivindicava a condição de único representante sul-americano no Congresso Pan-Africano de Dar-es-Salaam, em 1974. No segundo, fazia o elogio de um suposto empenho do líder histórico Cyril James em favor da "população afrodescendente brasileira" em Dar-es-Salaam, o que era uma forma traiçoeira de embelezar um encontro controlado pelo governo da Tanzânia e boicotado por James.

Abolição da abolição

O eixo subterrâneo de organização da mensagem era o conceito de nação diaspórica. Mas, na nova conjuntura de Durban, ele servia como um instrumento para a proposição de uma aliança do movimento negro com os regimes africanos:

> No processo preparatório e na Conferência de ONGs em Durban, tive ocasião de sublinhar a necessidade de uma aliança estratégica entre os afrodescendentes da diáspora e os Estados e povos africanos, para fazer prevalecer a tese e a ação das reparações, num sentido amplo que abrange nossos interesses coletivos. [23]

No "sentido amplo" sugerido por Abdias, as reparações teriam "duas direções". De um lado, significariam a remissão das dívidas externas e transferências de recursos e tecnologias para os países africanos. De outro, nos "Estados multiétnicos", a adoção de políticas de ação afirmativa em favor dos "afrodescendentes".

Na sua longa vida, Abdias percorreu diferentes caminhos e oscilou entre posições diversas, às vezes contrastantes, mas nunca deixou de acreditar, como Du Bois, que as raças são os verdadeiros protagonistas da história. Numa entrevista concedida em 2001, quando se aproximava dos 90 anos de idade, o ícone do movimento negro brasileiro afirmou que as raízes de toda a arte, a ciência e a cultura ocidentais são africanas e defendeu a concessão de canais de televisão para "nós, africanos e seus descendentes". Na mesma linha do separatismo negro, reivindicou a criação de "instituições negras de ensino", para que os jovens negros "tenham uma outra versão da história e da realidade".[24]

Durban secou o radicalismo que vicejava no movimento negro brasileiro. A visão de uma guerra entre negros explorados e brancos exploradores deu lugar à perspectiva de um pacto de convivência racial assentado sobre políticas compensatórias de ação afirmativa. A ideia de uma nação única, apoiada no princípio da igualdade dos cidadãos perante a lei, estava praticamente morta entre os dirigentes de um movimento negro entregue ao controle de ONGs racialistas. As utopias revolucionárias das origens do MNU haviam sido trocadas pela proposição de um Brasil confederal, que abrigaria lado a lado uma "nação branca" devedora e uma "nação afrodescendente" credora de reparações.

Um movimento negro cada vez mais integrado às instituições de Estado e às agências públicas definiu uma ampla agenda de reparações coletivas. Sob a inspiração das políticas de ação afirmativa aplicadas em outros países, desfraldaram-se as bandeiras de programas de preferências raciais nas universidades, no serviço público e no mercado de trabalho em geral. Também surgiram reivindicações, amparadas no conceito de *black capitalism*, de programas especiais de apoio a empresários negros. Finalmente, em 2005, emergiu de notórios dirigentes de ONGs racialistas a proposta pragmática de que a reparação pela escravidão assuma a forma de indenizações pecuniárias pagas aos cidadãos negros, individualmente. Uma vereadora de São

Paulo solicitou a abertura de ação coletiva contra a União, por danos materiais e morais causados pela escravidão, e estimou o valor das indenizações em cerca de dois milhões de reais por pessoa.[25]

O mito da raça atravessa toda a história do movimento negro no Brasil. É ele o traço profundo de continuidade entre a FNB e o MNU, e a bússola que serviu de rumo para uma trajetória política tão pouco linear quanto a de Abdias. Ele contaminou até mesmo o pensamento de correntes socialistas, como o grupo de Correia Leite e seu *Clarim da Alvorada*, que tentaram conciliar os conceitos incongruentes de raça e classe social. Contudo, no início do século XXI, em ruptura declarada com as ONGs racialistas hegemônicas, surgiu uma voz dissonante. O ponto fora da curva é o Movimento Negro Socialista (MNS), fundado em São Paulo em 13 de maio de 2006.

"Racismo e capitalismo são as duas faces da mesma moeda". A declaração fundadora do MNS começava com uma citação do sul-africano Steve Biko, o líder do Movimento de Consciência Negra assassinado sob tortura em 1977. Biko rompera apenas parcialmente com o mito da raça; o MNS rompia completamente. Na sua declaração, figurava uma crítica implacável da divisão das nações em etnias ou raças, ilustrada por uma menção a Ruanda e concluída da seguinte forma: "Para nós, o mundo é dividido em classes, e não em etnias."[26]

O MNS nasceu sob o impulso da Esquerda Marxista, uma facção trotskista do Partido dos Trabalhadores (PT). A revolução socialista internacional é o seu horizonte, mas sua intervenção política combina a denúncia do racismo, da violência policial nas periferias e do narcotráfico com uma oposição intransigente às propostas de leis raciais. Numa Carta Aberta dirigida aos parlamentares em 2008, o movimento deplorou a aprovação, na Câmara dos Deputados, de um projeto de lei de cotas raciais nas universidades. O documento também era um grito de alerta contra o chamado Estatuto da Igualdade Racial. "Nenhum democrata que se orgulhe da grande Revolução Francesa [...], que reivindique a República onde todos têm o direito jurídico da igualdade perante a lei, ninguém que aprecie a liberdade e a igualdade pode aceitar esta monstruosidade" – escreveram representantes do MNS de seis estados.[27]

Um ideólogo das cotas raciais, o antropólogo da Universidade de Brasília José Jorge de Carvalho, explicou algo que geralmente é ocultado:

> Aí não há nenhuma discussão do capital, nenhuma proposta socialista, nenhuma proposta renovadora da ordem do capital; todo mundo pode acumular riqueza. Mas, digamos assim, celebra a diversidade. Seja como for, pelo menos alguns passaram a ser bilionários: índios bilionários, latinos bilionários, negros bilionários.[28]

O MNS concorda com o diagnóstico e, por isso mesmo, rejeita a política das raças.

"Paz entre nós, guerra aos senhores!" Eis a conclamação que aparece nos panfletos do MNS, como um chamado à unidade da classe trabalhadora e à luta de classes.

O novo movimento retomou a tradição de celebrar o 13 de maio, restaurando a memória da luta popular abolicionista que destruiu os pilares de sustentação do Império num tempo em que, sob o influxo do movimento negro oficial, a difamação da abolição convertia-se em algo próximo a uma política de Estado no Brasil.

Uma pedagogia da raça

A FNB chegou a ser um movimento social de massas, ao menos no estado de São Paulo. O MNU, com toda a sua relevância ideológica, nunca foi mais que um agrupamento de vanguardas militantes, baseado em estudantes universitários de esquerda. Muitos dos ativistas reunidos a partir da manifestação pública nas escadarias do Teatro Municipal seguiram carreiras acadêmicas, produzindo teses sobre o racismo, a escravidão e o próprio movimento negro. Em conjunto, esse vasto material representa um empreendimento de revisão racialista da história do Brasil.

No ano da fundação do MNU, Abdias publicou o livro *O genocídio do negro brasileiro*. O "genocídio", na sua interpretação peculiar, não era um massacre físico de uma etnia, mas o funcionamento persistente de um racismo mascarado pela noção de democracia racial. Um discurso do líder negro perante uma plenária preparatória à Conferência de Durban trazia como título a frase: "Acusamos o Brasil do crime de racismo, de genocídio contra os povos indígenas e afrodescendentes." Num trecho, o conceito de genocídio era assim articulado: "Refiro-me à discriminação racial dissimulada e negada na retórica, porém firme e eficaz na sua prática de exclusão. [...] São os processos perversos de genocídio que sempre caracterizaram a sociedade brasileira [...]."[29]

Tanto o livro como o discurso representavam uma condenação absoluta da sociedade brasileira em seu conjunto, entendida como uma sociedade da raça branca. Na superfície, Abdias procurava conectar o genocídio, um crime contra a humanidade, a uma reparação, sob a forma de políticas de preferência racial. No fundo, a sua abordagem consagrava um paradigma para a manufatura de uma narrativa histórica. De acordo com ele, a história do Brasil não representava nada mais do que a história de uma sociedade branca genocida. Era preciso, no lugar dela, edificar uma "história do negro", isto é, da nação africana na diáspora brasileira.

O historiador Manolo Florentino explica que o tráfico escravista no Atlântico foi "um mecanismo que, além de reproduzir estruturalmente a força de trabalho na América, também desempenhou um papel estrutural na África". A prova disso: "a oferta africana perdurou por mais de 350 anos sem que, no fundamental, fosse necessário que os traficantes europeus e americanos produzissem diretamente o escravo, ou seja, que o apresassem ou que o exigissem como tributo".[30]

Uma caudalosa historiografia mostrou, conclusivamente, que a produção do escravo – ou seja, a captura e escravização de gente – não era realizada, exceto muito ocasionalmente, pelos europeus. O "papel estrutural" do tráfico na África consistiu em promover a diferenciação social e étnica, propiciando a coagulação de elites nativas que ancoravam sua renda e seu poder no fornecimento de escravos para os traficantes. Aquelas elites nativas constituíram ou fortaleceram Estados, pois o poder estatal representava o "único meio produtor de cativos em grande escala".[31]

O tráfico transatlântico e a escravidão fazem parte da história do sistema colonial-mercantil que articulou na sua teia toda a economia mundial, inclusive a África. Mas Abdias, o MNU e as ONGs racialistas no Brasil escolheram enterrar a sua história, a fim de narrá-los como fenômenos raciais. Sob uma tal perspectiva, os "brancos", como raça, escravizaram e comercializaram os "negros", também entendidos como raça. O crime do tráfico, que teve as dimensões de um genocídio, passa a constituir um ato da "raça branca" e, como consequência, a "raça negra" torna-se credora de uma reparação histórica. No plano político, a narrativa racial da escravidão funciona como fundamento para reivindicar a produção de leis de preferências raciais. No plano simbólico, cumpre a função de instrumento para a produção da raça nas consciências.

A partir da transferência de africanos escravizados para a América portuguesa, desenrola-se o fio de uma história racial do Brasil, cujas sinalizações mais importantes aparecem numa polêmica parlamentar de Abdias com um senador paraense:

> Nenhum valor tem para o opaco congressista paraense as insurreições malês, a Revolta dos Alfaiates, a Balaiada e tantos outros episódios nos quais o negro buscou liberdade e respeito, inclusive entre os escravos participantes da Guerra do Paraguai, das lutas farroupilhas e de consolidação da independência? [...] Não podemos admitir que uma nação erigida sobre a estrutura criminosa da escravatura queira perpetuar os privilégios de uma raça sobre a outra.[32]

Fica-se sabendo, dessa forma, que o "negro" participou como raça das lutas sociais coloniais e pós-coloniais, e também que, desde a escravatura até o fim do século XX, a nação brasileira organiza-se como um sistema de opressão "de uma raça sobre a outra".

A abolição da escravidão foi acompanhada pelo grande ciclo da imigração europeia e japonesa para o Brasil. Uma das motivações originais do projeto imigratório, concebido duas décadas antes da Lei Áurea, era o "branqueamento" da população brasileira. Mas havia outras motivações, de ordem política e econômica. Os imigrantes no sul do Brasil, incorporados como pequenos proprietários de terras, serviram ao objetivo estratégico de povoamento e consolidação da soberania sobre aquela parte do território. No complexo cafeeiro paulista, por meio do colonato, os imigrantes funcionaram como mão de obra barata num sistema flexível de relações de trabalho que propiciou a modernização das fazendas exportadoras. Mas a narrativa histórica racialista interpreta tudo isso como um empreendimento do Estado para assegurar a hegemonia da "raça branca".

> Entre 1890 e 1914, mais de 1,5 milhão de europeus chegaram apenas ao estado de São Paulo, 64% com a passagem paga pelo governo estadual. No entanto, estigmatizados não apenas como desqualificados, mas também como perigosos e desordeiros, os homens negros foram praticamente excluídos do novo mercado de trabalho industrial.[33]

A síntese, escrita por Abdias e Elisa Larkin do Nascimento, converte a complexa trajetória de substituição do trabalho escravo pelo trabalho livre no país em uma conspiração de um Estado racial contra os negros. A exclusão social dos antigos escravos, algo verdadeiro e crucial, é diretamente contraposta a supostos privilégios oferecidos aos imigrantes europeus, uma interpretação que não passa por nenhum teste de evidência histórica.

A caricatura racialista sustenta-se no dogma da raça, que funciona como uma chave mágica para um revisionismo histórico implacável. Se as raças são os verdadeiros protagonistas da história, como creem Abdias e Elisa Larkin, deve existir uma solidariedade de interesses entre o Estado brasileiro e os imigrantes brancos europeus. E, se é assim, os fazendeiros de café e os colonos semiassalariados de suas fazendas, submetidos às mais duras condições de trabalho, não são mais que elementos funcionais de um mesmo ator político e social: a "raça branca", unida contra a "raça negra".

Escravidão e imigração, enxergadas pelos óculos da raça, formam o arcabouço de uma nova maneira de contar a história do Brasil. Mas não basta contá-la em ensaios e artigos. É preciso difundi-la na escola, sob o selo de verdade oficial.

Cartilhas raciais

O ensino público nasceu e se disseminou junto com a consolidação do Estado-nação, a partir do século XIX. Desde o início, a escola foi vista como a fonte mais importante de difusão das identidades nacionais. As aulas de História inscrevem a nação no tempo, por meio da narrativa de um passado pontilhado de façanhas, dramas, tragédias e personagens heróicos. Nas aulas de Geografia, a nação é inscrita no espaço e os jovens estudantes aprendem a reconhecer o "corpo da pátria" entalhado nos mapas. A Literatura, por sua vez, oferece uma torrente de ícones que compõem o imaginário nacional. Na hora do triunfo do racialismo, a escola aparece, uma vez mais, como uma linha de produção de identidades. Às suas funções clássicas, agrega-se a de servir como uma fábrica de identidades raciais. No Brasil do início do século XXI, essa nova função foi estabelecida por

Uma gota de sangue

uma Resolução do Conselho Nacional de Educação que institui diretrizes para a "Educação das Relações Étnico-Raciais", no ensino superior, e para o "Ensino de História e Cultura Afro-Brasileira e Africana", no ensino médio e fundamental.[34]

São pressupostos da Resolução a existência de raças, de uma história e uma cultura afro-brasileiras e, ainda, de uma história e uma cultura africanas. O primeiro pressuposto implica uma abdicação: a escola não denunciará a raça como um fruto do racismo, mas a tratará como entidade histórica e social. O segundo institui a figura dos "afro-brasileiros", que seriam os sujeitos de uma história e os produtores de uma cultura. A contrapartida implícita, mas inevitável, é a instituição das figuras dos "euro-brasileiros" e dos "nativos brasileiros", que complementam o panorama racializado da sociedade brasileira. O terceiro pressuposto condensa o paradigma do pan-africanismo, que descreve a África como pátria de uma raça.

A Resolução define o Brasil como "sociedade multicultural e pluriétnica", consagra oficialmente a categoria racial dos "afrodescendentes" e estabelece, como objetivo do ensino de História e Cultura Afro-Brasileira e Africana, o "reconhecimento e valorização da identidade, história e cultura dos afro-brasileiros". Não se trata, portanto, de discutir na escola o racismo ou o mito da raça, mas de elaborar uma identidade racial, imprimindo-a na história e na cultura. A "cultura", em particular, aparece como sinônimo oculto de "natureza": para a raça existir objetivamente, num tempo de desmoralização do "racismo científico", ela deve emanar das profundezas insondáveis da "cultura".

Os objetivos da Educação das Relações Étnico-Raciais abrangem a divulgação de "atitudes, posturas e valores que eduquem cidadãos quanto à puralidade étnico-racial, tornando-os capazes de interagir e de negociar objetivos comuns que garantam, a todos, respeito aos direitos legais e valorização da identidade, na busca da consolidação da democracia brasileira". Eis o conceito de fundo, sobre o qual se ergue a formulação: a nação está constituída não por cidadãos iguais em direitos, mas por raças distintas que devem aprender a "negociar" objetivos comuns – ou seja, a transigir nos seus supostos interesses raciais a fim de viabilizar a convivência na moldura "pluriétnica" do Brasil.

Há um fio condutor na decisão curricular, que remete a Du Bois. Esse fio consiste na ideia de que as raças são os verdadeiros protagonistas da história, cujo complemento filosófico é a crença numa desigualdade essencial, irremediável, entre os seres humanos. Um Parecer prévio do mesmo Conselho Nacional de Educação, que fundamenta a Resolução, explicita a crença de uma maneira surpreendentemente direta. O texto estabelece uma série de "princípios" a serem seguidos pelas instituições de ensino e pelos professores, entre os quais o "fortalecimento de identidades e de direitos". Este "princípio", por sua vez, "deve orientar para [...] o esclarecimento a respeito de equívocos quanto a uma identidade humana universal".[35]

A diretiva oficial tem as mais amplas implicações. Em nome do essencialismo cultural, e para afirmar identidades raciais, o órgão público responsável pela orien-

334

Abolição da abolição

tação dos sistemas de ensino está negando o núcleo filosófico que rege a Declaração Universal dos Direitos Humanos e inúmeros outros tratados internacionais dos quais o Brasil é signatário. As escolas e os professores são chamados pelo poder de Estado a colidir de frente com todo o movimento de ideias que produziu o conceito contemporâneo de direitos humanos, organizando uma pedagogia da raça.

A intervenção governamental, destinada a inscrever a raça nos sistemas de ensino, oficializa e estimula uma tendência prévia, de produção de materiais escolares que delineiam uma história racial do Brasil. A maior parte dos autores destes materiais participa das redes que conectam o mundo acadêmico às ONGs racialistas. Eles escrevem como militantes de uma causa, não como historiadores ou cientistas sociais. Mas a pedagogia da raça difunde-se amplamente e seus pressupostos ideológicos tendem a aparecer como verdades naturais. Prova disso são os manuais elaborados por especialistas acadêmicos que, mesmo sem um compromisso político com o multiculturalismo ou o movimento racialista, reproduzem os dogmas da revisão historiográfica em curso.

Maria Luiza Tucci Carneiro, historiadora da Universidade de São Paulo com pesquisas relevantes sobre o antissemitismo, escreveu um pequeno livro de apoio didático destinado a estudantes do ensino médio sobre o racismo na história do Brasil. O livro, publicado em 1996, quando o governo Fernando Henrique Cardoso esboçava as políticas de preferências raciais no país, já trazia as grandes linhas do programa de retificação racialista do passado. Na sua introdução, o pilar teórico do texto inteiro aparece sob a forma de uma definição do conceito de raça:

> Raça é a subdivisão de uma espécie, formada pelo conjunto de indivíduos com caracteres físicos semelhantes, transmitidos por hereditariedade: cor da pele, forma do crânio e do rosto, tipo de cabelo, etc. [...] Para a espécie humana, a classificação mais comum distingue três raças: branca, negra e amarela.[36]

A partir desta surpreendente restauração do "racismo científico" do século XIX, cabal a ponto de parafrasear a classificação racial de Blumenbach, a autora desenrola uma trama interpretativa que apresenta a história do Brasil como uma trajetória de opressão dos "negros" pelos "brancos". A meta de conjunto está expressa logo de saída, na mesma introdução, como um programa político: evidenciar a diferença entre o "Brasil *imaginado*, caracterizado pela democracia racial, e o Brasil *real*, racista e antissemita por tradição".[37]

O primeiro passo é distinguir a abolição "imaginada" da abolição "real", que figura no texto como um evento praticamente sem consequências, em virtude da inserção subordinada no mercado de trabalho dos ex-escravos. Não há menção à luta popular abolicionista, provavelmente para não trazer à tona acontecimentos que impugnam a narrativa racializada do passado. Curiosamente, porém, a autora acusa a "maioria branca", representada por "alguns historiadores", de falsear a realidade ao apresentar a abolição como fruto da "bondade" e da "capacidade de iniciativa" das "classes dominantes".[38]

335

Numa narrativa em que a escravidão aparece como um fenômeno racial e a abolição é descartada como um gesto sem maior ressonância, o Brasil republicano converte-se na mera continuidade do Brasil imperial e escravista. A única mudança, anotada no livro, teria sido a substituição da "irracionalidade" do regime escravista pela "racionalidade científica" das novas ideias de superioridade racial que se consolidavam na virada do século XX. Nessa linha, adotando a suposição incorreta de que o "racismo científico" orientou as políticas de Estado na República, a autora desafia os fatos para exibir a era varguista como um momento de triunfo do arianismo e de consagração do "tipo germânico" como "modelo ideal de homem".

O segundo passo é converter o pensamento antirracista de Gilberto Freyre numa ferramenta destinada a iludir o povo, ocultando a opressão e o racismo à sombra do "mito da democracia racial". A pirueta teórica realizada com tal finalidade consiste em estabelecer arbitrariamente uma equivalência entre as visões ideológicas do branqueamento e da mestiçagem. No pastiche resultante, Freyre transforma-se magicamente em arauto tanto da "morenidade" quanto da "branquidão", uma forma providencial de diluir a importância do conflito entre os projetos identitários representados de um lado pelo sociólogo pernambucano e, do outro, pelo arianista Oliveira Viana.

O terceiro passo é diagnosticar a existência perene de um racismo camuflado, mas estrutural, na sociedade brasileira. Esse racismo, "disfarçado de democracia racial", configura uma mentalidade "tão perigosa quanto aquela que é assumidamente declarada".[39] Os jovens leitores aprendem, por essa via, que todo o embate entre a doutrina racista e as ideias antirraciais de valorização da mestiçagem e da miscigenação não aconteceu ou, alternativamente, carece de relevância. No lugar de uma história conflitiva e tensa, pela qual a nação escolheu não trilhar o caminho americano, de produção de uma legislação de segregação racial, o Brasil teria sido vítima de uma genial armadilha das "classes dominantes". Por meio dela, a escravidão teria se perpetuado, transfigurada num sistema tão perfeito quanto invisível de opressão de uma raça sobre a outra.

O livro de Tucci Carneiro nunca alcançou o estatuto de *best-seller*, mas não saiu do mercado. Dez anos depois de sua primeira edição, continuava a ser utilizado por algumas escolas, embora já estivesse longe de representar uma ortodoxia racialista que substituíra os "negros" pelos "afrodescendentes" e adotara o conceito de nação africana na diáspora consagrado pela Conferência de Durban. Ele não marcou época nem estabeleceu algum novo paradigma nas narrativas escolares sobre a história do Brasil. Foi apenas um eco periférico, mas quase pioneiro, do ambicioso projeto de reinvenção racialista do passado que ganhou o selo de política educacional oficial.

Abolição da abolição

Notas

[1] DOMINGUES, Petrônio. "O 'messias' negro? Arlindo Veiga dos Santos (1902-1978)". *Varia História*, Belo Horizonte, v. 22, n. 36, jul.-dez. 2006, p. 522.

[2] DOMINGUES, Petrônio (2006). Op. cit., p. 523.

[3] DOMINGUES, Petrônio (2006). Op. cit., p. 528-529.

[4] RISÉRIO, Antonio. *A utopia brasileira e os movimentos negros*. São Paulo, Editora 34, 2007, p. 363.

[5] NASCIMENTO, Elisa Larkin. *O sortilégio da cor: identidade, raça e gênero no Brasil*. São Paulo, Selo Negro, 2003, p. 243-244.

[6] RISÉRIO, Antonio. Op. cit., p. 369.

[7] NASCIMENTO, Elisa Larkin. Op. cit., p. 257-258.

[8] MAGGIE, Yvonne. "Antirracismo contra as leis raciais". *Interesse Nacional*, n. 3, out.-dez. 2008, p. 30.

[9] GOMES, Arilson dos Santos. "Ideias negras em movimento: da Frente Negra ao Congresso Nacional do Negro". III Encontro Escravidão e Liberdade no Brasil Meridional, Florianópolis, UFSC, 2007, p. 10. Disponível em: <http://www.labhstc.ufsc.br/pdf2007/9.9.pdf>. Acesso em: 12 jun. 2009.

[10] NASCIMENTO, Elisa Larkin. Op. cit., p. 251, ênfases no original.

[11] NASCIMENTO, Elisa Larkin. Op. cit., p. 270.

[12] CARDOSO, Hamilton. "História recente: dez anos do movimento negro". *Teoria e Debate*, n. 2, mar. 1988. Disponível em: <http://www2.fpa.org.br/portal/modules/news/article.php?storyid=3690>. Acesso em: 12 jun. 2009.

[13] NABUCO, Joaquim. *O abolicionismo*. In: SANTIAGO, Silviano (Coord.). *Intérpretes do Brasil*, v. 1. Rio de Janeiro, Nova Aguilar, 2000, p. 32.

[14] NABUCO, Joaquim. Op. cit., p. 35.

[15] MOURA, Clóvis. *Dicionário da escravidão negra no Brasil*. São Paulo, Edusp, 2004, p. 280.

[16] FOLHA DA NOITE. "As commemorações de hoje: palavras do tribuno Vicente Ferreira á *Folha da Noite*", 13 maio 1932. Disponível em: <http://almanaque.folha.uol.com.br/brasil_13mai1932.htm>. Acesso em: 12 jun. 2009.

[17] DOMINGUES, Petrônio (2006). Op. cit., p. 531.

[18] PRADO JR., Caio. *História econômica do Brasil*. São Paulo, Brasiliense, 1984, p. 181.

[19] NASCIMENTO, Abdias do. "Memorial Zumbi e Memorial ao Escravo Desconhecido", Sala das Sessões, 8 jun. 1983. Disponível em: <http://www.abdias.com.br/atuacao_parlamentar/deputado_discursos.htm>. Acesso em: 23 jun. 2009.

[20] DOMINGUES, Petrônio. "Movimento negro brasileiro: alguns apontamentos históricos". *Tempo*, Niterói, v. 12, n. 23, 2007, p. 114.

[21] BENEDITO, Deise. "Pró-cotas: aliança secular", 28 jul. 2006. Disponível em: <http://lpp-uerj.net/olped/AcoesAfirmativas/exibir_opiniao.asp?codnoticias=16942>. Acesso em: 12 jun. 2009.

[22] MOVIMENTO NEGRO UNIFICADO. "O povo negro exige: reparação já!", 20 nov. 2001. Disponível em: <http://br.geocities.com/racismo_nao/mnu.htm>. Acesso em: 12 jun. 2009.

[23] NASCIMENTO, Abdias do. "Mensagem de Abdias do Nascimento ao Fórum Social Mundial 2002", 1 fev. 2002. Disponível em: <http://www.forumsocialmundial.org.br/download/Abdias_do_Nascimento.rtf>. Acesso em: 12 jun. 2009.

[24] NICOLAU JR., Jader. "Abdias do Nascimento: uma vida dedicada a um ideal", 17 dez. 2001. Disponível em: <http://www.portalafro.com.br/entrevistas>. Acesso em: 12 jun. 2009.

[25] MOURA E SOUZA, Marcos de. "Movimento negro busca reparos financeiros por escravidão". *Reuters*, 13 maio 2005. Disponível em: <http://noticias.uol.com.br/ultnot/reuters/2005/05/13/ult27u48933.jhtm>. Acesso em: 12 jun. 2009.

[26] MOVIMENTO NEGRO SOCIALISTA. "Declaração por um Movimento Negro Socialista". 13 maio 2006. Disponível em: <http://www.marxismo.org.br/index.php?pg=artigos_detalhar&artigo=67>. Acesso em: 12 jun. 2009.

[27] MOVIMENTO NEGRO SOCIALISTA. "Carta aberta aos senadores e deputados brasileiros". 15 dez. 2008. Disponível em: <http://www.marxismo.org.br/index.php?pg=artigos_detalhar&artigo=263>. Acesso em: 23 jun. 2009.

[28] AZEVEDO, Celia Maria Marinho de. "Cota racial e Estado: abolição do racismo ou direitos de raça?". *Cadernos de Pesquisa*, v. 34, n. 121, jan.-abr. 2004, p. 229.

Uma gota de sangue

[29] NASCIMENTO, Abdias do. "Pronunciamento de abertura", II Plenária Nacional de Entidades Negras Rumo à III Conferência Mundial contra o Racismo, 11 maio 2001. Disponível em: <http://www.abdias.com.br/exilio/exilio.htm>. Acesso em: 12 jun. 2009.

[30] FLORENTINO, Manolo. *Em costas negras*. São Paulo, Companhia das Letras, 1997, p. 100.

[31] FLORENTINO, Manolo. Op. cit., p. 101.

[32] NASCIMENTO, Abdias do. "Homenagem a Zumbi – Tombamento da Serra da Barriga – Dia Nacional da Consciência Negra", Sala das Sessões, 27 nov. 1985. Disponível em: <http://www.abdias.com.br/atuacao_parlamentar/deputado_discursos.htm>. Acesso em: 23 jun. 2009.

[33] NASCIMENTO, Abdias do & NASCIMENTO, Elisa Larkin. "Dança da decepção: uma leitura das relações raciais no Brasil", 2000. Disponível em: <http://www.beyondracism.org/port_publication_initReport_frameset.htm>. Acesso em> 12 jun. 2009.

[34] CONSELHO NACIONAL DE EDUCAÇÃO. "Resolução nº 1, de 17 de junho de 2004". Disponível em: <http://pfdc.pgr.mpf.gov.br/grupos-de-trabalho/educacao/docs_afrobrasileira/Resolucao_01_CNE.pdf>. Acesso em: 12 jun. 2009.

[35] CONSELHO NACIONAL DE EDUCAÇÃO. "Parecer CNE/CP, nº 3/2004, de 10 de março de 2004". Disponível em: <http://www.crmariocovas.sp.gov.br/pdf/ccs/Diretor2006/DiretorF_parecer3_2004_resolucao1_04.pdf>. Acesso em: 12 jun. 2009.

[36] TUCCI CARNEIRO, Maria Luiza. *O racismo na história do Brasil: mito e realidade*. São Paulo, Ática, 1996, p. 5.

[37] TUCCI CARNEIRO, Maria Luiza. Op. cit., p. 8 (ênfases do original).

[38] TUCCI CARNEIRO, Maria Luiza. Op. cit., p. 16.

[39] TUCCI CARNEIRO, Maria Luiza. Op. cit., p. 7.

Doenças de negros

Bulas são o mais difundido ponto de intersecção entre a literatura médica e o grande público. As pessoas leem as bulas pressupondo, naturalmente, que as informações nelas contidas exprimem a palavra da ciência, um consenso isento de preconceitos. Mas a ciência, como tudo mais, está imersa na cultura.

"Losartana potássica" é o nome do medicamento genérico equivalente ao produto de referência Cozaar, indicado para o tratamento da hipertensão e da insuficiência cardíaca e comercializado pelo laboratório Merck Sharp & Dohme. A bula do genérico, lançado no Brasil em 1999, traz o seguinte trecho, quase idêntico ao da bula do remédio de referência: "os benefícios de losartana potássica na morbidade e mortalidade cardiovascular comparados aos do atenolol não se aplicam a pacientes negros com hipertensão e hipertrofia ventricular esquerda, embora os dois esquemas terapêuticos reduzam efetivamente a pressão arterial em pacientes negros".[1]

A bula não é uma mosca branca. O geneticista Sérgio Pena descobriu que, de 185 medicamentos introduzidos nos EUA entre 1995 e 1998, 15 continham advertências sobre diferenças raciais em sua eficácia ou efeitos colaterais. Hoje, a

Uma gota de sangue

ciência genética sabe perfeitamente que as características icônicas tradicionalmente associadas a grupos "raciais", como a cor da pele ou os traços faciais, "não são parâmetros adequados ou suficientes para escolher o tratamento medicamentoso de um paciente específico". Sabe, ainda, que alegações raciais nada dizem sobre a condição médica de qualquer indivíduo: "se o médico achar que um paciente possa ter um determinado genótipo farmacogenético, ele terá de fazer os exames genômicos apropriados para testar sua suspeita."[2] Entretanto, um passado repleto de conceitos raciais continua a pesar sobre o presente.

Ao longo de cem anos, falharam todas as tentativas de correlacionar as categorias raciais tradicionais com o material hereditário dos indivíduos. Durante a Primeira Guerra Mundial, os imunologistas poloneses Ludwik e Hanka Hirszfeld estudaram as frequências dos grupos de sangue A e B em soldados dos Exércitos coloniais britânico e francês nascidos em diversos continentes e também em prisioneiros de guerra de diferentes regiões da Ásia Meridional. Eles buscavam diferenças essenciais entre os seres humanos, mas, no lugar das raças descritas pelo "racismo científico", pensaram ter encontrado duas "raças bioquímicas" matrizes, cujas miscigenações seriam responsáveis pela grande variedade de frequências sanguíneas na humanidade. Com a descoberta da estrutura e da função do DNA, a aquarela geográfica dos Hirszfeld tornou-se um anacronismo. Contudo, a pesquisa que conduziram representou um golpe na crença em raças, pois as suas "raças bioquímicas" passavam fronteiras tanto no interior da "raça branca" quanto dentro da "raça negra" e reuniam numa mesma categoria populações tão separadas pela geografia quanto os russos e os malgaxes.

O avanço do estudo dos grupos sanguíneos propiciou a produção dos primeiros esboços científicos da variabilidade hereditária da humanidade. As populações continentais apresentam diferenças, às vezes marcantes, nas frequências percentuais dos alelos A, B e O. O fator RH, descoberto na Europa pouco antes da eclosão da Segunda Guerra Mundial, também evidencia diferenças que estão correlacionadas à distribuição geográfica dos grupos humanos. Mas as variações genéticas entre populações mapeadas por meio desses marcadores não ajudaram a sustentar as antigas teorias raciais, que caíam em descrédito.

No pós-guerra, do sangue, os cientistas saltaram para as proteínas. Como as proteínas são produzidas pelo DNA, aquela era uma forma indireta de análise das próprias variações no DNA. Depois, desvendou-se uma parte substancial dos segredos sobre o gene e, na segunda metade dos anos 1980, desenvolveu-se a técnica da reação em cadeia da polimerase (PCR), que escancarou as portas para a análise direta das variações no DNA. Os geneticistas transformaram-se, então, no batalhão avançado da investigação multidisciplinar sobre as origens e as migrações antigas das populações humanas. O empreendimento, que continua a avançar, derrubou as muralhas remanescentes do castelo do pensamento racial.

Os pioneiros Hirszfeld juntaram russos e malgaxes, pois usaram informação insuficiente. O tratamento estatístico de uma massa imensa de informações genéticas eliminou a dificuldade e revelou padrões de variação que ajudam a iluminar a aventura pré-histórica dos seres humanos. Uma conclusão consensual é que a "distância genética" entre populações, isto é, a variação genética média entre elas, aumenta na razão direta da distância geográfica que as separa. Há uma razão simples para isso: as uniões ocorrem, na sua imensa maioria, entre habitantes de uma mesma localidade ou de localidades vizinhas. Decorre daí que o intercâmbio genético é maior num raio próximo e diminui com a distância física. Mesmo assim, dois indivíduos escolhidos casualmente dentro da mesma área geográfica só serão cerca de 5% mais similares entre si do que de um indivíduo qualquer escolhido numa área de outro continente. Na verdade, como comprovou cada um dos mais relevantes mapas genéticos produzidos nas últimas décadas, não é possível encontrar nada parecido com fronteiras de raça no amplo *continuum* cheio de pequenas oscilações que forma a humanidade.

A genética comprovou a unidade racial da espécie humana – uma unidade que se expressa por meio da variação. Há significativas diferenças genéticas entre indivíduos, muito mais relevantes que as variações entre populações. Mais de 85% da variação genética na humanidade ocorre entre indivíduos do mesmo grupo nacional ou linguístico. De um modo bastante previsível, os grupos numerosos e constituídos por ondas imigratórias, como a população dos EUA, apresentam variações internas maiores que os grupos pequenos e relativamente isolados. Pouco mais de 8% da variação genética verifica-se entre populações da "mesma raça" e apenas algo em torno de 6%, entre as chamadas raças.[3]

Os mapas genéticos evidenciaram a carência de significado científico da crença em raças. Tais mapas mostram que não há maior similaridade entre europeus do Oeste e do Leste que entre europeus e africanos. Por outro lado, há significativas diferenças estatísticas entre populações de cidades ou vilarejos vizinhos, o que poderia sustentar uma tese sobre a existência de milhões de raças. Nas palavras de um dos cientistas de referência no estudo da história genética humana:

> Se examinarmos um número suficiente de genes, a distância genética entre Ithaca e Albany, no estado de Nova York, ou entre Pisa e Florença, na Itália, tenderá a ser significativa e, portanto, comprovada cientificamente. Os habitantes de Ithaca e Albany talvez fiquem decepcionados ao descobrir que pertencem a raças distintas. Os moradores de Pisa e Florença talvez se alegrem com o fato de a ciência validar uma antiga desconfiança mútua ao demonstrar suas diferenças genéticas.[4]

A noção de raça, erguida durante a expansão imperial europeia, baseia a sua popularidade num pequeno conjunto de características fenotípicas facilmente identificáveis. Mas o fenótipo é um fraco indicador do genótipo. No plano cientí-

Uma gota de sangue

fico, a classificação racial da humanidade é apenas um reflexo de informações insuficientes. Como sintetizou o biólogo evolucionista Richard Lewontin, "para a vasta maioria das variações genéticas humanas, as categorias raciais clássicas, tal como definidas por uma combinação de área geográfica, cor de pele, formas do nariz e dos cabelos, um tipo sanguíneo ocasional [...] não geram predições úteis das diferenças genéticas".[5]

Se a equação que identifica raça a genes deve ser descartada, não há como sustentar uma conexão entre raça e ancestralidade. A investigação genética é capaz de traçar linhas de ancestralidade, iluminando as fontes geográficas do material hereditário de um indivíduo e sugerindo as grandes linhas dos movimentos migratórios que constituíram os grupos nacionais ou linguísticos. Mas as alegações de pertinência racial apoiadas na aparência das pessoas representam fracos preditores de ancestralidade e, por isso, indícios virtualmente inúteis para finalidades médicas.

No ano 2000, Francis Collins e J. Craig Venter, líderes, respectivamente, das equipes pública e privada dos projetos de mapeamento do genoma humano, declararam conjuntamente que "nós somos todos 99,9% geneticamente iguais, independentemente de raças".[6] Contudo, no mesmo ano, os Institutos Nacionais de Saúde (NIH) americanos criaram uma Rede de Pesquisas Farmacogenéticas (PGRN) com a finalidade de "racionalizar" a Medicina, substituindo a abordagem padronizada na prescrição de medicamentos por um foco nas diferenças genéticas entre grupos humanos, que nos EUA se traduzem nos termos das categorias raciais do censo. Com financiamento público, iniciaram-se pesquisas médicas ancoradas no dogma da raça.

A antropóloga Duana Fullwiley conduziu uma investigação de campo, acompanhando as pesquisas e entrevistando os cientistas de laboratórios pioneiros do PGRN. Ela constatou que o conceito de raça, na forma expressa tradicionalmente pelo censo americano, inscrevia-se como uma espécie de verdade natural na prática cotidiana das pesquisas farmacogenéticas. Nos seus depoimentos, os cientistas e técnicos assumiam como pressupostos operacionais as arcaicas noções raciais, atribuindo às ciências humanas a missão de refletir sobre elas. Indagada sobre o sentido do conceito de raça, uma das cientistas de alto escalão replicou, hesitante: "Meu ponto de vista sobre raça é... é... eu sequer conheço uma ampla definição de raça... qual é a definição aceita de raça. Mas meu ponto de vista sobre raça é que existem três grandes raças – há uma raça caucasiana [...], uma raça africana e [...] uma raça asiática."[7]

O senso comum involuntariamente inspirado no "racismo científico" do passado contaminava o trabalho prático dos laboratórios. Na montagem de grupos de amostra da população americana, os voluntários eram separados segundo as categorias raciais do censo. No censo de 2000, as pessoas tiveram a oportunidade inédita de declarar mais de uma ancestralidade, mas isso não foi visto pelos pesquisadores como uma dificuldade ou uma fonte de reflexão crítica. Os voluntários que haviam declarado ancestralidade mista simplesmente foram alocados na "minoria racial", mais de acordo com o sistema classificatório tradicional. Alguém que tivesse declarado origens "afro-americana" e "branca", por exemplo, convertia-se automaticamente num "afro-americano" para efeitos da pesquisa farmacogenética.

No fundo, implicitamente, os laboratórios eram financiados para encontrar correlações de interesse médico entre genes e raça. Em ciência, procurar antecipada e especificamente alguma coisa é quase todo o caminho andado no rumo de encontrá-la. Assim, apesar de um protocolo explícito pelo qual correlações inferiores a 1% deveriam ser desconsideradas, os cientistas e técnicos passaram a atribuir significados a correlações estatísticas irrelevantes, inferiores àquele patamar – e até mesmo chegaram a se interessar por casos singulares! Por essas estranhas vias, a revolução científica baseada no genoma humano começou a ser contaminada pelos preconceitos científicos anteriores à descoberta do gene.

Política e ideologia desempenham papéis vitais na inversão das expectativas geradas pelo comunicado conjunto de Collins e Craig Venter. Nos EUA, a Associação de Cardiologistas Negros, uma entidade cuja existência encontra amparo apenas na noção de raça, engajou-se numa campanha em favor da droga BiDil, apresentada como o primeiro remédio especificamente racial para a insuficiência cardíaca. Paralelamente, a Universidade Howard, uma instituição historicamente negra de Washington, passou a reivindicar uma pesquisa do genoma dos "afro-americanos". Como qualquer população selecionada para compor uma amostra apresentará diferenças genéticas estatisticamente relevantes em relação a qualquer outra, a pesquisa reclamada pela Universidade Howard estaria fadada a "comprovar" a existência separada de uma "raça negra".

Uma enfermidade pan-africana?

Durante um plantão no posto de saúde onde trabalhava, em 1993, a enfermeira Berenice Kikuchi atendeu seu primeiro paciente que sofria de anemia falciforme. Era um menino negro, de 10 anos, que sofria fortes dores pelo corpo. A enfermeira tornou-se pesquisadora e, quatro anos depois, fundou a Associação de Anemia Falciforme do Estado de São Paulo. No décimo aniversário do encontro da enfermeira com o menino, a associação publicou uma cartilha intitulada "Anemia falciforme: viajemos por essa história...", destinada a difundir informações educativas sobre a doença.[8] A cartilha foi republicada várias vezes, com apoio da Coordenadoria Especial do Negro do Município de São Paulo, uma agência pública, e do Movimento Negro Unificado (MNU).

A figura de capa da cartilha mostra uma família negra composta por um casal e uma criança – um menino com uma bola de futebol – ao lado de um médico, também negro. Organizada como uma história em quadrinhos, a publicação apresenta a África – "continente rico e misterioso", onde "viviam os tataravós de nossos personagens" – como a fonte original da doença. Em seguida, narra a trajetória dos africanos que "foram trazidos para o Brasil" como escravos e lutaram pela liberdade, e oferece uma conclusão intermediária: "como descendentes deste povo é importante saber que a doença começou lá! Porém, outros povos também sofrem com essa doença!". No fim, aparece uma explicação da natureza genética da doença e um convite para que os leitores submetam-se ao exame sanguíneo capaz de determinar a sua ocorrência.

A narrativa de uma doença racial, que funciona como traço de unidade biológica entre a nação diaspórica dos afrodescendentes no Brasil e uma pátria africana, estabeleceu-se pouco antes da publicação da cartilha, a partir do Grupo de Trabalho Interministerial de Valorização da População Negra (GTI) criado na moldura do primeiro Programa Nacional de Direitos Humanos do governo Fernando Henrique Cardoso. Em 1996, o subgrupo de saúde do GTI realizou uma Mesa-Redonda sobre a Saúde da População Negra, da qual emanou uma tipologia de doenças que afetam a população negra. Dos quatro blocos de doenças catalogadas, o primeiro é constituído por enfermidades geneticamente determinadas. Nele, figura destacadamente a anemia falciforme.

Raça e genes funcionam quase como sinônimos, na linguagem do programa de "saúde da população negra" inaugurado naqueles anos. Na tipologia do subgrupo de saúde, as doenças do primeiro bloco são relacionadas à ancestralidade e à etnia, o que tem nítido sentido político e ideológico. "A frase 'berço hereditário, ancestral e étnico' é de fato um eufemismo para doença racial", como registra o antropólogo Peter Fry.[9]

O conceito de "doenças raciais" ganhou um selo oficial, no Brasil, com o lançamento do Programa de Anemia Falciforme (PAF), no mesmo ano de 1996, pelo Ministério da Saúde. O programa respondia a uma demanda de entidades do movimento negro e passava a servir como referência para a elaboração de uma rede discursiva que faz da saúde um campo de batalha do mito da raça. Um marco nesse caminho foi a publicação, pelo mesmo Ministério da Saúde, de um "Manual de doenças mais importantes, por razões étnicas, na população brasileira afrodescendente". Corria o ano de 2001 e, no quadro da preparação da Conferência de Durban, as ONGs racialistas fincavam raízes nas mais diversas agências do poder público.

A introdução do texto, assinada por dois professores do Departamento de Saúde Coletiva da Universidade de Brasília (UnB) caracteriza a "população negra brasileira" como um conjunto com "uma especificidade genética" derivada das miscigenações entre "negros procedentes de diversas regiões da África" e, também, das miscigenações com brancos e indígenas. Desse raciocínio e de uma menção à pobreza dos "afrodescendentes", os autores extraem a conclusão de que é possível "que, do ponto de vista das doenças com forte determinação genética, a população brasileira afrodescendente possa manifestá-las com características próprias [...]".[10] Os autores, acadêmicos especializados em Saúde Pública e Medicina Tropical, aventuram-se livremente no campo da genética. Na introdução que produziram para o documento oficial, sob a inconfundível inspiração de um senso comum enraizado no antigo "racismo científico", tudo se passa como se a raça fosse uma expressão fenotípica do DNA e como se as miscigenações gerassem novas raças biológicas.

De uma ciência médica submetida ao mito da raça à política racialista, pura e simples, o passo não foi grande. O projeto de lei do Estatuto da Igualdade Racial, formulado em 2003, antes de um longo artigo 15° dedicado à anemia falciforme, dispõe no artigo 12° que o quesito raça/cor seja obrigatoriamente introduzido e coletado em todos os documentos em uso no Sistema Único de Saúde, autoriza no artigo 13° o Ministério da Saúde "a produzir, sistematicamente, estatísticas vitais e análises epidemiológicas da morbimortalidade por doenças geneticamente determinadas ou agravadas pelas condições de vida dos afro-brasileiros" e determina no artigo 14° que o Poder Executivo incentive "a pesquisa sobre doenças prevalentes na população afro-brasileira".[11] No projeto de lei, não se trata nem sequer de sugerir pesquisas sobre a hipótese de existência de doenças raciais. Essa hipótese, que desafia os conhecimentos genéticos, é convertida num pressuposto teórico e no ponto de partida tanto de investigações médicas quanto da montagem de bases de dados estatísticos.

A anemia falciforme, que ocupa o lugar estratégico de principal "doença de negros" no discurso racialista, é uma doença com larga variabilidade clínica, envolvendo desde indivíduos com prognóstico muito negativo e sucessivas internações até pacientes quase assintomáticos e com vida normal. A mutação genética adaptativa, que gera células com formato assemelhado a foices, difundiu-se por seleção natural entre populações sujeitas a condições endêmicas de malária, especialmente na África Ocidental, no Mediterrâneo Oriental, na Ásia Menor e na Índia Meridional.

Há uma crucial distinção entre o "traço falciforme" e a anemia propriamente dita. O indivíduo homozigoto, que recebe o gene de pai e mãe, sofre de anemia falciforme. Já o portador do "traço falciforme" não é um doente, mas um heterozigoto, que recebe o gene de apenas um dos genitores e pode transmiti-lo para seus descendentes. O heterozigoto beneficia-se de uma relativa imunidade à malária.

Fora da África, diversas populações apresentam incidência estatística significativa da mutação falciforme. Na África Subsaariana, a mutação não está presente nas populações dos altos platôs etíopes, em diversos grupos do Quênia, Tanzânia, Ruanda, Burundi e Uganda e entre khoisans e shonas da África do Sul e do Zimbábue. "Deve ficar bem claro, então, que a anemia falciforme não é uma 'doença de negros' nem uma 'doença africana', mas sim uma doença eminentemente geográfica, produto de uma bem-sucedida estratégia evolucionária humana para lidar com a malária causada pelo *Plasmodium falciparum*."[12] Similarmente, outras

Uma gota de sangue

doenças tidas como "raciais", entre elas as talassemias, são frutos de adaptações à malária e apresentam difusão geográfica ampla, afetando populações da África, do Oriente Médio e da Ásia. O estudo dos marcadores de DNA dos genes da talassemia, por exemplo, funcionou como instrumento para rastrear antigas migrações gregas, fenícias e malaio-polinésias.

Doenças genéticas não são doenças raciais. O uso da segunda expressão como sucedâneo da primeira constitui um crasso erro científico. Cerca de 93% da variação genética humana ocorre entre indivíduos da mesma região continental, mas algo como 88% da variação no traço fenotípico "cor da pele" verifica-se entre indivíduos das diferentes regiões continentais. A cor da pele – isto é, na linguagem do senso comum, a raça – não é um indicador aceitável das diferenças no DNA humano. Os programas de saúde pública baseados nesse indicador não têm finalidades de saúde pública: são ferramentas políticas a serviço da doutrina racialista.

A importação de um discurso

A Sociedade de Anemia Falciforme, uma fundação estabelecida em Londres em 1979, não se deixou sequestrar pela visão racialista da saúde pública. Diante da questão de um anestesista envolvido na extração de dentes de crianças, que perguntava sobre como delimitar os pacientes que deveriam ser submetidos a testes para a doença, os responsáveis apontaram duas alternativas: submeter todos a testes ou definir grupos de risco a partir de históricos familiares. De qualquer modo, "obviamente não é possível tomar por base nomes com sonoridade estrangeira ou cor da pele".[13] Contudo, nos EUA, ao longo de décadas, pareceu óbvio que a cor da pele representa o mais sólido indicador do grupo de risco da doença.

Walter Clement Noel, um estudante de Odontologia natural de Granada, deu entrada num hospital de Chicago em 1904 sofrendo de "anemia". Noel retornou várias vezes, nos anos seguintes, e a investigação do peculiar afoiçamento de suas células permitiu ao professor James B. Herrick fazer o primeiro diagnóstico clínico da anemia falciforme, embora a doença só viesse a ser assim denominada em 1922. Logo, o diagnóstico de Herrick foi relacionado a relatos de enfermidades em escravos americanos e à literatura médica africana do século XIX. No ambiente intelectual dominado pelo pensamento racial, a doença ficou identificada aos negros e passou a ser vista, nos EUA, como uma espécie de marcador infalível de raça.

A compreensão da doença alcançou um novo patamar em 1949, quando o bioquímico Linus Pauling e colegas publicaram um estudo científico que desvendou a natureza genética do afoiçamento celular. Pela primeira vez na história da Medicina, uma mutação numa proteína específica era identificada como causa de uma enfermidade genética. No mesmo ano, o geneticista James V. Neel estabeleceu

Doenças de negros

a distinção entre o "traço falciforme" e a doença. As descobertas notáveis provavam que a anemia falciforme não é uma condição racial e deveriam ter dissolvido o estigma de raça associado à doença. Nos EUA, entretanto, o estigma não foi abalado e, pelo contrário, reforçou-se com o tempo.

Um discurso médico ancorado no dogma da raça continuou a asseverar que a anemia falciforme era uma "doença de negros", a tal ponto que os brancos diagnosticados como portadores da enfermidade ou do "traço falciforme" tornavam-se suspeitos de serem "realmente" negros. De acordo com as precárias estimativas de meados do século XX, o "traço falciforme" parecia mais comum na África do que nos EUA, enquanto a anemia seria muito mais difundida entre os negros americanos do que entre os africanos. Previsivelmente, num tempo em que permaneciam em vigor as leis antimiscigenação, a aparente disparidade logo foi apresentada como uma possível prova dos efeitos maléficos da mistura de raças.

Paralelamente, e de modo curioso, organizou-se um discurso de intelectuais negros que interpretava a insuficiência de investimentos públicos para controle da doença como um indício de racismo oficial e que, além disso, conclamava os negros a se submeterem a testes para diagnóstico do afoiçamento das células. O tema da "doença racial" converteu-se em pauta quase obrigatória de encontros e simpósios promovidos pela Associação Nacional para o Avanço das Pessoas de Cor (NAACP).

No governo de Richard Nixon, o Estado apropriou-se de tais discursos, incorporando-os às políticas oficiais de saúde. Em 1972, enquanto emitia as ordens executivas que deflagraram os programas americanos de preferências raciais, o presidente assinou a Lei de Controle Nacional da Anemia Falciforme. Mais de duas décadas depois da descoberta da natureza genética da doença, o pronunciamento presidencial de apresentação da nova lei apontava os negros como grupo de risco genérico, assegurando que "ninguém mais" poderia sofrer da mutação. O trecho crucial é o seguinte:

> É com especial prazer que estou hoje assinando a Lei de Controle Nacional da Anemia Falciforme. [...] A doença é particularmente perniciosa porque atinge apenas negros e ninguém mais. Um número estimado de 25 mil a 50 mil indivíduos negros sofre atualmente da doença. Cerca de mil crianças nascem anualmente com anemia falciforme e um número estimado de 2 milhões de americanos negros é portador do traço falciforme.[14]

A nova lei destinava recursos para a testagem, aconselhamento de pacientes, informação, educação e pesquisa científica. Nos seus termos, as pessoas se submeteriam voluntariamente a testes. Em virtude dos pressupostos raciais da lei, expressos no discurso de Nixon, o poder público chamava apenas os negros – "e ninguém mais" – a se submeterem aos testes. Os Panteras Negras, uma das correntes radicais do nacionalismo negro nos EUA, organizaram programas comunitários de testagem.

347

Sob o guarda-chuva da mutação falciforme, articularam-se campanhas identitárias que solicitavam dos negros o desenvolvimento de uma espécie de solidariedade racial em face da mortífera ameaça inscrita nos genes.

Com os programas de preferências raciais e a lei de controle da anemia falciforme, o mito da raça conhecia uma restauração, poucos anos depois de ter sido banido da esfera legal pela Lei dos Direitos Civis. A NAACP, os Panteras Negras e inúmeros outros grupos participavam como coadjuvantes do empreendimento restauracionista conduzido pelo governo Nixon, sob a inspiração ideológica de Arthur Fletcher, o secretário-assistente do Departamento do Trabalho. Havia também os grupos do movimento negro que denunciavam a lei sobre a anemia falciforme, sem contestar seu fundamento racial. Eles desconfiavam em especial do termo "controle", indagando as razões de não se utilizar a palavra "prevenção" e atribuindo ao governo intenções eugênicas ou genocidas.

Os programas de testagem falharam largamente em distinguir a anemia do "traço falciforme" e muitos dos que se submeteram aos testes foram erroneamente informados de que tinham a doença. Por esse motivo, inflaram-se as estatísticas de prevalência da enfermidade, o que contribuiu para a estigmatização social das pessoas com resultado positivo. A discriminação manifestou-se no mercado de trabalho, pela recusa de empregos, e no negócio de seguros de saúde e de vida, por seguradoras que negavam apólices ou cobravam taxas extraordinárias tanto dos portadores do "traço falciforme" quanto dos doentes.

No estado de Nova York, como condição para a obtenção de licenças de casamento, passou-se a exigir dos negros, e apenas deles, a testagem para anemia falciforme. Em 1979, a Força Aérea impôs a testagem compulsória a todos os pretendentes negros e recusou 143 deles sob a alegação de que eram portadores da mutação, embora nenhum tivesse a doença. Em 1981, Stephen Pullens, um ex-cadete da Academia da Força Aérea, portador do "traço falciforme" – que passara nos exames teóricos e físicos, mas tivera seu ingresso recusado –, entrou com uma ação na qual acusava a Força Aérea de discriminação contra negros. Como ele, uma média anual de cinco estudantes havia sofrido recusa sob a mesma alegação. De acordo com Pullens, na hora do anúncio da recusa de admissão, após um segundo teste com resultado positivo, "fizeram com que eu fosse acompanhado por um guarda para garantir que eu não discutiria meu caso com ninguém e negaram-me a possibilidade de novas apelações".[15] No fim, como fruto da ação, que teve o respaldo da NAACP, a Força Aérea recuou na imposição da testagem compulsória.

A discriminação acentuada pela lei americana sobre a anemia falciforme provocou dissensões entre intelectuais e ativistas negros, rompendo o consenso anterior. Muitos deram um passo à frente para dizer que o foco exclusivo na comunidade negra constituía um nítido equívoco científico e um instrumento de perpetuação do preconceito racial. Mas toda a polêmica gerada sobre o tema nos EUA parece incapaz de modificar a abordagem escolhida pela maior parte do movimento negro no Brasil. Uma vez mais, a enfermidade é tratada como uma "doença racial" e, portanto, como uma questão de saúde pública de interesse praticamente exclusivo dos negros.

O paradigma racialista, adotado pelo Ministério da Saúde, desdobra-se em programas de prevenção da doença que preveem o acompanhamento e mesmo a cogestão de entidades do movimento negro. Ninguém proclama abertamente, como Nixon o fez, que a anemia falciforme "atinge apenas negros e ninguém mais". Mas o conteúdo das políticas públicas engendradas a partir de 1996 assenta-se precisamente sobre aquele conceito, ainda que no Brasil não se tenha sugerido um corte racial na testagem da mutação.

Peter Fry apontou uma explicação para a incorporação da visão americana da doença:

> [...] no Brasil, o apoio aparentemente total que os ativistas negros prestam ao PAF significa que a anemia falciforme tornou-se, muito mais que uma doença a ser detectada e tratada, um poderoso elemento na naturalização da "raça negra" (por oposição lógica e política à "raça branca"). Em outras palavras, um marcador de diferença num país onde as delimitações raciais são imprecisas e ambíguas.[16]

A aids no caldeirão racialista

A anemia falciforme funciona como locomotiva de um comboio muito maior. Sob o rótulo da "saúde da população negra", procura-se riscar na pedra da Medicina uma fronteira racial indiscutível. A finalidade do empreendimento não tem relação verdadeira com a saúde. Trata-se de construir, a partir do Estado, uma série de práticas identitárias que, pela sua repetição como rotina, inscrevam nas mentes uma classificação racial bipolar.

O campo de intevenção política da "saúde da população negra" nasceu oficialmente na Conferência Regional das Américas Contra o Racismo, realizada em Santiago (Chile), em 2000, como preparação da Conferência de Durban. No plano de ação do encontro, lideranças feministas e racialistas inscreveram uma requisição dirigida à Organização Pan-Americana de Saúde (Opas) com a finalidade de obter "o reconhecimento de raça/grupo étnico/gênero como variável significante em matéria de saúde" e também a formulação de "projetos específicos para prevenção, diagnóstico e tratamento de pessoas de ascendência africana".[17]

No Brasil, contudo, o movimento já se iniciara anos antes, a partir de ensaios de lideranças como a psicóloga Edna Roland, presidente da ONG Fala Preta! e relatora da delegação brasileira na Conferência de Durban, Jurema Werneck, médica e fundadora da ONG Criola, e Fátima Oliveira, também médica, integrante

349

da Comissão de Cidadania e Reprodução da União Brasileira de Mulheres. O núcleo do argumento delas encontra-se na ideia de que a atribuição dos males da saúde às disparidades socioeconômicas brasileiras não passa de uma artimanha para ocultar as peculiaridades da população negra. Alguns dos textos que produziram dão um passo além, denunciando uma suposta aliança entre acadêmicos e gestores do sistema de saúde com a finalidade de negar a existência de uma fronteira de raça na saúde e na doença.

A fronteira racial está implacavelmente traçada na tipologia elaborada em 1996 pelo subgrupo de saúde do GTI. Após o bloco das enfermidades genéticas, no qual se destaca a anemia falciforme, catalogaram-se três outros blocos de doenças que afetam a população negra. O segundo bloco é constituído por males derivados de condições socioeconômicas e educacionais desfavoráveis e abrange, entre outros, o alcoolismo, a desnutrição, a aids, os transtornos mentais e as doenças do trabalho. O terceiro, por doenças ou condições de tratamento dificultado pela pobreza, como a hipertensão arterial, coronariopatias, insuficiência renal crônica, cânceres e miomas. O quarto, pelo conjunto de condições fisiológicas que, sob o impacto da pobreza, contribuem para a evolução de doenças: crescimento, gravidez, parto e envelhecimento.

Sob os pressupostos complementares de que negros são pobres e pobres são negros, nenhum aspecto da saúde pública deveria ficar a salvo de um corte racial e de políticas definidas pela noção de raça. No fim das contas, a repercussão lógica do documento do subgrupo de saúde seria a bipartição do próprio Sistema Único de Saúde (SUS), com a implantação de um sistema exclusivo para a população negra.

O documento programático sobre a "saúde da população negra" emergiu num contexto marcado por denúncias de lideranças negras e feministas dos programas de esterilização de mulheres pobres conduzidos sob o rótulo do planejamento familiar nas últimas décadas do século XX. Tais programas, financiados por instituições multilaterais e fundações internacionais, foram acusados de empregar um recorte racial, atingindo em maior escala as mulheres negras. Comissões parlamentares de inquérito formadas no Congresso Nacional e em algumas assembleias estaduais investigaram as denúncias, evidenciando que muitas das pacientes não conheciam o caráter irreversível das operações de esterilização. Contudo, nunca surgiram evidências de que os programas tinham um foco racial.

A lógica de fundo das lideranças feministas, que balizou as formulações do subgrupo de saúde do GTI, era a mesma expressa por Abdias do Nascimento. De acordo com ela, os negros brasileiros estariam sujeitos a um genocídio permanente, iniciado com o tráfico de escravos e jamais interrompido. Debaixo do véu da "democracia racial", uma sociedade estruturalmente racista promoveria algo como um genocídio silencioso, cujas manifestações no campo da saúde abrangeriam as supostas campanhas de esterilização em massa de mulheres negras, o descaso do sistema de saúde em relação à população negra e a manutenção de condições sociais propícias ao agravamento das mais variadas doenças.

No governo Lula, as declarações de intenções deram lugar à ação. Instituiu-se, no âmbito do SUS, a rotulação racial nominal de todos os usuários de hospitais e postos de saúde. Em 2004, constituiu-se o Comitê Técnico de Saúde da População Negra, formado por representantes do Ministério da Saúde e da Secretaria da Igualdade Racial (Seppir), com a missão de fiscalizar a aplicação de normas racialistas no SUS. Ao longo desse processo, não só se passou por cima da ausência de uma correlação forte entre genes e raça declarada como também sublimaram-se os problemas lógicos decorrentes da reunião de "pardos" e "pretos" numa "raça negra". A operação racialista na saúde, que é movida inteiramente por uma doutrina política, oculta-se atrás de uma cerrada argumentação supostamente científica ou, como aparece no nome do Comitê formado em 2004, "técnica".

Em 1º de dezembro daquele mesmo ano, Dia Mundial de Luta Contra a Aids, o empreendimento de racialização da saúde pública alcançou um novo território, de elevada visibilidade midiática. Junto com a divulgação regular do boletim epidemiológico anual sobre a aids, pelo Ministério da Saúde, o governo federal anunciou o Programa Integrado de Ações Afirmativas para Negros – Brasil AfroAtitude, uma parceria entre o Programa Nacional de DST/Aids (PN-DST/Aids), a Seppir, a Secretaria de Direitos Humanos da presidência e o Ministério da Educação. O AfroAtitude engajava-se na distribuição de bolsas de estudo destinadas a "contribuir para a formação de estudantes negros como promotores de saúde e de qualidade de vida, e para a produção de conhecimentos no campo da prevenção, aconselhamento e assistência às DST/aids".[18]

A conexão entre os negros e a aids, como fenômeno médico e social, era estabelecida sobre uma rede de ambiguidades. Pedro Chequer, diretor do PN-DST/Aids, esclareceu que "a aids não é uma doença associada à raça negra, tanto que a maioria dos casos registrados é de gente branca", mas enfatizou que a população negra de baixa escolaridade é pouco informada e, portanto, mais exposta à doença.[19] Resguardando, prudentemente, a sua credibilidade técnica, Chequer providenciava uma ponte social de ligação entre a raça e a aids. Ele não disse que toda a população de baixa escolaridade, de todas as cores, está mais exposta ao HIV em virtude da desinformação, pois o reconhecimento do óbvio evidenciaria o sentido político da iniciativa governamental.

O programa de bolsas de estudo respondia a uma demanda das ONGs racialistas que atuam no campo da saúde pública. De acordo com a lógica do AfroAtitude, os futuros agentes de saúde negros teriam as missões de disseminar a ideia de um recorte racial na saúde e na doença e, em especial, de fincar uma bandeira racial no terreno sensível da aids. Pela primeira vez, o celebrado programa brasileiro de aids afastava-se de seu paradigma universalista, sugerindo a existência de um grupo de risco de contornos raciais.

Um ano mais tarde, aquilo que era sugestão converteu-se em uma proposição oficial. Enquanto o governo federal elegia a "população negra" como alvo de uma campanha intitulada "Aids e racismo – o Brasil tem que viver sem preconceito", o ministro da Saúde, Saraiva Felipe, lançava a campanha com a seguinte declaração:

> Resolvemos ter um olhar especial para os brasileiros afrodescendentes porque verificamos um aumento do número de casos de aids entre essa população. Decidimos junto com ONGs, com a Secretaria Especial de Promoção de Políticas de Igualdade Racial e com celebridades negras dar um enfoque, chamando atenção para a vinculação entre racismo, pobreza e aumento dos casos de aids nesse segmento da população brasileira. São pessoas que, por estarem no estrato mais pobre da sociedade, têm menos acesso às informações e aos serviços de saúde, dentro do contexto de pobreza e discriminação racial no país.[20]

O ministro estava dizendo que o racismo, a "discriminação racial no país", e não meramente a pobreza, tinha um impacto na evolução epidemiológica da aids. A sua acusação, jamais demonstrada, dirigia-se implicitamente aos sistemas de saúde e de educação pública, responsáveis pela difusão de informações sobre a prevenção do contágio do HIV. A base tanto de sua declaração quanto da nova orientação de política de saúde para a aids encontrava-se numa interpretação enviesada de estatísticas insuficientes.

Os bancos de dados brasileiros sobre saúde introduziram a variável cor/raça apenas na virada para o século XXI. Nos dados do PN-DST/Aids de 2000, menos de 4% dos registros continham a variável e, em 2005, cerca de 15% dos casos ainda traziam o campo preenchido com o rótulo "ignorado". Nos registros do programa de aids, o item cor/raça é preenchido pelo médico ou agente de saúde, enquanto as estatísticas do IBGE emanam da autodeclaração, o que torna temerária a comparação. Contudo, o governo federal não vacilou em adotar interpretações audaciosas a partir de bases estatística tão limitadas.

Segundo as declarações do ministro da Saúde, a aids cresceria principalmente na direção da "população negra". Analisando as bases estatísticas do próprio Programa Nacional de DST/Aids, Peter Fry e colegas evidenciaram outra realidade. Num momento inicial, a aids instalou-se no Brasil em estratos de renda médios e superiores. Na etapa seguinte, descreveu uma trajetória de expansão, atingindo estratos mais pobres, com menor educação formal, e difundindo-se também entre as mulheres. No intervalo de 2000 a 2005, porém, verificou-se crescimento mais expressivo entre pessoas com escolaridade média ou superior, o que contraria as interpretações oficiais.

O recorte racial das interpretações do governo só se sustenta a partir de uma característica manipulação racialista das estatísticas que consiste em reunir "pardos" e "pretos" no grupo "negro". Na verdade, contudo, os dados sugerem que a epidemia não cresceu, em termos relativos, entre "brancos" ou "pretos", mas apenas entre os "pardos".* A única conclusão geral possível, mesmo assim sujeita a imprecisões decorrentes da qualidade dos dados, é que a epidemia expandiu-se na direção de estratos de classe média que fazem parte do grupo de cor/raça dos "pardos".

Há algo surpreendente aí, que mereceria investigação: a tendência ao crescimento da epidemia em estratos pauperizados parece ter sido revertida. Entretanto, em virtude da influência exercida pela doutrina racialista sobre a política oficial de saúde, substituiu-se uma hipótese relevante por conclusões epidemiológicas patentemente falsas. A "saúde da população negra" representa uma ameaça direta à objetividade técnica das políticas universalistas de saúde pública.

A saúde contra a mestiçagem

A cooperação entre o Ministério da Saúde e a Seppir renovou-se com a organização do I Seminário Nacional de Saúde da População Negra, em agosto de 2004, em Brasília, com a participação de funcionários governamentais, profissionais do SUS e ONGs racialistas. O relatório de apresentação das conclusões do evento é um documento político e programático.[21] Ele repete, ritualmente, cada um dos dogmas que orientam o campo de intervenção da "saúde da população negra".

Ao lado deles, encontra-se uma grave acusação dirigida genericamente contra os profissionais do SUS: o registro de "uma incidência maior de mortalidade materna entre as negras comparativamente às brancas, para a qual concorre o racismo no atendimento, tendo sido constatados, inclusive, casos de maus-tratos contra mulheres negras". A afirmação, que configuraria um escândalo político de amplas proporções, não é acompanhada por evidências nem por providências específicas. Ela funciona, unicamente, como pretexto para a afirmação da necessidade de reorganizar o atendimento prestado pelo sistema de saúde pública segundo linhas raciais.

A introdução do relatório oficial do Seminário traz algo como um manifesto político, no qual se denuncia o racismo, "que determina desigualdades ao nascer, viver e morrer", e se proclama: "Não há democracia racial no Brasil". As proposições gerais aprovadas no evento revelam o avanço do projeto racialista na saúde pública. Solicita-se a implementação da "temática racial" na atenção à saúde do idoso. Reivindica-se a garantia da "diversidade racial" nos cargos de direção e

---

* As conclusões e Fry e colegas no tocante ao item cor/raça permanecem válidas para um período maior de análise, entre 2000 e 2008. Em 2000, 63% das notificações de casos de aids ocorreram entre brancos, 10,1% entre pretos e 25,7% entre pardos. Em 2008, foram 57,7% notificações entre brancos, 9,8% entre pretos e 31,7% entre pardos.

assessoramento dos serviços de saúde nos níveis federal, estadual e municipal. Pede-se a inclusão da "história da população negra" nos concursos públicos de saúde. Sugere-se a realização de uma campanha nacional oficial "sobre o orgulho de ser negro". Não há doente ou doença que escapem a um enquadramento racial.

Pode-se estabelecer conexões entre aids e raça? Na África do Sul, durante uma década inteira, a epidemia de aids foi submetida oficialmente ao filtro das políticas de raça. O então presidente Thabo Mbeki sugeria que a doença não tinha relação com o HIV, mas decorria de algum vírus fabricado em laboratórios ocidentais – isto é, "brancos" – e introduzido na África. A tese conspiratória de Mbeki alinhava-se com uma corrente de opinião influente na África, personificada em figuras como a de Wangari Maathai, a bióloga e líder de uma ONG ambientalista no Quênia agraciada com o Nobel da Paz de 2004, para quem um misterioso vírus da aids teria sido criado com a finalidade de exterminar negros africanos. Como fruto da tese, amparada na visão de mundo racial do pan-africanismo, a adoção de políticas de saúde coerentes de prevenção e controle da epidemia sofreu atrasos irrecuperáveis.

A investigação genética representa, obviamente, uma ferramenta crucial para a definição de estratégias de combate à epidemia de aids, com a condição de que as políticas de saúde não sejam contaminadas pelo mito da raça. Sérgio Pena explica que a exposição prolongada das populações humanas a diferentes elementos tóxicos do ambiente e a diferentes dietas manifesta-se em variações surgidas nos genes de sistemas enzimáticos usados para metabolizar medicamentos. Uma pesquisa mostrou, por exemplo, que um alelo C do gene MDR1, de resistência múltipla a drogas, aparece com frequência de 91% entre africanos de Gana e de 51% entre europeus. Por razões complexas, indivíduos homozigotos para esse alelo podem ter menores concentrações de antirretrovirais no sistema nervoso central, o que teria impactos na eficácia relativa das diferentes drogas empregadas no controle do HIV no organismo.

Daí, inferem-se consequências relevantes para o tratamento de portadores do vírus, mas nenhuma conclusão racial. Nas palavras do geneticista:

> [...] é óbvio que, embora a diferença de frequência do alelo C em Gana e na Europa seja significativa, o alelo está presente em ambas as populações. Assim, o simples fato de um indivíduo ter nascido em Gana ou na Europa seria um indicador extremamente grosseiro e muitíssimo pouco confiável da sua resposta a inibidores de protease antirretrovirais e, na ausência de testes farmacológicos específicos, teria pouca utilidade clínica.[22]

Os iluministas do século XVIII proclamaram a igualdade natural de todos os seres humanos, uma ideia que se chocava com o instituto da escravidão e que funcionou como o motor silencioso da campanha antiescravista na Grã-Bretanha. A genética do final do século XX evidenciou que todos os seres humanos são igualmente diferentes, ou seja, que a individualidade genética das pessoas não se

Doenças de negros

traduz na existência de coletividades raciais. Mas o mito da raça, reinventado pelo multiculturalismo, não apenas sobrevive como procura traçar fronteiras raciais no próprio campo da saúde pública.

No Brasil, a intervenção dos arautos da "saúde da população negra", que é um eco da doutrina pan-africanista, não tem o interesse ou a finalidade de apontar caminhos para a universalização de serviços de saúde de qualidade. A sua meta explícita consiste em solapar a ideia antirracial da mestiçagem, substituindo-a pela imagem de um país dividido em duas raças polares.

Notas

[1] LVBA COMUNICAÇÃO. "Losartana potássica". Disponível em: <http://www.lvba.com.br/portugues/imprensa/release/ems_0815.pdf>. Acesso em: 12 jun. 2009.

[2] PENA, Ségio D. J. "Razões para banir o conceito de raça da medicina brasileira". *História, Ciências, Saúde*. Manguinhos, Rio de Janeiro, v. 12, n. 2, maio-ago. 2005, p. 323.

[3] PENA, Ségio D. J. Op. cit., p. 326.

[4] CAVALLI-SFORZA, Luigi Luca. *Genes, povos e línguas*. São Paulo, Companhia das Letras, 2003, p. 45.

[5] LEWONTIN, Richard C. "Confusions about human races". *Social Science Research Council Web Forum*, 7 jun. 2006. Disponível em: <http://raceandgenomics.ssrc.org/Lewontin>. Acesso em: 12. jun. 2009.

[6] The White House Office of the Press Secretary, Washington, 26 jun. 2000.

[7] FULLWILEY, Duana. "Race and genetics: attempts to define the relationship". *BioSocieties*, v. 2, n. 2. Cambridge University Press, jun. 2007, p. 228-229.

[8] ASSOCIAÇÃO DE ANEMIA FALCIFORME DO ESTADO DE SÃO PAULO. "Anemia falciforme: viajemos por essa história...". Disponível em: <http://pfdc.pgr.mpf.gov.br/publicacoes/docs_manuais-e-cartilhas/anemia_falciforme.pdf>. Acesso em: 12 jun. 2009.

[9] FRY, Peter. "O significado da anemia falciforme no contexto da 'política racial' do governo brasileiro". *História, Ciências, Saúde*. Manguinhos, Rio de Janeiro, v. 12, n. 2, maio-ago. 2005, p. 354.

[10] HAMANN, Edgar Merchán & TAUIL, Pedro Luiz. "Manual de doenças mais importantes, por razões étnicas, na população brasileira afrodescendente – Introdução". Ministério da Saúde, Brasília, 2001. Disponível em: <http://bvsms.saude.gov.br/bvs/publicacoes/cd06_09.pdf>. Acesso em: 12 jun. 2009.

[11] CÂMARA DOS DEPUTADOS. "Projeto de Lei nº 6.264, de 2005". Disponível em: <http://www.camara.gov.br/sileg/integras/359794.pdf>. Acesso em: 12 jun. 2009.

[12] PENA, Ségio D. J. Op. cit., p. 338.

[13] SICKLE CELL SOCIETY – FORUM. Disponível em: <http://www.sicklecellsociety.org/forum.htm>. Acesso em: 14 jun. 2009.

[14] NIXON, Richard. "Statement on Signing the National Sickle Cell Anemia Control Act, 16 maio 1972". Disponível em: <http://www.presidency.ucsb.edu/ws/index.php?pid=3413>. Acesso em: 14 jun. 2009.

[15] THE NEW YORK TIMES. "Air Force Academy sued over sickle cell policy", 4 jan. 1981.

[16] FRY, Peter. Op. cit., p. 365.

[17] MAIO, Marcos Chor & MONTEIRO, Simone. "Tempos de racialização: o caso da 'saúde da população negra' no Brasil". *História, Ciências, Saúde*. Manguinhos, Rio de Janeiro, v. 12, n. 2, maio-ago. 2005, p. 20.

[18] FRY, Peter et al. "Aids tem cor ou raça? Interpretação de dados e formulação de políticas de saúde no Brasil". *Cadernos Saúde Pública*, Rio de Janeiro, 23(3), mar. 2007, p. 498.

[19] WEBER, Demétrio. "Aids cresce entre negros e pardos mais pobres". *O Globo*, 2 dez. 2004. Disponível em: <http://www.sistemas.aids.gov.br/imprensa/Noticias.asp?NOTCod=61376>. Acesso em: 10 jul. 2009.

[20] FRY, Peter et al. Op. cit., p. 498.

[21] MINISTÉRIO DA SAÚDE. I Seminário Nacional de Saúde da População Negra, Brasília, 2007. Disponível em: <http://bvsms.saude.gov.br/bvs/publicacoes/07_0005_M.pdf>. Acesso em: 14 jun. 2009.

[22] PENA, Ségio D. J. Op. cit., p. 340.

A cor da pobreza

O ano de 1968 assinalou o encerramento da etapa inicial, mais branda, da ditadura militar brasileira e o início dos "anos de chumbo". Mas a passagem só aconteceria em dezembro, com a edição do AI-5, que cancelou as liberdades públicas remanescentes. Meses antes da nova legislação, e da sua partida para o exílio nos EUA, Abdias do Nascimento definiu o sentido da intervenção política do Teatro Experimental do Negro:

> [...] o primeiro passo é o negro assumir sua negritude. Ele sofre, é discriminado, por causa da cor de sua pele, que os outros veem. Não adianta a reiteração teórica de que cientificamente não existe raça inferior ou raça superior. O que vale é o conceito popular e social de raça, cuja pedra de toque, no Brasil, se fundamenta – pior do que na declarada luta de raças – num envergonhado preconceito ornamental, em camuflada perversão estética. E tão forte é tal perversão em nosso meio que instilou no próprio negro a má consciência de ser negro.[1]

Abdias já estava nos EUA antes de sair do Brasil. Ele estava dizendo que a "declarada luta de raças", ao estilo americano, era preferível ao "envergonhado

Uma gota de sangue

preconceito ornamental" vigente no Brasil, pois não deixava ao negro outra alternativa senão "assumir sua negritude".

Os EUA interpretaram a si mesmos como uma nação sem nítidas barreiras de classe social, na qual todos têm a oportunidade de ascender economicamente, mas também como um país dividido por fronteiras raciais intransponíveis. O Brasil, bem ao contrário, enxergou-se como uma nação mestiça, miscigenada, pouco afeita a barreiras raciais, mas atravessada por divisas de classe muito marcadas. A desigualdade social, não a diferença de cor, sempre pareceu aos brasileiros representar o verdadeiro desafio político na trajetória de modernização do país. Daí resulta a dificuldade encontrada pelas lideranças negras na constituição de um movimento negro com feições populares.

A Frente Negra Brasileira, apesar de sua configuração ideológica tendente ao fascismo, tornou-se um símbolo celebrado pelas lideranças negras do país, que viram nela um exemplo singular de movimento negro de massas. O antropólogo Peter Fry registrou o dilema existencial, ao constatar que, no Brasil, uma "comunidade negra consciente de si mesma" está restrita "aos militantes negros", e concluir que o objetivo primordial das lideranças negras consiste em criar uma "consciência racial".[2]

Nas condições brasileiras, a produção de uma "consciência racial" passa por uma instância conceitual decisiva, que é elaborar uma identificação entre classe social e raça. Os pobres são negros e os negros são pobres: eis a transição intelectual indispensável para a dissolução dos supostos equívocos gerados pelo imaginário da mestiçagem. O sociólogo Fernando Henrique Cardoso (FHC) ensaiou realizar a transição, mas foi Carlos Hasenbalg quem concluiu o salto teórico rumo a uma sociologia orientada pela taxonomia das raças.

No ano 2001, da Conferência de Durban, num discurso pronunciado durante uma cerimônia de direitos humanos, o presidente FHC rememorou seus tempos de pesquisador no Sul do Brasil: "Nunca me esquecerei de que, nas muitas favelas pelas quais andei, as famílias negras viviam sempre nas áreas mais pobres. O setor mais miserável da favela era onde estavam as famílias negras."[3] As constatações do jovem sociólogo já se organizavam em torno da polaridade brancos/negros, mas não tinham a pretensão de oferecer quadros estatísticos genéricos nos quais as desigualdades sociais emergissem exclusivamente como desigualdades raciais.

Hasenbalg fez exatamente isso. No seu estudo clássico, publicado em 1979, um ano depois do ato de fundação do Movimento Negro Unificado (MNU), erguia-se um edifício estatístico voltado para demonstrar que "a pobreza tem cor e raça", na expressão cunhada mais tarde pelas lideranças racialistas. O sociólogo preocupava-se, essencialmente, em investir contra a interpretação histórica mais ou menos consensual, adotada por Florestan Fernandes, segundo a qual a concentração de

358

"negros" nas camadas mais pobres representava uma herança da escravidão. A sua tese era a de que o preconceito racial e uma insidiosa discriminação conservavam, inapelavelmente, os "negros" na pobreza.

De Hasenbalg em diante, um incansável esforço estatístico acompanha o projeto de reinterpretação da sociedade brasileira sobre linhas raciais. Estatísticas iluminam, esclarecem, enganam e persuasivamente ocultam. Nas palavras de Mark Twain, velhas de um século: "Números muitas vezes me iludem, particularmente quando eu mesmo os organizei, um caso no qual a observação atribuída a Disraeli se aplica frequentemente, com força e justiça: há três tipos de mentiras – mentiras, mentiras detestáveis e estatísticas."[4] A operação crucial no empreendimento estatístico foi a reunião das categorias censitárias "pretos" e "pardos" na categoria ideológica "negros", realizada por determinação do governo FHC, a partir de pressões de ONGs racialistas. Depois, sob a presidência de Lula, a orientação adotada pelo IBGE espalhou-se para todos os órgãos do governo federal.

A regra da autodeclaração de cor/raça fundamenta-se na inexistência de rótulos raciais oficiais no Brasil. Mais de dois quintos dos brasileiros declararam-se "pardos" no censo de 2000. ONGs racialistas esboçaram propostas de substituição de "pardos" e "pretos" por categorias como "negros" ou "afrodescendentes", mas desistiram ao constatar que a mudança provocaria um repentino "embranquecimento" censitário. A solução encontrada para o impasse foi cassar, subrepticiamente, o direito à autodeclaração: as pessoas podem se definir como "pardos" no censo, mas a divulgação de resultados ignorará aquilo que elas dizem. O historiador José Murilo de Carvalho chamou isso de "genocídio racial estatístico".[5] Outros preferiram cunhar o neologismo "pardocídio".

Na Pesquisa Nacional por Amostra de Domicílios (PNAD) de 2004, o valor médio do rendimento das pessoas de dez anos ou mais ocupadas atingia 7,4 salários mínimos para os "amarelos", contra 3,8 para os "brancos", 2,1 para os "pretos" e 2,0 para os "pardos". Os primeiros tinham, em média, 10,7 anos de estudo, contra 8,4 para "brancos", 6,4 para "pretos" e 6,2 para "pardos". Uma leitura objetiva das informações evidenciaria uma difusão maior da pobreza entre "pretos" e mestiços dos mais variados tons de pele. Contudo, a "retificação" propiciada pelo "pardocídio estatístico" conduz à interpretação de que o país divide-se rigidamente em duas raças separadas por um profundo abismo social.

Um ensaio de Abdias do Nascimento e Elisa Larkin Nascimento adjetiva como "arbitrária e subjetiva" a distinção censitária entre "pretos" e "pardos", explicando que "hoje em dia é aceita por consenso a convenção de identificar a população negra" como a soma dos contingentes incluídos em ambas. Como a delinquência estatística tende a dissolver os parâmetros intelectuais de análise mais básicos, os

Uma gota de sangue

autores seguem adiante, afirmam que as categorias "brancos" e "pardos" são "notoriamente inflacionadas" por uma "tendência de os entrevistados afrodescendentes se classificarem como brancos ou mulatos" e concluem que "as estimativas" sobre a participação total da população negra "atingem os 70% a 80%, quando se leva em conta a distorção que resulta do ideal do embranquecimento".[6]

Nitidamente, os autores procuram "retificar" as informações censitárias de modo a encontrar uma raça – os "afrodescendentes" – nas estatísticas demográficas. Os geneticistas mostraram que mais de "70% a 80%" dos brasileiros têm significativa ancestralidade africana, incluídos aí muitos "brancos". Revelaram ainda que a imensa maioria dos "pardos" e uma relevante parcela dos "negros" têm significativa ancestralidade europeia. Mostraram, ademais, que a ancestralidade ameríndia está presente entre os "pardos", principalmente, mas também entre "brancos" e "pretos". Estas extensas e complexas miscigenações não podem ser expressas nas categorias fechadas do censo. Por isso, afirmar que a "população negra" perfaz quatro quintos do total é tão verdadeiro – ou tão falso – quanto dizer que a "população branca" tem essa mesma participação. Já a conclusão sobre uma suposta inflação estatística de "brancos" e "pardos" reflete unicamente um solene desprezo pelas percepções identitárias dos brasileiros.

Depois daquelas observações "metodológicas", os autores entregam-se a comparações estatísticas de indicadores socioeconômicos, educacionais e vitais dos grupos de raça/cor. A radiografia sustenta-se apenas no recurso elementar às médias gerais. São utilizadas tabulações de PNADs da década de 1990 e empregam-se, alternativamente, as categorias "pardos" e "pretos", a categoria "negros" ou uma outra, "não brancos", na qual não se sabe se estão incluídos os "amarelos" e os "indígenas". Em nenhum momento ocorre aos autores que a suposta "inflação" da categoria "brancos", se verdadeira, contaminaria o conjunto das tabelas comparativas, destruindo a confiabilidade de todas as conclusões. Mas a conclusão básica é a de que o Brasil não se distingue da África do Sul do apartheid:

> A hierarquia e a segregação raciais estão [...] estampadas em paisagens contrastantes de luxo e privação, sendo os afro-brasileiros residentes em favelas, mocambos, palafitas [...] em proporção muito maior que sua participação na população em geral. Visitar a Central do Brasil é testemunhar os trens perigosamente dilapidados que levam horas para transportar os trabalhadores, na sua esmagadora maioria negros, [...] para o local de trabalho na capital, cena que lembra a jornada dos negros sul-africanos das *townships* segregadas. O contraste racial entre uma escola pública da Baixada – ou dos subúrbios pobres ou favelas de quase qualquer lugar do Brasil – e uma universidade localizada numa região rica como a Zona Sul do Rio de Janeiro está muito próximo de replicar a diferença entre um colégio de *township* e uma universidade branca na África do Sul. A diferença é que na *township* sul-africana se encontram universidades negras, existentes mesmo sob o regime do apartheid; nas favelas e subúrbios do Brasil, não.[7]

360

A produção da imagem de uma África do Sul das Américas, submetida a um apartheid ainda mais odioso porque oculto pelo "mito da democracia racial", é a meta da investida do racialismo na esfera das estatísticas socioeconômicas. Quase tudo, é claro, pode ser obtido por meio de uma eficiente arrumação de números.

Estatísticas no pau de arara

O projeto estatístico racialista equilibrou-se, na sua etapa inicial, em ensaios interpretativos autorais, que refletiam seletivas arrumações de dados disseminados pelo IBGE, com limitada eficácia política. A dificuldade foi superada pela entrada em cena do Instituto de Pesquisa Econômica Aplicada (Ipea). No governo Lula, o respeitado instituto, surgido em 1964, perdeu gradativamente a autonomia técnica, num processo de sujeição ideológica aos poderosos de turno que culminou com a sua transferência do âmbito do Ministério do Planejamento para o da Secretaria de Assuntos Estratégicos. Durante essa transição, elaborou em parceria com o Fundo de Desenvolvimento das Nações Unidas para a Mulher (Unifem) o estudo intitulado "Retrato das desigualdades", que ganhou uma segunda edição em 2006.

O "Retrato das desigualdades" é assinado por quatro autoras ligadas à rede acadêmica racialista e feminista, mas leva o selo do Ipea, o que lhe confere um caráter quase oficial. Na apresentação, revela-se que a meta do estudo é "disseminar" entre "movimentos sociais, pesquisadores, gestores, parlamentares, estudantes" dados do IBGE "que nos permitem visualizar, de forma explícita e compreensível, as enormes desigualdades que se manifestam entre negros e brancos e homens e mulheres" na educação, no mercado de trabalho e no acesso a bens e serviços. Admitidamente, trata-se não de um estudo sociológico, mas de uma ferramenta política e ideológica. Nas palavras das autoras: um "poderoso instrumento na luta pela construção e garantia da real igualdade entre homens e mulheres e negros e brancos".[8]

É uma declaração esclarecedora. As autoras não pretendem atingir pessoas familiarizadas com estatísticas, mas apenas subsidiar a propaganda racialista oficial. Como norma metodológica, o estudo sintetiza as diferenças de cor/raça da população brasileira em apenas duas categorias: brancos e negros. Todos os gráficos e tabelas trazem a observação de que "a população negra é composta de pretos e pardos", nota técnica na qual se condensa uma doutrina inteira.

A supressão dos "pardos" produz magicamente um Brasil dividido quase exatamente ao meio em duas raças polares, um modelo ideal para os engenheiros de leis raciais. Também oculta, sob o manto utilizado antes por Abdias e Elisa Larkin, a ampla difusão da pobreza entre os mestiços que, de acordo com a classificação censitária, representam 42% da população total e cerca de 70% da população da

Uma gota de sangue

região Norte, onde predomina a miscigenação de "brancos" com "indígenas". O que se mostra e o que se esconde não é irrelevante. O estudo do Ipea baseou-se principalmente nos microdados da PNAD de 2004. As mesmas informações, analisadas por Ali Kamel, sugerem que a pobreza e as carências educacionais são um pouco maiores entre os "pardos" que entre os "pretos".[9] Como há "pardos" dos mais diversos tons de pele, este é um forte indício de que não se encontra no racismo a fonte das desigualdades sociais no país.

Do começo ao fim, o estudo revela uma opção preferencial pelas médias gerais. O procedimento, típico das abordagens estatísticas rudimentares, não decorre de incompetência técnica, mas da paixão ideológica. Ele funciona para torturar os dados até extrair deles as confissões paralelas de que os pobres são pobres por serem negros e de que a pobreza não "gruda" em pessoas de pele menos escura. Contudo, no Brasil, o 1% mais rico da população, constituído essencialmente por "brancos", detém renda superior à dos 40% mais pobres, uma disparidade extrema que puxa para cima todas as médias referentes aos "brancos". As médias escondem os números absolutos de brasileiros pobres que, em 2004, dividiam-se em 34 milhões de "pardos", 19 milhões de "brancos" e 4 milhões de "pretos". Elas ocultam as massas de pobres de pele mais ou menos clara das periferias das cidades do Centro-Sul, do sertão nordestino e das várzeas amazônicas.

A tese de que, no Brasil, as estruturas de classes sociais e de grupos de cor/ raça se identificam tanto quanto nos EUA ou na África do Sul do apartheid não tem sustentação em nenhuma investigação minimamente rigorosa. Uma análise estatística isenta de pressupostos ideológicos, consagrada às desigualdades de renda no Nordeste e baseada em dados da PNAD para todo o decênio 1995-2004, constatou que as diferenças de rendimento no interior de grupos de "raça" são muito mais significativas que as desigualdades entre esses grupos na determinação da desigualdade total.[10] Mas informações como essa não aparecem no estudo do Ipea, pois conflitam com o dogma racialista que deve ser "comprovado".

O jogo da ocultação atinge também o aspecto mais significativo para se entender a pobreza no Brasil, que são as desigualdades socioeconômicas regionais. A emergência do complexo cafeeiro exportador e a subsequente arrancada industrial sacudiram a economia nacional, concentrando as atividades modernas no Centro-Sul. A modernização, espacialmente desigual, refletiu-se em taxas muito diferenciadas de produtividade – e, portanto, de geração de riquezas – entre as regiões do país. Os indicadores vitais, educacionais e de renda evidenciam as profundas disparidades entre o Centro-Sul, de um lado, e o Nordeste e a Amazônia, de outro. Muito do que, visto pelas lentes distorcidas das médias, aparece como desigualdade entre grupos de cor é de fato desigualdade entre regiões.

362

A cor da pobreza

Cerca de três quartos dos "brancos" vivem no Sudeste e no Sul, as regiões mais ricas do país, enquanto 53% dos "negros" – isto é, dos "pardos" e "pretos" – vivem no Nordeste e no Norte, as regiões mais pobres. De modo geral, os "negros" do Sudeste e do Sul apresentam indicadores sociais melhores que aqueles dos "brancos" do Nordeste. Tais cruzamentos de informações brilham pela ausência no estudo do Ipea, certamente em virtude daquilo que revelam: a "questão regional" é muito mais importante que a "questão racial" para explicar as desigualdades sociais brasileiras.

Mesmo as coluninhas dúplices do Ipea, que supostamente "retratam as desigualdades" de uma nação inapelavelmente dividida em raças polares, não são capazes de esconder inteiramente a paisagem dos desequilíbrios entre regiões. Um gráfico que representa a parcela de pobres (no caso, pessoas com renda domiciliar *per capita* inferior a meio salário mínimo mensal) nas cinco grandes regiões acaba evidenciando involuntariamente a falácia do pressuposto racial. Por meio dele, o leitor fica sabendo que a proporção de "brancos" pobres no Nordeste é de 44,6%, muito superior à proporção de "negros" pobres no Sudeste (28,1%), no Sul (28,4%) e no Centro-Oeste (27,6%).[11] Daí, é claro, um esperto manipulador de estatísticas poderia extrair a bandeira política de concessão de privilégios para nordestinos no mercado de trabalho, no serviço público e nas universidades...

Ninguém contesta o fato de que, como fruto da escravidão, a pobreza afeta desproporcionalmente pessoas de pele mais escura. Entretanto, em decorrência das formas pelas quais a economia brasileira ingressou na etapa industrial e se modernizou, a pobreza também afeta desproporcionalmente outros grupos, como os nordestinos e os habitantes do meio rural. A ênfase estatística na cor da pele não tem um valor explicativo especial, mas responde a interesses políticos bem articulados.

A Geografia tem algo a dizer sobre o cenário das desigualdades. Num atlas devotado às disparidades e dinâmicas territoriais no Brasil, os autores construíram, com base nos microdados do censo de 1991, mapas de tipologia dos pobres e ricos por cor da pele.* Os mapas revelam uma fronteira norte/sul no Brasil. No Brasil Setentrional, constituído pelas regiões Nordeste e Norte, por trechos do Centro-Oeste e pelo norte de Minas Gerais, os "pardos" predominam entre os mais pobres e – surpresa! – entre os mais ricos. Simetricamente, no Brasil Meridional, constituído pelo Sul, por São Paulo, pelo sul de Minas Gerais e por trechos do Centro-Oeste, os "brancos" predominam entre os ricos e – surpresa! – entre os mais pobres. As exceções relevantes são apenas pontuais, como o predomínio de "pretos" entre os

---

* Pobres são, aqui, de acordo com a definição oficial de pobreza no Brasil, as famílias com rendimento inferior a três salários mínimos mensais. Ricos, no caso, são famílias com rendimento superior a dez salários mínimos mensais.

Uma gota de sangue

mais pobres no Rio de Janeiro e no Recôncavo Baiano e de "indígenas" entre os mais pobres em algumas áreas amazônicas.[12]

Os mapas do atlas são provas contundentes da existência de uma sociedade de classes, não de castas raciais. Como, no Brasil Meridional, os "brancos" formam a maioria demográfica eles também constituem a maioria dos pobres e dos ricos. E como, no Brasil Setentrional, a maioria populacional é de "pardos", são também "pardos", em sua maioria, os ricos e os pobres. Não é uma África do Sul. Nem mesmo um outro EUA.

Os talentosos 10%

Nos EUA, com Richard Nixon e as ordens executivas do *black capitalism*, delineou-se uma família de políticas raciais destinadas a propiciar o surgimento de uma elite negra no mundo empresarial. Do ponto de vista do governo americano, a estratégia cumpriria a finalidade de amortecer o descontentamento gerado pelas profundas desigualdades econômicas, numa sociedade em que não era fácil distinguir classes sociais de grupos raciais. A elite negra que emergiria a partir dos estímulos do poder público cumpriria a função de um agente da ordem, contribuindo para a estabilidade social e política.

O pensamento multiculturalista, organizado por lideranças negras e pela Fundação Ford, alinhava-se com a visão de Nixon, expressando-a nos seus próprios termos. Se a raça é o alfa e o ômega da história, e se cada raça é portadora de uma "mensagem singular", como dizia Du Bois, então as diversas raças devem ter suas próprias elites. Nos EUA, interpretados como uma entidade multicultural na qual uma "nação branca" convive com uma oprimida "nação afro-americana", a meta da igualdade deveria ser traduzida como igualdade entre raças. Por essa ótica, o surgimento de uma elite negra representaria o passo inicial e decisivo para a elevação da "nação afro-americana" a um patamar político e social compatível com o da "nação branca".

A doutrina americana do *black capitalism* funcionou como fonte de inspiração direta para a África do Sul do pós-apartheid. O *Black Economic Empowerment* foi desenhado com a meta explícita de criar uma elite empresarial negra. O projeto redundou, na prática, no entrelaçamento da elite dirigente do Congresso Nacional Africano a uma nova classe de capitalistas que se estabeleceram sob o amparo do Estado. De modo geral, e apesar de críticas isoladas, o programa de privilégios raciais foi visto com simpatia pelas potências ocidentais, que enxergaram na ascensão da nova classe um seguro contra a perene tentação de ruptura da ordem econômica liberal na África do Sul.

Booker T. Washington, o venerado líder negro americano, contribuiu com um ensaio para a coletânea *O problema negro*, publicada em 1903. Entre os ensaios do livro, encontra-se um pequeno texto de Du Bois, sugestivamente intitulado "Os talentosos 10%", que começa da seguinte forma:

364

> A raça negra, como todas as raças, será salva por seus homens excepcionais. O problema da educação, então, entre os negros, deve antes de tudo tratar dos 10% talentosos; é o problema de desenvolver o melhor desta raça, que pode guiar a massa para longe da contaminação e morte, provenientes da ralé na sua própria e em outras raças.[13]

A visão de uma elite intelectual racial negra, que lideraria a nação-raça, resgatando-a da pobreza e do vício, colocando-a num patamar de igualdade com os brancos, inspirou a criação de instituições negras de ensino superior nos EUA e, mais tarde, pelas mãos de missões religiosas, na África do Sul. Essa mesma visão, traduzida nos termos do multiculturalismo, assegurou o apoio de inúmeras lideranças negras aos programas de preferências raciais implantados nas universidades americanas a partir dos anos 1970. As políticas de cotas raciais para ingresso no ensino superior no Brasil sustentam-se sobre o antigo conceito dos "talentosos 10%" de Du Bois, ainda que seus arautos tentem vendê-las como uma estratégia de redução das desigualdades sociais.

Uma expressão singular das desigualdades sociais brasileiras encontra-se no paradoxo do sistema educacional. No ensino básico, fundamental e médio, a marcha de universalização da educação produziu a bipartição entre o sistema público, utilizado principalmente pelos pobres, e as escolas particulares, destinadas em geral às classes de alta e média renda. O oposto acontece no ensino superior: as vagas nas universidades públicas são ocupadas principalmente pelas classes de alta e média renda, enquanto as instituições privadas, que experimentaram forte expansão, recebem majoritariamente estudantes dos estratos inferiores das classes médias. A natureza elitista da universidade pública evidencia as extremas disparidades de renda do Brasil e, ainda, o descaso oficial em relação à qualidade do sistema público de ensino, nos níveis fundamental e médio. Contudo, os significados do fenômeno são vertidos para a linguagem do racialismo como uma prova da exclusão dos "negros" – não dos pobres, de todas as cores – no acesso à universidade pública.

A PNAD de 2006 revelou que, na faixa etária de 18 a 30 anos, quase 13 milhões de pessoas tinham renda familiar *per capita* igual ou inferior a meio salário mínimo. No interior deste grupo dos mais pobres, 60% classificavam-se como "pardos"; 9%, como "pretos" e 30%, como "brancos". Entre os dois primeiros grupos, apenas 16% tinham o ensino médio completo; entre os "brancos", essa parcela era também bastante baixa, de 21%. Muito poucos, porém, "pretos", "pardos" ou "brancos" prosseguiram os estudos, ingressando no ensino superior – o que indica que a barreira é essencialmente de renda, não de cor. Por razões óbvias, cotas raciais para ingresso na universidade não têm o condão de alterar o panorama de exclusão, que se verifica antes dos exames de acesso e cuja natureza é socioeconômica. Mas elas cumprem um duplo objetivo no projeto de racialização das relações sociais.

Uma gota de sangue

O primeiro é fabricar uma elite intelectual "negra", num sentido fortemente ideológico do termo. No Brasil, como nos EUA, a Fundação Ford e as ONGs que orbitam ao redor da luz de seus financiamentos almejam capturar os estudantes cotistas para a sua causa política, convertendo-os em ativistas do multiculturalismo. Os cotistas, na linguagem utilizada por tais grupos, têm a obrigação moral de compensar o benefício recebido, "voltando" para ajudar a sua "comunidade". A administração da Universidade de Brasília (UnB), uma instituição federal que se colocou na vanguarda da política de racialização, criou um Centro de Convivência Negra destinado a facilitar a cooptação de estudantes cotistas pelas ONGs do movimento negro. De acordo com o site oficial da reitoria, o Centro desempenha as funções de oferecer aos cotistas "informações e formação a respeito da importância de sua presença na universidade" e de servir "como um espaço de debate para toda a comunidade acadêmica, articulando os grupos de opinião existentes na UnB a favor das metas de inclusão racial".[14]

O segundo é fabricar uma comunidade racial consciente de si mesma. Nos EUA e na África do Sul, longas histórias de leis segregacionistas traçaram uma fronteira racial indelével. Todos sabem quem é "branco" e quem é "negro" em países que inscreveram as raças na lei e classificaram oficialmente os indivíduos em grupos definidos pela ancestralidade. No Brasil, pelo contrário, a fronteira racial não existe na consciência das pessoas. O paradigma histórico da mestiçagem, junto com a ausência de leis segregacionistas, impediu a emergência de grupos raciais nitidamente delimitados. Sob uma perspectiva multiculturalista, a produção de uma elite negra demanda, simultaneamente, a construção de uma "raça negra": um grupo social delimitado, que defina os seus interesses em termos raciais e que se organize ao redor das lideranças políticas racialistas.

A esfera da educação é mais propícia à construção de uma consciência racial que o mundo dos negócios. Os programas de cotas raciais para ingresso nas universidades não podem funcionar sem que, a cada candidato inscrito nos exames de acesso, seja colado um rótulo de raça. A dificuldade, inexistente nos EUA e na África do Sul, consiste em estabelecer fronteiras entre "brancos" e "negros", num país em que dois quintos da população se declaram mestiços. O instrumento da autodeclaração de cor/raça, vigente nos censos, não oferece uma solução, pois, ao menos em tese, propicia a todos os candidatos a opção pela declaração mais conveniente para a finalidade prática de conquista de uma vaga no ensino superior. A identidade declarada deve passar por uma certificação oficial. O método tende a evoluir para um sistema nacional e uniforme de classificação racial dos cidadãos – isto é, no fim das contas, para a edificação oficial de uma "raça negra" que compartilha o interesse de conservar as ferramentas de acesso privilegiado às universidades.

366

Tribunais raciais

Donna Shalala, uma americana filha de imigrantes libaneses, ainda não tinha 30 anos no final da década de 1960, quando começou a lecionar Ciência Política na Universidade da Cidade de Nova York (Cuny). Ela logo se tornou uma ativista da Federação Americana dos Professores (AFT), o sindicato nacional da categoria, então envolvido – ao lado da Fundação Ford – numa reforma das escolas públicas de Nova York que se revelaria catastrófica. Na Cuny, Shalala iniciou uma carreira acadêmica e política que a conduziria ao cargo de secretária da Saúde no governo de Bill Clinton. Antes disso, no auge das políticas de ação afirmativa, serviu como reitora da Universidade de Wisconsin em Madison, onde implantou um agressivo programa de acesso preferencial em bases raciais e um estrito e kafkiano código de linguagem baseado nas normas do politicamente correto que foi declarado inconstitucional por um tribunal federal.

Nos anos de reitora em Madison, Shalala pronunciou uma implacável acusação geral que, de passagem, fazia tábula rasa de toda a luta pelos direitos civis: "A universidade é institucionalmente racista. A sociedade americana é racista e sexista. O racismo encoberto é tão maléfico hoje quanto o racismo explícito o era trinta anos atrás."[15] Modestamente adaptada para dar conta do pequeno detalhe de que o Brasil não conheceu nada como as Leis Jim Crow, a acusação de Shalala ressurgiu duas décadas mais tarde, pela boca do reitor da UnB, Timothy Mulholland. O Brasil é um país racista e a UnB é uma universidade de alma racista–, proclamou o dirigente em cuja administração foi consolidado o mais nítido programa racialista no ensino superior brasileiro.[16]

A primeira instituição de ensino superior a adotar um sistema de reserva de vagas por cotas raciais foi a Universidade Estadual do Rio de Janeiro (Uerj), em 2003, a partir de uma lei aprovada na Assembleia Legislativa estadual. No mesmo ano, as cotas raciais foram aprovadas pela Universidade Federal da Bahia (UFBA) e pela Universidade Estadual de Mato Grosso do Sul (UEMS). A UnB começou um ano mais tarde, porém a partir de uma articulação política entre um grupo de professores do Departamento de Antropologia e a Secretaria da Igualdade Racial (Seppir).

Reuniões de órgãos colegiados universitários costumam ser eventos soporíferos, dominados pela rotina burocrática. Mas a sessão do Conselho de Ensino, Pesquisa e Extensão da UnB do início de junho de 2003 representou uma dramática exceção à regra. Presidida pelo então vice-reitor Mulholland, a reunião foi aberta por uma palestra da ministra Matilde Ribeiro, chefe da Seppir, e teve concorrida participação de ativistas de ONGs do movimento negro. As discussões em pauta concentraram-se no plano elaborado pelos antropólogos José Jorge de Carvalho e Rita Laura Segato, que reservava 20% das vagas para candidatos negros. Não estava prevista uma deliberação, mas a ministra e os autores do plano pressionaram por

Uma gota de sangue

uma votação imediata, no que foram secundados pelos ativistas presentes. No fim, com 24 votos favoráveis, uma abstenção e apenas um voto divergente, o colegiado aprovou a implementação do sistema de cotas raciais.

A aplicação do novo método de ingresso ficou a cargo de uma comissão universitária e do Cespe, órgão técnico encarregado dos exames vestibulares na instituição, que decidiu adotar medidas destinadas a coibir a ação de "fraudadores raciais". Sob a inspiração da UEMS, deliberou-se pela certificação da declaração racial por meio do exame de fotografias dos candidatos inscritos no sistema de cotas. O edital oriundo dessa deliberação informava que "o candidato deverá: ser de cor preta ou parda; declarar-se negro(a) e optar pelo sistema de cotas para negro", explicava que os optantes seriam fotografados no momento da inscrição e fazia saber que uma comissão decidiria, com base nas imagens, sobre a homologação da inscrição.[17]

As fotografias constrangeram e confundiram inúmeros candidatos, desde o primeiro vestibular em que o método foi aplicado. Uma dúvida recorrente era se o critério seria a aparência física ou a ancestralidade. Candidatos de pele mais clara foram rejeitados, mesmo com irmãos de pele mais escura e avôs negros descendentes de escravos. Romilda Macarini, diretora geral do Cespe, ofereceu um esclarecimento, afirmando que a comissão homologatória estava encarregada de analisar fenótipos, não ancestralidades. Numa frase reminiscente do "racismo científico", ela explicou: "Eles devem levar em consideração o tom de pele, o tipo de cabelo e os traços do rosto típicos da raça negra."[18]

O tribunal racial da UnB, na sua versão original, filiava-se à tese de Oracy Nogueira, que nos anos 1950 havia proposto a distinção entre o preconceito "de origem", característico dos EUA, e o singularmente brasileiro preconceito "de marca", ancorado na aparência física. Num contundente ensaio crítico, o sociólogo Marcos Chor Maio e o antropólogo Ricardo Ventura Santos desvendaram o sentido da comissão homologatória concebida pelos burocratas da UnB. Essa comissão – constituída por uma estudante, três representantes de ONGs do movimento negro, um sociólogo e um antropólogo – deveria desempenhar o papel de representante dos "olhos da sociedade", identificando os indivíduos que, em virtude de sua aparência, tenderiam a ser alvos de preconceito racial.

No primeiro vestibular do novo sistema, algumas dezenas de candidatos rejeitados pela comissão ingressaram com recursos junto à universidade. A solução encontrada foi exigir dos reclamantes um documento oficial de comprovação de cor e constituir uma segunda comissão, encarregada de entrevistá-los. De acordo com a amarga ironia de Maio e Santos, um comitê de "psicologia racial" encarregava-se de prosseguir o trabalho de certificação de raça iniciado pelo comitê de "anatomia racial".

As universidades pioneiras do sistema de cotas serviram de modelo para muitas outras, de norte a sul do país, que criaram seus próprios programas. No

A cor da pobreza

percurso, incontáveis candidatos conheceram a estranha experiência de serem julgados e condenados como "fraudadores raciais". Alguns casos mais curiosos ganharam as páginas dos jornais, evidenciando os dilemas da identificação da raça numa sociedade marcada pelo imaginário da mestiçagem. Em 2003, a UEMS recusou 76 candidatos que, nas palavras do presidente do Conselho Estadual dos Direitos dos Negros, não exibiam o fenótipo exigido: "lábios grossos, nariz chato e cabelo pixaim".[19] Dione Moura, relatora do plano de cotas da UnB, previra com burocrática tranquilidade o surgimento de casos em que a fronteira da raça homologada separaria irmãos biológicos. Mesmo ela, porém, talvez não esperasse que a fronteira passasse entre gêmeos univitelinos, como ocorreu com Alex e Alan Teixeira da Cunha na inscrição para o vestibular de meio de ano de 2007.

A transição de "preto" para "negro" não apresenta maiores dificuldades, mas a passagem de "pardo" para "negro" pode deflagrar verdadeiros pesadelos identitários. Em 2009, a Universidade Federal de São Carlos (UFSCAR) cancelou a matrícula de Juan Felipe do Nascimento Gomez. A instituição recusou, sucessivamente, uma declaração cartorial de fé pública na qual a mãe do jovem se identificou como "parda" e "afrodescendente", uma certidão de nascimento que identifica a avó materna de Juan como "negra" e um prontuário civil em que a mãe é classificada como "parda". No mesmo ano, a estudante Tatiana de Oliveira teve sua matrícula cancelada na Universidade Federal de Santa Maria (UFSM) menos de um mês após o início do seu curso de Pedagogia. A instituição inscreve candidatos cotistas com base na autodeclaração, mas depois, por meio de uma entrevista, pode rejeitar a matrícula. Tatiana, cujo pai se define como "pardo" e o avô paterno, como "preto", não passou na entrevista.

Na UnB, o método de certificação racial por imagens fotográficas não resistiu à desmoralização provocada pelo caso dos gêmeos univitelinos. O irmão rejeito acabou recorrendo, foi aceito na universidade e, involuntariamente, extinguiu o comitê de "anatomia racial". Todo o processo passou a ser fiscalizado apenas pela comissão designada para entrevistar os candidatos aprovados no sistema de reserva de vagas. A toda-poderosa comissão, que toma decisões irrecorríveis, tem composição sigilosa. A instituição informa apenas que seus integrantes são "docentes, representantes de órgãos de direitos humanos e de promoção da igualdade racial e militantes do movimento negro de Brasília".[20]

A mudança provavelmente agradou a Carvalho e Segato, os mentores do plano original, que haviam declarado em 2004 suas discordâncias em relação à certificação por meio de fotos. Mas a UnB afastou-se do paradigma de Oracy Nogueira. No lugar da "marca" aparente da raça, o seu tribunal racial busca uma "marca" de consciência: a negritude ideológica. As informações fragmentárias sobre as primeiras entrevistas do comitê de "psicologia racial", realizadas ainda no

Uma gota de sangue

tempo em que ele funcionava como instância de recurso, permitem entrever um espetáculo pouco edificante. Segundo o candidato Alex Fabiany José Muniz, que teve seu recurso aceito, "a entrevista tem um cunho altamente político [...] perguntaram se eu havia participado de algum movimento negro ou se tinha namorado alguma vez com alguma mulata".[21]

Brasília pode ser um modelo, mas não está só. A negritude ideológica é, também, o que buscava o tribunal racial da UFSM que condenou Tatiana à perda de sua vaga. Na entrevista, perante um comitê igualmente composto por docentes e representantes de ONGs do movimento negro, a jovem foi questionada sobre a sua percepção do tema da raça e se já havia se sentido vítima de preconceito. "Eu falei que me considero parda. Menos parda do que meu pai, porque minha mãe é branca. Respondi que nunca sofri preconceito e que escolhi me inscrever no sistema de cotas porque ele dá uma chance para que nós, de cor parda, possamos ingressar na universidade. Falei a verdade."[22] Ela falou a verdade errada.

"Uma moça de pele clara e olhos azuis..."

A Constituição brasileira de 1988 é antirracista e define a nação em termos não raciais. No artigo 3º, entre os objetivos fundamentais da República, aparece a promoção do "bem de todos, sem preconceitos de origem, raça, sexo, cor, idade e quaisquer outras formas de discriminação". No artigo 4º, entre os princípios que regem o Brasil nas suas relações internacionais, encontra-se o "repúdio ao terrorismo e ao racismo". No artigo 5º, define-se a prática de racismo como "crime inafiançável e imprescritível, sujeito à pena de reclusão, nos termos das leis". Nada, no texto constitucional, admite a produção de leis raciais.

O fundamento político e jurídico da Constituição situa-se no conceito de igualdade oriundo do projeto republicano da Revolução Francesa de 1789. O multiculturalismo apresenta-se como uma alternativa àquele projeto. Nas palavras do economista Ricardo Henriques, um dos arautos das políticas de preferências raciais no Brasil:

> Nosso desafio é romper com a matriz republicana francesa. Todos nós fomos culturalmente educados e a grande maioria estudou numa base dessa grande matriz francesa universalista, que acha que o imperativo da igualdade é a melhor matriz para fazer qualquer intervenção, tratando todos por iguais. Esta é a estratégia mais cínica de lidar com o problema.[23]

Claro, ele está certo se o "problema" é a produção da "igualdade racial". A meta, que supõe a prévia fabricação de raças, só pode ser alcançada pela ruptura com a "matriz republicana francesa" e a substituição do princípio da igualdade pelo da diferença. Mas a transição de um princípio a outro enfrenta obstáculos que transbordam a esfera estritamente política. Além de obter a aprovação de leis, regras e regulamentos baseados no princípio da diferença racial, o multiculturalismo deve persuadir os brasileiros a se definirem segundo a taxonomia bipolar branco/negro.

Os métodos de persuasão têm sempre o mesmo objetivo, que é a conversão das pessoas que se descrevem como "pretos" e "pardos" para efeitos meramente censitários em integrantes de uma raça negra. A "pedagogia racial", na expressão utilizada por Chor Maio e Ventura Santos, realiza-se por meio de incentivos materiais que fazem diferença na vida prática e nas expectativas dos jovens que completam o ensino médio. Assumir a identidade racial paga o dividendo de uma probabilidade maior de ingresso numa universidade pública, além de abrir a possibilidade de benefícios futuros, sob a forma de bolsas de estudo de graduação ou pós-graduação e estágios em ONGs inseridas em redes acadêmicas e empresariais.

A "pedagogia racial" empregada pela UnB, com os seus comitês de análise de imagens fotográficas ou de declarações identitárias fornecidas em entrevistas, implica o cancelamento da autodeclaração de cor/raça. É uma violência, vestida em andrajos de ciência, que mereceu reprovação formal da Comissão de Relações Étnicas e Raciais da prestigiada Associação Brasileira de Antropologia (ABA): "A pretensa objetividade dos mecanismos adotados pela UnB constitui, de fato, um constrangimento ao direito individual, notadamente ao da livre autoidentificação. Além disso, desconsidera o arcabouço conceitual das Ciências Sociais e, em particular, da Antropologia Social e Antropologia Biológica."[24]

Mas, se os objetivos são invariáveis, os métodos oscilam ao sabor das circunstâncias. Na Universidade Federal do Rio Grande do Sul (UFRGS), a "pedagogia racial" assumiu forma bastante distinta daquela da UnB. A instituição, que adotou um sistema de cotas raciais em 2007, optou por se submeter à autodeclaração dos candidatos. Num périplo por escolas públicas consagrado a explicar as regras do jogo, uma coordenadora do processo de seleção da universidade afastou os temores de estudantes que se descreviam como "pardos", mas tinham o pouco proveitoso rótulo "branco" inscrito em suas certidões de nascimento. Ela explicou que não era a certidão mas a autodeclaração que decidiria o estatuto racial dos candidatos, pois tudo dependia da "aparência".

Na UnB, também é a "aparência" que importa – mas uma aparência interpretada por sábios acadêmicos e iracundos militantes congregados em tribunais raciais. Na UFRGS, ao contrário, a aparência do candidato é definida pelo próprio candidato. O método, que exclui o tipo de violência denunciado pela ABA, resulta em "fluidez racial" muito maior: "brancos", na UnB, podem bem ser "negros", segundo a UFRGS. A carência de uniformidade de critérios, à primeira vista uma fraqueza da "pedagogia racial", tem a sua eficiência. No Rio Grande do Sul, de acordo com o censo de 2000, os "pardos" são apenas 7% e os "pretos", 4%, mas as vagas reservadas para "negros" na instituição federal perfazem 15% do total. O método da autodeclaração e a "fluidez racial" que o acompanha propiciam a oportunidade de "retificar" o perfil demográfico estadual pela progressiva expansão da parcela de "pardos" entre os jovens pré-universitários.

Apesar das suas vantagens, a flexibilidade de critérios não pode perdurar por muito tempo, pois desnuda a tensão explosiva entre dois interesses dos racialistas brasileiros. O primeiro é proclamar que os "negros" representam praticamente metade da população brasileira, o que exige somar na categoria racial os "pardos" aos "pretos". O segundo é traçar uma nítida fronteira entre "brancos" e "negros", de modo a fabricar um sentimento de coesão racial na parcela da população que pretendem representar. O dilema de fundo pode ser expresso da seguinte forma: o que fazer com a massa de mestiços claros que tendem a se inscrever como "negros" nos sistemas de acesso às universidade por cotas raciais a fim de disputar vagas em igualdade de condições com os demais cotistas?

O jovem Juan Felipe está longe de representar uma exceção. Na UFSCAR, cerca de um quarto dos candidatos aprovados por meio do sistema de cotas raciais em 2009 tiveram suas matrículas canceladas em virtude da ação das comissões de certificação de raça. Os tribunais raciais criados nas universidades movem-se de acordo com seu perfil político e sua lógica burocrática. Os ativistas racialistas que formam a maioria de tais comissões acreditam no dogma da raça e, coerentemente com sua crença, rejeitam a "impureza racial". Na mesma direção, a lógica inerente a uma comissão de certificação identitária favorece a busca de "fraudadores". Politicamente, os resultados do processo tendem a destruir o pressuposto de que "pardos" e "pretos" são variantes do mesmo grupo racial. Praticamente, eles geram turbulências intermitentes nos sistema de admissão ao ensino superior, exigindo a intervenção permanente do judiciário.

Na sua seção de cartas dos leitores, o jornal O *Globo* publicou, em 2002, um pequeno texto de César Augusto Nicodemus de Souza. A sua crítica, expressa sob a forma de uma dúvida, esclarece o que está em jogo nas leis de cotas raciais:

> [...] filho de família com raízes no agreste pernambucano, numa região onde houve grande miscigenação, gostaria de saber até que ponto a tonalidade da pele de meus filhos e outras características serão consideradas para a aceitação deles na cota dos [...] negros que terão privilégio em universidades e concursos públicos. A cor de seus olhos e o tipo de cabelo também serão levados em consideração ou a padronização será mediante teste de DNA? [...] Não sei se o fato de ter casado com uma moça de pele clara e olhos azuis poderá vir a prejudicar meus filhos e netos, agora que as vagas nos concursos não serão mais preenchidas só pela competência.[25]

A cor da pobreza

O leitor entendeu perfeitamente o sentido das leis de raça. Elas representam, ao mesmo tempo, uma ofensiva contra o princípio da igualdade perante a lei e uma tentativa de reverter, no plano político, o ideal da mestiçagem sobre o qual se ergueu a nação brasileira.

Notas

[1] NASCIMENTO, Elisa Larkin. *O sortilégio da cor: identidade, raça e gênero no Brasil.* São Paulo, Selo Negro, 2003, p. 314.

[2] FRY, Peter. *A persistência da raça.* Rio de Janeiro, Civilização Brasileira, 2005, p. 177.

[3] KAMEL, Ali. *Não somos racistas.* Rio de Janeiro, Nova Fronteira, 2006, p. 26.

[4] TWAIN, Mark. "Chapters from my autobiography". *North American Review*, n. DCXVIII, 5 jul. 1907, p. 471. Disponível em: <http://www.gutenberg.org/ebooks/19987>. Acesso em: 14 jun. 2009.

[5] FRY, Peter et. al. (Org.). *Divisões perigosas: políticas raciais no Brasil contemporâneo.* Rio de Janeiro, Civilização Brasileira, 2007, p. 111.

[6] NASCIMENTO, Abdias do & NASCIMENTO, Elisa Larkin. "Dança da decepção: uma leitura das relações raciais no Brasil", 2000. Disponível em: <http://www.beyondracism.org/port_publication_initReport_frameset.htm>. Acesso em: 12 jun. 2009.

[7] NASCIMENTO, Abdias do & NASCIMENTO, Elisa Larkin. Op. cit.

[8] PINHEIRO, Luana et al. "Retrato das desigualdades". Brasília, Ipea, 2006, p. 3. Disponível em: <http://lpp-uerj.net/olped/documentos/1907.pdf>. Acesso em: 14 jun. 2009.

[9] KAMEL, Ali. Op. cit., p. 83-84.

[10] SIQUEIRA, Marcelo L. & SIQUEIRA, Márcia L. "Desigualdade de renda no Nordeste brasileiro: uma análise de decomposição". XI Encontro Regional de Economia – ANPEC/BNB, 2006, p. 10. Disponível em: <http://www.bnb.gov.br/content/aplicacao/Eventos/forumbnb2006/docs/desigualdade.pdf>. Acesso em: 14 jun. 2009.

[11] PINHEIRO, Luana et al. Op. cit., p. 56.

[12] THÉRY, Hervé & MELLO, Neli Aparecida de. *Atlas do Brasil: disparidades e dinâmicas do território.* São Paulo, Edusp/Imprensa Oficial, 2005, p. 113.

[13] DU BOIS, W. E. B. "The talented tenth". In: WASHINGTON, Booker T. et al. *The negro problem.* Nova York, J. Pott & company, 1903.

[14] PORTAL UNB – CENTRO DE CONVIVÊNCIA NEGRA. Disponível em: <http://www.unb.br/admissao/sistema_cotas/ccn.php>. Acesso em: 14 jun. 2009.

[15] KIMBALL, Roger "Campus Glasnost". *City Journal*, n. 9, primavera de 1999. Disponível em: <http://www.city-journal.org/html/9_2_sndgs09.html>. Acesso em: 14 jun. 2009.

[16] NOBLAT, Ricardo. "Racismo ou preconceito". *O Globo Online*, 28 mar. 2007. Disponível em: <http://oglobo.globo.com/pais/noblat/posts/2007/03/29/racismo-ou-preconceito-52778.asp>. Acesso em: 14 jun. 2009.

[17] MAIO, Marcos Chor & SANTOS, Ricardo Ventura. "Política de cotas raciais, os 'olhos da sociedade' e os usos da Antropologia: o caso do vestibular da Universidade de Brasília (UnB)". *Horizontes Antropológicos*, n. 23, 2005, p. 12.

[18] MAIO, Marcos Chor & SANTOS, Ricardo Ventura. Op. cit., p. 13.

[19] MAIO, Marcos Chor & SANTOS, Ricardo Ventura. Op. cit., p. 11.

[20] UNIVERSIDADE DE BRASÍLIA. Disponível em: <http://www.unb.br/estude_na_unb/sistema_de_cotas>. Acesso em: 14 jun. 2009.

[21] MAIO, Marcos Chor & SANTOS, Ricardo Ventura. Op. cit., p. 15.

[22] O GLOBO ONLINE. "Estudante se diz parda, mas universidade do Rio Grande do Sul discorda e cancela vaga", 11 abr. 2009. Disponível em: <http://oglobo.globo.com/educacao/mat/2009/04/11/estudante-se-diz-parda-mas-universidade-do-rio-grande-do-sul-discorda-cancela-vaga-755235606.asp>. Acesso em: 14 jun. 2009.

[23] MAGGIE, Yvonne & FRY, Peter. "A reserva de vagas para negros nas universidades brasileiras". *Estudos Avançados* 18 (50), 2004, p. 68.

[24] MAIO, Marcos Chor & SANTOS, Ricardo Ventura. Op. cit., p. 22.

[25] MAGGIE, Yvonne & FRY, Peter. Op. cit., p. 71.

Rios que nunca se encontram

A missão austríaca que conduzia ao Brasil a arquiduquesa Leopoldina de Habsburgo para se casar com o futuro imperador D. Pedro I zarpou num navio em Trieste, em abril de 1817. Com a missão, viajaram os naturalistas alemães Karl Friedrich von Martius e Johann Baptist von Spix, enviados em expedição científica pelo rei da Baviera. As primeiras coleções botânicas foram organizadas com espécies dos arredores do Rio de Janeiro, que já era a sede da Corte. De lá, no fim do ano, em cavalos e mulas, Martius e Spix começaram a longa jornada que os levaria a São Paulo, Minas Gerais, Bahia e o sertão nordestino, São Luís, no Maranhão, e Belém, no Pará, e então, pelos rios Amazonas e Negro, até os domínios ocidentais da Hileia.

Da expedição, nasceu o *Flora brasiliensis*, a maior obra de flora já escrita no mundo, conduzida por Martius até o fim de sua vida, em 1868, e ampliada por outros cientistas até 1906. Paralelamente ao registro detalhado de um número avassalador de espécies e gêneros, a obra esboçou uma pioneira proposta de regionalização geobotânica do Brasil que testemunha o esforço de generalização de um naturalista dedicado à missão de sua época, de descrição implacável da natureza nas suas particularidades.

Uma gota de sangue

O Instituto Histórico e Geográfico Brasileiro (IHGB) foi fundado em 1838, quando Martius já havia assumido uma cátedra na Universidade de Munique e a direção do Jardim Botânico da cidade. Com o IHGB, a elite do Império do Brasil entregou-se à missão de construção da nação, no plano da cultura. Com a meta de erguer nos trópicos uma civilização digna da herança europeia, os integrantes do Instituto encararam o desafio de elaborar uma narrativa nacional. Para esse fim, abriu-se um concurso de monografias baseado numa indagação de cunho metodológico: "como se deve escrever a história do Brasil?". O prêmio de melhor monografia foi parar nas mãos do sábio explorador alemão.

Martius viveu num tempo em que os cientistas não reconheciam as fronteiras das especializações acadêmicas. Seus interesses abrangiam, além das plantas, a Linguística, a Música e a Antropologia. Seu texto premiado, publicado em 1845, sugeria que a narrativa da história do Brasil fosse tecida em torno do eixo da formação do povo brasileiro, a partir da "mescla das raças". A bela metáfora que escolheu foi a confluência de três rios, que simbolizariam as raças branca, negra e indígena.

A proposta de Martius era moderna, arrojada, ainda mais em confronto com o padrão de um tempo em que as narrativas nacionais referenciavam-se nas histórias dinásticas e na geopolítica do território, não no povo. Como seus contemporâneos, o naturalista acreditava na existência de raças humanas e numa inata superioridade dos portugueses, representantes da "raça europeia". Contudo, remando no sentido oposto ao de uma corrente científica em desenvolvimento, ele não associava a miscigenação à degeneração. Imaginava, antecipando o conceito de branqueamento que se tornaria hegemônico no final do século XIX, uma absorção das influências negra e indígena pelo "sangue português". Mas valorizava positivamente as contribuições das duas outras raças e exalava confiança no futuro do Brasil, que derivaria do inédito experimento de "fusão racial".

Louis Agassiz, o naturalista suíço e professor em Harvard, um notório defensor do poligenismo, viajou pelo Brasil entre 1865 e 1866. Dos seus relatos de viagem, emana um ponto de vista contrário ao de Martius. Na miscigenação brasileira, ele enxergou a erosão das melhores qualidades das três "raças", uma trajetória doentia de degradação e degeneração. Poucos anos mais tarde, o francês Arthur de Gobineau exerceria influência significativa na decisão de D. Pedro II de iniciar o empreendimento imigratório como uma ferramenta destinada a contrabalançar os efeitos deletérios da "fusão racial".

O mito de origem do encontro dos rios situa-se na base de uma visão otimista sobre o Brasil, que se desdobraria no pensamento antirracista de figuras como Haddock Lobo, Edgard Roquette-Pinto, Juliano Moreira, Manoel Bomfim, Alberto Torres e Gilberto Freyre. O conceito de degeneração, de Agassiz e Gobineau, é o ponto de partida de uma visão pessimista sobre a nação brasileira, desenvolvida pelas ideias de personagens como Nina Rodrigues, Paulo Prado, Sílvio Romero e Oliveira Viana. Os primeiros elaboraram a narrativa da mestiçagem; os segundos aclimataram no Brasil a narrativa da raça.

As duas narrativas concorrentes desempenham a função de mitos. Mito, no sentido antropológico, não é o contrário de "realidade". Mitos não são mentiras – nem verdades. São fabulações históricas e literárias que conferem um sentido ao passado e projetam o futuro de uma comunidade. As nações escolhem seus mitos de origem, não uma vez, mas repetidamente, ao longo do tempo. Nas crises nacionais, narrativas consolidadas convertem-se em alvos de ofensivas ideológicas e resistem, experimentam mutações ou sucumbem. O Brasil do século XX fez uma escolha pelo mito de origem formulado por Martius. Mas o mito da raça ressurge como alternativa de refundação nacional neste início de século XXI. O debate sobre as leis raciais é, no fundo, uma rediscussão de quem somos e daquilo que queremos ser.

Redenção sem retorno

Jurema Werneck, da ONG Criola, enxerga o Brasil como uma terra de exílio de africanos na diáspora. O conceito de diáspora, assim como no caso dos judeus, veicularia entre os afrodescendentes "a promessa do retorno redentor". Do seu ponto de vista, o "retorno redentor" não é o retorno físico à África, como queria o jamaicano Marcus Garvey, mas um retorno metafórico, mediado pela política. O tráfico escravista transatlântico, explica, "rompeu a relação espacial e geográfica de um povo com sua origem". Entretanto, tal relação "de algum modo vai poder ser perpetuada do ponto de vista cultural e/ou simbólico".[1]

Existe aí um programa de ação. Os brasileiros "pretos" e "pardos" não se enxergam como "afrodescendentes" e não identificam a si mesmos como "um povo" na diáspora. A ativista, inspirada pelo pan-africanismo, é quem define assim a sua própria identidade e a dos "negros" no Brasil. O abismo ideológico que a separa do "povo" em nome do qual pretende falar só pode ser transposto pelo triunfo de uma pedagogia racial. É preciso explicar, incansavelmente, que o Brasil não é uma nação una, mas o território geopolítico habitado por duas raças polares. A persuasão pela palavra é insuficiente. A doutrina deve ser imposta por cima, pelo Estado, que dispõe do poderoso instrumento representado pela edição de leis raciais.

O separatismo negro de Garvey não tinha matizes ou ambivalências. O de Du Bois, fonte de inspiração para o de Werneck, é incompleto e exibe uma evidente oscilação, pois o "retorno" metafórico não equivale ao retorno físico. A ativista descreve a "diáspora africana" como "uma 'nação' sem território e sem Estado, muitas vezes em confronto com estes e seus elementos de afirmação cultural e produção de identidades". É a imagem do confronto entre duas raças, uma dominante e outra subjugada. Entretanto, as coisas não poderiam ser tão simples como o embate entre exércitos numa batalha de trincheiras. Para dar conta de um panorama mais complexo, ela aponta:

> uma importante identificação dos afrodescendentes com elementos descritivos da nacionalidade brasileira, que de forma variável vai fazer pender as estratégias de elaboração da identidade para uma das partes (afro ou brasileira), segundo interesses diversificados colocados em pauta nas disputas de poder na sociedade brasileira, entre negros e brancos fundamentalmente.[2]

O raciocínio pouco esclarece acerca dos dilemas da sociedade brasileira, mas lança um jato de luz sobre as singularidades do racialismo no Brasil. Nos EUA, o termo "afro-americanos", consagrado na linguagem das lideranças negras, indica uma adesão voluntária a duas supostas tradições: a africana e a americana. No Brasil, a tendência predominante entre as lideranças negras inclina-se para o lado do termo "afrodescendentes", que não é idêntico a "afro-brasileiros". É que, de acordo com a visão explicitada por Werneck, a tradição "afro" corresponde aos "interesses" dos "negros", enquanto a tradição "brasileira" corresponde aos dos "brancos".

O modelo de Du Bois sofre uma adaptação, no Brasil, que o aproxima um pouco mais do separatismo negro integral. A explicação do fenômeno, aparentemente paradoxal, encontra-se na diferença entre os desafios políticos com os quais se confrontam os racialistas americanos e brasileiros. Nos EUA, a tradição nacional é mais palatável para o pensamento racialista, pois ela abrange o mito da raça, expresso na regra da gota de sangue única. No Brasil, a tradição deve ser inteiramente rejeitada, pois ancora-se no mito de origem do encontro dos rios, que se manifesta como uma narrativa de mestiçagem.

O movimento negro brasileiro "africanizou-se" sob o impacto da conclusão do ciclo das independências africanas. As colônias portuguesas de Angola, Moçambique, Guiné-Bissau e Cabo Verde tornaram-se Estados soberanos em 1975, no rastro da Revolução dos Cravos em Portugal. Três anos depois, junto com o Movimento Negro Unificado (MNU), apareciam no Brasil os *Cadernos Negros*, uma publicação cuja meta ficava explícita no texto de apresentação: "Estamos no limiar de um novo tempo. Tempo de África, vida nova, mais justa e mais livre e, inspirados por ela, renascemos arrancando as máscaras brancas, pondo fim à imitação. Descobrimos a lavagem cerebral que nos poluía e estamos assumindo nossa negrura bela e forte."[3]

As palavras-chave são "imitação" e "poluía". A tradição brasileira passava a ser vista como algo estrangeiro: uma invenção dos brancos, não o fruto de um encontro histórico criativo entre distintos elementos culturais. Essa tradição alienígena, imposta ao povo africano na diáspora, sujava as mentes, se não os corpos. Voltar-se para a África significava limpar as consciências, higienizar a raça.

A nova atitude teve um impacto popular, limitado no espaço e ambíguo nos significados. O sociólogo Antonio Risério descreve uma "reafricanização carnavalesca" na Bahia, o renascimento dos afoxés e a introdução de blocos "afro" na folia, como o Olodum e o Ilê Aiyê. Também observa que a juventude de Salvador passou a exibir, fora dos dias de folia, batas, abadás, panos da costa, búzios e conchas do mar nos cabelos em tranças.

As novidades da cena cultural baiana não devem ser confundidas com as iniciativas dos grupos organizados e baseados essencialmente no Centro-Sul. Da estética "afro", os militantes partiram para uma recuperação dos mais diversos elementos supostamente originais de uma idealizada "cultura africana". Os negros deviam, como coletividade, substituir a fé cristã por religiões de matriz africana, especialmente o candomblé. Cobrava-se, ainda, a adesão a músicas, danças e até hábitos alimentares que expressariam um passado quase perdido. Como registra Petrônio Domingues, os mais puristas sugeriam que os negros tinham o dever de batizar seus filhos com nomes africanos.

Domingues é um intelectual alinhado com a doutrina racialista, mas também um historiador preocupado com a realidade factual. Ele correlaciona essa fase do movimento negro a "uma campanha política contra a mestiçagem, apresentando-a como uma armadilha ideológica alienadora". De acordo com ele, como contrapartida ao "discurso oficial pró-mestiçagem", os ativistas do movimento negro "defendiam os casamentos endogâmicos e a constituição da família negra". Na sua síntese: "O homem negro teria que, inexoravelmente, casar-se com a mulher do mesmo grupo racial e vice-versa. Por essa concepção, os casamentos inter-raciais produziam o fenômeno da mestiçagem que, por sua vez, redundaria a longo prazo em etnocídio."[4]

Raça tem a ver com sangue: ancestralidade e descendência. As teorias raciais sempre conduzem a um tema que se situa na fronteira imprecisa entre a política racional e os subterrâneos românticos da emoção e dos sentimentos. Este tema é o do matrimônio, da união e da reprodução. Nos EUA, desde o final do século XIX, leis e códigos estaduais proibiram as uniões interraciais – e o interdito só desabou completamente, por um voto da Corte Suprema, três anos após a aprovação da Lei dos Direitos Civis. Na Alemanha de Hitler, a Lei para a Proteção do Sangue Germânico e da Honra Germânica criminalizou casamentos e relações sexuais entre judeus e arianos. Na África do Sul do apartheid, a Lei de Proibição de Casamentos Mistos, inspirada nas leis antimiscigenação americanas, vetou uniões entre brancos e não brancos. Não há um paradoxo verdadeiro no desejo mais ou menos explícito das lideranças racialistas brasileiras de estabelecer uma separação de sangue entre aquilo que definem como duas raças polares.

Uma gota de sangue

"Seres naturalmente ambivalentes"

Kabengele Munanga nasceu no Congo belga, durante a Segunda Guerra Mundial e tornou-se o primeiro antropólogo formado na Universidade Oficial do Congo, em 1969. Com uma bolsa de estudos, começou seu doutorado na Bélgica e o concluiu no Brasil, defendendo tese na Universidade de São Paulo (USP), onde ingressaria como docente em 1980 e viria a alcançar o estágio mais alto da carreira, de professor-titular. O intelectual, um "afro-brasileiro" no sentido literal da expressão e uma das vozes mais respeitadas entre as ONGs racialistas, define o seu segundo casamento como "inter-racial", mas identifica na mestiçagem uma ameaça existencial para os "afrodescendentes" no Brasil.

Rediscutindo a mestiçagem no Brasil é o título de um livro de Munanga. O prefácio da edição de 2004, assinado pelo sociólogo Teófilo de Queiroz Júnior, um colega na USP, apresenta o livro como um alerta para a incapacidade dos "homens brasileiros de saber e de poder" em reconhecer "os prejuízos que a mestiçagem vem causando ao negro no Brasil". Não contente com isso, o prefaciador dá um passo à frente e afirma que é necessário "equipar" o negro para a resistência "à tentação de ser mulato".[5] A miscigenação, para Du Bois, não representava em si mesma um problema e não causava a repulsa que lhe devotava Garvey. Para Munanga e a maior parte das lideranças racialistas brasileiras, a miscigenação é, sim, um problema. Não, talvez, uma contaminação biológica, como chegava a pensar o jamaicano, mas uma espécie de envenenamento ideológico.

A passagem a seguir impressiona, mas é do próprio Munanga e encontra-se na introdução de um livro devotado a discutir o lugar social ocupado pelo mulato:

> Os chamados mulatos têm seu patrimônio genético formado pela combinação dos cromossomos de "branco" e de "negro", o que faz deles seres naturalmente ambivalentes, ou seja, a simbiose de um e de outro, do "branco" e do "negro" [...] os mestiços são parcialmente negros, mas não o são totalmente por causa do sangue ou das gotas de sangue do branco que carregam. Os mestiços são também brancos, mas o são apenas parcialmente por causa do sangue do negro que carregam.[6]

"Seres naturalmente ambivalentes", monstruosidades? "Sangue branco" e "sangue negro"? "Cromossomos" raciais? O professor-titular da USP parece compartilhar a crença do "racismo científico" do século XIX na existência biológica de raças humanas, expressando-a curiosamente numa linguagem decalcada da ciência genética. Mas ele vai adiante, abandonando o domínio da Biologia para esclarecer uma doutrina política:

> Se, no plano biológico, a ambiguidade dos mulatos é uma fatalidade da qual não podem escapar, no plano social e político-ideológico eles não podem permanecer "um" e "outro", "branco" e "negro"; não podem se colocar numa posição de indiferença ou de neutralidade quanto a conflitos latentes ou reais que existem entre os dois grupos, aos quais pertencem, biológica e/ou etnicamente.[7]

380

Na "guerra das raças" de Munanga, os mulatos – esses tristes monstros subordinados pela Biologia a um destino de ambivalência – devem escolher um lado. Se escolherem desaparecer, assumindo lugares definidos no esquema bipolar das raças, estaria aberto o caminho para a reinvenção do Brasil. Como nos EUA, na Alemanha nazista e na África do Sul do apartheid, cada um conheceria precisamente a sua identidade e o seu lugar.

Começar de novo?

O deputado federal Chico Alencar, uma liderança do PSOL, partido situado à esquerda do PT, relatou um projeto de lei de autoria da senadora Roseana Sarney, herdeira do clã do ex-presidente José Sarney. Na sua forma original, o projeto determinava a fixação de três datas comemorativas para os "segmentos étnicos nacionais": o Dia do Índio, 19 de abril, em homenagem aos "povos autóctones"; o Dia do Descobrimento, 22 de abril, dedicado à chegada do "branco europeu"; o Dia da Consciência Negra, 20 de novembro, consagrado a "celebrar o negro". O substitutivo proposto pelo relator em 2007 não alterava a natureza do projeto, mas conferia-lhe tonalidades "combativas", renomeando o 19 de abril como Dia de Luta dos Povos Indígenas e transformando o 20 de novembro em feriado nacional.[8]

Há uma lógica férrea no pensamento racial, que funciona como alicerce subterrâneo do projeto de lei da improvável dupla Sarney-Alencar. Essa lógica pode ser expressa assim: uma raça só ganha existência no interior do grande painel das raças – isto é, o "negro" precisa do "branco" para ser negro, e vice-versa. A "consciência negra", quando incrustada na letra da lei, conduz em algum momento à manufatura legal de uma "consciência branca". De fato, para todos os efeitos, a novidade do projeto das datas étnicas encontra-se na produção de um "Dia do Branco" como complemento racialista indispensável do "Dia do Negro".

As nações, como explicaram os historiadores Terence Ranger e Eric Hobsbawm, são fábricas de "invenção das tradições". A narrativa do "encontro das três raças", construída ao longo de cem anos, entre a independência e o início do século XX, configura um mito imaturo, inacabado, aberto à interpretação do futuro. Inicialmente, ele foi preenchido pela proposição da harmonia. Depois, a crítica histórica evidenciou a dor e a opressão como elementos nucleares do sistema escravista, bem como o lento genocídio fragmentário que dizimou os povos indígenas. Mas nada disso abalou os alicerces de um mito fundamentalmente antirracial que, desde a metáfora da confluência dos rios, propiciou à nação uma utopia positiva.

Visto superficialmente, o projeto de lei inscreve-se na linha de continuidade do mito original. Mas, na verdade, o seu significado é o oposto disso: a instituição de três datas étnicas associadas a grupos raciais representa uma negação da mistura de águas anunciada por Martius. Os rios celebrados pelo projeto de lei são cursos

Uma gota de sangue

d'água paralelos, que drenam terras contíguas, mas nunca se encontram. Não há nada de fortuito na proposição emanada dos esforços combinados dos dois parlamentares situados em lugares aparentemente tão distantes no espectro político. Ela reflete a reação ideológica contra a narrativa da mestiçagem e, no fim das contas, coagula a imagem de um país reinventado como espaço geopolítico onde coexistem nações distintas, separadas pelo sangue.

No Brasil, as pesquisas sobre atitudes diante do racismo oferecem resultados curiosos e, ao mesmo tempo, esclarecedores. Diversas enquetes revelam que uma vasta maioria dos brasileiros admite a existência de discriminação racial no país, especialmente em episódios de operações policiais nas periferias e favelas. Entretanto, ao mesmo tempo, maiorias muito expressivas declaram não nutrir preconceito racial. O antropólogo Peter Fry menciona uma pesquisa respeitada na qual 87% dos entrevistados que se declaravam "brancos" e 91% dos que se designavam "pardos" afirmavam não ter preconceito nenhum contra "negros". Na mesma pesquisa, 87% dos que se definiam como "pretos" negavam nutrir preconceito contra "brancos". Mais interessante ainda: 64% dos "pretos" e 84% dos "pardos" declararam nunca ter sido alvos de preconceito racial.[9]

O paradoxo aparente expresso nas pesquisas não encontra explicação na moldura lógica do racialismo, que só pode negar a sinceridade das respostas incongruentes com a sua teoria social. Mas, fora do quadro do racialismo e admitindo-se a validade das respostas, as pesquisas indicam que a discriminação racial no Brasil é percebida como um fenômeno bastante minoritário, ainda que algumas de suas manifestações sejam intensas. O exemplo notório de uma dessas manifestações é a seleção, por agentes policiais, de jovens de pele mais escura como suspeitos prévios de atos ilícitos.

Um informante branco ofereceu aos sociólogos Florestan Fernandes e Roger Bastide um diagnóstico já célebre: "Nós, brasileiros, temos preconceito contra ter preconceito."[10] A afirmação, interpretada pelos racialistas, seria um indício dos males ocasionados pelo "mito" – no sentido vulgar, de mentira ou ocultação – da "democracia racial". A tarefa consistiria em riscar não o preconceito racial, mas o "preconceito contra ter preconceito", de modo a permitir a emersão de um confronto de interesses raciais. Mas, efetivamente, a afirmação indica que o "mito" – no sentido antropológico de utopia coletiva – da "democracia racial" conduz a atitudes antirracistas, crismando o preconceito como algo intolerável. É uma plataforma inigualável, se a meta for a edificação de uma democracia cega para a cor da pele dos cidadãos.

Os brasilianistas do pós-guerra, embalados pela visão da declaração antirracista da Unesco de 1950, descreveram o Brasil como um país que, apesar de suas gritantes desigualdades, escolhera um rumo diferente daquele dos EUA e não erguera muralhas identitárias entre grupos raciais. O historiador britânico Timothy Garton Ash não é um brasilianista, mas visitou o Brasil no auge do entusiasmo governamental pelas políticas multiculturalistas e deixou o seguinte testemunho:

382

Estou consciente [...] de que corro o risco de parecer um forasteiro rico e branco [...] que se aventura nas favelas durante uns dias e exclama: "Que bonitos são todos!". Eu mesmo poderia escrever a sátira correspondente. Mas não tenho alternativa senão dizê-lo: o que vislumbrei no Brasil, inclusive em meio à pobreza e à violência da Cidade de Deus, é a beleza da mestiçagem. Aprendi a exaltá-la seguindo o exemplo dos próprios brasileiros. E essa mistura é precisamente o que contribuiu para que estejam entre os seres humanos mais belos do planeta. O que aqui se anuncia – mas, insisto: se, e apenas se, o Brasil for capaz de corrigir seus espantosos desequilíbrios sociais e econômicos e um legado de discriminação – é a possibilidade de um mundo em que a cor da pele não seja mais que um atributo físico, sem mais, como a cor dos olhos ou a forma do nariz, e que se possa admirá-lo, mencioná-lo ou fazer piada sobre ele. Um mundo em que a única raça importante seja a raça humana.[11]

A polêmica sobre as políticas de raça remete a uma questão de fundo sobre o projeto nacional brasileiro. No fim das contas, os arautos do multiculturalismo estão dizendo que o Brasil fracassou historicamente como nação e deve começar de novo, reinventando-se desde o início, pelo cancelamento do mito de origem da confluência dos rios. Eles estão dizendo que a mestiçagem é uma mentira abominável – e que o Brasil foi erguido sobre essa mentira.

Inversamente, os críticos das políticas raciais pensam que há algo de muito positivo, para toda a humanidade, no projeto nacional do Brasil. Os brasileiros não aprenderam a separar as pessoas segundo o cânone do mito da raça. Nós imaginamos que as águas podem – e devem! – se misturar. Que a única raça importante é a raça humana.

Notas

[1] WERNECK, Jurema. "Da diáspora globalizada: notas sobre os afrodescendentes no Brasil e o início do século XXI". ONG Criola, 2003, p. 3. Disponível em: <http://www.criola.org.br/namidia/Da%20Diaspora%20Globalizada.pdf>. Acesso em: 12 jun. 2009.

[2] WERNECK, Jurema. Op. cit., p. 5.

[3] RISÉRIO, Antonio. *A utopia brasileira e os movimentos negros*. São Paulo, Editora 34, 2007, p. 373.

[4] DOMINGUES, Petrônio. "Movimento negro brasileiro: alguns apontamentos históricos". *Tempo*, Niterói, v. 12, n. 23, 2007, p. 116-117.

[5] RISÉRIO, Antonio. Op. cit., p. 50.

[6] MUNANGA, Kabengele. Introdução. In: REIS, Eneida de Almeida dos. *Mulato: negro–não negro e/ou branco–não branco*. São Paulo, Altana, 2002.

[7] MUNANGA, Kabengele. Op. cit., p. 19-20.

[8] CÂMARA DOS DEPUTADOS. "Projeto de Lei nº 6.369, de 2005". Disponível em: <http://www.camara.gov.br/sileg/integras/514882.pdf>. Acesso em: 12 jun. 2009.

[9] FRY, Peter. *A persistência da raça*. Rio de Janeiro, Civilização Brasileira, 2005, p. 220.

[10] FRY, Peter. Op. cit., p. 220.

[11] ASH, Timothy Garton. "Brasil: La belleza del mestizaje". *El País*, 15 jul. 2007. Disponível em: <http://www.elpais.com/articulo/panorama/Brasil/belleza/mestizaje/elpeputec/20070715elpdmgpan_1/Tes>. Acesso em: 12 jun. 2009.

Índice Onomástico

n refere-se à nota de rodapé.

Abacha, Sani – 254
Abdurahman, Abdullah – 67n
Abernathy, Ralph – 84, 88, 132
Achebe, Chinua – 251-253, 255-256
Agassiz, Louis – 21, 25, 376
Akintola, Samuel – 252
Albright, Madeleine – 309
Alencar, Chico – 381
Ali, Dusé Mohamed – 226
Amaru II, Tupac (José Gabriel Condorcanqui) – 169, 169n, 172n
Ambedkar, Bhimrao Ramji – 287-292, 294
Anderson, Benedict – 32, 166, 189
Andrada e Silva,
    José Bonifácio de – 145
Appiah, Joe Emmanuel – 236
Appiah, Kwame Anthony – 222, 224, 236
Aramayo, Carlos Victor – 170, 177
Arce, Aniceto – 170

Aristóteles – 19, 22
Ash, Timothy Garton – 382
Ashmun, Jehudi – 209
Auld, Sophia – 11
Ávila, José Bastos de – 147
Awolowo, Obafemi – 231, 252
Azevedo, Thales de – 157
Azikiwe, Benjamin Nnamdi – 231, 252
Baartman, Saartjie – 28
Babur (Imperador) – 283
Badawi, Abdullah Ahmad – 311-314
Bagehot, Walter – 148
Banda, Hastings Kamuzu – 231, 236
Bandeira, Manuel – 151
Banzer, Hugo
    (Hugo Banzer Suárez) – 174, 186
Barbosa, Aristide – 318
Bastide, Roger – 157, 382
Bakke, Allan – 128

Uma gota de sangue

Bello, Ahmadu – 252
Benedito, Deise – 326
Benga, Ota – 119
Bento, Antônio – 323
Berlin, Isaiah – 87
Berresford, Susan – 102
Bilden, Rüdiger – 149
Biko, Steve – 77-78, 244, 330
Bilbo, Theodore G. – 230
Bissell Jr, Richard M. – 89
Bizimana, Pierre – 272
Bizimungo, Casimir – 270
Bizimungu, Pasteur – 271, 273, 275
Blumenbach,
    Johann Friedrich – 21, 300, 302, 335
Blyden, Edward Wilmot – 222
Boas, Franz – 33-34, 119-120, 148-149
Bomfim, Manoel – 148, 376
Bonaparte, Napoleão – 203
Botha, Louis – 66
Botha, Pieter Willem – 61, 63, 73, 80
Boumedienne, Houari – 234
Bourdieu, Pierre – 98
Boyer, Jean Pierre – 204
Broca, Paul – 26
Brown, John – 13
Brown, Oliver L. – 123
Broyard, Anatole – 153
Buffon (Georges-Louis Leclerc) – 24
Bugingo, Emmanuel – 270
Bulha, Lourenço – 240
Bundy, Mcgeorge – 89, 94
Bureh, Bai – 207
Burja, Mansingh – 279
Burnham, Linden Forbes – 236
Burns, Helen – 132
Burrin, Phillippe – 52
Burton, Richard Francis – 213-214
Bush, George H. (Senior) – 86
Bush, George W. (Junior) – 102
Buthelezi,
    Gatsha Mangosuthu – 75n, 79
Câmara, Hélder – 318
Cárdenas, Victor Hugo – 175, 183
Cardoso, Fernando Henrique –
    16, 159, 162, 335, 344, 358
Cardoso, Hamilton – 323
Carlos, John – 126

Carmichael, Stokely – 126
Carnegie, Andrew – 103
Carneiro, Édison – 321
Carter, J. (Juiz) – 115
Carter, Jimmy – 86
Carvalho, José Jorge de – 330, 367, 369
Carvalho, Paulo de – 242
Cascudo, Luís da Câmara – 318
Casement, Roger – 216-217
Césaire, Aimé – 78, 231
Chamberlain,
    Houston Stewart – 39-41, 41n, 44
Chávez, Ñuflo de – 184
Chequer, Pedro – 351
Chesterton, G. K. – 149
Chiluba, Frederick – 246
Christophe, Henri – 204
Churchill, Winston – 56
Cilliers, Sarel – 71n
Clark-Bekederemo,
    John Pepper – 253
Clarke, Edward Young – 228
Clarkson, John – 207
Clarkson, Thomas – 12, 200-202, 205
Clay, Cassius (Muhammad Ali) – 125
Clay, Henry – 208-209
Clinton, Bill – 86, 133, 367
Clinton, Hillary – 138
Cohen, Cathy – 93
Collins, Francis – 342-343
Connerly,
    Wardell Anthony – 134, 136
Conrad, Joseph – 215-216
Coolidge, Calvin – 227
Cope, Edward Drinker – 29
Cordonnier, Louis – 103
Costas, Rubén – 184
Couto, Mia – 14, 237, 240, 246
Cox, Mary J. – 114
Crummell, Alexander – 221-222, 232, 235
Cuellar, Bonifacio Barrientos – 187
Cugoano, Quobna Ottobah – 196
Cunha, Alan Teixeira da – 369
Cunha, Alex Teixeira da – 369
Cunha, Euclides da – 147
Cuvier, Georges – 21, 25
D'alembert, Jean Le Rond – 36
Damas, Léon – 231

386

Índice onomástico

Darwin, Charles – 21-22, 26, 28
Darwin, Leonard – 46
Davidson, Basil – 264
Davis, Sylvester – 114
Dayananda, Swami – 282
De Klerk, Frederik Willem – 80
Deniker, Joseph – 21
Desai, Morarji – 292
Dessalines, Jean-Jacques – 203-204
Dickens, Charles – 12
Dickey, John Miller – 210
Diderot, Denis – 36
Disraeli, Benjamin – 284, 359
Doe, Samuel K. – 211
Domingues, Petrônio – 379
Douglass, Anna Murray – 13
Douglass, Frederick – 11-14, 16
Doyle, Arthur Conan – 216
Du Bois, W. E. B. – 83, 122, 130, 219-225,
    227-232, 318-319, 321, 329, 334,
    364-365, 377-378, 380
Dunham, Katherine – 320
Duvalier, François – 237
Eichmann, Otto – 55-56
Eickstedt, Egon Von – 21
Emerson, Ralph Waldo – 12, 117
Engels, Friedrich – 30, 30n
Equiano, Olaudah – 201-202, 206, 251
Ervin, Sam J. – 86
Estenssoro, Victor Paz – 173-174, 178, 186
Fanon, Frantz – 78, 125
Farrakhan, Louis – 126-127, 126n, 132
Felipe, Saraiva – 352
Fernandes, Florestan – 157-158, 358, 382
Fernández,
    Hernando Sanabria – 185-186
Fernández, Percy – 183-184
Ferreira, Eusébio da Silva – 14
Ferreira, Vicente – 324
Fischer, Eugen – 50
Fletcher, Arthur – 86, 88, 348
Florentino, Manolo – 150, 213n, 331
Flores, Genaro – 175
Ford, Edsel Bryant – 88
Ford, Gerald – 86
Ford, Henry – 88
Ford II, Henry – 89, 93
France, Anatole – 216

Frere, Henry Bartle – 214
Freud, Sigmund – 28
Freyre, Gilberto – 146, 148-152, 156-158,
    160-161, 163, 319-321, 336, 376
Fry, Peter – 67, 239-240, 344, 349, 352,
    353n, 358, 382
Fullwiley, Duana – 342
Gabbert, Wolfgang – 189
Gabriel (Escravo Americano) – 208
Gahutu, Remi – 259, 270
Gairy, Eric – 236
Galton, Francis – 45-46, 120
Gama, Luís – 323-324
Gandhi, Indira Nehru – 291
Gandhi, Mahatma – 68, 78, 100,
    280-282, 287-290, 296, 303
Gandhi, Rajiv – 293
Garrison, William Lloyd – 12
Garvey, Marcus – 124, 225-230,
    232, 377, 380
George III (Rei) – 205
Gerdener, G. B. A. – 71, 71n
Gezo (Rei) – 198
Gicanda, Rosalie – 272
Gliddon, George – 25, 28
Gobineau, Joseph Arthur de –
    24-25, 39-40, 49, 146, 376
Goebbels, Joseph – 41, 53-55
Goethe, Johann Von – 35
Goldwater, Barry – 84n
Gomez,
    Juan Felipe do Nascimento – 369
Goswami, Rajiv – 293
Götzen, Gustav Adolf Von – 260-261
Gould, Stephen Jay – 25, 57
Grant, Madison – 39, 119-120, 149
Grenville, William
    (1º Barão Grenville) – 205
Gross, Walter – 54
Guevara, Ernesto Che – 125, 172, 175
Gutierrez, José Angel – 95
Habyarimana, Juvenal – 268-273
Haeckel, Ernst – 28
Hale, Anthony Robert – 137
Harlan, John Marshall – 122
Harmand, Jules – 27
Harper, Frances – 154
Harrison, Benjamin – 215

Uma gota de sangue

Hart, Herbert L. A. – 87
Hasenbalg, Carlos – 160-162, 358-359
Hearn, Patrick Lafcadio – 149
Hemings, Beverly – 154
Hemings, Harriet – 154
Hemings, Sally – 154
Henriques, Ricardo – 370
Herder, Johann Gottfried – 35
Herne, G. E. – 213
Heródoto (Herodotus) – 22
Herrick, James B. – 346
Herriman, George – 153
Hertzog, James Barry – 62-63, 70
Heydrich, Reinhard – 55
Hiernaux, Jean – 264-265
Himmler, Heinrich – 42-43, 53, 55
Hirszfeld, Hanka – 340-341
Hirszfeld, Ludwik – 340-341
Hitler, Adolf – 36, 39, 41, 43-48, 50-56,
    58, 70, 73, 115, 120, 150-151, 223, 318, 379
Hobsbawm, Eric – 381
Hochschild, Adam – 201, 215
Hochschild, Moritz – 170, 177
Hodson, T. C. – 285
Hoffman, Paul – 89
Hollinger, David – 94
Holt, John – 216
Hoover, Herbert – 119
Hoover, John Edgar – 126, 226
Horowitz, David – 130
Howell, Leonard – 229-230
Huntington, Samuel – 119
Hussein, Hishamuddin – 310
Huxley, Thomas – 21
Ibrahim, Anwar – 310-311
Iliffe, John – 33
Isabel do Brasil (Princesa) – 323-326
Jaafar, Onn – 309
Jackson, Jesse – 88, 132-133, 138
James, Cyril L. R. – 231, 236, 328
Jefferson, Thomas – 24-25, 126, 154, 208
Jeter, Mildred – 115-116
João VI, Dom – 144
Johnson, Lyndon – 84n, 85, 88-89, 88n
Johnson, Prince Y. – 211
Júnior, Ismenia – 242
Kabila, Laurent-Désire – 275
Kaddafi, Muammar – 212

Kagame, Alexis – 263-264
Kagame, Paul – 273-275, 274n
Kamel, Ali – 159-160, 362
Kapuscinski, Ryszard – 198
Kasa-Vubu, Joseph – 233
Katari, Tupac
    (Julián Apaza) – 172, 172n, 175
Kaunda, David – 246
Kaunda, Kenneth – 235-236, 246-247
Kayibanda, Grégoire – 267-269
Kennedy, Anthony – 133, 135
Kennedy, John – 84n, 85, 88n, 89, 117
Kenyatta, Jomo – 77, 231, 236, 248-249
Kibaki, Mwai – 249-250
Kigeri V
    (Jean-Baptiste Ndahindurwa) – 267
Kikuchi, Berenice – 343
Kipling, Rudyard – 27, 217
Komphela, Butana – 245
Kruger, Paul – 65-66, 65n
Lacerda, João Batista – 145
Lapicque, Louis – 147
Larsen, Nella – 154
Lazarus, Emma – 117
Lechín, Juan
    (Juan Lechín Oquendo) –
    170, 173-174, 178
Leite, José Correia – 318, 325, 330
Lemarchand, René – 276
Lenin (Vladimir Ilich) – 125
Lenz, Fritz – 50, 50n
Leopoldina, Maria
    (Arquiduquesa) – 375
Leopoldo II (Rei) – 32, 214-217
Lévi-Strauss, Claude – 57
Lewontin, Richard C. – 342
Lima, Constantino – 175
Lima, Manuel de Oliveira – 149
Lincoln, Abraham – 13, 123, 126, 152, 221
Linera, Álvaro García – 176, 183
Linnaeus, Carolus – 23, 24n
Lisboa, José da Silva
    (Visconde de Cairu) – 144
Little, Earl – 124
Livingstone, David – 67, 213-214
Lobato, José Bento Monteiro – 148
Lobato, Luiz – 320
Lobo, Haddock – 144, 376

Índice onomástico

Lombroso, Cesare – 30-31, 48
López, Gualberto Villarroel – 170
Lösener, Bernhard – 53
Louverture, François-Dominique
    Toussaint – 202-203
Louw, N. P. Van Wyk – 71
Lowrey, Kathleen – 185-187
Loving, Richard – 115-116
Lozada, Gonzalo Sánchez de – 175, 178-180,
    186, 189
Lucrécio, Francisco – 318
Lugard, Frederick – 67
Luís XVI (Rei) – 202
Lukacs, John – 43
Lula da Silva, Luiz Inácio –
    16, 164, 351, 359, 361
Lumumba, Patrice – 232, 233
Lustosa, Isabel – 166
Luther King, Martin –
    14, 76, 84, 88, 123-128,
    130-133, 135, 138, 221, 291
Luthuli, Albert – 77
Maathai, Wangari – 354
Macarini, Romilda – 368
Macaulay, Thomas – 284
Maggie, Yvonne – 151, 161, 320
Maio, Marcos Chor – 368, 371
Malan, Daniel François – 62-63, 71
Malone, Paul – 154
Malone, Philip – 154
Manco Inca (Imperador) – 172, 172n
Mandela, Nelson –
    75n, 77, 79-82, 244-245
Maquet, Jacques – 264
Marinkovic, Branko – 184
Marley, Bob – 230
Marley, Rita – 230
Marsh, Othniel Charles – 29
Martius, Karl Friedrich Von –
    375-377, 381
Marx, Karl – 30, 30n, 286, 296
Mashishi, Moss – 245
Mattos, Guiomar Ferreira de – 321
Mayawati, Kumari – 296
Mbeki, Thabo – 75n, 244-245, 354
Mboya, Tom – 249
Mccloy, John J. – 89
Mello, Marco Aurélio de – 107

Melo Franco, Afonso Arinos de – 320
Mengele, Josef – 50
Milner, Alfred – 63, 69
Miterrand, François – 269n
Mohamad, Mahathir Bin – 307-313
Moi, Daniel Arap – 236, 249-250
Monroe, James – 209
Montagu, Ashley – 57
Montesquieu, Charles – 36
Montoro, André Franco – 162
Morales, Evo
    (Juan Evo Morales Ayma) –
    172, 175-176, 179-181, 183, 188-190
Moreira, Juliano – 148, 376
Morel, Bénédict – 48
Morel, Edmund D. – 216-217
Morgan, Lewis Henry – 30, 30n
Morton, Samuel G. – 25, 26
Moura, Dione – 369
Mugabe, Robert – 75n
Mugesira, Leon – 270
Muhammad, Elijah – 125
Mulholland, Timothy – 367
Muluka, Barrack – 250
Munanga, Kabengele – 380-381
Muniz, Alex Fabiany José – 370
Museveni, Yoweri – 269, 269n, 273
Musinga, Yuhi – 262-263
Mussolini, Benito – 43, 318
Mutara III, Carlos
    (Mutara Rudahigwa) –
    262, 264, 266-267, 272
Nabuco, Joaquim – 323-324
Nahimana, Ferdinand – 270-271, 271n, 273
Nanak Dev (Guru) – 292n
Nascimento, Abdias do – 236, 319-323, 325-
326, 328-333, 350, 357, 359, 361
Nascimento, Elisa Larkin – 333, 359, 361
Neel, James V. – 346
Nehru, Jawaharlal –
    280, 289-291, 296, 303
Neto, Agostinho – 241
Newton, Huey P. – 125-126
Ngeze, Hassan – 270
Nizeyimana, Idelphonse – 272
Nixon, Edgar D. – 84
Nixon, Richard – 84n, 85-87, 88n, 89,
    128, 164, 221, 243, 305, 347-349, 364

389

Uma gota de sangue

Nkrumah, Kwame –
77, 221, 230-233, 236, 321
Nkye XII, Barima Kwame – 198
Noel, Walter Clement – 346
Nogueira, Oracy – 157, 159, 368-369
Nordenskiöld, Nils Erland – 185
Nott, Josiah Clark – 25, 28
Ntaryamira, Cyprien – 272
Nyerere, Julius – 235-236
Obama, Barack –
14, 138-139, 240, 246, 250, 313
Obasanjo, Olusegun – 98, 254
Obote, Milton – 269
Obregón, Álvaro – 151
Odinga, Raila – 250
Ojukwu, Emeka – 253-254
Oliveira, Fátima – 349
Oliveira, Stiviandra – 242
Oliveira, Tatiana de – 369
Onn, Hussein – 308-310
Oppenheimer, Ernest – 66
Oppenheimer, Harry – 79
Osborne, Frederick – 47
Pace, Tony – 114
Padmore, George – 230-232, 321
Paim, Paulo – 165
Palmerston, Visconde
(Henry John Temple) – 67
Parks, Rosa – 83-84, 126n
Patiño, Simón – 170, 177
Patrocínio, José do – 323-324
Patton Jr, George Smith – 139
Pauling, Linus – 346
Paz, Octavio – 281
Pedro I
(Imperador do Brasil) – 197, 375
Pedro II
(Imperador do Brasil) – 146, 376
Pena, Sérgio Danilo J. – 155, 339, 354
Perez, Andrea – 114
Peters, Thomas – 206-207
Pickering, Charles – 21
Pierson, Donald – 158-159
Pinto, Luís Costa – 157, 321
Pitt, William (O Filho) – 200, 202, 205
Pitts, Helen – 13
Plecker, Walter – 120
Plessy, Homer – 122

Ploetz, Alfred – 50n
Pompéia, Raul – 324
Prado, Paulo – 147, 377
Prado Júnior, Caio – 325
Pretorius, Andrés – 65, 71n
Prichard, James – 21
Proudhon, Pierre-Joseph – 31
Pullens, Stephen – 348
Queiroz Júnior, Teófilo de – 380
Quispe, Felipe – 175-176, 180
Raffles, Benjamin – 300
Raffles, Thomas Stamford – 300
Rahman, Abdul (O Tunku) – 304-305, 307
Rahman, Ismail Abdul – 307
Ramaphosa, Cyril – 244
Ramos, Arthur – 320
Randolph, John – 209
Ranger, Terence – 381
Ratzel, Friedrich – 148
Rawls, John – 87
Razak, Abdul – 305, 307-308, 310, 314
Razak, Najib – 314
Reagan, Ronald – 62, 86, 95, 133
Reinaga, Fausto – 174-175
Rhodes, Cecil John – 65, 66, 68
Ribeiro, Darcy – 321
Ribeiro, Matilde – 367
Risely, Herbert – 285
Risério, Antonio – 156, 379
Roberts, Joseph Jenkins – 210
Roberts Jr., John – 135
Robinson, Mary – 100
Robinson, Noah – 132
Roddenberry,
Seaborne Anderson – 113-114
Rodrigues, Raimundo Nina –
145, 155, 377
Rodriguez, Richard – 96
Roelofs, Joan – 91
Roland, Edna – 349
Rom, Léon – 215
Romero, Sílvio – 148, 377
Roosevelt, Franklin D. – 56
Roosevelt, Theodore –
40, 46, 119, 216, 221
Roquette-Pinto, Edgard –
145, 148-149, 376
Rosenberg, Alfred –
39, 41-44, 41n, 55, 120

390

Rüdin, Ernst – 46
Rusesabagina, Paul – 274n
Said, Barghash Bin (Sultão) – 214
Salgado, Plínio – 318
Samad, Shahrir Abdul – 310
Sankoh, Foday – 208, 212
Santiestevan, Henry – 91
Santos, Arlindo Veiga dos – 317-318, 325
Santos, Ricardo Ventura – 368, 371
Sarney, José – 162, 381
Sarney, Roseana – 381
Sartre, Jean-Paul – 237
Savimbi, Jonas – 241
Schallmayer,
    Friedrich Wilhelm – 49-50
Scheubner-Richter,
    Ludwig Maximilian Erwin Von – 39
Schwarcz, Lilia M. – 158
Seale, Bobby – 125
Segato, Rita Laura – 367, 369
Seko, Mobutu Sese – 233, 275
Selassie I, Hailé
    (Tafari Makonnen) – 229-230, 229n, 233
Seligman, Charles Gabriel – 263
Senghor, Léopold Sédar –
    78, 231, 237, 320
Sexwale, Tokyo – 244-245
Shah Jahan (Imperador) – 283
Shaka (Rei) – 79
Shalala, Donna – 367
Sharp, Granville – 200, 206-207
Sharpe, Samuel – 205
Shivaji Bhosale (Imperador) – 284
Siang, Lim Kit – 310
Silva, Ismael – 156
Silva Jardim, Antônio da – 323
Silveira, Oliveira Ferreira da – 322
Singh, Manmohan – 296
Singh, Vishwanath Pratap – 293
Sisa, Bartolina – 172, 172n
Skidmore, Thomas – 161-162
Smith, Tommie – 126
Smuts, Jan – 62-63, 66, 68-71
Sobukwe, Robert – 77
Souza, César Augusto
    Nicodemus de – 372
Sowell, Thomas – 254

Soyinka, Wole – 253
Spencer, Herbert – 29-30
Spix, Johann Baptist Von – 375
Spooner, Lysander – 12
Stalin, Joseph – 221
Stanley, Henry Morton – 32, 214-215
Steele, Robert – 93
Stephen, James – 204
Strijdom, Johannes – 63, 71
Sylvester-Williams, Henry – 222
Tapia, Luciano – 175
Taylor, Charles – 211-212
Telles, Edward – 99
Tharoor, Shashi – 296
Thatcher, Margaret – 62, 80
Tocqueville, Alexis De – 27
Tolbert, William – 211
Torres, Alberto – 148, 376
Torres, Juan José – 174
Touré, Ahmed Sékou – 233
Trotski, Leon – 171, 231
Tsé-Tung, Mao – 125
Tucci Carneiro, Maria Luiza –
    335-336
Turner, Nat – 209-210
Tutu, Desmond – 76, 245
Twain, Mark – 216, 359
Vaquina, Alberto – 240
Vargas, Getúlio Dornelles – 156, 319
Vasconcelos, José – 91n, 151-152
Vavi, Zwelinzima – 245
Venter, J. Craig – 342-343
Verschuer, Otmar Von – 50
Verwoerd, Hendrik – 63, 71, 74-75
Viana, Francisco
    José de Oliveira – 145, 151, 336, 377
Vorster, John – 63, 70n, 73-74
Wachuku, Jaja – 231, 252
Wacquant, Loic – 98
Wagley, Charles – 158
Wagner, Eva – 41
Wagner, Richard – 36, 41
Wallace, George – 84n
Washington, Booker T. –
    118, 122, 216, 219-221, 364
Washington, George – 126
Webster, Daniel – 208
Werneck, Jurema – 349, 377-378

Uma gota de sangue

White, Charles – 24
White, Jake – 245
White, Walter Francis – 153, 221
Wilberforce, William –
    200-202, 204-205
Wilkins, Roy – 221
Williams, George Washington – 215
Wilson, Woodrow – 121
Winthrop, John – 36
Wise, Tim – 130

Wolfe, Alan – 119
Wright, Jeremiah – 138
X, Malcolm (Malcolm Little) –
    78, 124-127
Yew, Lee Kuan – 304
Yzaguirre, Raul – 91
Zangwill, Israel – 117
Zuazo, Hernán Siles – 173-174, 177
Zumbi (Dos Palmares) –
    162, 322, 326-327

Bibliografia

Agier, Michel. "Is the use of race or color legitimate in public policies?". *Forum*, Latin American Studies Association, v. 39, n. 1, 2008.

Ambedkar, B. R. *Dr. Babasaheb Ambedkar, writings and speeches*, v. i. Bombaim, Education Dept., Govt. of Maharashtra, 1979.

Anderson, Benedict. *Imagined communities*. Nova York/Londres, Verso, 1991.

Appiah, Kwame Anthony. *Na casa de meu pai*. Rio de Janeiro, Contraponto, 1997.

Arnaut, Karel & Vanhee, Hein. "History facing the present: an interview with Jan Vansina", *H-Africa*, nov. 2001. Disponível em: <http://www.h-net.org/~africa/africaforum/VansinaInterview.htm>. Acesso em: 14 jun. 2009.

Azevedo, Celia Maria Marinho de. "Cota racial e Estado: abolição do racismo ou direitos de raça?". *Cadernos de Pesquisa*, v. 34, n. 121, jan.-abr. 2004.

Barbujani, Guido. *A invenção das raças*. São Paulo, Contexto, 2007.

Bayly, Susan. *Caste, society and politics in India: from the eighteenth century to the modern age*. Cambridge University Press, 1999.

Boas, Franz. *Anthropology and modern life*. Nova York, Dover, 1986.

Bourdieu, Pierre & Wacquant, Loic. "Sobre as artimanhas da razão imperialista". *Estudos Afro-Asiáticos*, ano 24, n. 1, 2002.

Brooke, Nigel & Witoshynsky, Mary (Org.). *Os 40 anos da Fundação Ford no Brasil*. São Paulo/Rio de Janeiro, Edusp/Fundação Ford, 2002.

Burleigh, Michael & Wippermann, Wolfgang. *The racial state: Germany 1933-1945*. Cambridge University Press, 1991.

Burrin, Philippe. *Hitler e os judeus: gênese de um genocídio*. Porto Alegre, L&PM, 1990.

Cardoso, Fernando Henrique & Ianni, Octavio. *Cor e mobilidade social em Florianópolis*. São Paulo, Companhia Editora Nacional, 1960.

Cardoso, Hamilton. "História recente: dez anos do movimento negro". *Teoria e Debate*, n. 2, mar. 1988. Disponível em: <http://www2.fpa.org.br/portal/modules/news/article.php?storyid=3690>. Acesso em: 12 jun. 2009.

Cavalli-Sforza, Luigi Luca. *Genes, povos e línguas*. São Paulo, Companhia das Letras, 2003.

Chamberlain, Houston Stewart. *The foundations of the nineteenth century*. Londres, John Lane, The Bodley Head, 1912. Disponível em: <http://www.hschamberlain.net/grundlagen/division0_index.html>. Acesso em 21 jul. 2009.

Chappell, David L. *A stone of hope: prophetic religion and the death of Jim Crow*. The University of North Carolina Press, 2004.

Chaves, Daniel Santiago. "Panorama do oriente boliviano: choque de incompatibilidades". Relatório n. 14, Laboratório de Estudos do Tempo Presente, ufrj, 2008, p. 7. Disponível em: <http://www.tempopresente.org/images/stories/conjunturasul/reloriaboliviamar2008014.pdf>. Acesso em: 9 jun. 2009.

Chege, Michael. "Africa's murderous professors". *The National Interest Online*, inverno 1996. Disponível em: <http://www.nationalinterest.org/General.aspx?id=92&id2=10668>. Acesso em: 14 jun. 2009.

Couto, Mia. *Pensatempos*. Lisboa, Caminho, 2005.

Crespo, Regina Aída. "Cultura e política: José Vasconcelos e Alfonso Reyes no Brasil (1922-1938)". *Revista Brasileira de História*, v. 23, n. 45, 2003.

Cruz, Levy. "Democracia racial, uma hipótese". Fundação Joaquim Nabuco, Trabalhos para Discussão, n. 128, agosto 2002. Disponível em: <http://www.fundaj.gov.br/tpd/128.html>. Acesso em: 14 jun. 2009.

Cunha, Euclides da. *Os sertões*. In: Santiago, Silviano (Coord.). *Intérpretes do Brasil*. Rio de Janeiro, Nova Aguilar, 2000, v. 1.

Davidson, Basil. *The lost cities of Africa*. Boston/Nova York, Little, Brown and Company, 1987.

De Lame, Danielle. "Theoretical paper: anthropology and genocide". *Online Encyclopedia of Mass Violence*, novembro 2007. Disponível em: <http://www.massviolence.org/Anthropology-and-Genocide?artpage=1-6>. Acesso em: 14 jun. 2009.

Depestre, René. *Bonjour et adieu à la négritude*. Paris, Robert Laffont, 1980.

Domingues, Petrônio. "Movimento negro brasileiro: alguns apontamentos históricos". *Tempo*, Niterói, v. 12, n. 23, 2007.

_____. "O 'messias' negro? Arlindo Veiga dos Santos (1902-1978)". *Varia História*, Belo Horizonte, v. 22, n. 36, jul.-dez. 2006.

Douglass, Frederick. *Narrative of the life of Frederick Douglass*. West Berlin, Townsend Press, 2004. Disponível em: <http://www.gutenberg.org/etext/23>. Acesso em: 14 jun. 2009.

_____. "What to the slave is the Fourth of July?". Disponível em: <http://www.teachingamericanhistory.org/library/index.asp?document=162>. Acesso em: 27 maio 2009.

Du Bois, W. E. B. *The conservation of races*. The American Negro Academy Occasional Papers, n. 2, Pennsilvanya State University, 1897. Disponível em: <http://www2.hn.psu.edu/faculty/jmanis/webdubois/DuBoisConservation Races.pdf>. Acesso em: 9 jun. 2009.

_____. "The talented tenth". In: Washington, Booker T. et al. *The negro problem*. Nova York, J. Pott & company, 1903. Disponível em: <http://www.gutenberg.org/etext/15041>. Acesso em: 14 jun. 2009.

_____. *The negro*. Nova York, Holt, 1915. Disponível em: <http://www.gutenberg.org/etext/15359>. Acesso em: 14 jun. 2009.

Fernandes, Florestan. *A integração do negro na sociedade de classes*. São Paulo, Ática, 1978.

Ferro, Marc. *História das colonizações*. São Paulo, Companhia das Letras, 1996.

Finer, S. E. *The history of government*. Oxford/Nova York, Oxford University Press, 1997, v. iii: Empires, monarchies and the modern state.

Florentino, Manolo. *Em costas negras*. São Paulo, Companhia das Letras, 1997.

Freyre, Gilberto. *Casa-grande e senzala*. In: Santiago, Silviano (Coord.). *Intérpretes do Brasil*. Rio de Janeiro, Nova Aguilar, 2000, v. 2.

Fry, Peter. *A persistência da raça*. Rio de Janeiro, Civilização Brasileira, 2005.

_____. "O significado da anemia falciforme no contexto da 'política racial' do governo brasileiro". *História, Ciências, Saúde*. Manguinhos, Rio de Janeiro, v. 12, n. 2, maio-ago. 2005.

_____. "Viewing the United States from a brazilian perspective and vice-versa". *Forum*, Latin American Studies Association, v. 39, n. 1, 2008.

Fry, Peter et al. "Aids tem cor ou raça? Interpretação de dados e formulação de políticas de saúde no Brasil". *Cadernos Saúde Pública*. Rio de Janeiro, 23(3), mar. 2007.

Fry, Peter et al. (Org.). *Divisões perigosas: políticas raciais no Brasil contemporâneo*. Rio de Janeiro, Civilização Brasileira, 2007.

Fullwiley, Duana. "Race and genetics: attempts to define the relationship". *BioSocieties*, Cambridge University Press, v. 2, n. 2. junho de 2007.

Gabbert, Wolfgang. "Concepts of ethnicity". *Latin American and Caribbean Ethnic Studies*, v. 1, n. 1, abr. 2006.

Gahyva, Helga. "Brasil, o país do futuro: uma aposta de Arthur de Gobineau?". *Alceu*. Departamento de Comunicação Social da puc-Rio, v. 7, n. 14, janeiro-junho 2007.

Gandhi, Mahatma. *Third class in Indian railways*. Gandhi Publications League, Bhadarkali/Lahore, 1917. Disponível em: <http://www.gutenberg.org/etext/24461>. Acesso em: 12 jun. 2009.

_____. *Freedom's battle*. IndyPublish.com, 1922. Disponível em: <http://www.gutenberg.org/etext/10366>. Acesso em: 12 jun. 2009.

Garvey, Marcus. "The negroe's greatest enemy". *American Series Sample Documents*. African Studies Center – Ucla. Disponível em: <http://www.international.ucla.edu/africa/mgpp/sample01.asp>. Acesso em 9 jun. 2009.

Gibson, Nigel. "Black Consciousness 1977-1987; The dialectics of liberation in South Africa". Centre for Civil Society Research Report n. 18, Durban, jun. 2004.

Giliomee, Hermann. "The making of the apartheid plan". *Journal of Southern African Studies*, v. 29, n. 2, jun. 2003.

Gobineau, Arthur de. *Essai sur l'inégalité des races humaines*. Tome premier. Digitalização: Google Books. Paris, Librairie de Firmin Didot Frères, 1853.

Gomes, Arilson dos Santos. "Ideias negras em movimento: da Frente Negra ao Congresso Nacional do Negro". iii Encontro Escravidão e Liberdade no Brasil Meridional, Florianópolis, ufsc, 2007, p. 10. Disponível em: <http://www.labhstc.ufsc.br/pdf2007/9.9.pdf>. Acesso em: 12 jun. 2009.

Gould, Stephen Jay. *Darwin e os grandes enigmas da vida*. São Paulo, Martins Fontes, 1992.

_____. *The mismeasure of man*. Nova York/Londres, Penguin Books, 1996.

Grant, Madison. *The passing of the great race*. Charles Scribner's & Sons, Nova York, 1916. Disponível em: <http://www.churchoftrueisrael.com/pgr/pgr-toc.html>. Acesso em: 14 jun. 2009.

Grondin, Marcelo. *Haiti: cultura, poder e desenvolvimento*. São Paulo, Brasiliense, 1985.

Hasenbalg, Carlos A. *Discriminação e desigualdades raciais no Brasil*. Belo Horizonte, Editora ufmg, 2005.

Harris, Marvin et al. "Who are the whites? Imposed census categories and the racial demography of Brasil". *Social Forces*, University of North Carolina Press, v. 72, n. 2, dez. 1993.

Hitler, Adolf. *Mein Kampf*. Londres/Nova York/Melbourne, Hurst & Blackett, 1939. Disponível em: <http://www.archive.org/details/MeinKampf_483>. Acesso em: 14 jun. 2009.

Hobsbawm, Eric J. *História social do jazz*. Rio de Janeiro, Paz e Terra, 1990.

Hobsbawm, Eric J. & Ranger, Terence (Orgs.). *A invenção das tradições*. Rio de Janeiro, Paz e Terra, 1984.

Hochschild, Adam. *O fantasma do rei Leopoldo*. São Paulo, Companhia das Letras, 1999.

_____. *Enterrem as correntes*. Rio de Janeiro, Record, 2007.

Hodson, Thomas Callan. *India, census ethnography, 1901-1931*. Nova Delhi, Usha Publications, 1987.

Hollinger, David A. "Amalgamation and hypodescent: the question of ethnoracial mixture in the history of the United States". *The American Historical Review*, v. 108, n. 5, dez. 2003. Disponível em: <http://www.historycooperative.org/journals/ahr/108.5/hollinger.html>. Acesso em: 14 jun. 2009.

Human Rights Watch. "Leave none to tell the story: genocide in Rwanda", 1999. Disponível em: <http://www.hrw.org/reports/1999/rwanda>. Acesso em: 14 jun. 2009.

Huntington, Samuel. *Who are we? The challenges to America's national identity*. Simon & Schuster, Nova York, 2004.

Jefferson, Thomas. *Notes on the State of Virginia*. Chapel Hill, University of North Carolina, 2006. Disponível em: <http://docsouth.unc.edu/southlit/jefferson/jefferson.html>. Acesso em: 14 jun. 2009.

Judd, Denis. *Empire: the British imperial experience from 1765 to the present*. Londres, HarperCollins, 1996.

Kamel, Ali. *Não somos racistas*. Rio de Janeiro, Nova Fronteira, 2006.

Kapuscinski, Ryszard. *Ébano: minha vida na África*. São Paulo, Companhia das Letras, 2002.

Kennedy, Randall. "Racial passing". *Ohio State Law Journal*, v. 62, n. 1145, 2001. Disponível em: <http://moritzlaw.osu.edu/lawjournal/issues/volume62/number3/kennedy.pdf>. Acesso em: 14 jun. 2009.

King Jr., Martin Luther. *Where do we go from here: chaos or community?*, Boston, Beacon Press, 1968.

_____. *Why we can't wait*. Nova York, Signet Classics, 2000.

Lemarchand, René. "Ethnicity as a mith: the view from the Central Africa". *Occasional Paper*. Centre of African Studies, University of Copenhagen, maio 1999.

Lemelle, Sidney & Kelley, Robin D. G. (Org.). *Imagining home: class, culture and nationalism in the African diaspora*. Londres, Verso, 1994.

Lewontin, Richard C. "Confusions about human races". Social Science Research Council Web Forum, 7 de junho de 2006. Disponível em: <http://raceandgenomics.ssrc.org/Lewontin>. Acesso em: 14 jun. 2009.

Linden, Jan. *Church and revolution in Rwanda*. Manchester University Press, 1977.

Loney, William Loney. RN – Background: "An act for the abolition of the slave trade". Disponível em: <http://www.pdavis.nl/Legis_06.htm>. Acesso em: 9 jun. 2009.

Lowrey, Kathleen. "Bolivia Multiétnico y Pluricultural, ten years later: white separatism in the lowlands". *Latin American and Caribbean Ethnic Studies*, v. 1, n. 1, abril 2006.

Lukacs, John. *O Hitler da história*. Rio de Janeiro, Jorge Zahar, 1998.

Maggie, Yvonne. *O medo do feitiço: relações entre magia e poder no Brasil*. Rio de Janeiro, Arquivo Nacional, 1992.

_____. "Antirracismo contra as leis raciais". *Interesse Nacional*, n. 3, out.-dez. 2008.

Maggie, Yvonne & Fry, Peter. "A reserva de vagas para negros nas universidades brasileiras". *Estudos Avançados* 18 (50), 2004.

Magnoli, Demétrio. *África do Sul: capitalismo e apartheid*. São Paulo, Contexto, 1992.

Maio, Marcos Chor & Santos, Ricardo Ventura. "Política de cotas raciais, os 'olhos da sociedade' e os usos da Antropologia: o caso do vestibular da Universidade de Brasília (UnB)". *Horizontes Antropológicos*, n. 23, 2005.

_____ "Antropologia, raça e os dilemas das identidades na era da genômica". *História, Ciências, Saúde*. Manguinhos, Rio de Janeiro, v. 12, n. 2, maio-ago. 2005.

Maio, Marcos Chor & Monteiro, Simone. "Tempos de racialização: o caso da 'saúde da população negra' no Brasil". *História, Ciências, Saúde*. Manguinhos, Rio de Janeiro, v. 12, n. 2, maio-ago. 2005, p. 20.

Mamdani, Mahmood. *When victims become killers: colonialism, nativism, and the genocide in Rwanda*. Princeton University Press, 2001.

Martius, Karl Friedrich Philipp von. *Como se deve escrever a história do Brasil*. Rio de Janeiro, Instituto Histórico e Geográfico Brasileiro, 1991.

Marx, Karl. "The future results of British rule in India". *Marxist Internet Archive*. Disponível em: <http://www.marxists.org/archive/marx/works/1853/07/22.htm>. Acesso em: 10 jun. 2009.

Miceli, Sérgio. "A Fundação Ford e os cientistas sociais no Brasil". In: Miceli, Sérgio (Org.). *História das Ciências Sociais no Brasil*. São Paulo, Sumaré, 1995, v. 2.

Mohamad, Mahathir bin. *The malay dilemma*. Cingapura, D. Moore for Asia Pacific Press, 1970.

Molina, George Gray. "Ethnic politics in Bolivia: 'harmony of inequalities', 1900-2000". Center for Inequality, Human Security and Ethnicity (Crise), Queen Elizabeth House, University of Oxford, 2005, p. 13. Disponível em: <http://www.crise.ox.ac.uk/pubs/workingpaper15.pdf>. Acesso em: 9 jun. 2009.

Morel, E. D. *The black man's burden*. Manchester, The National Labour Press, 1920.

Morgan, Lewis H. "Ancient society". *Marxist Internet Archive*, Chapter i – Ethnical Periods. Disponível em: <http://www.marxists.org/reference/archive/morgan-lewis/ancient-society>. Acesso em: 28 maio 2009.

Moura, Clóvis. *Dicionário da escravidão negra no Brasil*. São Paulo, Edusp, 2004.

Munanga, Kabengele. Introdução. In: Reis, Eneida de Almeida dos. *Mulato: negro–não negro e/ou branco–não branco*. São Paulo, Altana, 2002.

Nabuco, Joaquim. *O abolicionismo*. In: Santiago, Silviano (Coord.). *Intérpretes do Brasil*. Rio de Janeiro, Nova Aguilar, 2000, v. 1.

Nahimana, Ferdinand. *Le Rwanda: emergence d'un état*. Paris, L'Harmattan, 1993.

Naipaul, V. S. *Índia: um milhão de motins agora*. São Paulo, Companhia das Letras, 1997.

Nascimento, Abdias do. *O genocídio do negro brasileiro*. Rio de Janeiro, Paz e Terra, 1978.

Nascimento, Abdias do & Nascimento, Elisa Larkin. "Dança da decepção: uma leitura das relações raciais no Brasil", 2000. Disponível em: <http://www.beyondracism.org/port_publication_initReport_frameset.htm>. Acesso em> 12 jun. 2009.

Nascimento, Elisa Larkin. *O sortilégio da cor: identidade, raça e gênero no Brasil*. São Paulo, Selo Negro, 2003.

Nkrumah, Kwame. "African socialism revisited". *Africa Seminar*, Cairo, 1967. Disponível em: <http://www.marx.org/subject/africa/nkrumah/1967/african-socialism-revisited.htm>. Acesso em: 9 jun. 2009.

Nogueira, Oracy. *Tanto preto quanto branco: estudos de relações raciais*. São Paulo, T. A. Queiroz, 1985.

Obama, Barack. *A audácia da esperança*. São Paulo, Larousse do Brasil, 2007.

Oliveira, Fátima. *Saúde da população negra*. Brasília, Opas/Seppir, 2002.

Ortiz, Renato. *Cultura brasileira e identidade nacional*. São Paulo, Brasiliense, 1994.

Ostria, Gustavo Rodríguez. "Los mineros de Bolivia en una perspectiva histórica". *Convergencia*, n. 4, jan.-abr. 2001.

Overdulve, C. M. *Rwanda: un peuple avec une histoire*, Paris, L'Harmattan, 1997.

Bibliografia

PALLARES-BURKE, Maria Lúcia Garcia. *Um vitoriano nos trópicos*. São Paulo, Unesp, 2005.

PAZ, Octavio. *Vislumbres da Índia*. São Paulo, Mandarim, 1996.

PEIRES, Jeff B. "Ethnicity and pseudo-ethnicity in the Ciskei". In: Beinart, William & DUBOW, Saul (Ed.). *Segregation and apartheid in twentieth-century South Africa*. Nova York, Routledge, 1995.

PENA, Ségio D. J. "Razões para banir o conceito de raça da medicina brasileira". *História, Ciências, Saúde*. Manguinhos, Rio de Janeiro, v. 12, n. 2, maio-ago. 2005.

PENA, Ségio D. J. et al. "Retrato molecular do Brasil". *Ciência Hoje*, v. 27, n. 159, abr. 2000.

PINHEIRO, Luana et al. "Retrato das desigualdades". Brasília, Ipea, 2006, p. 3. Disponível em: <http://lpp-uerj.net/olped/documentos/1907.pdf>. Acesso em: 14 jun. 2009.

PRADO, Paulo. *Retrato do Brasil*. In: SANTIAGO, Silviano (Coord.). *Intérpretes do Brasil*. Rio de Janeiro, Nova Aguilar, 2000, v. 2.

PRADO JR., Caio. *História econômica do Brasil*. São Paulo, Brasiliense, 1984.

PRANDI, Reginaldo. "Referências sociais das religiões afro-brasileiras: sincretismo, branqueamento, africanização". In: CAROSO, Carlos & BACELAR, Jeferson (Orgs.). *Faces da tradição afro-brasileira*. Rio de Janeiro, Pallas, 1999.

RAWLS, John. *Uma teoria da justiça*. Martins Fontes, Rio de Janeiro, 2002.

RICE, Edward. *Sir Richard Francis Burton*. São Paulo, Companhia das Letras, 1992.

RISÉRIO, Antonio. *A utopia brasileira e os movimentos negros*. São Paulo, Editora 34, 2007.

RODRIGUEZ, Richard. *Hunger of memory: the education of Richard Rodriguez*. D. R. Godine, Boston, 1982.

ROELOFS, Joan. *Foundations and Public Policy: the mask of pluralism*. Nova York, Suny Press, 2003.

ROOKS, Noliwe M. *White money/black power: the surprising history of African American studies and the crisis of race in higher education*. Boston, Beacon Press, 2006.

ROOSEVELT, Theodore. *History as literature*. "The foundations of the nineteenth century". Nova York, Charles Scribner's Sons, 1913. Disponível em: <http://www.bartleby.com/56/8.html>. Acesso em: 14 jun. 2009.

ROSENBERG, Alfred. *The myth of the twentieth century*. Newport Beach, Noontide Press, 1982. Disponível em: <http://www.archive.org/details/TheMythOfTheTwentiethCentury>. Acesso em: 14 jun. 2009.

ROTH, Philip. *A marca humana*. São Paulo, Companhia das Letras, 2002.

SAHLINS, Marshall. "O 'pessimismo sentimental' e a experiência etnográfica: por que a cultura não é um 'objeto' em via de extinção (parte I)". *Mana*. Rio de Janeiro, v. 3, n. 1, abr. 1997.

SAID, Edward. *Cultura e imperialismo*. São Paulo, Companhia das Letras, 1995.

SAMPSON, Anthony. *O negro e o ouro*. São Paulo, Companhia das Letras, 1988.

SCHWARCZ, Lilia Moritz (Org.). *História da vida privada no Brasil*. São Paulo, Companhia das Letras, 1998, v. 4.

SIQUEIRA, Marcelo L. & SIQUEIRA, Márcia L. "Desigualdade de renda no Nordeste brasileiro: uma análise de decomposição". XI Encontro Regional de Economia – ANPEC/BNB, 2006, p. 10. Disponível em: <http://www.bnb.gov.br/content/aplicacao/Eventos/forumbnb2006/docs/desigualdade.pdf>. Acesso em: 14 jun. 2009.

SKIDMORE, Thomas E. *Preto no branco: raça e nacionalidade no pensamento brasileiro*. Rio de Janeiro, Paz e Terra, 1976.

SOWELL, Thomas. *Affirmative action around the world: an empirical study*. New Haven/Londres, Yale University Press, 2004.

ST. JOHN DE CRÈVECOEUR, J. H. *Letters from an American Farmer*. Nantucket (Mass.), 1782. Disponível em: <http://www.gutenberg.org/etext/4666>. Acesso em: 14 jun. 2009.

STEIL, Carlos Alberto (Org.). *Cotas raciais na universidade: um debate*. Porto Alegre, Editora da UFRGS, 2006.

TELLES, Edward. "As fundações norte-americanas e o debate racial no Brasil". *Estudos Afro-Asiáticos*, ano 24, n. 1, 2002.

_____. *Racismo à brasileira: uma nova perspectiva sociológica*. Rio de Janeiro, Relume-Dumará, 2003.

THAROOR, Shashi. *Nehru: the invention of India*. Nova York, Arcade Publishing, 2003.

THÉRY, Hervé & MELLO, Neli Aparecida de. *Atlas do Brasil: disparidades e dinâmicas do território*. São Paulo, Edusp/Imprensa Oficial, 2005.

TOCQUEVILLE, Alexis de. *A democracia na América*. São Paulo, Martins Fontes, 1998.

TORRES, Alberto. "O problema nacional brasileiro". Disponível em: <http://www.ebooksbrasil.org/eLibris/torresb.html>. Acesso em: 9 jun. 2009.

TUAN, Yi-fu. *Topofilia*. São Paulo, Difel, 1980.

TUCCI CARNEIRO, Maria Luiza. *O racismo na História do Brasil: mito e realidade*. São Paulo, Ática, 1996.

TWAIN, Mark. "Chapters from my autobiography". *North American Review*, n. DCXVIII, 5 jul. 1907, p. 471. Disponível em: <http://www.gutenberg.org/ebooks/19987>. Acesso em: 14 jun. 2009.

VANSINA, Jan. "Qui se cache derrière les historiens du Rwanda?". Département d'histoire, Université Catholique de Louvain, Louvain-la-Neuve, 27 abr. 2001.

VASCONCELOS, José. *La raza cósmica: misión de la raza iberoamericana*. Cidade do México, Espasa-Calpe, 1992.

Uma gota de sangue

VIEIRA, Vinicius Rodrigues. *Democracia racial: do discurso à realidade*. São Paulo, Paulus, 2008.

WASHINGTON, Booker T. *The future of the american negro*. Boston, Small, Maynard & Company, 1900. Disponível em: <http://www.gutenberg.org/etext/26507>. Acesso em: 14 jun. 2009.

WEISS, Sheila Faith. *Race hygiene and national efficiency: the eugenics of Wilhelm Schallmayer*. Berkeley/Los Angeles/Oxford, University of California Press, 1987.

WERNECK, Jurema. "Da diáspora globalizada: notas sobre os afrodescendentes no Brasil e o início do século XXI". *ONG Criola*, 2003. Disponível em: <http://www.criola.org.br/namidia/Da%20Diaspora%20Globalizada.pdf>. Acesso em: 12 jun. 2009.

WINTZ, Cary D. (Ed.). *African American political thought, 1890-1930*. Armonk/Londres, M. E. Sharpe, 1996.

WISE, Tim. "Misreading the dream". *Alternet*, 21 jan. 2003. Disponível em: <http://www.alternet.org/story/14984/>. Acesso em: 14 jun. 2009.

WOLFE, Alan. "Native Son". *Foreign Affairs*, v. 83, n. 3, maio-jun. 2004.

X, Malcolm & HALEY, Alex. *The autobiography of Malcolm X*. Nova York, Penguin Classics, 2001.

ZARUR, George de Cerqueira Leite. *A utopia brasileira: povo e elite*. Brasília, Abaré/Flacso, 2003.

_____. "Brazilianismo, raça e nação". Disponível em: <http://www.georgezarur.com.br/pagina.php/149>. Acesso em: 14 jun. 2009.

ZEITZ, Joshua. "What did Martin Luther King really believe?". *American Heritage People*, 16 jan. 2006. Disponível em: AmericanHeritage.com <http://www.americanheritage.com/events/articles/web/20060116-martin-luther-king-junior-civil-rights-reinhold-niebuhr-affirmative-action-proposition-209-i-have-a-dream-boycott-jim-crow-poverty-racism.shtml>. Acesso em: 14 jun. 2009.

O autor

Demétrio Magnoli é sociólogo, doutor em Geografia Humana pelo Departamento de Geografia da FFLCH-USP e integrante do Grupo de Análises de Conjuntura Internacional (Gacint) da USP. Foi colunista semanal da *Folha de S. Paulo* entre 2004 e 2006. Desde 2006, é colunista de *O Estado de S. Paulo* e *O Globo*. Desde 1993, é diretor editorial do boletim *Mundo – Geografia e Política Internacional*. Organizou as obras *História das Guerras* e *História da Paz*, ambas publicadas pela Editora Contexto.

Impressão e Acabamento